UPDATE EXEGESE 2.3

Karin Finsterbusch | Wolfgang Kraus
Martin Rösel (Hrsg.)

# Update Exegese 2.3

## Grundfragen gegenwärtiger biblischer Frauen- und Geschlechterforschung

Mit einem Geleitwort von Landesbischöfin
Kristina Kühnbaum-Schmidt

EVANGELISCHE VERLAGSANSTALT
Leipzig

Bibliographische Information der Deutschen Nationalbibliothek
Die Deutsche Nationalbibliothek verzeichnet diese Publikation in der Deutschen Nationalbibliographie; detaillierte bibliographische Daten sind im Internet über http://dnb.dnb.de abrufbar.



Das Buch wurde auf alterungsbeständigem Papier gedruckt.

Bei Fragen zur Produktsicherheit wenden Sie sich bitte an info@eva-leipzig.de.

Cover: Zacharias Bähring, Leipzig
Coverbild: Modell für die Bronzeplastik von Joshua Koffman, Nachweis siehe S. 324, Anm. 12 in diesem Band
Satz: makena plangrafik, Leipzig
Druck und Binden: BELTZ Grafische Betriebe GmbH, Bad Langensalza

ISBN 978-3-374-07899-8 // eISBN (PDF) 978-3-374-07900-1
www.eva-leipzig.de

# Vorwort

Am Turmtheater in Regensburg wird in der Saison 2024/25 ein Stück von Gisela Maria Schmitz gespielt mit dem Titel: »Wunder gibt es immer wieder. Eine Revue über Frauenbilder und Männerrollen.« Im Werbetext heißt es: »Wunder? Gibt's die überhaupt? Und sogar ›immer wieder‹? Wir glauben: Ja! Denn viel hat sich getan in den vergangenen 100 Jahren zwischen Frau und Mann: Vom ›Wahlrecht für Frauen‹ im Jahr 1918 bis zur sogenannten ›Frauenquote‹ im Jahr 2016. Die Gleichberechtigung schreitet voran.«

Schön wär's, wenn das so stimmte. Obwohl die Genderforschung in den letzten Jahrzehnten tatsächlich einen enormen Aufschwung erfahren hat und gängige Blickwinkel erheblich neu justiert worden sind, gibt es leider auch gegenläufige Tendenzen. Versuche, die Errungenschaften zurückzudrehen oder populistisch zu unterlaufen, sind zu beklagen:

Ein Ministerpräsident und sein Kabinett verbieten das »Gendern« in Behörden, an Schulen und Hochschulen.[1]

Ein Präsident erlässt Dekrete, die »weiße Männlichkeit« stärken sollen[2] und lässt bestimmte Begriffe, die auf Inklusion oder Gleichberechtigung ausgerichtet sind, verbieten.[3]

---

1 https://www.zdf.de/nachrichten/politik/deutschland/gendern-sprache-bayern-verbot-100.html (Zugriff am 26.3.2025).

2 https://www.uni-erfurt.de/forschung/aktuelles/forschungsblog-wortmelder/die-starken-maenner-sind-zurueck-warum-trump-musk-und-co-das-patriarchat-wiederbeleben (Zugriff am 26.3.2025).

3 https://www.tagesschau.de/ausland/amerika/trump-diversitaet-100.html (Zugriff am 26.3.2025).

Ein anderer Präsident lässt Mitglieder einer weiblichen Performance-Gruppe (Pussy Riot) verhaften und ins Straflager stecken, weil sie sich offen für die Rechte sexueller Minderheiten einsetzen.[4] Das Münchener Haus der Kunst zeigt vom 6.9.2024 bis 29.6.2025 als erstes deutsches Museum eine Ausstellung dieses künstlerischen Kollektivs, in der seine Geschichte nachgezeichnet wird.[5] Aus Sicherheitsgründen musste lange geheim gehalten werden, dass es diese Ausstellung überhaupt geben sollte.[6]

Nach einer Umfrage von Levada aus dem Jahr 2010 betrachten 74 % der russischen Bevölkerung Homosexualität als moralische Perversion oder Geisteskrankheit.[7]

Im 2025 neu gewählten deutschen Bundestag werden weniger Frauen als Abgeordnete als im letzten Bundestag dabei sein.

Eine der Parteien im neuen Bundestag schreibt in ihrem Programm: »Die Gender-Ideologie marginalisiert naturgegebene Unterschiede zwischen den Geschlechtern und stellt geschlechtliche Identität in Frage. Sie will die klassische Familie als Lebensmodell und Rollenbild abschaffen. Damit steht sie in klarem Widerspruch zum Grundgesetz, das die (klassisch verstandene) Ehe und Familie als staatstragendes Institut schützt, weil nur dieses das Staatsvolk als Träger der Souveränität hervorbringen kann.«[8] Was die Gender-Forschung angeht, so ist im Programm zu lesen: »Die ›Gender-Forschung‹ ist keine seriöse Wissenschaft, sondern folgt der ideologischen Vorgabe, dass das natürliche Geschlecht (Sex) und das soziale Geschlecht (Gender) voneinander völlig unabhängig seien. Ziel ist letztlich die Abschaffung der natürlichen Geschlechterpolarität.«[9] Deshalb sollen Bund und Länder keine Mittel mehr für die »Gender-Forschung« bereitstellen. »Gender-Professuren« sollen nicht mehr besetzt werden (ebd.).

Nun, der hier vorgelegte Band Update Exegese 2.3 ist ein Beispiel für eine genau gegenteilige Ansicht. Das Thema des Bandes wurde lange vor den Wahlen in Deutschland und den USA verabredet, ist somit nicht aktualistisch provoziert. Unser Band ist dezidiert theologisch orientiert, aber implizit auch

---

4 https://de.wikipedia.org/wiki/Pussy_Riot (Zugriff am 25.3.2025).

5 https://www.hausderkunst.de/eintauchen/velvet-terrorism-pussy-riots-russia (Zugriff am 26.3.2025).

6 https://www.br.de/nachrichten/kultur/putin-gegner-in-muenchen-pussy-riot-ueberraschen-mit-ausstellung,UNTxEoO (Zugriff am 26.3.2025).

7 https://de.wikipedia.org/wiki/Pussy_Riot (Zugriff am 25.3.2025).

8 https://www.afd.de/familie-bevoelkerung/ (Zugriff am 25.3.2025).

9 https://www.afd.de/familie-bevoelkerung/ (Zugriff am 25.3.2025).

politisch ausgerichtet. Er ist gegliedert in drei Abteilungen: Nach der Abteilung I mit Essays zu Grundlegendem folgen in Abteilung II Beiträge zur Hebräischen Bibel und frühjüdischen Literatur, gefolgt von Abteilung III mit Beiträgen zum Neuen Testament und den christlichen Apokryphen.

Nach den Bänden »Update-Exegese 2.1: Ergebnisse gegenwärtiger Bibelwissenschaft«, Leipzig 2015 und »Update-Exegese 2.2: Grundfragen gegenwärtiger Bibelwissenschaft«, Leipzig 2019 (2. Aufl. 2021) liegt damit ein dritter Band vor. Die Ausrichtung ist die gleiche geblieben: Die Beiträge sind aus der Überlegung erwachsen, neuere Erkenntnisse aus der Forschung interessierten Praktiker:innen zugänglich zu machen, die häufig aufgrund ihrer vielfältigen Verpflichtungen nicht in der Lage sind, die aktuellen Entwicklungen zu verfolgen. Die Beiträge zeigen: Seriöse Bibelforschung hat unmittelbare Bedeutung für die Praxis, etwa bei der Predigt- oder Unterrichtsvorbereitung. Die einzelnen Autor:innen haben das Konzept auf unterschiedliche Weise umgesetzt und haben mal mehr, mal weniger Fußnoten und mal mehr, mal weniger Literaturhinweise gegeben. Dieser individuelle Zugang wurde beibehalten.[10]

Wir freuen uns sehr, dass es gelungen ist, Autor:innen zu gewinnen, die nicht nur die interdisziplinäre, sondern auch die interkonfessionelle und die interreligiöse Dimension der Thematik unterstreichen – ein positives Signal dafür, dass Grundfragen gegenwärtiger biblischer Frauen- und Geschlechterforschung weder die Domäne einer Religion oder Konfession noch die einer Disziplin noch auch die eines Geschlechtes sind.

Wir danken den Beiträger:innen herzlich für ihre Essays. Für Hilfe bei der Vereinheitlichung der Beiträge bedanken wir uns sehr bei der studentischen Hilfskraft Kim Bludau (Universität Rostock). Den Mitarbeiter:innen des Verlags danken wir sehr für die professionelle Betreuung. Der Evangelischen Kirche der Pfalz, der Evangelisch-Lutherischen Kirche in Norddeutschland und der Evangelisch-Lutherischen Kirche in Bayern danken wir für großzügige Druckkostenzuschüsse. Besonderer Dank gilt Frau Kristina Kühnbaum-Schmidt, der Landesbischöfin der Evangelisch-Lutherischen Kirche in Norddeutschland, für ihr substantielles Geleitwort.

*Landau – Saarbrücken – Rostock, im Frühjahr 2025*
Karin Finsterbusch – Wolfgang Kraus – Martin Rösel

---

10 Diejenigen, die sich intensiver mit der aktuellen Forschung zur biblischen Frauen- und Geschlechterforschung befassen wollen, seien auf die auf 20 Bände angelegte exegetisch-kulturgeschichtliche Enzyklopädie »Die Bibel und die Frauen« (hrsg. von Irmtraud Fischer et al.; Kohlhammer Verlag, 2010ff.) verwiesen.

# Inhalt

## 2. Hebräische Bibel und frühjüdische Literatur

# Geleitwort

*Kristina Kühnbaum-Schmidt*

Die Verkündigungsarbeit der evangelischen Kirche hat zwei Brennpunkte: Sie muss einerseits im Einklang mit den Grundaussagen der biblischen Überlieferung stehen und andererseits mit aktuellen individuellen und gesellschaftlichen Themen und Herausforderungen umgehen. Dabei stellt sie auch kritische Fragen, wirkt mit bei der Suche nach Antworten und formuliert gegebenenfalls auch Positionen. Die Auseinandersetzung mit der exegetischen Forschung und ihren aktuellen Themen wie ihrem gegenwärtigen Forschungsstand ist dafür unerlässlich. Doch wer im kirchlichen, diakonischen oder schulischen Bereich tätig ist, wird nicht immer die Zeit finden, die aktuellen Diskussionen der exegetischen Wissenschaften zu verfolgen. Die Reihe »update« bietet hier eine hervorragende Unterstützung. In diesem Band werden in 34 Beiträgen verlässliche Informationen über den aktuellen Stand der biblischen Frauen- und Geschlechterforschung zugänglich gemacht und die wichtigsten Facetten dieses in der feministischen Theologie wurzelnden exegetischen Arbeitsfeldes dargestellt.

Die feministische Theologie entstand in den späten 1960er Jahren. Seit mehr als 20 Jahren gehört sie zu den etablierten Feldern der theologischen Wissenschaft. Das zeigt der im Jahr 2002 erschienene 33. Band der Theologischen Realenzyklopädie (TRE) mit dem von Susanne Heine verfassten Unterabschnitt »Feministische Theologie« des Stichworts »Theologie«. Als zwanzig Jahre zuvor, im Jahr 1983, Band 11 der TRE erschien, mit Stichworten von »Familie« bis »Futurologie«, lagen die Dinge ganz anders: Feministische Theologie wird zwar im Artikel »Frauenbewegung« erwähnt, aber nicht näher erläutert. Der große Artikel »Frau« ist überwiegend historisch angelegt. Der Abschnitt »II. Altes Testament« ist (ohne Literaturangaben) zwei Seiten lang und kommt ohne Unterabschnitte aus. Der Abschnitt »IV. Neues Testament« ist vier inhaltliche Seiten lang und untergliedert in »1. Eschatologische Prämissen« und »2. Sozialethische Normen«.

*Ouk eni arsen kai thelu: pantes gar humeis heis este en christo jesou* – da ist nicht männlich noch weiblich: denn alle seid ihr einzig-einig im Messias Jesus (Gal 3,28, Übersetzung Bibel in gerechter Sprache, 2006), schrieb der Apostel Paulus vor fast 2.000 Jahren. Doch der wirklich treibende Impuls, geschlechtliche Diskriminierung zurückzudrängen, kam erst in Gefolge der Aufklärungsphilosophie und der Deklaration der Menschen- und Bürgerrechte durch die französische Nationalversammlung 1789. Mit ihr beginnt der mühevoll lange Weg der Emanzipation der Frauen, mit dem das Egalitätsprinzip der paulinischen Vision einer Aufhebung sozialer Differenzen einschließlich der Geschlechterdifferenz schließlich auch im Christentum praktische Gestalt gewinnt. Dabei stellt sich immer wieder ein grundlegendes epistemisches Problem, das die römisch-katholische Theologin Elisabeth Schüssler-Fiorenza (*1938) einmal mit dem Begriff des androzentrischen Blicks beschrieb: Die sozial dominante männliche Gruppe nimmt ihre konkrete männliche Partikularität nicht wahr, so dass diese unreflektiert Einzug hält in Abstraktionen und allgemeine Begriffe. Die Folgen sind geradezu universal und zeigen sich genauso im so genannten generischen Maskulinum wie in der nicht selten unzureichenden Diagnose von Erkrankungen bei Frauen.

Der Feminismus hat schon früh zwei Pole ausgebildet, die sich zu Beginn mit den Namen Clara Zetkin (1857–1933) und Helene Lange (1848–1930) verbinden: Zetkin war eine der führenden Gestalten der proletarischen Frauenbewegung und forderte, die Stellung der Frau mehr und mehr der des Mannes anzugleichen (Gleichheitsprinzip). Lange gehörte zur bürgerlichen Frauenbewegung und attestierte Frauen im Gegenüber zu Männern einen Instinkt der Mutterschaft und eine unmittelbare Fühlung mit der Natur (Differenzprinzip). Prominente Vertreterinnen des Gleichheitsprinzips waren und sind Simone de Beauvoir (1908–1986) und Judith Butler (*1958), prominente Vertreterinnen des Differenzprinzips Luce Irigaray (*1930) und Carol Gilligan (*1936). Während Vertreter:innen des Gleichheitsprinzips auf die soziale Konstruktion der Kategorie Geschlecht und damit seine soziale Veränderbarkeit abzielen, richtet sich der Fokus der Vertreter:innen des Differenzprinzips auf Schutz und Förderung des irreduzibel Weiblichen.

Die Frauenbewegung in Kirche und Theologie zeichnete sich von Anfang an dadurch aus, dass sie die Auseinandersetzung mit biblischen Texten in den Mittelpunkt rückte und ihre Gesellschafts- und Kirchenkritik biblischtheologisch begründete. Die feministische Exegese entwickelte von Anfang an einen emanzipatorischen und befreiungstheologischen Grundzug.

Für die protestantische Theologie ist das Schriftprinzip leitend. *Sola scriptura* ist einer der vier Grundsätze, die sich durch Martin Luthers Theologie ziehen und neben *solus christus, sola gratia* und *sola fide* die reformatorische Theologie prägten. Aus der Schrift entnahm Luther den Grundsatz, dass der Mensch allein durch Christus selig würde und dieses allein durch die göttliche Gnade geschehe, derer ein Mensch allein im Glauben teilhaftig werde. Für Luther spielten dabei nicht nur dogmatische Lehrsätze eine Rolle, sondern auch die biblischen Geschichten und Narrative. Von ihnen her hinterfragte er kirchliche Lehraussagen und Traditionen und übte ausgehend von der Rechtfertigungslehre auch Sachkritik an einzelnen biblischen Schriften, wie etwa dem Jakobusbrief und dem Hebräerbrief. Luther begriff die Kirche als eine *creatura verbi*, als Geschöpf des Wortes Gottes. Das Wort Gottes wird in den biblischen Schriften überliefert. Darin liegt der Grund für die Hochschätzung der exegetischen Wissenschaften in der reformatorischen Theologie. Gottes Wort ist aber nicht einfach mit den biblischen Schriften identisch, sondern es ist in zeitlich und räumlich kontextuelle menschliche Sprache gefasst. Als Geschöpf des Wortes Gottes befragt die Kirche stetig neu die biblische Überlieferung gemäß den Herausforderungen ihrer jeweiligen Zeit. Exegese und Relecture biblischer Überlieferungen im Licht der Gegenwart sind maßgebliche Bestandteile ihrer Selbstreflexion. Dazu gehört heute selbstverständlich auch das Hinterfragen androzentrischer und patriarchalischer Denkmuster in der Bibel.

Der hier vorliegende Band zeigt in den verschiedenen Beiträgen auf, was sich ausgehend von dieser hermeneutischen Kritik seit den Anfängen der feministischen Exegese des AT und des NT verändert hat. Der Fokus der Forschung hat sich von Frauen in ihren Lebensverhältnissen sowie ihrer theologischen, sozialen und kulturellen Bedeutung hin zu Fragen der Geschlechterverhältnisse, Themen queeren Lebens und intersektionalen Betrachtungen (Zusammentreffen verschiedener Diskriminierungskriterien wie Ethnizität, soziale Zugehörigkeit, Geschlecht etc.) verschoben. Dazu ermöglichen ursprünglich in Medizin und Psychologie entwickelte Konzepte über Trauma und Vulnerabilität in der Exegese ein tieferes Verständnis von Gewaltdarstellungen in der Bibel. In Studien zu Frauengestalten werden androzentrisch bedingte blinde Flecken der Forschungsgeschichte und Geschlechterstereotype aufgearbeitet, und zwar ebenso an in der christlichen und jüdischen Tradition sehr bekannten Personen wie Eva oder der Prophetin Mirjam wie an oftmals übersehenen Frauen wie der namenlosen Prophetin im Jesajabuch und den prophetischen Töchtern im Ezechielbuch. Immer im Blick ist dabei auch die Traditions- und Wirkungsgeschichte. So gehört zur Frauen- und Geschlechterforschung auch die Auseinandersetzung mit dem christlichen Antijudaismus, der sich z. B. an den Stereotypen Sarah und Hagar festmacht, und den postkolonialen Studien, die ihrerseits kritische Anfragen an den Feminismus im globalen Norden stellen.

Biblische Frauen- und Geschlechterforschung ist nicht zuletzt angesichts der paulinischen Vision von der Aufhebung der Wertigkeit der Geschlechter ein zentrales Anliegen der Kirche. Sie verhilft, zu einem tieferen Verständnis der biblischen Überlieferung und der Grundlagen der Kirche vorzudringen, um das Evangelium zeitgemäß aussagen zu können. Mit dieser ekklesiologischen Einordnung soll die Feministische Theologie aber nicht kirchlich vereinnahmt werden. Gerade die radikal kirchen- und religionskritischen Positionen in der Feministischen Theologie sträuben sich gegen eine kirchliche Vereinnahmung und sind als wichtige Diskursbeiträge zu respektieren.

Ich wünsche allen Leser:innen eine genussvolle Lektüre, die ihre theologische Arbeit inspiriert und befördert – »denn alle seid ihr einzig-einig im Messias Jesus« (Gal 3,28, Übersetzung Bibel in gerechter Sprache, 2006).

# 1. Grundlegendes

# Typisch weiblich? Typisch männlich?

## Geschlechterstereotype und ihre Folgen

*Christl M. Maier*

Für die abendländische Kultur und deren politische Geschichte spielten biblische Aussagen über die Rolle von Frauen und Männern in der Gesellschaft lange Zeit eine große Rolle, weil die Bibel unhinterfragt als normative Autorität galt. Durch die neuzeitliche Bibelkritik und die feministische Auslegung, die nach Anfängen im 19. Jahrhundert seit der zweiten Hälfte des 20. Jahrhunderts an Einfluss gewann, sind die scheinbar festgefügten Einsichten, was biblisch »typisch weiblich« und »typisch männlich« sei, ins Wanken geraten. Im Hintergrund des »Typischen« stehen Stereotype oder Klischees, mit deren Hilfe sich Menschen angesichts widersprüchlicher Wahrnehmungen und vielschichtiger Ängste in der eigenen Welt orientieren. Das Problem bei der Ausbildung von Stereotypen ist, dass solche Urteile über Einzelne oder Gruppen immer Gefahr laufen, Menschen zu ›Anderen‹ zu erklären, das heißt, sie durch negative Bewertungen von sich selbst zu unterscheiden. Solche Stereotype sind zeit- und kulturell bedingt. Im Blick auf die Bibel wird diese Wandelbarkeit aber häufig übersehen, so dass biblische Aussagen als zeitlose und kulturübergreifende Wahrheiten verstanden werden. Um solche falschen Auslegungen abzuwehren, beschreitet die neuere Exegese zwei Wege. Einerseits rekonstruiert sie aus allen verfügbaren Quellen die sozialen Verhältnisse derer, die die biblischen Texte verfassten. Vor diesem Hintergrund dekonstruieren feministische Exegetinnen andererseits die in solchen kulturellen Stereotypen zutage tretende Ideologie, die sich häufig als Versuch der Normierung in einer vielfältigen und unübersichtlichen Wirklichkeit erweist. Das soll im Folgenden anhand »typischer« Geschlechterrollen und im Blick auf die antiken Gesellschaften gezeigt werden.

## 1. Typische Geschlechterrollen in der Weisheit

Besonders die biblische Weisheitsliteratur hat Stereotype ausgebildet, zu denen auch ein hierarchisches Geschlechterverhältnis gehört. In den Lebensregeln der Spruchweisheit (Sprüchebuch, Kohelet, Jesus Sirach) werden Frauen als Mütter, Partnerinnen, Witwen und Prostituierte dargestellt, also in ihrer Beziehung zu Männern. Letztere erscheinen in den Rollen entweder des weisen Lehrers oder des unerfahrenen jungen Mannes, der Unterweisung braucht. Diese Sprüche reden stets *über* Frauen, nicht aus deren eigenem Blickwinkel, und häufig geht es um Konfliktsituationen. An der klaren Unterscheidung von »guten« und »schlechten« Frauen wird deutlich, dass hier gesellschaftliche Rollen und Charakterzüge verschmolzen werden.

Die am häufigsten besprochene Rolle ist die der Ehefrau und Mutter. Die gute Ehefrau hat viele Kinder, vor allem Söhne geboren und einfühlsam erzogen. Sie ist fleißig und eine weise Ratgeberin ihres Mannes und ihrer Söhne (Spr 1,8; 6,20; Sir 7,19), ordnet sich aber ihrem Mann stets unter (Spr 14,1; Sir 26,14–15). Zwar wird die Schönheit einer Frau gepriesen (Hi 42,15); sie reicht jedoch für eine gute Partnerin nicht aus, wenn sie nicht mit Besonnenheit einhergeht (Spr 11,22). Das Lobgedicht in Spr 31,10–31 fasst alle positiven Eigenschaften der »guten« Ehefrau zusammen, macht zugleich aber deutlich, dass der antike Haushalt mehr Aufgaben umfasste als der einer Kleinfamilie heute: Die gute Ehefrau arbeitet Tag und Nacht, spinnt, webt, stellt Kleidung her; sie produziert Nahrung auf den Feldern und in den Weinbergen. Sie kauft sogar ein Feld (V. 16) und hat Kontakt zu ausländischen Händlern (V. 24). Sie wird *'eschet chajil* »Frau von Stärke« (V. 10) genannt, ein Titel, der sonst nur noch für die Moabiterin Rut verwendet wird (Ruth 3,11) und dabei körperliche und geistige Stärke sowie Mut ausdrückt.

Das Gegenbild dazu ist die »schlechte« Ehefrau. Sie ist eitel, vernachlässigt ihre Aufgaben im Haushalt und ist streitsüchtig. Fünf Sentenzen des Sprüchebuches betonen, dass eine streitende Frau ihrem Ehemann das Leben schwer macht (Spr 19,13; 21,9.19; 25,24; 27,15). Der Weisheitslehrer Ben Sira geht sogar so weit, dem Ehemann die Scheidung zu empfehlen, wenn die Frau sich weigert, sich seinem Willen zu unterwerfen (Sir 25,26).

Ein weiteres Gegenbild ist die verführerische Frau, die junge Männer mit Augenaufschlag und schmeichelnden Worten auf ihr Bett einlädt (Spr 7,14–20). In Spr 1–9 wird sie auch als »fremde« Frau bezeichnet, womit nicht nur ethnisch fremde (6,24; 7,5), sondern alle Frauen außerhalb des eigenen Haushalts gemeint sein können (5,3.20; 7,5). Schon die ältere Spruchweisheit stellt sie einer Prostituierten gleich: »Denn eine tiefe Grube ist die Prostituierte (*zonah*) und ein enger Brunnen die fremde Fau (*nochrijjah*). Ja, sie lauert wie ein Wegelagerer und mehrt die Treulosen unter den Männern« (Spr 23,27–28). Dieses negative Frauenbild im Gegenüber zum Bild der treusorgenden Mutter und Hausfrau führte zu einem Stereotyp, das sich bis heute gehalten hat, aber weder den damaligen noch den heutigen Verhältnissen gerecht wird.

Diese Typisierung von Frauen in der Weisheitsliteratur hinsichtlich ihres Nutzens für den Ehemann und die Familie bringt außerdem ein eher klägliches Männerstereotyp hervor. Die in den Sprüchen und Lehrreden adressierten jungen Männer werden als willenlos, leicht verführbar und auf ihre Ehefrauen angewiesen gezeichnet. Das hängt mit der pädagogischen Ausrichtung dieser Gattungen zusammen: Die Angesprochenen sollen lernen, sich selbst und die Mitglieder ihres Haushalts zu beherrschen. Die kunstvollen Lehrreden und poetischen Ermahnungen sind Oberschichtsliteratur. Mit ihnen lernten die Söhne wohlhabender Familien Lesen und Schreiben und zugleich das von ihren Eltern und Lehrern bevorzugte Verhalten. Die Wirklichkeit der meisten Menschen im antiken Israel war weit entfernt von diesem Ideal.

Ein weiteres männliches Stereotyp ist das des mutigen, körperlich und mental starken Kriegers (1Sam 17,41–51). Vermehrt um Führungsqualitäten wie Durchsetzungsfähigkeit und Redekunst wird es etwa von König David verkörpert (1Sam 27,5–6). Es ist das Idealbild hegemonialer Männlichkeit,[1] greift jedoch über das hinaus, was heute als »männlich« gilt. So ist David ein ausgesprochen schöner Mann (1Sam 16,12), was seine Führungsstärke unterstreicht. Er ist aber auch musikalisch (1Sam 16,18) und hat eine enge Beziehung zu seinem Waffenbruder Jonathan, der ihm das Königtum überlässt (1Sam 18,1–4; 2Sam 1,17–27).

Wer sich heute an solchen Stereotypen orientiert, verdrängt, dass sie eine veraltete Gesellschaftsordnung spiegeln, und nimmt die Bibel nur ausschnittsweise wahr.

## 2. Die Gesellschaft im antiken Israel bis in neutestamentliche Zeit

Was eine Person ausmachte, was an ihrem Verhalten »typisch« oder »untypisch« war, wurde in der Antike im Schnittpunkt von sozialem Status, ethni-

---

1 Vgl. den Beitrag von H.-U. Weidemann in diesem Band.

scher Herkunft und ökonomischen Ressourcen bestimmt.[2] Deshalb war das Machtgefälle zwischen Männern oft größer als das zwischen Mann und Frau derselben Schicht. In der pyramidenartigen Struktur antiker Gesellschaften stehen wohlhabende, freie Männer der herrschenden Ethnie an der Spitze, weniger reiche Männer, Fremde und Sklaven darunter, und Frauen sind jeweils den Männern ihrer Schicht untergeordnet. Die soziale Unterordnung der Frau ergab sich aus einer über die männliche Linie verlaufenden Erbfolge und dem Wohnen der jeweils nächsten Generation am Ort der Familie des Mannes. Die Bewertung von Frauen hinsichtlich ihres Nutzens für Ehemann und Familie verweist auf diese androzentrische, d.h. an den Belangen der Männer orientierten, Gesellschaftsordnung. Die Ehe war eine von den Eltern arrangierte Lebens- und Wirtschaftsgemeinschaft eines Mannes mit einer oder mehreren Ehefrauen, die rechtlich und sexuell dessen Verfügungsgewalt unterworfen waren. Bis in neutestamentliche Zeit waren Ehefrauen oft viel jünger als ihre Männer, die Kinder- und Müttersterblichkeit hoch, was häufig zu Patchworkfamilien führte, zu denen auch unverheiratete Geschwister der Eheleute sowie männliche und weibliche Sklaven gehörten. Wer sich gegen die eigene Familie stellte oder aus ihr ausgeschlossen wurde, war, egal welchen Geschlechts, sozial und ökonomisch ruiniert und kaum überlebensfähig.

Gleichzeitig zeigen die in der Weisheit beschriebenen, vielfältigen Aufgaben der Ehefrau im antiken Haushalt auch deren Bedeutung für die Ökonomie und das Soziale, denn die heute übliche Trennung in privat und öffentlich gab es so nicht. Die Erziehung der jüngeren Kinder oblag häufig den Frauen der Familie; Kinder wurden meist schon früh in den Beruf des Vaters bzw. der Familie eingeführt und konnten diesen nicht frei wählen. Lesen und Schreiben zu lernen war nur Söhnen aus Oberschichtsfamilien möglich. In der überwiegend agrarischen Gesellschaft Palästinas arbeiteten Mädchen und Jungen gleichermaßen auf dem Feld oder hüteten die Kleinviehherden. Die Sorgearbeit für körperlich beeinträchtigte und alte Menschen übernahm die Großfamilie als Ganze. Es gab zwar eine gewisse geschlechtsspezifische Arbeitsteilung, aber sie wurde nicht individuell entlohnt, was einer unterschiedlichen Bewertung weitgehend die Grundlage entzog.

Das Verhalten nicht nur der Frauen, sondern aller Personen eines Haushalts war für das Ansehen der Großfamilie ausschlaggebend. Die soziale Kontrolle war innerhalb der Dorfgemeinschaft wahrscheinlich höher als heute

---

2 Vgl. die Beiträge von D. Erbele-Küster, A.-C. Harders und A.-J. Levine zum »Frauenleben« in diesem Band.

noch in Dörfern Europas üblich. Daraus leitete sich die Notwendigkeit der Kontrolle durch den überwiegend männlichen Haushaltsvorstand ab. Für Frauen galt das insbesondere im Blick auf ihre Sexualität, denn die Vaterschaft konnte nur sicher bestimmt werden, wenn die weibliche Sexualität nur einem Mann zugänglich war. Viele Kinder, vor allem Söhne, zu haben, war für das Überleben der Familie, die Erbfolge und die Absicherung bei Alter und Krankheit notwendig.

Die Erzählungen der Hebräischen Bibel und der neutestamentlichen Schriften spiegeln aber eine so große Vielfalt an Lebensformen und Charakterbildern, dass sich daraus kaum ablesen lässt, was typisch männlich oder typisch weiblich sein könnte. Da gibt es starke Ehefrauen schwacher Ehemänner (Sara, Rebekka, Lea und Rahel), mutige Frauen im Krieg (Debora, Jael, Judith) und fremde Frauen, die das Überleben sichern (Hagar, Ruth). Prophetinnen (Mirjam, Hulda) und Gemeindeleiterinnen (Priscilla, Lydia) übernehmen Führungsaufgaben.[3] Sexualisierte Gewalt gegen Frauen und ihre ruinösen Folgen für die ganze Gemeinschaft wird nicht verschwiegen, sondern erzählt (Gen 19; Ri 19–21; 2Sam 13), um fehlgeleitete Machtbeziehungen von Männern aufzudecken.

Angesichts dieser Vielfalt und der erheblichen Unterschiede in den Geschlechterrollen zwischen der Antike und heute ist es erstaunlich, dass eine diskriminierende Bewertung von Frauen als »gute« und »schlechte« bis heute erfolgt. Sie geht häufig mit den gegensätzlichen Charakterisierungen der »fürsorglichen Mutter« und »verführerischen Hure« einher, die ebenfalls Stereotypen sind und einer zu einlinigen Auslegung biblischer Stellen entstammen.

## 3. Eva und die Folgen

Die Charakterisierung von Frauen als Verführerin und Sünderin ist ein ideologisches Motiv, das sich durch die Bibel zieht. Es dient meist der Abwertung von Frauen, ohne dass erkannt wird, welch klägliches Männerbild daraus folgt. Grundgelegt wird es durch eine verengende, sexualitätsfeindliche Auslegung der Paradieserzählung in Gen 2–3, aus der häufig eine gottgewollte »Schöpfungsordnung« erhoben wird. In der neueren Exegese wird diese nicht als die ältere der beiden Schöpfungserzählungen, sondern als die jüngere verstanden, die Gen 1 korrigiert.

---

[3] Vgl. die entsprechenden Beiträge in diesem Band.

Genesis 1 erzählt, wie Gott aus dem Chaos durch sein Wort in sechs Tagen die geordnete Welt erschafft und dabei die drei Lebensräume der Erde – Luft, Wasser und Land – mit Lebewesen füllt. Die Menschen werden Gott ähnlich geschaffen und zur Herrschaft über Flora und Fauna bestimmt. Sie sollen weiteres Leben generieren. Am siebten Tag ruhen Gott und die Schöpfung.

Die Erzählung in Gen 2–3 ist eine Ätiologie, die vom Ende her zu lesen ist, weil sie erklärt, wieso es ein Machtgefälle zwischen Mann und Frau gibt und entgegen Gen 1 nicht alles »sehr gut« ist: In der geordneten Welt sind die Menschen sterblich, müssen im Schweiß ihres Angesichts den Acker bebauen, sind die Frauen ihren Männern untertan und können neues Leben nur unter Schmerzen gebären. Die Autoren erklären, dass Gott es eigentlich anders geplant hatte, die Frau aber von der Schlange überredet wurde, weise zu werden und vom verbotenen Baum zu essen, ihr Mann es ihr gleichtat und deshalb beide des Paradieses verwiesen und mit je spezifischen Mühen belastet wurden. Wie die feministische Auslegung seit den 1970er Jahren ausgeführt hat und inzwischen in jedem neueren Kommentar zu lesen ist, wird hier ein »Mythos der menschlichen Reifung« (Lyn Bechtel) erzählt. Die Menschen leben nicht mehr willen- und wunschlos im Paradies, sondern in der Welt, ausgestattet mit einem Urteilsvermögen zu erkennen, was gut und was böse ist. Sie haben einen freien Willen und es ist ihre Entscheidung, was sie tun, wobei sie die Konsequenzen ihres Tuns auch zu tragen haben. Das entspricht der weisheitlichen Grundvorstellung, dass menschliches Tun ein Ergehen nach sich zieht. Sich klug und gemeinschaftsfördernd zu verhalten und den Geboten der göttlichen Weisheit zu folgen, ist das Ziel der Weisheit und für Menschen aller Geschlechter relevant.

Von Sünde ist im biblischen Text erst im Zusammenhang mit dem Neid Kains gegen seinen Bruder Abel die Rede, dessen Opfergaben von Gott bevorzugt werden. Sie tritt in Gen 4,7 als personifizierte Größe auf, die Kain auflauert und Verlangen nach ihm hat. Der hebräische Begriff für Verlangen (*teschuqah*) wird auch im Strafspruch für Eva in Gen 3,16 verwendet. Ein Spruch aus dem Weisheitsbuch Sirach verbindet die Stichworte Anfang, Frau und Tod (Sir 25,24). Da seit hellenistischer Zeit das sexuelle Begehren zunehmend als sündig verstanden wurde, macht die weitere Rezeptionsgeschichte Eva zur ersten Sünderin und Verführerin des Mannes – gegen den Wortlaut des Genesistextes und gegen die Darstellung Adams als erstem Sünder in Röm 5,12. Diese frauenfeindliche Rezeption der Paradieserzählung bildete in Verbindung mit dem negativen Bild der fremden Frau in Spr 1–9 das verzerrende Stereotyp der »verführerischen Frau« aus, das die Frau zum »Anderen«

des Mannes macht und ihr Heil nur im Kindergebären sieht (2Tim 2,13–15). Diese frauen- und fremdenfeindliche, wenige Textstellen hervorhebende Auslegung wird heute zwar nirgends mehr vertreten. Das Klischee spukt aber immer noch in den Köpfen und wird noch gelegentlich in der Werbung bemüht. Dass es gleichzeitig das klägliche Stereotyp des willenlosen, weiblichen Reizen ausgelieferten Mannes mit sich führt, wird meist übersehen.

## 4. Stadt und Reich als hurerische Frau

Prostituierte haben seit dem Altertum einen schlechten Ruf, weil sie außerhalb der als Ideal verstandenen Familie stehen. Angesichts restriktiver Regeln für weibliche Sexualität bildete sich in prophetischen Schriften der Hebräischen Bibel die Vorstellung heraus, wonach das Verhältnis Gott-Volk wie eine Ehe zu verstehen sei – wobei das Volk als »Ehefrau« exklusiv nur Gott gehöre (Jer 2,2; Hos 1–3). Die Verehrung einer anderen Gottheit wird daher metaphorisch als Ehebruch, übersteigernd als Hurerei beschrieben. Auch die Hauptstädte Samaria und Jerusalem werden als Frauen personifiziert, die ihrer Einwohnerschaft wie eine Mutter Schutz und Nahrung bieten, gegenüber der Stadtgottheit aber als schützenswerte Tochter charakterisiert werden (Jes 1,8; 37,22; Jer 4,29–31; 6,22–26). In einigen prophetischen Schriften wird die Zerstörung dieser Städte im Nachhinein mit deren »Hurerei« – der Abkehr vom Gott Israels, dem »Vater« oder »Ehemann«, und der Hinwendung zu anderen Gottheiten – begründet (Jes 1,21–26; Jer 13,20–27; Ez 16; 23). Dieses schockierende Bild der unkontrollierbaren »Hure« wird in Jer 50–51 auf Babylon, die Hauptstadt des feindlichen Großreiches, projiziert und in apokalyptischen Schriften weiter ausgemalt bis hin zum Bild der »großen Hure« in Apk 17 als Chiffre für Rom. Dies ist erneut ein Stereotyp, das vermeintlich typisch weibliches Verhalten in politische Propaganda übersetzt. Feministisch betrachtet kritisierte die Vorstellung des »hurerischen« weiblichen Kollektivkörpers ursprünglich jedoch die Politik überwiegend männlicher Führungspersonen. Sie sollte diese Männer schockieren und ihnen drastisch vor Augen führen, dass sie den Bund mit ihrer Gottheit gebrochen und sich politisch den Großmächten angedient hatten. Diese Prophetie hatte zum Ziel, Niederlage und Zerstörung als gerechtfertigte Reaktion des geschädigten Ehemannes zu verstehen. Zum Stereotyp verkommen hat die Rezeption jedoch zu einer frauenfeindlichen Aufteilung zwischen »Mutter« und »Hure« geführt. Dass diese Vorstellung gelegentlich immer noch begegnet, liegt an den bis heute patriarchalen Machtstrukturen in Gesellschaft und

Politik. Die feministisch-kritische Exegese dekonstruiert seit einigen Jahrzehnten diese Ideologie und stellt andere Gottesbilder in den Vordergrund.

## 5. Fazit

Stereotype helfen nur scheinbar, Ordnung in eine unübersichtliche Welt zu bringen. Sie grenzen Einzelne oder Gruppen aus und drängen Gemeinsamkeiten in den Hintergrund. Biblische Stereotype bilden hier keine Ausnahme. Zudem entstammen sie einer Zeit und Kultur mit anderen Vorstellungen über Geschlechter und deren soziale Rollen. Angesichts der Fülle biblischer Erzählungen über Menschen, ihre Eigenschaften und Verhaltensweisen, ist nicht ersichtlich, was typisch weiblich und typisch männlich ist. Feministische Forschung hat daher den Gegenstand gesellschaftlicher Ungleichbehandlung erweitert und fragt nach den Überkreuzungen von Geschlecht, Ethnie, Klasse, Alter, sexueller Orientierung usw., die zur Abwertung bestimmter Menschen und zur Aufwertung anderer führen. Im Bereich der Gottesmetaphern hat sie Aufklärungsarbeit geleistet und neue Wege beschritten. Es ist daher ratsam, Stereotype hinter sich zu lassen und andere Menschen als ein Gegenüber anzuerkennen, das nicht in Schubladen gesteckt werden sollte.

### Literatur

*Fischer, Irmtraud/Claassens, Juliana* (Hrsg.), Prophetie, Die Bibel und die Frauen 1.2, Stuttgart 2019.

*Maier, Christl M./Calduch-Benages, Nuria* (Hrsg.), Die Schriften und spätere Weisheitsbücher. Die Bibel und die Frauen 1.3, Stuttgart 2013.

*Trible, Phyllis,* Gott und Sexualität im Alten Testament, Gütersloh 1993.

# Hegemoniale Männlichkeit und ihre Auswirkungen auf Geschlechtervorstellungen der Bibel

*Hans-Ulrich Weidemann*

Befasst man sich im akademischen Kontext mit Männern und Männlichkeit in der Bibel, dann begegnet man unweigerlich diesem Begriff: Hegemoniale Männlichkeit. Ein Begriff, der so unmittelbar einleuchtet und unwillkürliche Assoziationen hervorruft, dass er oft nicht mehr eigens definiert oder erläutert wird. Selbst in wissenschaftlichen Rekonstruktionen antiker und biblischer Vorstellungen von Männlichkeit wird zuweilen freihändig mit ihm operiert. Oft wird er mit Männern im Krieg oder beim Wettkampf assoziiert und mit Eigenschaften wie Kraft, Härte, Brutalität und Durchsetzungsfähigkeit verbunden. Das Adjektiv »hegemonial« wird dann als »auf Herrschaft, Dominanz, Macht und Sieg ausgerichtet« verstanden, hegemoniale Männlichkeit als patriarchalisches Projekt der herrschenden Eliten gekennzeichnet.

Dies alles ist nicht unbedingt falsch. Dennoch ist daran zu erinnern, dass das Konzept der hegemonialen Männlichkeit ein wesentliches Element einer bestimmten soziologischen Geschlechtertheorie und von dieser Theorie auch imprägniert ist. Zum ersten Mal wurde es in dem bahnbrechenden Aufsatz »Towards a New Sociology of Masculinity« formuliert, den R. W. Connell 1985 zusammen mit zwei australischen Kollegen publizierte. In den folgenden Jahren baute sie diesen Ansatz als Einzelautorin dann weiter aus: 1987 erschien ihr Buch *Gender and Power*, 1995 gefolgt von *Masculinities*. Dieser bahnbrechende Band wurde in viele Sprachen übersetzt, auf deutsch erschien er bereits 1999, die vierte Auflage folgte 2015 (daraus stammen die im Folgenden gebotenen Zitate).

## 1. Gender nach Connell: Praktiken von Körpern

Die von Connell in verschiedenen Publikationen entfaltete *Multiple Masculinities Theory* unterscheidet mehrere sozial konstruierte Formen von Männlichkeit voneinander. Männlichkeit gibt es also nur im Plural. Grundlegend für Connells Konzept ist das Verständnis von Geschlecht als *Praxis*, d. h. als Lebensführung in Bereichen der sexuellen Begierde, des Geschlechtsverkehrs und der Fortpflanzung.

Auch Connells Definition von Männlichkeit steht in dieser praxeologischen Perspektive. Connell definiert Männlichkeit nämlich nicht inhaltlich, sondern als »Konfiguration von Praxis innerhalb eines Systems von Geschlechterverhältnissen« (138). Die Analyse der Herstellung von Männlichkeit wird also im Kontext der Geschlechterordnung als ganzer verortet. Dabei sind »Männlichkeit« und „Weiblichkeit« relationale Konzepte, die sich aufeinander beziehen. Connell pointiert: Ohne den Kontrastbegriff »Weiblichkeit« existiert »Männlichkeit« gar nicht (120).

Im Unterschied zu diskursanalytischen (bzw. diskursfokussierten) Zugängen liegt eine wesentliche Stärke des Konzepts in der Einbeziehung der Körperlichkeit. Die Praktiken, durch die Gender hergestellt wird, sind wesentlich *bodily (embodied) practices*. Für Connell sind Körper Teilnehmer an sozialer Interaktion, sind konstitutive Akteure sozialer Praxis. An die Körper heften sich Deutungsmuster, und umgekehrt produzieren die unterschiedlichen Körper Deutungsmuster. Körper sind also sowohl Subjekte wie auch Objekte von Praxis.

## 2. Hegemoniale und andere Männlichkeiten

Die Erkenntnis, dass es *verschiedene* Formen von Männlichkeit gibt, ist für Connell nur der erste Schritt: »Wir müssen auch die Beziehungen zwischen den verschiedenen Formen untersuchen« (130). Entscheidend ist nun, dass die unterschiedlichen Formen von Männlichkeit bei Connell nicht nur zur Weiblichkeit, sondern auch zueinander in einem *hierarchischen* Verhältnis stehen. Die Definition wie auch die plurale Auffassung von Männlichkeit ist bei Connell also ursächlich mit dem Aspekt der *Macht* bzw. Dominanz verknüpft. Sie umfasst nicht nur die gesellschaftliche Dominanz von Männern gegenüber Frauen, sondern eben auch die Beziehungen von Männern untereinander.

In diesem Kontext ist nun das Konzept der hegemonialen Männlichkeit platziert. Mit diesem Begriff beschreibt Connell die in einer konkreten sozialen und politischen Situation als mustergültig, normativ und orientierend angesehene Form von Männlichkeit, an der sowohl die Weiblichkeit als auch die anderen, nicht-hegemoniale Formen von Männlichkeit ausgerichtet sind. Als nicht-hegemoniale Männlichkeiten identifiziert Connell ursprünglich die folgenden drei: komplizenhaft, untergeordnet, marginalisiert.

In der Anwendung des Konzepts werden dabei zwei Elemente gerne vernachlässigt. Erstens ist hegemoniale Männlichkeit keineswegs automatisch die jeweils dominierende oder klischeehafte (»macho-hafte«) Form von Männlichkeit. Und zweitens ist diejenige Form von Männlichkeit hegemonial, die die grundlegende Herrschaft von Männern über Frauen, aber auch die Herrschaft von Männern über andere Männer legitimiert (131).

Dies ist nur möglich, wenn die hegemoniale Form von Männlichkeit auf breitem gesellschaftlichem Konsens beruht und also von vielen Männern (und auch Frauen) prinzipiell gutgeheißen wird. Connell schließt hier an das Hegemonie-Konzept des marxistischen Philosophen Antonio Gramsci (1891–1937) an und überträgt einen seiner zentralen Aspekte in die Gender-Theorie. Gramsci ging im Falle von stabilen Herrschaftssystemen von einem mehrheitlichen Konsens der Beherrschten mit den Herrschenden aus. Stabile Herrschaft basiert demzufolge auf geteilten Werten, gemeinsamen Deutungsmustern und Einverständnis. Zwang und Gewalt als Herrschaftsmittel werden nur im Ausnahmefall eingesetzt.

Übertragen auf das Konzept der hegemonialen Männlichkeit bedeutet das, dass Macht und Herrschaft von Männern nicht primär auf Gewaltanwendung und -androhung beruhen (auch wenn Gewalt im Einzelfall immer eingesetzt werden kann und auch wird), sondern auf einem kulturell vermittelten Einverständnis untergeordneter Gruppen mit ihrer Position. Grundlegend für hegemoniale Männlichkeit sind also Akzeptanz und Einverständnis der meisten Männer – und auch vieler Frauen! – mit diesem Orientierungsmuster.

## 3. Hegemoniale Männlichkeit in den Geschichts- und Bibelwissenschaften

Obwohl ursprünglich aus der (australischen) modernen Soziologie stammend, wird Connells *Multiple Masculinities Theory* samt der hegemonialen Männlichkeit auch in den Geschichtswissenschaften und in den historischen Bibelwissenschaften angewendet, ja sie dominiert die dort praktizierte Männlichkeitsforschung. Connell zufolge sind sowohl die hegemoniale als auch die verschiedenen nicht-hegemonialen Männlichkeiten historisch gewachsen und wandelbar (247), und dieser historische Aspekt des Modells wird in den Geschichts- und Bibelwissenschaften vielleicht stärker akzentuiert als in anderen Disziplinen.

Kritisch diskutiert wird in diesem Kontext die inhaltliche Un(ter)bestimmtheit der Kategorie Männlichkeit. Außerdem werden Connells konkrete Klassifizierungen der nicht-hegemonialen Männlichkeiten – komplizenhafte, subordinierte und marginalisierte Männlichkeit – als für die Antike unbrauchbar abgelehnt. Zunehmend kritisch wird auch die für das Konzept grundlegende der machtfokussierte Gender- und Männlichkeits-Begriff von Connell gesehen. Denn wenn Männlichkeit in erster Linie als Dominanz (über Frauen wie andere Männer) definiert wird, dann besteht die Gefahr, in den antiken und biblischen Quellen ausschließlich Strukturen männlicher Herrschaft zu finden. Die Forschung spricht in diesen Fällen von »Patriarchatsfiktionen«. Daher halten neuere Untersuchungen zur antiken Männlichkeit sowohl für den altorientalischen als auch für den griechisch-römischen Bereich fest, dass diese Fokussierung auf Gewalt und Macht den Quellen nicht immer angemessen ist.

## 4. Wie findet man hegemoniale Männlichkeit in der Bibel?

Auch die biblische Männlichkeitsforschung wird nach wie vor von der (zumindest teilweisen) Anwendung von Connells Konzept dominiert. Dabei werden biblische Texte oft mit »Männeridealen« – seien es altorientalische, seien es griechisch-römische – korreliert oder konfrontiert. Diese Männerideale werden aus unterschiedlichen antiken Texten und Artefakten konstruiert und dann zur antiken Version von Connells hegemonialer Männlichkeit erklärt. Die in den biblischen Texten geführten Diskurse um männliche Ideale und Normen sowie die in narrativen Texten erzählten Praktiken, Interaktionen, Affekte und Biographien von Männern (aber auch von Frauen und von Menschen, die sich binären Klassifikationen entziehen wie z.B. Eunuchen) werden dann entweder als Ausdruck von oder als Opposition zu der so konstruierten hegemonialen Männlichkeit erklärt.

Im Kontext der *alttestamentlichen* Exegese wurde Connells Konzept beispielsweise auf die königsideologischen Texte, aber auch auf Diskurse über Krieg, Kult, Reinheit, Ehre, legitime Nachkommenschaft und vieles mehr angewendet. Während sich hier vieles im Raum der Eliten abspielt, zu denen auch die meisten der oppositionellen Schriftpropheten gehören, haben wir im Falle der *neutestamentlichen* Texte die Literatur einer Minderheit vor uns, die sich zur hegemonialen Männlichkeit der griechisch-römischen wie auch der jüdisch-hellenistischen Umwelt verhalten muss, dessen Teil sie zugleich ist. Hier hatte die Forschung in den beiden letzten Jahrzehnten eine gewisse Tendenz, die in den neutestamentlichen Texten festzustellenden Männlichkeitsdiskurse eher in Opposition oder als Alternative zur (konstruierten) hegemonialen griechisch-römischen Männlichkeit zu positionieren. Texte, die Elemente dieser hegemonialen Männlichkeit zu rezipieren schienen, wurden oft mit missbilligendem Unterton als Anpassung an den Zeitgeist oder an die herrschenden Eliten qualifiziert.

Nimmt man allerdings das von Connell aufgegriffene Hegemonie-Konzept Gramscis ernst, dann beruht hegemoniale Männlichkeit (weitgehend) auf Konsens und geteilten Werten, ist wandelbar und muss sich permanent neuen Gegebenheiten anpassen, die in Diskursen der jeweiligen Bezugsgruppen verhandelt werden. Dann aber geht es darum, die komplexen Prozesse der Anknüpfung an und Modifikation von altorientalischen wie griechisch-römischen Männlichkeitsdiskursen nachzuzeichnen. Dieses Anliegen ist mit der schlichten Formulierung nicht-hegemonialer Männlichkeiten kaum zu erfassen.

## 5. Verschiebungen im Konsens: Neutestamentliche Diskurse um hegemoniale Männlichkeit

So sind Jesu in der sog. Bergpredigt formulierte Anforderungen an seine männlichen Jünger nur auf den ersten Blick »nicht-hegemonial«. Keineswegs formuliert Jesus in der Bergpredigt ein anti-hegemoniales oder alternatives Männlichkeitsideal gegenüber einer auf Gewalt und Repression basierenden hegemonialen Männlichkeit. Denn einem scheinbar Unterlegenen öffentlich ins Gesicht zu schlagen (vgl. Mt 5,39) ist in griechisch-römischen Diskursen ebenso wenig akzeptiert wie auf jede Form gefühlter Beleidigung mit Zorn zu reagieren und zumindest verbal zurückzuschlagen (vgl. Mt 5,22). Stellt man Jesu Forderungen in ihren zeitgenössischen Kontext, sind sie durchaus anschlussfähig an antike Vorstellungen idealer Männlichkeit. So wenden sich im ersten Jahrhundert beispielsweise auch Plutarch und Seneca gegen den Zorn und erklären ihn explizit für unmännlich. Selbstbeherrschung, Standhalten, Selbstkontrolle und Enthaltsamkeit galten über alle kulturellen und sprachlichen Grenzen des antiken Mittelmeerraumes als erstrebenswerte Tugenden. Wenn Jesu Jünger in der Öffentlichkeit ihren Zorn, ihren Blick und ihre Zunge im Griff haben sollen, entsprechen sie dem, was man als hegemoniale Männlichkeit der griechisch-römischen Antike bezeichnen könnte. Ungewöhnliche Züge wie Jesu Forderung nach radikaler Gewaltfreiheit werden dann Teil eines Männlichkeitsideals, das an anderen Stellen anschlussfähig ist.

Analoges lässt sich für die Passionserzählungen beobachten. Natürlich ist das Passionsgeschehen eine massive Herausforderung für Jesu Männlichkeit. Jesus wird hier der entehrenden Todesstrafe der Kreuzigung unterzogen, er wird gefesselt, gefoltert und gegeißelt. Er wird auch öffentlich von seinen Gegnern verspottet und gedemütigt. Heldenhaftes Sterben oder glorreiches Martyrium sieht anders aus. Allerdings stehen alle Passionserzählungen unter dem Vorzeichen der *Freiwilligkeit*, das narrativ auf verschiedenen Ebenen umgesetzt wird. Wie das Winzergleichnis, aber auch die Erzählungen vom Letzten Abendmahl zeigen, wird Jesus von dem Geschehen keineswegs überrascht. Wenn er dann keinen Versuch unternimmt, sich der Festnahme zu entziehen, und wenn er im Prozess vor Pilatus auf eine Verteidigung verzichtet, dann wird er als ein Mann gezeichnet, der konsequent seinen Weg zu Ende geht – selbst angesichts seiner eigenen Todesangst, wie sie in der Gethsemani-Szene eindrücklich geschildert wird. Zweifellos sind die neutestamentlichen Passionserzählungen ungewöhnliche Schilderungen der Hinrichtung eines »Helden«, verlassen aber die Parameter antiker Männlichkeitsideale gerade nicht.

Ein eigenes Themenfeld für exegetische Männlichkeitsforschung sind die Paulusbriefe. Diese lassen durchaus ein bestimmtes Männlichkeitsideal erkennen. Auch hier ist die Selbstbeherrschung oder auch Selbstkontrolle ein wesentliches Element. Bei Paulus hat es eine gewisse leib-skeptische und sexual-asketische Schlagseite: So präsentiert er die »Enthaltsamkeit« (*enkrateia*) im Galaterbrief als neunte und letzte der Früchte des Geistes und schließt den Satz an, dass diejenigen, die dem Christus Jesus angehören, ihr Fleisch samt den Leidenschaften und Begierden gekreuzigt haben (Gal 5,23f.). Heidnische Männer, die gleichgeschlechtlichen Sexualverkehr praktizieren, sind für ihn der Beweis, dass Gott sie den seiner Meinung nach schändlichen Leidenschaften ausgeliefert hat, worauf sie in Begierde zueinander entbrannt seien (Röm 1,26f.). Sie sind also unfähig zur Selbstbeherrschung und daher unmännlich. Umgekehrt attestiert er einem Mann, der »seine Jungfrau« *nicht* heiratet, dass er im Herzen feststeht und Macht über seinen eigenen Willen hat (1Kor 7,37). Und sein an Männer gerichtetes Verbot der *porneia*, also jeder

Form von illegitimer, d. h. nicht in der heterosexuellen Ehe vollzogener Sexualität, leitet er ein mit dem Ausruf: »Alles ist mir erlaubt, aber nicht alles ist nützlich! Alles ist mir erlaubt, aber ich will mich von nichts beherrschen lassen.« (6,12). An diesen und anderen Stellen wird das hellenistisch-römische Idealbild eines freien Mannes oder gar eines souveränen Herrschers assoziiert, der sich nicht von seinen Begierden fremdbestimmen lässt und der Sex als Kontrollverlust nach Möglichkeit meidet. Womit wir heute unsere Schwierigkeiten haben, war zur Zeit des Paulus sehr anschlussfähig an den Zeitgeist, insbesondere an stoisch geprägte Männerideale, die ebenfalls die Tugend der Selbstbeherrschung (*enkrateia* bzw. *sophrosyne*) ins Zentrum stellten und die Unabhängigkeit des Mannes von äußeren Widerfahrnissen und inneren Leidenschaften propagierten. Diese Anschlussfähigkeit erklärt auch den immensen Erfolg der paulinischen Ausführungen, wovon die asketischen und monastischen Bewegungen in der Alten Kirche Zeugnis geben.

## 6. Zur legitimierenden Funktion hegemonialer Männlichkeit

Das in den Paulusbriefen greifbare Ideal von Männlichkeit ist also vom Mann her und auf den Mann hin entworfen, keineswegs aber auf den Mann begrenzt. Auch Frauen sollen und können diese Ideale praktizieren. Allerdings dient hegemoniale Männlichkeit Connell zufolge eben auch zur Legitimation der generellen Überordnung von Männern über Frauen und der Dominanz mancher Männer über andere. Um dies leisten zu können, muss sie auf Konsens und Zustimmung, auf geteilten Überzeugungen beruhen – die sich aber in permanentem Wandel befinden. Inwiefern dieser Aspekt auf die biblischen Texte zutrifft oder doch eine (zu) moderne Perspektive ist, ist eine eigene Frage.

Bleiben wir bei Paulus. Nicht zu bestreiten ist, dass sich der Apostel einer bestimmten frühjüdischen Lektüre der Genesis verpflichtet sieht, laut der »der Mann das Haupt der Frau ist« und die Frau wiederum »Abglanz des Mannes«. Der Mann dagegen ist Ebenbild Gottes (1Kor 11,2–11). Solange Männer und Frauen noch im »sterblichen Leib« sind, sollen sie sich der »Natur« gemäß verhalten, was beispielsweise bestimmte Kleiderregeln, die Rollen im Gottesdienst oder auch die Sexualität einschließt. Allerdings steht all dies unter dem Vorbehalt der Totenauferstehung, mit der die Verwandlung unserer Leiber einhergehen wird. Fraglich ist, ob und inwiefern das athletisch-asketische Männlichkeitsideal des Paulus, das viele Berührungspunkte mit zeitgenössischen Maskulinitätsdiskursen aufweist, konkret zur Legitimierung von Geschlechterungleichheit dient. Hier ist die Textbasis zumindest in den unbestritten echten Paulusbriefen doch wohl zu schmal. So deutet der Apostel nirgendwo an, dass Männer im Unterschied zu Frauen weniger zu Zorn und Begierde neigen und stattdessen fähiger zu Selbstbeherrschung und Affektkontrolle sind. Anders sieht der Befund teilweise in den sog. Deuteropaulinen aus. An dieser Stelle stellen sich der exegetischen Genderforschung neue Aufgabenfelder.

Dieser selektive Überblick zeigt, dass im Bereich der biblischen Genderforschung Connells Konzept der hegemonialen Männlichkeit auch nach Abklingen einer ersten Phase der Katalogisierung von Männlichkeiten nach wie vor neue, spannende Einsichten generieren kann.

## Literatur

*Connell, Raewyn,* Der gemachte Mann. Konstruktion und Krise von Männlichkeiten, Wiesbaden, 4. durchges. und erw. Aufl. 2015.

*Conway, Colleen M.,* Multiple Masculinities Theory in Biblical Studies: A Feminist Critique, in: *S. Scholz* (Hrsg.), Doing Biblical Masculinity Studies as Feminist Biblical Studies. Critical Interrogations, Sheffield 2023, 2–19.

*Scholz, Sylka,* Männlichkeitsforschung, UTB 6428, Bielefeld 2025.

*Smit, Peter-Ben,* Masculinity and the Bible: Survey, Models, and Perspectives, Brill Research Perspectives in Biblical Interpretation 2,1, Leiden 2017.

# Update Feministische und Gender-kritische Exegese des AT

**Was ist anders, was ist neu?**

*Uta Schmidt*

Ein Update für die Frauen- und Geschlechterforschung des Alten Testaments und des Alten Israel: Was kann das sein? Für Computerprogramme gilt in der Regel: Ein Update ist neuer als das bisherige, es hat den Anspruch, besser zu sein oder zumindest die neuen Anforderungen, die sich seit der letzten Fassung ergeben haben, zu erfüllen. Nutzer:innen stellen meist fest, dass mit dem Update Vertrautes plötzlich verschwunden ist und dass die Verbesserung erst einmal sehr ungewohnt daherkommt. Erst nach und nach entdecken sie im glücklicheren Fall, was jetzt alles neu, anders und interessant ist. Dahin soll hoffentlich auch dieser einführende Artikel zur biblischen Frauen- und Geschlechterforschung zum Alten Testament und Alten Israel im Update 2.3 führen.

Ich werde also in ähnlicher Weise beschreiben, welche neuen Perspektiven und Problemlagen sich in der biblischen Frauen- und Geschlechterforschung zum Alten Testament und zum alten Israel entwickelt haben, was sich in der Forschung verändert hat und was neu und interessant ist.

## 1. Verändert hat sich der Blick auf »Frauen« als Gegenstand der Forschung

Verändert hat sich der Blick auf Frauen. Frauen- und Geschlechterforschung zum AT und alten Israel war immer schon vielfältig. Für viele bedeutet Frauenforschung feministische Forschung, Exegese und Hermeneutik, die Frauen in mehrfacher Hinsicht in den Blick nimmt. Von Anfang an ging es darum, wie Frauen im AT und in der alttestamentlichen Wissenschaft vorkommen bzw. nicht vorkommen, welche Sicht auf Frauen vermittelt wird und welche Folgen dies für Frauen hatte und bis heute hat. Feministische Forschung hat dabei immer einen befreiungstheologischen Impuls, es geht um angemessene und gerechte Teilhabe von Frauen. Ausgangspunkt ist für diese Wissenschaftler:innen die Erfahrung, dass Frauen in der Bibel und ihrer Auslegung, in Wissenschaft und Kirche nicht oder zu wenig vorkommen und dass Diskriminierung von Frauen in all diesen Feldern bis heute erkennbar ist.[1] Doch Frauenforscherinnen haben mit und ohne solch feministische Motivation nach Frauen im AT und im alten Israel, nach ihren Lebensverhältnissen, ihrer theologischen, sozialen und kulturellen Bedeutung geforscht, was die Vielfalt des Forschungsgebietes anzeigt. Wie der Begriff Frauenforschung schon signalisiert, waren anfangs vor allem Frauen die Forscherinnen und der Forschungsgegenstand.

Dies hat sich verändert, die Perspektive auf den Forschungsgegenstand hat sich deutlich geweitet: Es geht inzwischen in der feministischen und gender-kritischen Exegese des AT um Frauen und Männer, es geht um Geschlechterverhältnisse und um queere Fragestellungen.

## 2. Neu ist »Gender« als Kategorie der Forschung

Schon seit gut 20 Jahren ist die Kategorie Gender unverzichtbar geworden. Grundlegend dafür ist die Unterscheidung zwischen Sex als biologischem Geschlecht und Gender. Gender bezeichnet soziale Geschlechtsidentitäten und -rollen, die durch gesellschaftliche und kulturelle Konventionen und Handlungen zustande kommen. Was eine Frau oder ein Mann ist und tut, ist somit nicht qua Biologie eindeutig festgelegt, ist aber dennoch nicht beliebig wähl- und wandelbar. Für die Auslegung biblischer Texte ist diese theoretische Grundlage hilfreich, da die Texte über biologisches Geschlecht sehr wenig aussagen, und diese Aussagen auch nur durch die Texte, also wieder in sozialen und kulturellen Zusammenhängen vermittelt werden.

Über soziale Geschlechtsidentität erfahren wir jedoch viel in den biblischen Texten: Was also tun die Figuren in den biblischen Texten, was sie als Frauen und auch als Männer erkennbar macht? Was für Rollen waren im

---

1 Immer noch lesenswert als Einstieg in Feministische Exegese ist *L. Schottroff, M. Th. Wacker* (Hrsg.), Kompendium Feministische Bibelauslegung, Gütersloh, 3. Aufl., Sonderausgabe 2007.

alten Israel offensichtlich typisch oder erwünscht für Frauen und Männer? Wo sind in den Texten Unterschiede erkennbar zu dem, was wir heute als »typisch weiblich« oder auch »typisch männlich« erkennen? Und wo in den Texten werden offensichtlich Genderrollen, die damals üblich waren, verändert, unterlaufen oder auf den Kopf gestellt?

All das hat dazu geführt, dass Ausleger:innen im AT nicht mehr allein nach Frauen fragen, sondern nach Geschlechterverhältnissen, -identitäten und -konstellationen. In feministischen und gender-kritischen Auslegungen der Schöpfungserzählungen in Gen 1–3 wurde dadurch z. B. herausgearbeitet, wie ungewöhnlich, gemessen an den gesellschaftlichen Verhältnissen im alten Israel, das Verhältnis von Frau und Mann hier gezeigt wird: gleichermaßen als Bild Gottes geschaffen in Gen 1,26–28, auf Augenhöhe durch die Bezeichnung der Frau als Hilfe in Gen 2,20 wie Gott in Ps 121,1 und verwandtschaftlich-gleichwertig durch die Verwandtschaftsformel in Gen 2,23.

## 3. Neu ist die Frage nach »Männlichkeit« und queeren Perspektiven

Beim Blick auf die Texte des AT und die Welt des alten Israel wird offensichtlich, dass Frau-Sein und auch Mann-Sein nicht zu allen Zeiten das gleiche bedeutet hat. Gender-gerechte Exegese untersucht deshalb verstärkt auch Männlichkeit in biblischen Texten: Was folgt daraus, dass Mose und David Männer waren? Waren sie das in unterschiedlicher Weise, waren sie typisch oder untypisch für ihre Zeit? Waren Propheten anders männlich als Könige? Und wie wirkt sich das auf die theologischen Aussagen aus, die daraus entwickelt werden? Obwohl es für viele noch ungewohnt ist, bei Gender Studies an Männlichkeit und Männer zu denken, sind Zugänge aus den *masculinity studies*, der kritischen Männlichkeitsforschung, schon seit längerem Teil der Exegese. Kritische Männlichkeitsforschung im Kontext des Alten Testaments untersucht in differenzierter Weise verschiedene Formen von Männlichkeit, hat aber das Verhältnis zu Frauen eher selten im Blick.

Eine weitere neue Perspektive ist Queere Theologie. Queer Studies sind eine Forschungsrichtung, die aus der queeren Bewegung hervorgegangen ist, welche Menschen unterschiedlicher sexueller Identität vereint bzw. vertritt. »Queer«, ursprünglich im Englischen eine Beleidigung für Menschen, die homosexuell oder irgendwie »anders« sind, ist inzwischen ein Begriff, mit dem nicht nur Menschen stolz sich selbst bezeichnen, sondern der auch ausdrückt, dass hier gegen den Strich gedacht wird. Ein Anliegen queerer Theologie ist, dass Sexualität in ihrer Vielfalt überhaupt ein Thema der Theologie ist. Queere Exegesen zeigen auf, dass in den biblischen Texten im Hinblick auf Geschlechtsidentitäten mehr zu finden ist, als nur eindeutig heterosexuelle Frauen und Männer.

Der Eunuch in Jes 56,1–8 ist dafür ein Beispiel, der zur Gemeinde dazugehört, *obwohl* an anderen Stellen im AT solche wie er ausgeschlossen werden (Dtn 23,2).[2] Queer studies fordern konsequent ein, die alttestamentlichen Texte nicht allein in binären Kategorien zu betrachten, sondern Geschlechtsidentitäten weiter zu fassen, zu verflüssigen und zu verändern. Ein Beispiel dafür ist Jael in Ri 4,17–22, die Sisera tötet: Queere Ausleger:innen diskutieren, ob Jael in diesem Fall männlich handelt, oder erst recht weiblich, aber eben anders, als erwartet, oder ob sie damit gerade nicht in eindeutige Kategorien eingeordnet und somit besser als »queer« beschrieben werden kann, quer zu binären Geschlechterkategorien.[3] Eine Lesart von Gen 1,27 aus jüngster Zeit versteht die Aussage »männlich und weiblich schuf er sie« als Merismus, eine Redeform, in der die beiden äußersten Pole einer Skala genannt werden und zugleich alles dazwischen mitgemeint ist.[4] Dafür spricht, dass in Gen 1 noch weitere solcher Merismen zu finden sind, wie z. B. Morgen und Abend, Licht und Finsternis.

## 4. Neu ist »Intersektionalität« in der Analyse von Machtbeziehungen

Neu ist seit einiger Zeit in der Exegese des AT das Konzept der Intersektionalität, das dazu beiträgt, ein lange bekanntes Problem besser zu erfassen: Frauenforschung nimmt Frauen als Forschungsgegenstand an, feministische Exegese misst der Erfahrung von Frauen in der theologischen Reflexion große Bedeutung zu. Doch Theologinnen aus verschiedenen Kontexten machten schon früh deutlich, dass sie in der Theologie weißer, christlicher Theo-

---

2 *Nissinen, Martti*, Relative Masculinities in Hebrew Bible/Old Testament, in: *A. Müller, H. R. Velten, R. Weber* (Hrsg.): Zwischen Ehre und Schande. Praktiken und Narrative vormoderner Männlichkeiten, Reihe Siegen, Beiträge zur Literatur-, Sprach- und Medienwissenschaft 183, Heidelberg 2021, 11–34.

3 *Guest, Deryn*, From Gender Reversal to Genderfuck. Reading Jael through a Lesbian Lens, in: *D. Guest* (Hrsg.): The queer Bible commentary, London [2]2007, 9–43.

4 *Fischer, Irmtraud*, Liebe, Laster, Lust und Leiden. Sexualität im Alten Testament, Theologische Interventionen 5, Stuttgart 2021, 47.

loginnen in Nordamerika und Europa nicht vorkommen und dass feministische Exegetinnen die Diskriminierung von Frauen zwar kritisch bekämpfen und dabei zugleich selbst an Unterdrückungsstrukturen beteiligt sind. Jüdische Feministinnen kritisieren den Antijudaismus christlicher Bibelauslegerinnen, schwarze Theologinnen (*women of color*) machen deutlich, dass auch weiße Feministinnen rassistisch sein können. Und Theologinnen aus dem globalen Süden fordern ein, dass Exegetinnen aus Europa und Nordamerika die postkolonialen Machtverhältnisse zur Kenntnis nehmen und aufhören sollten, sich selbst als den einzig gültigen Maßstab zu betrachten.

All diese begründeten Anfragen, Angriffe und Kritiken haben gemeinsam, dass sie Machtverhältnisse unter Frauen zum Thema machen, dass sie deutlich sagen, dass »Frauen« sehr verschieden sind und nicht immer auf der gleichen Seite stehen. So wird z.B. an den Erzählungen von Hagar und Sara (Gen 16 und 21) sichtbar, dass Auslegerinnen je nach eigenem Kontext bei Hagar oder Sara ansetzen. In feministischer Theologie wurde kritisch und schmerzhaft diskutiert, dass Frauen sich in den politischen, wirtschaftlichen und geographischen Bedingungen, unter denen sie leben, unterscheiden (dies gilt für jegliche Theologie und Exegese, wird aber nicht überall thematisiert) und dass Hierarchien, Macht- und Unterdrückungsverhältnisse auch unter Frauen existieren.

Neu ist, dass seit einiger Zeit auch in der Exegese die Theorie der Intersektionalität dazu beiträgt, diese Probleme anders zu durchdringen. Der Begriff der Intersektionalität kommt ursprünglich von engl. *intersection,* (Straßen-)Kreuzung. Das Konzept macht sichtbar, was passiert, wenn mehrere Faktoren der Unterdrückung (Differenz- und Marginalisierungsfaktoren) sich überschneiden, dass Unterdrückung sich in diesem Fall nicht einfach aufaddiert. Vielmehr entstehen in dieser Wechselwirkung spezielle, teilweise neue Diskriminierungssituationen.[5] Für die Exegese des AT lässt sich die Theorie gleich doppelt anwenden: auf die Position der Auslegenden und auf die Verhältnisse in den Texten.

Verschiedene Lektüren des Buches Rut haben ergeben, dass das Buch eher keine idyllische Liebesgeschichte ist – eine Lesart, die früher häufiger vertreten wurde. Vielmehr zeigen Ausleger:innen aus verschiedenen Kultu-

---

5 Den Begriff brachte zuerst die US-amerikanische Juristin Kimberlé Crenshaw auf: *Crenshaw, Kimberlé*, Das Zusammenrücken von Race und Gender ins Zentrum rücken. Eine Schwarze feministische Kritik des Antidiskriminierungsdogmas, der feministischen Theorie und antirassistischer Politiken, in: *N. A. Kelly* (Hrsg.): Schwarzer Feminismus. Grundlagentexte, Münster 2019, 145–186 (Original 1989).

ren, wie die Beziehungen von Rut, Noomi und Boaz wirken, wenn sie aus der Perspektive asiatischer Migrantinnen in den USA gelesen werden, die auf die Rolle der immerwährenden vorbildlichen Fremden festgelegt werden;[6] oder aus der Perspektive eingewanderter Arbeiterinnen in Israel, die dringend gebraucht werden, aber, wenn überhaupt, nur durch eine Heirat dazugehören können;[7] oder eben aus einer queeren Perspektive, aus der sich die Nähe von Rut und Noomi als Beispiel für eine vertraute, innige Beziehung zweier Frauen erweist, die sich gegenseitig unterstützen.[8]

In allen diesen Auslegungen überschneidet sich die Kategorie Geschlecht mit mindestens einer weiteren, wie z. B. ›Ethnizität‹: Rut kommt aus Moab, Noomi aus Israel, die migrantischen Arbeiterinnen im modernen Israel aus Osteuropa, und Gale Yee spricht über Migrantinnen in den USA mit Wurzeln in China. ›Alter‹ spielt eine Rolle in der Position von Rut und Noomi im Text, sowie in der Einschätzung der beiden: Im Text schwächt die Tatsache, dass Rut jung ist, ihre Position. In den Auslegungen (und auch in der Kunst) wird dagegen Noomi oft als alte Frau gegen die junge Rut abgewertet. Die queere Lektüre des Textes von Kerstin Söderblom führt neben sozialen Genderrollen sexuelle Identität als weitere Kategorie ein, die Rut und Noomi verbindet, anders, als heteronormative Rollen ihrer Gesellschaften das vorsehen.

Intersektionalität als Zugang schärft hier den Blick für die verschiedenen Machtpositionen und Diskriminierungsfaktoren im Text und unter den Ausleger:innen.

## 5. Neu sind »Trauma« oder »Vulnerabilität« in der Lektüre von Gewalttexten

Neu ist die Einbindung von Gegenwartskonzepten wie »Trauma« oder »Vulnerabilität«, um Texte des AT besser zu verstehen. Schon lange setzt sich feministische und gender-gerechte Exegese damit auseinander, dass etliche

---

6 *Yee, Gale A.* (Hrsg.), The Hebrew Bible: Feminist and Intersectional Perspectives, Minneapolis 2018, 85–111.

7 *Brenner, Athalya,* Ruth as a Foreign Worker and the Politics of Exogamy, in: *A. Brenner* (Hrsg.): Feminist Companion to Ruth and Esther, Feminist Companion to the Bible (Second Ser.), London 1999, 158–162.

8 *Söderblom, Kerstin,* Ruth und Naomi, im Blog »Kreuz & Queer« evangelisch.de, GEP Frankfurt, 8.2.2017 (https://www.evangelisch.de/blogs/kreuz-queer/142107/08-02-2017 abgerufen am 3.7.2024).

prophetische Texte Gott als Gewalttäter gegen Frauen präsentieren (vgl. z. B. Ez 16 und 23). Die Stärke feministischer und gender-gerechter Auslegungen liegt darin, dies zu benennen, zu problematisieren und dann auch historisch einzuordnen. Angesichts von sexualisierter Gewalt und sexuellem Missbrauch in der Gesellschaft und auch in unserer Kirche sind solche Forschungen wichtig. Denn sie zeigen auf, wie auch Bibelauslegung lange dazu genutzt wurde, Gott, Gewalt und Männlichkeit so zusammenzudenken, dass damit Gewalt gegen Frauen legitimiert wurde.

Seit einiger Zeit greifen Exeget:innen auf Traumatheorien der Gegenwart zurück, weil sich damit besser erklären lässt, wie solche Texte zustande kommen und warum diese gewaltvollen Darstellungen im AT wiederholt vorkommen. Mit dem Konzept »Trauma«, ursprünglich aus der Medizin und der Psychologie stammend, werden in der Literaturwissenschaft schon seit längerem auch literarische Texte als Reaktionen auf und Verarbeitung von traumatischen Erlebnissen gelesen und damit besser verstanden. Die massive Gewalt gegen Frauen, wie sie in prophetischen Schriften dargestellt wird, wird als Reaktion auf traumatische Kriegserfahrungen aus den Kriegen der Assyrer und Babylonier gedeutet und im Lichte solcher Theorien anders verständlich. In der Auseinandersetzung mit den biblischen Texten werden auch gegenwärtige Gewaltstrukturen sichtbarer. Daraus eröffnen sich Wege zu einem verantwortungsvollen Umgang mit den Texten in der Gegenwart, der die Opfer und Überlebenden von Gewalt nicht übergeht.[9]

Ein weiteres Konzept ist »Vulnerabilität«, Verwundbarkeit, das, ursprünglich aus der Medizin kommend, in der Psychologie, aber auch in der Klima- und Wirtschaftsforschung aufgenommen wurde und auch in die Philosophie und Theologie Eingang gefunden hat.[10] In feministischer und gender-bewusster Exegese des AT dient es als eine Art »Linse«, durch die Menschen- und Gottesvorstellungen neu sichtbar werden. Diese Perspektive der Vulnerabilität ermöglicht z. B. eine neue Sicht auf Sterblichkeit und soziale Angewiesenheit aller Menschen in den Psalmen. Sie zeigt aber auch auf, wo Verwundbarkeit geschlechtsspezifisch dargestellt, gegendert wird: wenn z. B. Frauen Verletzlichkeit symbolisieren, wie in der Darstellung eroberter Städte als Frauen (vgl. Jes 51,17–23), oder in den vielen Darstellungen militärisch erfolg-

---

9 Siehe z. B. *Poser, Ruth*, Das Ezechielbuch als Trauma-Literatur, VT.S 154, Leiden et al. 2012; *Baumann, Gerlinde*, Riskante Traumabewältigung. Neuere Deutungen von Ez 16, Bibel und Kirche 78 (2023) 1, 18–23.

10 S. dazu die Präsentation im Internet, Verwundbarkeiten, von Hildegund Keul (https://vulnerabilitätsdiskurs.de/ abgerufen am 3.7.2024).

reicher Männer, in denen vor allem Stärke zählt. Figuren wie Jael (s. o.) oder der Gottesknecht (Jes 53) erscheinen, durch die »Linse« der Vulnerabilität betrachtet, noch einmal neu.

So können Konzepte wie Trauma oder Vulnerabilität als Seh- und Lesehilfen für die Texte des AT produktiv wirken, auch wenn diese zur Abfassungszeit als Konzepte noch nicht bekannt waren, weil dadurch Anliegen unserer Zeit mit den Texten in Verbindung gebracht werden können.

## 6. Update: Was ist anders, was ist neu?

Frauen- und Geschlechterforschung zum AT und zum alten Israel ist für viele auch heute feministische Forschung mit befreiungstheologischem, emanzipatorischem Interesse. Die Forschungsperspektive hat sich dabei deutlich geweitet: Die Kategorie »Frauen« wurde durch »Gender« als soziale Geschlechtsidentität differenziert und auf Genderrollen und -konstellationen ausgeweitet. Perspektiven aus kritischer Männlichkeitsforschung machen auch Männer zum Thema, Vertreter:innen der Queer Studies hinterfragen binäre und generell fixierte Kategorien von Geschlecht und Sexualität. All das verändert die Sicht auf die Texte des AT.

Theoriekonzepte der Gegenwart werden in der Auslegung der Texte des AT und ihrer Rezeption genutzt, um damit die Verhältnisse in den biblischen Texten und aufseiten der Ausleger:innen vertieft zu betrachten. Konzepte wie »Intersektionalität«, »Trauma« und »Vulnerabilität« stammen zwar nicht aus dem alten Israel, aus der Welt der Texte des AT, tragen aber dazu bei, Themen und Fragen feministischer und gender-gerechter Exegese aus der Gegenwart mit den Texten in Verbindung zu bringen.

Insgesamt gesehen ist dabei das Bewusstsein für die eigene Einbindung in globale Macht- und Unterdrückungsverhältnisse und deren Auswirkungen auf das Verständnis der Texte und im Hinblick auf Frauen*, Gender und Sexualität gewachsen.

### Weiterführende Literatur

Empfehlenswert zum Thema sind die Bände 1.1–1.3 und 3.1 der international angelegten Reihe: Die Frauen und die Bibel, hrsg. von *Irmtraud Fischer, Mercedes Navarro Puerto, Adriana Valerio und Mary Ann Beavis*, mit aktuellen feministischen, gender-kritischen exegetischen Aufsätzen zu den Schriften des AT und frühjüdischen Schriften.

*Fischer, Irmtraud*, Liebe, Laster, Lust und Leiden. Sexualität im Alten Testament, Theologische Interventionen 5, Stuttgart 2021.

*Schmidt, Uta*, Was ist eigentlich normal? Eine kleine Geschichte der feministischen Exegese, in: *Daniel Hoffmann* et al. (Hrsg.): Theologische Aufbrüche. Perspektiven für Theologie und Kirche im 21. Jahrhundert. Festschrift 75 Jahre Augustana-Hochschule, Stuttgart 2022, 247–268.

Themenheft: »Sexualisierte Gewalt in und mit der Bibel«, Bibel und Kirche 78,1 (2023).

# Frauenleben im Alten Israel im Spiegel aktueller Forschung

*Dorothea Erbele-Küster*

Strömungen wie die sozialgeschichtliche Exegese und die feministische Forschung führten seit den 1980-er Jahren zu einem Blickwechsel auf die Alltagsgeschichte und damit auch auf das Leben von Frauen im Alten Israel, dem frühen Judentum und Urchristentum. Neben der Analyse der biblischen Texte liefert der Einbezug von Archäologie inklusive der Ikonographie[1] und Epigraphik vielfältige Einsichten über die Vorstellungs- und Lebenswelt im Alten Israel. Die Untersuchungen, die sich vielfach *Gender* als Analysekategorie bedienen, sind eingebettet in Vergleichsstudien aus der Kulturethnologie und aus der Altorientalistik, der Ägyptologie und den Altertumswissenschaften.[2] Damit tritt das Leben von Frauen aus dem Schatten des alleinigen Interesses an politischer und militärischer Herrschergeschichte. Rückwirkend verändert es auch die Erforschung der Herrscher:innengeschichte und den Fokus der Archäologie auf die Monumentalgebäude. Die methodische Frage, welchen Stellen- bzw. Quellenwert die biblischen Texte haben, die insgesamt für die Erschließung einer (Alltags-)Geschichte von Bedeutung ist, muss sich auch die Rekonstruktion des Frauenlebens stellen. Exemplarisch wird dies im Rahmen des Beitrags anhand der Frage des sog. Menstruationstabus entfaltet.

Die monolithische und essentialistische Kategorie Mensch bzw. Mann droht(e) auch auf die Analyse von Frauen im Alten Israel übertragen zu werden und als Spezialfall innerhalb der allgemeinen Geschichte, d.h. der Geschichte von Männern behandelt zu werden. Doch nicht zuletzt machen inter-

---

1 Zum Quellenwert der Ikonographie für die Geschlechter- und Frauenforschung insgesamt vgl. den Beitrag von Bruno Biermann in diesem Band.

2 *Marsman, Hennie J.*, Women in Ugarit and Israel. Their Social and Religious Position in the Context of the Ancient Near East, Leiden 2003.

kulturelle, sozialgeschichtliche, feministische und queere Ansätze zum einen die Diversität von Frauenleben im Alten Israel deutlich und zum anderen, dass Frauen einen festen Bestandteil innerhalb der Geschichte darstellen. Diese Ansätze beziehen damit neben Geschlecht (jenseits einer Binarität) auch andere Faktoren wie den sozialen Status und das Alter ein (Intersektionalitätsforschung).

In den letzten Jahrzehnten sind langgehegte Thesen und Stereotypen über Frauen von Forscherinnen einer *relecture* unterzogen worden. Erklärungsmodelle wie das Patriarchat, die »Kultprostitution«, der »Fruchtbarkeitskult« und das »Menstruationstabu« sind Grundannahmen, die sich hartnäckig in Handbüchern, Einführungswerken und Artikeln halten bzw. als Chiffre verwendet werden und damit die Komplexität des Lebens von Frauen (und Männern) unsichtbar machen. Diese Umbrüche und der dazugehörige Paradigmenwechsel sollen im Folgenden beschrieben werden.

## 1. Frauengeschichte als integraler Teil der Alltags-, Herrschafts- und Militärgeschichte

In zahlreichen Arbeiten wurde die Annahme, dass Frauen Randfiguren der Geschichte(n) sind, widerlegt. Irmtraud Fischer etwa machte Frauen(leben) in männlich konnotierten Rollen wie dem Prophetentum und die Erzmütter in den sog. Erzväter-Erzählungen sichtbar. Dies führte zur Etablierung der Bezeichnung Erzeltern(erzählung).[3] Erhellt wurde zum einen die Übernahme von sogenannten männlichen Rollen von einzelnen Frauen und zum anderen der grundlegende Beitrag von Frauen und ihrer Arbeit für die Geschichte, Ökonomie, Religion und das Alltagsleben. Deborah, Jael und die Frauen von Thebez übernahmen die Führung von militärischen Angelegenheiten Israels (Ri 4,6–22; 5,1–27; 9,50–57). Frauen partizipierten an Macht (dem Königtum: Isebel, Athaliah, Sheba etc., dem Richteramt, dem Prophetenamt) sowie der Ökonomie und Arbeit der Gesellschaft. Der Titel von Irmtraud Fischers Artikel »Den Frauen der Kochtopf, den Männern die hohe Politik?« hält die Schieflage in der Wahrnehmung fest,[4] gegen die insbesondere Carol Meyers

---

3 *Fischer, Irmtraud,* Die Erzeltern Israels. Feministisch-theologische Studien zu Gen 12–36, BZAW 222, Berlin 1994.

4 *Fischer, Irmtraud,* Den Frauen der Kochtopf – den Männern die hohe Politik? Zum Klischee der Geschlechterrollen in der Bibelauslegung am Beispiel der Erzeltern-Erzählungen, in: Christlich-pädagogische Blätter 108, 1995, 134–138.

in ihren Arbeiten zur Aufwertung der Alltagstätigkeiten von allen Frauen für das Überleben und Instandhalten des Haushaltes und der Gesellschaft anschreibt (siehe unten).

## 2. Frau (womanhood): keine monolithische Grösse

Diese Arbeiten machen deutlich, dass die Kategorie Frau keine essentialistische monolithische Größe ist, genauso wenig wie die Kategorie Mensch oder Mann. Für den Alten Orient sind Zugehörigkeit zu einem Mann (als Tochter oder Ehefrau) und Schwangerschaft grundlegend zur Bestimmung des Frauseins. So erfolgt in der Hebräischen Bibel die Zuschreibung der Geschlechterrolle häufig durch Dritte über Bezeichnung von Verwandtschaftsverhältnissen als Mutter, Schwester oder Ehefrau. Der Status einer verheirateten (Neben-)Frau kann dabei sehr unterschiedlich sein (s. etwa die Differenz zwischen Hagar und Sara, die beide Frauen von Abraham sind; Hulda, die Prophetin, die auf ihren Ehemann bezogen bleibt).

Sexualität, Körper und Reproduktion sind daher zentral für die Bestimmung von Frausein. Frauen verfügen in der Regel nicht über ihre Sexualität, von Ausnahmen abgesehen wie etwa Prostituierte oder Frauenfiguren in der alttestamentlichen Liebeslyrik. Männer werden entsprechend häufig in den Texten in einer aktiven Rolle geschildert. Gleichzeitig beugt die vielschichtige Analyse des Frauenlebens, vor allem die ihres Beitrags an der Arbeitsökonomie, einer Reduktion von Frauen auf Sexualität und Reproduktion vor. So rückte die Intersektionalität von Geschlecht, Alter, Klassenzugehörigkeit, Ethnizität (race), Religion, Familienstatus, Körper und Sexualität in den Blick.

Auch in der narrativen Analyse werden die sozialen Differenzierungskategorien und die Rolle der Frauen innerhalb der androzentrischen Geschichtsschreibung freigelegt, wobei die literarische und narrative Struktur diese häufig akzentuieren.[5] Der Fokus auf Frauen als narrative Charaktere in biblischen Texten wird ergänzt durch philologisch ausgerichtete Studien: die Inkongruenz von grammatischem und sozialem Geschlecht etwa im Ruthbuch betont die Handlungsmacht von Frauen.

---

5 Vgl. *Müllner, Ilse,* Gendered Politics. Dynastische Rollen von Frauen in den Erzählungen von Saul, David und Salomo, in: *I. Fischer, J. Classens* (Hrsg.), Prophetie, Die Bibel und die Frauen 1.2, Stuttgart 2019, 161–189; *García Bachmann, Mercedes,* The Various Roles of Women in the Historical Books, in: *B. Strawn, B. Kelle* (Hrsg.), The Oxford Handbook of the Historical Books of the Hebrew Bible, Oxford 2020, 214–227.

## 3. Neue Forschungsgebiete: Kinder, Nahrung und »household archaeology«

Der Fokus auf Alltagsgeschichte (von Frauen) brachte auch neue Forschungsfragen und Forschungsgebiete mit sich. So haben sich innerhalb der Altorientalistik und der Bibelwissenschaften die *children studies*[6] etabliert, die das Alltagsleben von Kindern und die Rolle von Frauen in der (Geschlechter-)Erziehung beleuchten.

In unzähligen Studien hat die Bibelwissenschaftlerin und Archäologin Carol Meyers den Beitrag der Frauen zur Ökonomie des Haushalts (in der Eisenzeit I) v.a. in der Nahrungszubereitung herausgearbeitet und zusammen mit ihren Schülerinnen den »food studies« maßgeblich zum Aufschwung verholfen.[7] Der Haushalt (household) ist die Kernzelle der Gesellschaft. Damit ist sowohl die Familieneinheit als auch die Wohnstätte gemeint. Der Haushalt umfasst die Personen, die in ihm leben sowie die Materialkultur, d.h. die Artefakte, die sie verwenden und herstellen, und entsprechend all die Aktivitäten, die zum Leben des Haushalts dazugehören. Damit rücken die Geschichte eines Objekts und sein Verwendungszusammenhang in den Blickpunkt. Traditionelle moderne Assoziationen mit Haushaltaktivitäten werden durchkreuzt, wenn etwa in den Blick kommt, dass mehrere Frauen und damit Haushalte einen Backofen gemeinsam benutzt haben (vgl. Lev 26,26) oder dass in einem Raum eines Hauses bei Ausgrabungen mehrere Mühlsteine gefunden wurden. Die Tätigkeiten von Frauen bildeten demnach eine soziale und ökonomische Gemeinschaftsstruktur.

Die Aktivitäten, die den Haushalt in alltagspraktischer Hinsicht am Leben erhalten, sind äußerst vielfältig und liegen zumeist in den Händen und der Obhut von Frauen: Sie reichen von der Befriedigung der physischen Bedürfnisse wie Nahrung und Kleidung über die Erziehung (Spr 10,1; 15,20; 23,24f.) und Care-Arbeit hin zur Ausübung von religiösen Ritualen. Gen 3,16ff. zeugt davon, dass sowohl die Geburtsarbeit als auch die Feldarbeit mit Mühen verbunden ist, letztere wird von Männern wie Frauen ausgeübt. Da in einer Subsistenzwirtschaft jedoch grundsätzlich alle Mitglieder eines Haushalts zum Überleben beitragen, kann keine strikte geschlechterspezifische

---

6 Vgl. exemplarisch *Garroway, Kristine*, Growing Up in Ancient Israel: Children in Material Culture and Biblical Texts, Archaeology and Biblical Studies 23, Atlanta 2018.

7 *Meyers, Carol*, Rediscovering Eve. Ancient Israelite Women in Context. Oxford 2012; *dies.*, Archäologie als Fenster zum Leben von Frauen im Alten Israel, in: *Irmtraud Fischer* et al. (Hrsg.), Torah, Die Bibel und die Frauen 1.1, Stuttgart 2010, 63–109.

Arbeitsaufteilung vorgenommen werden. Carol Meyers prägte den Begriff »Haushalt« neu und nahm nicht zuletzt auf diesen Erkenntnissen aufbauend eine Kritik der Patriarchatsthese für das Alte Israel vor.

Die in Sprüche 31 aufgelisteten Tätigkeiten der sog. tüchtigen bzw. starken Frau entsprechen Frauenberufen bzw. Tätigkeiten im Handel, in der Warenherstellung, in der Nahrungszubereitung und als Vorsteherin des Haushalts. Aramäische Rechts- und Alltagstexte aus Elephantine (5. Jhd. v. Chr.) bezeugen, dass bestimmte Frauen über eigenen Besitz verfügten und diesen vererben konnten. Aus diesen Texten sind uns einige auch namentlich bekannt: die wohlhabende Miptaḥyah und die ägyptische Sklavin Tamut, die mit dem JHWH-Tempeldiener ʿAnanyah ein Kind hatte.

## 4. Körper-Kult und Sexualität

### *a) Kultprostitution*

Die mit dem deutschen Kunstwort Qedešen (abgeleitet von hebr. *kdš* heilig) belegte Personengruppe (überliefert ist die männliche wie weibliche Form im Singular wie Plural) wird an einigen Stellen mit Hurerei in Verbindung gebracht (vgl. Dtn 23,18; Hos 4,14). In der Forschungsgeschichte wird daher häufig von Tempel- bzw. Kultprostitution gesprochen. Phyllis Bird hatte bereits 1987 in einem grundlegenden Artikel diese These der Kultprostitution hinterfragt. Dies mündete 2022 in ein umfassendes Standardwerk, in der sie die Kultprostitution anhand der Untersuchung der Forschungsgeschichte sowie der Quellen einer Dekonstruktion unterzog.[8] Macht der Untertitel »Harlot or Holy Woman« eine binäre Alternative zwischen Hure oder heiliger Frau auf, so ist ihr Fazit schillernder: Die Rolle der Qedešah kann als eine der zahlreichen religiösen Praktiken und Institutionen betrachten werden, die das religiöse Leben prägten, das durch das Königtum und die herrschenden Priesterfamilien kontrolliert wurde. Phyllis Bird listet eine Bandbreite der kultischen Praktiken von Frauen, der Orte und Institutionen auf: Priesterschaften, Heiligtümer, Zeltheiligtümer, Seher:innen, Geisterbeschwörer:innen, Prophet:innen, andere Orakelspezialisten und Heiligtumsdiener:innen. Diese Neudefinition der Qedešen geht einher mit der Erhellung der kulti-

---

8 *Bird, Phyllis,* The Place of Women in the Israelite Cultus. Harlot or Holy Woman? A Study of Hebrew Qedešah, Winona Lake 2022. Vgl. auch *Stark, Christine,* »Kultprostitution« im Alten Testament? Die Qedeschen der Hebräischen Bibel und das Motiv der Hurerei, OBO 221, Göttingen 2006.

schen Rollen von Frauen in unterschiedlichen Forschungsarbeiten. Kulturvergleichende Analysen machen deutlich, dass Frauen, deren Leben einer Gottheit bzw. dem Tempel gewidmet sind, ökonomisch vom Tempel abhängig agierten. Ihre Sexualität unterliegt anderen Regeln als die verheirateter Frauen, die einem Mann zu- bzw. untergeordnet sind.

### b) *Menstruationstabu*

Mehrere Studien mit Blick auf Mesopotamien und die Welt des Alten Israels[9] beleuchten in den letzten beiden Jahrzehnten kritisch, inwiefern Frauen einem Tabu, d. h. einer sozialen und kultischen Ausgrenzung, im Gefolge ihrer Menstruation unterlagen bzw. ob Blut mit Tabuvorstellungen verbunden war. Das sogenannte Menstruationstabu birgt die Gefahr, die Nuancen der spezifischen (Kon-)Texte zu verschleiern und androzentrische Annahmen zu verstärken. Das Stereotyp, das sich aus dem kulturübergreifenden Vergleich sowie aus der späteren Praxis der Reinheitsvorschriften in bestimmten Strömungen des Judentums ergibt, hat die Bedeutungszuschreibung der Reinheitsvorschriften im Buch Leviticus beeinflusst. Zugleich laufen christliche Ausleger:innen die Gefahr einer antijudaistischen Auslegung. Dies berührt die grundsätzliche Frage, welches Verständnis wir von Rechtstexten im Alten Testament haben bzw. wie wir deren Praxis beurteilen. Bei dem Versuch, die Vorschriften zu erklären, wurde die Zeit der kultischen Absonderung im Gefolge von Menstruation und Geburt als eine Zeit des Schutzes für die Frau interpretiert, eine Erklärung, die in einem androzentrischen Rahmen funktioniert und eine soziale Absonderung impliziert. Was die Praxis der Bestimmungen in Lev 12 und 15 betrifft, so liefern weder die narrativen biblischen Texte noch die archäologischen Funde für die Zeit des Ersten Tempels stichhaltige Belege für die Isolierung von Frauen während der Menstruation. Ab der Zeit des Zweiten Tempels lässt sich in der literarischen Produktion ein Trend zu einem verstärkten Interesse an Reinheitsvorschriften und eine Zunahme von gestuften Bädern in der südlichen Levante feststellen, die häufig als Ritualbäder (*mikveh*) identifiziert werden.

---

[9] *Steinert, Ulrike*, Fluids, Rivers, and Vessels. Metaphors and Body Concepts in Mesopotamian Gynaecological Texts. Le journal des médecines cunéiformes 22, 2013, 1–23; *Erbele-Küster, Dorothea*, Geschlecht und Kult. »Rein« und »Unrein« als genderrelevante Kategorien, in: *I. Fischer* et al., Torah (Anm. 7), 347–374, und *dies.*, Archaeological and Textual Evidence for Menstruation as Gendered Taboo in the Second Temple Period?, in: *M. Bauks* et al. (Hrsg.), Gender and Social Norms in Ancient Israel, Early Judaism and Christianity: Texts and Material Culture, JAJ.S 28, Göttingen 2019, 169–184.

Die Reinheitsbestimmungen in Lev 12 und 15 prägen einen spezifisch kultischen Fachbegriff für den Zustand der Frau, der durch die Menstruation verursacht wird (*niddāh*), der häufig mit hebr. *tame*/Unreinheit in eins gesetzt wurde. Für *niddāh* wurden Übersetzungsvorschläge ins Spiel gebracht, die keine negative Konnotation von Unreinheit transportieren: »Periode« und »durch die Menstruation verursachter kultischer Zustand«. Letzterer Ausdruck unterstreicht auch, dass es sich bei Unreinheit im Gefolge von Menstruation um ein kultisches Konzept handelt. Im Kontext der kritischen Behinderungsforschung (*disability studies*) wurde die Beobachtung gemacht, dass *niddāh* dem *Qittel*-Bildungsschema hebräischer Substantive folgt, die für einige körperliche Beeinträchtigungen stehen, wie *ʿiwwer* (blind) und *ʾillem* (stumm). Kann man daraus schließen, dass die Menstruation in ähnlicher Weise als eine solche Beeinträchtigung angesehen wurde?

Um sich der Schwierigkeit zu stellen, die Erfahrungen von Menstruierenden und ihren konkreten Alltag zu erforschen, wurden die unterschiedlichsten literarischen Quellen und ihre sprachlichen Ausdrücke untersucht. Die therapeutisch-medizinischen Keilschrifttexte verwenden Naturphänomene, um die Menstruation zu beschreiben. In narrativen biblischen Texten steht im Vordergrund der Definition des weiblichen Körpers das weibliche Fortpflanzungspotenzial. Die diskursiven Praktiken literarischer Texte wiederum beeinflussen die Selbst- und Außenwahrnehmung des (menstruierenden und sexuellen) Körpers. Insgesamt ist der Diskurs über Menstruation verwoben mit Konzeptualisierungen von Sexualität und Geschlecht. Die Auslegungsgeschichte macht deutlich, dass sie zur Normierung vor allem des weiblichen Körpers und von Geschlechterrollen von Frauen dienten. So werden bis in die Gegenwart hinein in unterschiedlichen Kirchen(-gemeinschaften) Frauen mit Verweis auf die Menstruation von kirchlichen Ämtern ausgeschlossen.

## 5. Umbrüche und Paradigmenwechsel

Zusammenfassend lassen sich folgende Umbrüche in den letzten Jahrzehnten festhalten:

In vielen Einzelstudien wurden implizit und explizit der methodischen Frage nach dem Quellenwert der biblischen Texte für die Erschließung von Frauenerfahrungen und -wirklichkeiten sowie der Frage nach der Bedeutung der Rechtsvorschriften für den Alltag nachgegangen. Gleichzeitig hat die Intensivierung des archäologischen und ikonographischen Blicks zu einem umfassenderen, komplementären bzw. gegenläufigen Bild beigetragen. Der

Blickwechsel zur Erschließung des Alltagslebens von Israeliten und Israelitinnen etwa durch die sog. *houshold archaeology* ist nicht mehr nur bestimmt vom Interesse an der Kultur der Herrschenden, den Städten mit ihren Befestigungsanlagen, Palästen und den Metallarbeiten (Waffen, Kultobjekten etc.). Vielmehr wendet man sich nun auch der Alltagsgeschichte, den Kleinfunden, der Keramik zu. Die Rolle von Frauen in der Produktion und Zubereitung von Nahrung macht ihren ökonomischen Beitrag und ihre gesellschaftliche und familiäre Handlungsmacht (*agency*) sichtbar. Frauen haben eine große Bandbreite an kultischen Praktiken ausgeübt und politische Positionen eingenommen. Diesbezüglich bleibt weiterer Forschungsbedarf bestehen. So betont Lev 6,11 ausdrücklich, dass nur alle männlichen Söhne (Nachkommen) des priesterlichen Geschlechts das Opferfleisch essen dürfen. Bedeutet dies etwa, dass alle anderen Stellen in Leviticus, die von den Söhnen/Nachkommen des Priesters sprechen, inklusiv zu verstehen sind? Die Bestimmung des Frauenlebens im Alten Israel in aktuellen Studien ist facettenreicher und weniger essentialistisch als noch vor drei Jahrzehnten und kann nicht mehr unter der Patriarchatsthese mit wenigen pauschalisierenden Sätzen bzw. im Gegenüber zu Männern/dem Männlichen als dem neutralen allgemeinen Teil der Geschichte abgehandelt werden.

## Weiterführende Literatur

*Fischer, Irmtraud, Classens, Julia* (Hrsg.), Prophetie, Die Bibel und die Frauen 1.2, Stuttgart 2019.

*Fischer, Irmtraud, Puerto Navarro, Mercedes* und *Taschl-Erber, Andrea* (Hrsg.), Torah, Die Bibel und die Frauen 1, Stuttgart 2010.

# Von Göttinnen und Gott bis Geschlechtertheorie

## Archäologische, inschriftliche und visuelle Stolpersteine der Erforschung der Levante des 2. und 1. Jahrtausends v. Chr.

*Bruno Biermann*

## I. Stolpersteine

Besaß der biblische Gott JHWH einen geschlechtlichen Körper, oder eine Partnerin? Archäologie und Geschlecht waren und bleiben Stolpersteine für bibelwissenschaftliche Forschung. *Archäologie* – als eigenständiger Forschungszugang zur Vergangenheit anhand von wissenschaftlichen Grabungen und ihren Funden – und *Geschlecht* – als analytische Perspektive, die Subjekte, Methoden und Ziele historischer Forschung hinterfragt, besitzen ein disruptives Potenzial. Geschlecht war und bleibt außerdem ein zentraler Faktor in den Debatten über die Entstehung des Monotheismus.[1] Darin zeigt sich nicht nur die Relevanz neuer archäologischer Funde und Analysemethoden, sondern auch, dass das Engagement mit Geschlecht heutige religiöse und theologische Befindlichkeiten aufwühlt.

---

1 Geschlecht wird in Disziplinen, die die Levante und ihre Geschichte, Literatur und Archäologie erforschen uneinheitlich verwendet. G. kann im weitesten Sinne die Auseinandersetzung mit Unterschieden in Bezug auf soziale Rollen und Reproduktion beschreiben. Weiterhin wird G. auch Synonym für Frauenforschung verwendet. Im engeren Sinne ist G. ein Schlüsselbegriff für die Verhandlung moderner analytischer Konzepte der feministischen, Gender- und Queer-Theorie(n) für die Erforschung der Vergangenheit. Für feministische und Gender Archäologie und ihren Einfluss auf die Archäologie der Südlevante s. *Budin*, A World of Women. Der Begriff *Levante* betont regionale Zusammenhänge und versucht, das Interesse an dieser Region zu enttheologisieren. Die Levante inkludiert das heutige Israel, Palästina, Jordanien sowie Teile der Sinai-Halbinsel (die sog. Südlevante), Libanon sowie Syrien (Nordlevante). Keiner dieser Begriffe bezeichnet eine homogene kulturelle, ethnische oder religiöse Größe.

Für feministische Zugänge spielen Ikonographie (visuelle Darstellungen), Epigraphik (Inschriften) und Archäologie seit den späten 1970er Jahren eine Rolle in der Dezentrierung biblischer Literatur und der Entdeckung vergessener und verdrängter Akteure. Diese Dezentrierung zielt auf die (Wieder-) Entdeckung von Feminität, Frauen und Göttinnen in der Sozial- und Religionsgeschichte und der Dekonstruktion biblischer Polemiken gegen sie.[2] Damit tragen diese Zugänge eine *strategische* Bedeutung für feministisch-theologische Ansätze. Insbesondere stellen sie moderne Projektionen und Legitimationen der Geschlechterordnung auf Antike und Bibel in Frage: »Theologisch *brauche* ich die Göttin nicht, *gebrauche* aber ihre Bilder gleichsam im Sinne eines Bildersturzes, um sichtbar zu machen, wo speziell *unsere* [...] Tradition der Selbstvergötzung des Männlichen erlegen ist [...].«[3]

Die Debatte um Monotheismus und »die Göttin« wurden durch die Entdeckung von Inschriften in *Ḫirbet el-Kōm* (ausgegraben 1967; Abb. 1) und *Kuntillet ʿAǧrūd* (ausgegraben 1975–1976; Abb. 2) verstärkt, die JHWH und »seine Aschera« nennen.[4] Die Diskussion über den Charakter der Aschera und generell Göttinnen wurde von biblischen und theologischen Vorannahmen geprägt. Dies betrifft insbesondere die Vorstellung von JHWH als dem einen und einzigen, wohlgemerkt männlich konzeptualisierten Gott (Dtn 5,6; 6,4–5) und das Verbot der Herstellung und Verehrung von Götterbildern (Ex 20,3–5; Dtn 5,7–9).

Im Folgenden skizziere ich zunächst methodische Kernpunkte (2.) und fokussiere dann zentrale Ergebnisse der Forschung anhand überwundener Annahmen (3.) sowie weiterhin diskutierter Fragen (4.). Abschließend blicke ich auf die Lücken und zukünftigen Potenziale von Geschlechterforschung in der Südlevante (5.).

---

2 Silvia Schroer (Ikonographie), Susan Ackerman und Carol Meyers (Archäologie) haben gezeigt, dass diese Quellen zentral sind für das Verständnis der Lebens-/Vorstellungswelten jenseits der Text-produzierenden und -tradierenden Bevölkerung in urbanen Kontexten der Eisen- und der Perserzeit.

3 *Wacker, Marie-Theres*, Ashera oder die Ambivalenz des Weiblichen. Anmerkungen zum Beitrag von Georg Braulik, in: *M.-T. Wacker, E. Zenger* (Hrsg.), Der eine Gott und die Göttin, QD 135, Freiburg et al. 1991, 137–150: 137.

4 Zur aktuellen Diskussion und Literatur der hier dargestellten und weiterer relevanter Inschriften: *Blum*, Götterpaar, 259–282.

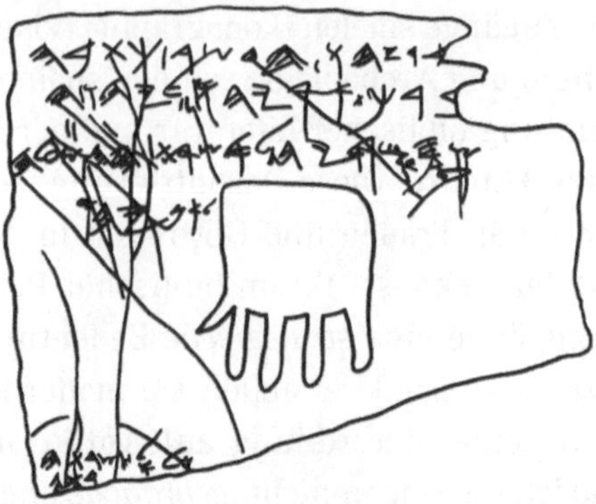

*Abb. 1:* Grabinschrift in Sandstein am Eingang der Grabkammer des ʾUrijahu über nach unten zeigender Hand: »... gesegnet war ʾUrijahu vor JHWH. Und von seinen Feinden hat er ihn durch seine Aschera errettet ...«[5] (Ḫirbet el-Kōm; 12,5 × 10,3 cm; EZ IIB, 8. Jh. v. Chr.).

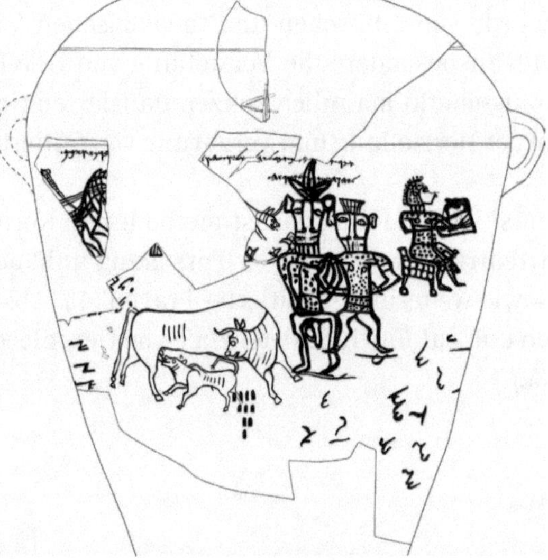

*Abb. 2:* Zeichnung und Inschrift auf Vorratsgefäß aus gebranntem Ton: »ʾAmarjahu: Sprich zu meinem Herrn: Geht es dir gut? Ich segne dich gegenüber JHWH von Teman und seiner Aschera. Er segne dich und behüte dich und sei mit meinem Herrn. ... Durch JHWH von Teman und seine Aschera.«[6] (Kuntillet ʿAğrūd, Pithos A; EZ IIB, 8. Jh. v. Chr.).

5 *Röllig, Renz,* Handbuch der Althebräischen Epigraphik, Bd. 1, Darmstadt 2016, 208–210.

6 *Röllig,* Handbuch, Bd. 1, 62–64.

## 2. Methodische Vorbemerkungen

Symptomatisch für die Debatten um JHWH und Aschera ist der Fokus auf Textlichkeit – in Form von biblischer Literatur als auch Inschriften. So widmeten Forscher:innen der Ikonographie auf beiden Medien (Abb. 1–2) vergleichsweise wenig Aufmerksamkeit oder deuten sie oftmals von den Inschriften her.

Die unterschiedliche Qualität und Medialität der Quellen sowie ihr fragmentarischer Charakter erfordern jedoch methodisch eigenständige Zugänge. Nur archäologische Fundkontexte ermöglichen ein präzises Verständnis der Herstellung, Verwendung und Bedeutung von Objekten für Menschen. Ferner präsentieren Inschriften und biblische Literatur *Namen* von Gottheiten, während visuelle Medien *Typen* von Gottheiten darstellen. Diese Typen enthüllen auch Konzeptionen von Körperlichkeit, Macht und Geschlecht. Die mediale Differenz sollte vor vorschnellen Gleichsetzungen und Identifikationen, z.B. JHWHs mit der linken (Bes) Figur, Ascheras mit der Rechten, auf dem Pithos A von *Kuntillet ʿAǧrūd* (Abb. 2) abhalten.

Ikonographie spielt eine eigenständige Rolle für eine Religionsgeschichte der Levante und bietet eine zentrale Quelle für die Rekonstruktion der Vorstellungs- und Lebenswelten antiker Menschen. Diese Ausweitung ist sowohl zeitlich als auch geographisch und ermöglicht *longue durée* Analysen von der Entwicklung visueller Themen über Jahrtausende.[7] Diese Langzeit-Perspektive bettet Judah und Israel in die gesamte Levante und ihre politischen, ökonomischen und religiösen Prozesse ein und hat zur Überwindung lange etablierter Paradigmen beigetragen.

## 3. Überwundene Annahmen

### *3.1 Biblische Texte sind Polemik, keine Historie*

Die Levante und der Vordere Orient des 2. und 1. Jt. v. Chr. und damit auch die Entstehungs- und Rezeptionskontexte biblischer Literatur waren voller Gottheiten, männlicher als auch weiblicher, sowie allerhand Mischwesen. Der schlechte Ruf von Göttinnen in biblischer Literatur resultiert aus einer Polemisierung, die Fremdgötterkult im Besonderen mit Göttinnen und oft auch Frauen assoziiert. Dieses rhetorische Werkzeug der biblischen Texte darf nicht als »neutrale« historische Quelle missverstanden werden.[8] Dies

---

7 Siehe die Arbeiten von Othmar Keel, Christoph Uehlinger, Silvia Schroer.

8 Vgl. *Frevel*, Aschera.

hat auch zu der Einsicht geführt, dass »Kultprostitution« in Kanaan oder ein sexuell konnotierter Fruchtbarkeitskult von Göttinnen Projektionen sind.

*3.2 Verabschiedung vom Matriarchat*

Die Vorstellung eines prähistorischen Matriarchats oder einer universalen Muttergottheit in der Folge von J. J. Bachhofens *Mutterrecht* (1897) und ihre feministische Verwendung (H. Göttner-Abendroth) sind nicht belegbar. Solche Universalismen »einer« urzeitlichen Göttin als Kehrseite des »einen« Gottes sind historischen Analysen gewichen, die zeigen, wie divers Göttervorstellungen und -bilder sind.

*3.3 Multiple Femininitäten und Maskulinitäten*

Göttinnen und Femininität sind vielgestaltig und nicht auf Fruchtbarkeit und/oder Erotik zu reduzieren. Das Gleiche gilt für Götter und Männlichkeiten und ihre Reduktion auf z. B. Herrschaft oder Krieg. Das Gedeihen von Fauna und Flora sind zentrale visuelle Themen in der Levante und dem Vorderen Orient. Männliche und weibliche Gottheiten sowie numinose Mächte können mit Fruchtbarkeit assoziiert werden.[9] Göttinnen sind, besonders in der spätbronzezeitlichen Levante (ca. 1550–1200 v. Chr.), auch mit Krieg und Jagd assoziiert (Abb. 3). Andererseits ist weibliche Nacktheit, insbesondere in der frontalen Darstellung, typisch für verschiedene Göttinnen über Jahrtausende hinweg. Auffällig ist insbesondere die Verbindung von Vulva und Pflanzen, am prägnantesten in der levantinischen Zweiggöttin (Abb. 4) der Mittelbronzezeit (MB II–III, ca. 1750–1550 v. Chr.) und Figurinen der Spätbronzezeit (Abb. 5) (SB, ca. 1550–1125 v. Chr.). In der Eisenzeit (EZ, ca. 1125–520 v. Chr.) verschiebt sich der Fokus von der Vulva auf die Brüste (Abb. 6). Allerdings zeigen gut erhaltene »Säulenfigurinen« Farbreste, was andeutet, dass diese Figuren als bekleidet zu verstehen sind.

JHWH selbst übernimmt in biblischen Texten, als eine Gottheit ohne spezifische Ikonographie,[10] Themen diverser weiblicher und männlicher Gottheiten. Dies inkludiert Aspekte der Fruchtbarkeit von Erde, Herden, und Menschen (Gen 1,28; 9,7–10; 29,31; Dtn 7,13 etc.), der Mütterlichkeit und

---

9 Vgl. *Budin*, A World of Women.

10 Da visuelle Medien Göttertypen und nicht Identitäten darstellen (s. 2.), ist umstritten, wie und ob JHWH in der EZ dargestellt wurde. Dies ist jedoch kein genuines Phänomen, da die meisten Gottheiten in der Levante keine abgrenzbare Ikonographie besitzen. Selbst die Identifikation von anthropomorphen Figuren als göttlich oder menschlich ist teilweise nicht eindeutig, insbesondere in der sog. »Kleinkunst« wie Siegeln.

Gebärfähigkeit (Dtn 32,18; Jes 42,14; 49,15 etc.) aber auch des Kampfes.[11] Auch entwirft der priesterliche Schöpfungsbericht den Menschen als Ebenbild eines Gottes, der damit selbst als potenziell männlich (זכר/*zakar*) und weiblich (נקבה/*nekevah*) gelesen werden kann.

Ikonographie und biblische Texte zeigen damit ganz unterschiedlich, dass einerseits Götter nach ähnlichen Maßstäben vergeschlechtlicht konzeptualisiert werden wie Menschen. Andererseits entfalten Gottheiten Potenziale der Verschmelzung, Transformation und Transgression von Körperlichkeit und Geschlechtlichkeit, die menschliche Lebenswirklichkeiten übersteigen und soziale Geschlechternormen nicht deckungsgleich abbilden.

### *3.4 Stereotypisierung von Frauen und Göttinnen*

Göttinnen wurden weder primär oder ausschließlich von Frauen verehrt, noch männliche Götter von Männern. Auch war die Bedeutung und Verehrung von Göttinnen oder Femininität nicht Teil von »privatem« Kult bzw. »Familien«-/ »Haushaltsreligion« in Opposition zu einem »offiziellen« Kult eines männlichen Gottes. Diese Dichotomie ist Zeugnis der modernen, binären Klassifikation von Geschlechterrollen und ihrer räumlichen Zuteilung. Sowohl Unterschiede als auch das Ineinander verschiedener Kultpraktiken von der Familie, über lokale Heiligtümer bis hin zu großen Tempeln in der Südlevante über Jahrtausende durchbricht eine solche Dichotomie.

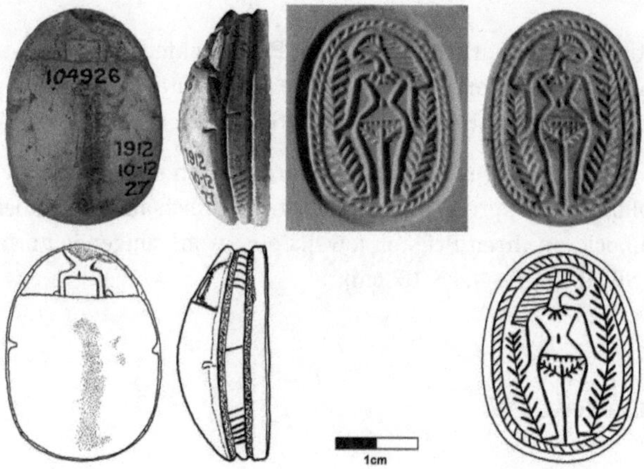


*Abb. 3:* Stempelsiegel in Form eines Skarabäus. Die Basis zeigt eine Zweiggöttin frontal und nackt, zwei Zweige in den Händen haltend (Gezer, MB II; 2,7 × 1,9 × 1,1 cm).

---

11 Vgl. *Keel/Uehlinger*, GGG, § 226.

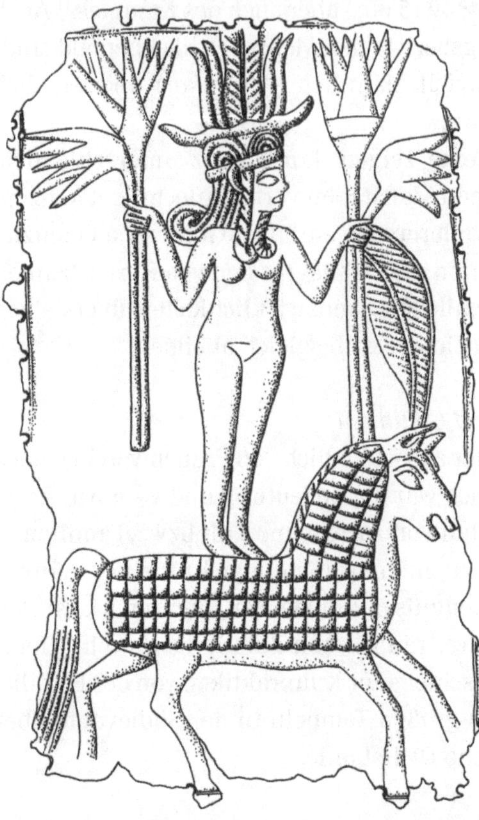

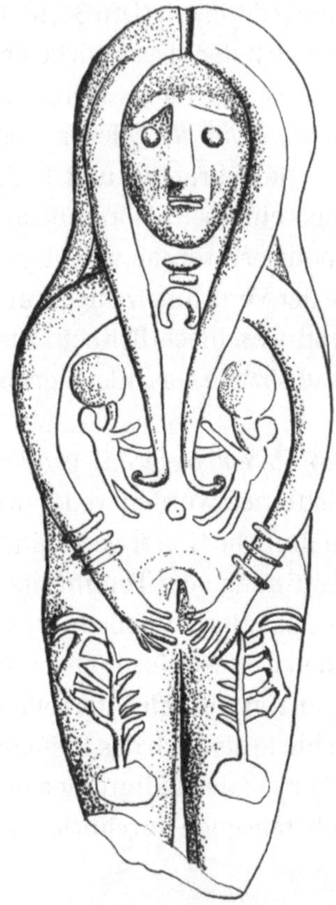

*Abb. 4 (links):* Goldfolie mit erhabenem Relief. Eine nackte Göttin steht auf einem Pferd mit Schuppenpanzer, in beiden Händen hält sie Lotusblüten, auf dem Kopf trägt sie eine Art Atef- Krone und gelockte Haare (Lachisch, SB IIB; 20,4 × 11,2 cm).

*Abb. 5 (rechts):* »Revadim Figurine« aus Terrakotta (nach dem Fundort vieler dieser Objekte). Die weibliche Figur spreizt ihre Vulva, symmetrisch auf ihren Oberschenkel je ein Baum mit Steinbock, an ihren Brüsten jeweils eine wohl säugende anthropomorphe Figur (Lachisch, SB IIB; 11,1 × 4,4 × 1,7 cm).

## 4. Offene Fragen

Weiterhin bewegt die Frage nach dem Status des Weiblichen in der Religionsgeschichte, insbesondere in Bezug auf Monotheismus und Bilderverbot. *Wer ist Aschera und was ist ihre Beziehung zu JHWH? Handelt es sich um eine Partnerin JHWHs, um einen Kultgegenstand, und/oder einen Kultort?* Die Inschriften des 8. Jh. aus *Ḫirbet el-Kōm* und *Kuntillet ʿAǧrūd* scheinen weder eine

Partnerin »auf Augenhöhe« JHWHs noch ein reines Kultobjekt zu benennen. Stattdessen ist Aschera verbunden mit der Segens- und Rettungswirkung JHWHs. Aschera ist »Wirkgröße« JHWHs, die im eisenzeitlichen JHWH-Tempel möglicherweise als ein hölzernes Kultobjekt präsent war, das für das deuteronomische Gesetz von JHWH fernzuhalten ist (Dtn 16,21).[12] Die Beziehungsform der beiden Größen und ihre Geschichte in der Eisenzeit besitzt jedoch weiterhin viele Unklarheiten, da Aschera nur in diesen wenigen Inschriften aus dem Juda des 8. Jh. sowie biblischer Literatur greifbar ist.[13] In Inschriften verschwindet Aschera im 7. Jh. im Gegensatz zu JHWH. Auch Personennamen in Inschriften sowie biblischen Texten nennen überwiegend JHWH als maßgebliche Gottheit und niemals eine Göttin Aschera, in Differenz zu anderen Göttinnen.[14] Grundsätzlich belegen Personennamen aus der Südlevante der Eisenzeit hauptsächlich männliche Gottheiten.

Im Gegensatz zu Inschriften ist Aschera ikonographisch nicht greifbar in Juda und der Levante der Eisen- (ca. 1125–520 v. Chr.) und Perserzeit (ca. 520–333 v. Chr.).[15] Anders verhält es sich mit Göttinnen und weiblicher Körperlichkeit im weiteren Sinn. Anthropomorphe Körper in der eisenzeitlichen Ikonographie sind oft schematisch dargestellt und Göttinnen erscheinen verhältnismäßig selten im Judah und Israel der Eisenzeit I–IIB (ca. 1125–700 v. Chr.). Göttinnen sind dadurch oft nur noch anhand ihrer Symbolik präsent, insbesondere auf Stempelsiegeln, einem zentralen visuellen Medium der Region.[16]

Methodisch basiert dies auf der *longue durée* Analyse visueller Traditionen über Jahrhunderte und Jahrtausende. So sind an Bäumen grasende Ziegen in der Bronzezeit deutlich mit Weiblichkeit und Göttinnen (Abb. 5) assoziiert. In der Eisenzeit findet sich das Motiv in der Regel ohne geschlechtlich

---

12 Vgl. *Keel/Uehlinger*, GGG, § 129–147, ibs. 268. 270; *Blum*, Götterpaar, 260–268.

13 Andere Belege für potenziell vergleichbare Beziehungen in der Eisen- und Perserzeit sind Kamosch und Ashtar-Kamosch in einer Inschrift des moabitischen Königs Mescha aus Dibon (2. Hälfte des 9. Jh. v. Chr.; vgl. *Donner, H., Röllig, W.*, Kanaanäische und aramäische Inschriften, Bd. 1, Wiesbaden 2002, 41f. [KAI 18]). Auf der perserzeitlichen Nil Insel Elephantine sind neben dem Jaho und Betel auch Göttinnen wie Anat-Bethel und Anat-Jeho epigraphisch bezeugt (*Rohrmoser*, Tempel, 105–152).

14 Vgl. *Albertz, Rainer/Schmitt, Rüdiger*, Family and Household Religion in Ancient Israel and the Levant, Winona Lake 2012, 508, Tab. 5.7 (allgemein 245–387).

15 Siehe Abschnitt 2. zur methodologischen Differenz. Die Identifikation von Terrakotta-Figurinen, wie der judäischen Säulenfigurine in Abb. 7, mit Aschera oder einer Göttin ist fraglich.

16 Vgl. *Keel/Uehlinger*, GGG, § 82. 109, 189–201; 235; *Schroer*, IPIAO 4, 66–70. 78–79.

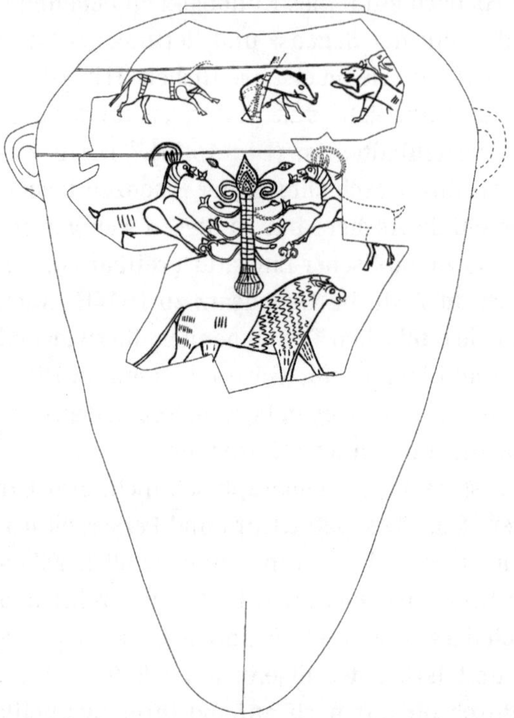

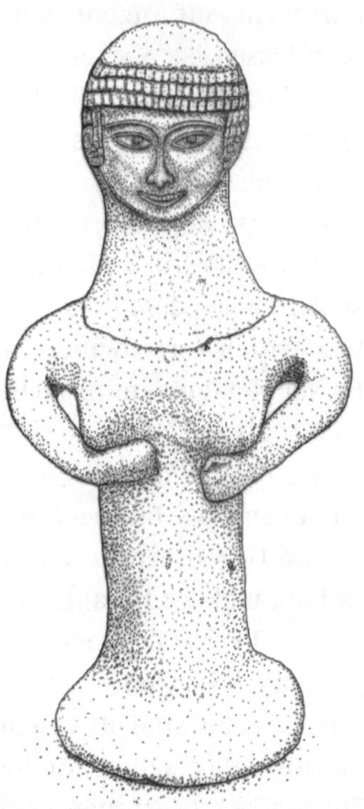

*Abb. 6 (links):* Auf dem gleichen Vorratskrug wie Abb. 2 findet sich ein stilisierter Baum, an dem Steinböcke oder Wildziegen fressen. Die Szene ist über einem schreitenden Löwen plaziert. (Kuntillet ʿAǧrūd, Pithos A; EZ IIB, 8. Jh.v.Chr.).

*Abb. 7 (rechts):* »Säulenfigurine« aus gebranntem Ton (Lachisch, EZ IIB; 18,4 × 8,8 × 6,7 cm).

markierte, anthropomorphe Körper (Abb. 6). Auch sind weibliche Darstellungen in Terrakotta in der gesamten Levante weiterhin verbreitet. So finden sich zahlreiche judäische »Säulenfigurinen« (Abb. 7) bis zur babylonischen Eroberung (587/6 v.Chr.) und dem Ende der Eisenzeit in Judah. Dies wirft die Frage auf: *Wie »viel« Göttin steckt in Asherah aber auch der in longue durée mit Göttinnen assozierten Symbolik?* Die Forschungsmeinungen gehen stark auseinander, ebenso wie in der Gewichtung des epigraphischen und ikonographischen Materials.

## 5. Leerstellen

Der Leserschaft dieser Seiten kam eventuell die Frage: *Warum dieser Fokus auf Göttinnen und Frauen?* Bis heute wird Geschlecht in der sozial- und religionsgeschichtlichen Forschung oft synonym für Feminität, Frauen und Göttinnen verwendet. Die zukünftigen Potenziale dieser Forschung werden abschließend durch drei Leitgedanken gezeichnet.

*Binarität überwinden:* Gender und Queer Theorie zeigen, wie Binarität der Herstellung, Ausübung und Aufrechterhaltung von Machtverhältnissen dient und damit Subjektpositionen limitiert. Wenn eindimensionale Weiblichkeit und Männlichkeit die einzigen Deutemuster sind, z. B. in der Ikonographie, wird nicht nur Weiblichkeit als »das Andere« zum neutralen Männlichen konstruiert, sondern ambige Körperdarstellungen und -erfahrungen marginalisiert. Dies zeigt sich darin, dass geschlechtlich unmarkierte Körper in der Ikonographie oder grammatikalisch unmarkierte Namen oft als männlich gelesen werden.[17] Eine queer-historische Perspektive kann hier neue analytische Möglichkeiten zeigen in Verbindung mit der Analyse von multiplen Maskulinitäten und Femininitäten und ihren Interdependenzen.

*Intersektionell forschen*: Der Fokus auf Geschlecht und Sexualität v. a. durch Zweigeschlechtlichkeit und Reproduktion sollte nicht zur Unsichtbarkeit anderer Faktoren beitragen, z. B. Alter und Lebenszyklus, Herkunft oder sozialem Status. Diese sind jedoch zentral für ein Verständnis von Herrschaftsverhältnissen jenseits einer Dichotomie von Herrscher vs. Beherrschte aber auch der Aufdeckung der Subjektivität von Individuen und Gruppen. Für historische Forschung bedeutet dies z. B. die Inklusion von Kindern oder älteren Menschen, aber auch des Ineinander von Familienbeziehungen im antiken Haushalt, wodurch z. B. Körperdarstellungen, inklusive Götterbilder, in ihrer Rolle der Sozialisation von Geschlechtlichkeit in den Blick kommen können.

*Materialität entdecken:* Geschlechtlichkeit spielt nicht nur eine Rolle für Götterbilder oder literarische Körperkonstruktionen, sondern auch für die alltägliche Lebenswelt von Menschen in der Antike. Archäologische Funde zeigen damit nicht nur Bilder, sondern materielle Überreste verkörperter Erfahrung anhand z. B. von Schmuck, Mahlsteinen, Häusern und menschlichen Körpern.[18] Damit bieten archäologische Funde neue Perspektiven für die

---

17 Vgl. *Biermann*, Beyond Binaries.

18 Die Materialität archäologischer Funde, ihre Textur, Farbe, Größe und Beziehung zum Raum geht verloren durch die Abbildung in Umzeichnung – wie in diesem Beitrag. Um

Erforschung der Geschlechtergeschichte komplementär aber auch jenseits von Bibelwissenschaft und Religionsgeschichte.

## Weiterführende Literatur

*Biermann, Bruno*, Beyond Binaries in Levantine Archaeology and Biblical Studies. Challenging Binary Binds in Epigraphy and Iconography, *WdO* 54, 2024, 97–111.

*Blum, Erhard*, Ein Götterpaar JHWH und Aschera – kultische Realität oder akademisches Konstrukt?, in: *J. J. Krause* et al. (Hrsg.), Die Entdeckung des Politischen im Alten Testament. FS W. Oswald, BZAR 29, Wiesbaden 2023, 259–282.

*Budin, Stephanie*, Finding a World of Women. An Introduction to Women's Studies and Gender Theory in Biblical Archaeology, in: *A. Yasur-Landau* et al. (Hrsg.), The Social Archaeology of the Levant, Chicago 2018, 522–532.

*Frevel, Christian*, Aschera und der Ausschließlichkeitsanspruch YHWHs. Beiträge zu literarischen, religionsgeschichtlichen und ikonographischen Aspekten der Ascheradiskussion, BBB 95, Weinheim 1995.

*Keel, Othmar/Uehlinger, Christoph*, Göttinnen, Götter und Gottessymbole. Neue Erkenntnisse zur Religionsgeschichte Kanaans und Israels aufgrund bislang unerschlossener ikonographischer Quellen, Fribourg/Göttingen [7]2012 (GGG).

*Oeming, Manfred/Schmid, Konrad*, Der eine Gott und die Götter. Polytheismus und Monotheismus im antiken Israel, ATANT 82, Zürich 2003.

*Rohrmoser, Angela*, Götter, Tempel und Kult der Judäo-Aramäer von Elephantine. Archäologische und schriftliche Zeugnisse aus dem perserzeitlichen Ägypten, AOAT 396, Münster 2014.

*Schroer, Silvia*, IPIAO. Die Ikonographie Palästinas, Israels und der Alte Orient. Bd. 4: Die Eisenzeit bis zum Beginn der achämenidischen Herrschaft, Basel 2018 (s. a. Bd. 1–3).

## Abbildungsverzeichnis

*Abb. 1:* Israel Museum, IAA 1972-169; *Hadley, Judith*, The Khirbet el-Qom Inscription, VT 37/1 (1987), 50–62: 52; Zeichnung: unbekannt.

*Abb. 2*: Ägyptisches Museum, Kairo; *Beck, Pirhiya*, The Drawings and Decorative Designs, in: Z. Meshel (Hrsg.), Kuntillet ʿAjrud (Ḥorvat Teman), An Iron Age II Religious Site on the Judeah-Sinai Border, 143–204, Fig. 6.4a; Zeichnung: N. Schechter.

*Abb. 3*: Israel Museum, IAA 78.1, *Clamer, Christa*, A Golden Plaque from Tel Lachish, Tel Aviv 7, 1980, 152–162: 153, Fig. 1; Nr. 869; Zeichnung: F. Vainer.

---

diese Limitierung des Druckformates zu umgehen, können die mittlerweile gut online zugänglichen Kataloge von Museen helfen (s. Abbildungsverzeichnis für Objektnummern).

*Abb. 4*: British Museum, WAA, Inv. No. 104926, *Keel, Othmar,* Corpus der Stempelsiegel-Amulette aus Palästina/Israel. Bd. 4, Fribourg/Göttingen 2013, 414f. Geser no. 577; CSSL Gezer no. 577 (https://levantineseals.org); Zeichnung: U. Zurkinden.

*Abb. 5*: Israel Museum, IAA 82-219; *Keel/Uehlinger*, GGG, Abb. 82; Zeichnung: unbekannt; Fotografie: B. Biermann.

*Abb. 6*: Ägyptisches Museum, Kairo; Beck, Pirhiya, The Drawings and Decorative Designs, in: Z. Meshel, Kuntillet ʿAjrud (Ḥorvat Teman), An Iron Age II Religious Site on the Judeah-Sinai Border, 143–204, Fig. 6.4; Zeichnung: N. Schechter/N. Schechter.

*Abb. 7*: Metropolitan Museum of Art, New York: 34.126.53; *Biermann/Schroer*, Materiality Matters, Fig. 4; Zeichnung: U. Zurkinden.

# Andere Fragen stellen

## Problemlagen und Perspektiven der Theologischen Geschlechterforschung zum Neuen Testament

*Claudia Janssen*

## 1. Geschlechterforschung statt »Frauengeschichte«

Die Beschäftigung mit neutestamentlicher Frauen- und Geschlechterforschung ist ein Weg mit vielen Überraschungen und immer wieder neuen Entdeckungen – auch wenn die Zahl der vorkommenden Frauen und Männer übersichtlich ist, ebenso die Anzahl der Texte, in denen Themen explizit sichtbar werden, die das Verhältnis der Geschlechter betreffen. Das 1998 von Luise Schottroff und Marie Theres Wacker herausgegebene Kompendium Feministische Bibelauslegung bündelt die Ergebnisse von zwei Jahrzehnten sozialgeschichtlicher Untersuchungen und theologischer Frauenforschung. Das Wissen über die Rolle von Frauen in den neutestamentlichen Texten ist hier umfassend dargestellt. Die in dem Band versammelten Auslegungen zeigen, dass Frauen in nahezu allen Bereichen des Alltags selbstverständlich vertreten und auch in den frühen Gemeinden in leitenden Funktionen als Jüngerinnen, Apostelinnen, Prophetinnen und Lehrerinnen präsent waren. Frauenfeindliche Texte werden im Band ebenso analysiert wie solche, in denen Frauen durch das generische Maskulinum unsichtbar gemacht werden. Feministische Forschung hat mit Hilfe einer Hermeneutik des Verdachts (Elisabeth Schüssler Fiorenza) biblische Texte, antike Quellen und auch die Wirkungsgeschichte gründlich analysiert. Es wurde jeder Stein umgedreht ... und wirklich Neues lässt sich in diesem Bereich wohl kaum mehr entdecken.

Die Texte des Neuen Testaments haben sich nicht verändert, aber die Art und Weise, *wie* sie gelesen werden. Seit den 2000er Jahren sind geschlechterbewusste Zugänge zur neutestamentlichen Exegese vor allem durch die

Rezeption von Gendertheorien geprägt. Diese zeigen, dass es weder aus biologischer, sozialwissenschaftlicher noch aus theologischer Perspektive angemessen ist, von Zweigeschlechtlichkeit zu sprechen. Binäre Zuschreibungen sind gesellschaftlich konstruiert. Das gilt nicht nur in Bezug auf die sozialen Rollen, die den Geschlechtern zugeschrieben werden, sondern auch auf die Körper. Was Weiblichkeit und was Männlichkeit bedeutet, ist wandelbar und vom jeweiligen gesellschaftlichen Kontext, vom kulturellen Umfeld und der Herkunft abhängig. Diese Erkenntnisse haben dazu geführt, dass »Frauen«-Forschung aktuell kein leitendes Prinzip mehr ist. Um herauszuarbeiten, wie das Verhältnis der Geschlechter in den neutestamentlichen Texten zu verstehen ist, weitet sich der exegetische Blick nun mit einer umfassenden intersektionalen Hermeneutik auf die jeweilige Konstruktion von Geschlecht, auf die Darstellung von Körpern, die Bedeutung unterschiedlicher Formen von Männlichkeit und alternative Modelle des Zusammenlebens. Genderfragen werden als Querschnittsdimension der Beschäftigung mit dem gesamten Neuen Testament verstanden, und es werden auch solche Texte untersucht, die auf den ersten Blick nichts zur Geschlechterforschung beizutragen scheinen. Hintergrund dafür ist die Erkenntnis, dass auch in der Antike Geschlecht eine zentrale Kategorie zur Deutung von Wirklichkeit war, mit Gemeinsamkeiten zur heutigen Situation, aber auch grundlegenden Unterschieden. Das Geschlechterverhältnis wird als Teil eines komplexen Geflechts von Hierarchie-, Ausgrenzungs- und Unterdrückungsstrukturen verstanden.

Medizinhistorische Studien zeigen, dass bis ins 17. Jh. hinein von einer biologischen Ein-Geschlechtlichkeit ausgegangen wurde. Mannsein und Frausein wurden anatomisch analog gedacht und mussten deshalb gesellschaftlich umso deutlicher voneinander abgegrenzt werden: durch den sozialen Rang, die Herkunft und kulturelle Rolle. »Es gab viele soziale Geschlechter [*gender*], aber nur ein einziges, anpassungsfähiges biologisches Geschlecht [*sex*]«[1], so der Historiker Thomas Laqueur. Für die Deutung des Geschlechterverhältnisses in neutestamentlichen Texten spielt es eine wichtige Rolle, dass auch diese nicht von einer festgeschriebenen Zweigeschlechtlichkeit ausgingen, sondern vielmehr soziale und kulturelle Aspekte eine wichtige Rolle spielten, wenn es um die Zuschreibung von Geschlecht und Macht ging. Sozial konstruierte Männlichkeit stand in der griechisch-römischen Antike an der Spitze der gesellschaftlichen Hierarchie. Aber ob jemand als »Mann« (lat. *vir*) bezeichnet wurde, hing mehr von der gesellschaftlichen Position ab als

---

1 *Laqueur, Thomas*, Auf den Leib geschrieben. Die Inszenierung der Geschlechter von der Antike bis Freud, München 1996, 49.

vom biologischen Geschlecht allein. Der *pater familias* war das zentrale Modell von Männlichkeit, im häuslichen Bereich wie in der Gesellschaft. Hegemoniale Männlichkeit musste öffentlich präsentiert und verteidigt werden. Im Blick auf die Menschen, die diesen Kriterien nicht entsprachen, wird in der Forschung von *unmen* »nicht-Männern« gesprochen. Diese Kategorie umfasst Frauen, Fremde, Versklavte, Kinder und »Barbaren«, d. h. Menschen eroberter Völker. Diese wurden im Gegensatz zu römischen Männern oft körperlich kleiner oder feminisiert dargestellt. Die Schriften des Neuen Testaments sind im Kontext des Imperium Romanum entstanden. Sie spiegeln an vielen Stellen die Auseinandersetzung mit römischer Herrschaftsideologie und deren Konzepten von Macht und Identität wider – allerdings aus der Perspektive der Besiegten und Machtlosen, die am unteren Rand der Gesellschaft lebten. Auseinandersetzungen bezüglich des Geschlechterverhältnisses waren auch in der Nachfolge Jesu und in den ersten Gemeinden von großer Bedeutung. So gehört ein »Vater« nicht zur Familie der Glaubenden, die als Gegenmodell zum patriarchalen Haushalt beschrieben wird: »Wer Gottes Willen tut, ist für mich Bruder und Schwester und Mutter.« (Mk 3,35; Mt 12,49)

## 2. Paulus, der »neue Mann«

Spannenderweise wird die neutestamentliche Kritik an der Konstruktion hegemonialer Männlichkeit in der Geschlechterforschung vor allem an der Person und in den Briefen des Paulus sichtbar gemacht. Dieser wurde lange als der Frauenfeind schlechthin und als Begründer einer christlichen, von Anfang an antijüdisch strukturierten Kirche verstanden, der das egalitäre Ethos der Jesusbewegung zerstört habe, indem er hierarchische Strukturen und hellenistisches Denken einführte. Die internationale Paulusforschung (von der »New Perspective on Paul« bis zur »Paul within Judaism«-Perspektive) hat dieses Bild jedoch grundsätzlich in Frage gestellt und versteht ihn als Juden, der Zeit seines Lebens in jüdischen Traditionen verwurzelt denkt, handelt und das Evangelium verkündet. Diese neue Paulus-Perspektive wird in der aktuellen Diskussion noch um weitere Dimensionen erweitert: um die Frage nach der Bedeutung des römischen Imperiums, Kontroversen um hegemoniale Männlichkeit, Genderfragen und die sozialgeschichtliche Situation in den Gemeinden. Die messianische Botschaft des Paulus wird damit erkennbar als Alternative zur Politik Roms mit ihrer scharfen Unterscheidung zwischen römischem Selbst und den »Anderen«, Menschen aus den besiegten Völkern. Indem Paulus sein körperliches und psychisches Leiden herausstellt und sein Schicksal mit dem Gekreuzigten identifiziert (vgl. 1Kor 2,1–5; 2Kor 10,10 u.ö.), zählt er sich zu den Unterlegenen und Verachteten und stellt sich selbst als »unmännlichen Mann« (*non-man*) dar. Wer mit einer Genderperspektive in die Briefe des Paulus schaut, findet vielfältige Facetten einer herrschaftskritischen Präsentation von Männlichkeit und die Darstellungen der Beziehungskultur einer Gemeinschaft gleichrangiger Menschen (vgl. 1Kor 12,12–27; Gal 3,28).

Auch die queere Exegese hat Paulus für sich entdeckt. Sie hat zum Ziel, Heteronormativität als Ideologie, die das theologische Denken maßgeblich bestimmt, zu entlarven und ermutigt dazu, Sexualität bewusst ins Zentrum der Aufmerksamkeit zu stellen. Denn sexualitätsfeindliche Theologien haben in der Vergangenheit vor allem dazu beigetragen, Menschen, die der heterosexuellen Norm nicht entsprechen, zu »Anderen« zu machen und sie auszugrenzen. Kritisiert werden Auslegungen, die die paulinischen Äußerungen zu homoerotischen Beziehungen in Röm 1,26f. oder 1Kor 6,9 aus ihrem Kontext lösen und als zeitlose Verurteilung von gleichgeschlechtlicher Liebe instrumentalisieren. Auf der anderen Seite wird Paulus, der sprachlich Geschlechtergrenzen überschreitet, indem er sich in weiblichen Rollen als Amme und Mutter der Gemeinde präsentiert (1Kor 3,1–3, Gal 4,19),[2] zum Vorbild für queere Körperinszenierungen.

## 3. Intersektionalität

Intersektionalität ist ein analytischer Ansatz, der aktuell den meisten kontextuellen Forschungsansätzen im Bereich der Genderstudies zugrunde liegt. Seine Ursprünge hat er im *Black Feminism* und in der *Critical Race Theory*. Die Prägung des Begriffs Intersektionalität geht auf die afroamerikanische Rechtswissenschaftlerin Kimberlé Crenshaw zurück, die ihn 1989 entwickelte, um die verschiedenen Kategorien, die Ausgrenzung und Diskriminierung bewirken, in ihren Wechselwirkungen analysieren zu können. Hinter dem Begriff »Intersektionalität« steht die Metapher einer Straßenkreuzung (*intersection*), an der verschiedene Diskriminierungserfahrungen zusammentreffen und sich gegenseitig verstärken. In der Weiterentwicklung dieses Ansatzes, der vor allem *race* und Gender verband, wurden weitere Kategorien wie Ethnizität, Alter, sexuelle Identität, Behinderung etc. einbezogen, die

---

2 Vgl. *Gaventa, Beverly Roberts*, Our Mother Saint Paul, Louisville 2007.

ebenfalls nicht isoliert voneinander wirken, sondern in ihrer Bedeutung und ihren Konsequenzen eng miteinander verwoben sind.

Ziel intersektionaler Exegese ist es, die Bibel als Ressource für gesellschaftlich-politische Veränderungsprozesse zu erschließen, soziale Transformationsprozesse anzuregen und (spirituell) zu begleiten.[3] Gal 3,28 bringt das Miteinander von Menschen in Vielfalt programmatisch auf den Punkt: »Es gibt nicht mehr jüdisch und griechisch, nicht mehr versklavt und frei, nicht mehr männlich und weiblich: denn alle seid ihr ›einer‹ – einzig einig – im Messias Jesus.« In den Gemeinden sollen ethnische Herkunft, sozialer Status und Geschlecht keine Hierarchien und Ungleichheiten begründen. Intersektionale Hermeneutik ermöglicht es, die Komplexität der den biblischen Texten zugrundeliegenden historischen, politischen und gesellschaftlichen Bedingungen sowie deren literarische Strategien zu analysieren und neue Forschungsfragen zu generieren. Sie ermutigt dazu, Ambiguität und Widersprüchlichkeit zuzulassen und den Blick auf die Prozesshaftigkeit von Identitäten und Zuschreibungen zu richten. Intersektionalität fordert dazu heraus, auch die eigene Verwobenheit in die Überkreuzungen von Gender, *race*, *class*, Alter und *(dis-)ability* sichtbar zu machen, die die Auslegung beeinflussen. Intersektionalität ermutigt dazu, »andere Fragen« zu stellen und sich auf neue, möglicherweise unbequeme Antworten einzulassen.[4]

## 4. Und doch wieder die »grossen Frauen« der Bibel oder: das »Brooten-Phänomen«

Geschlechterfragen sind geprägt von Ungleichzeitigkeit. So ist festzustellen, dass Erkenntnisse, die für einige zu »den alten Hüten« gehören, für andere völlig neu sind. In den Kirchen und theologischen Fakultäten hat sich der ablehnende Ton feministischer Forschung gegenüber in den letzten Jahren zum Positiven verändert. Geschlechterfragen gewinnen an Relevanz. Doch Ergebnisse der Frauen- und Geschlechterforschung, selbst die Tatsache, dass es Apostelinnen, Jüngerinnen und Prophetinnen gab, müssen immer wieder erklärt oder sogar neu erarbeitet werden, weil die einschlägige Literatur nicht

3 Vgl. *Janssen, Claudia*, Intersektionale Bibelanalyse und Gegenwart, in: ZNT 49, 2022, 107–121.

4 Vgl. *Kartzow, Marianne Bjelland*, »Asking the Other Question«. An Intersectional Approach to Galatians 3:28 and the Collessean Household Codes, in: Biblical Interpretation 18, 2010, 364–389.

bekannt ist. Das gilt vor allem auch für das Bild des Paulus, dessen Image als Frauenfeind tief in das kollektive Wissen eingeschrieben ist. So werden in aktuellen Veröffentlichungen Männlichkeit und Weiblichkeit als essentielle Kategorien dekonstruiert und das Neue Testament mit einer intersektionalen Hermeneutik als Dokument widerständiger Geschlechterpraxis gelesen, während andere Autoren und Autorinnen die »großen Frauen« oder verletzlichen Männer in biblischen Texten als Vorbilder für alternative Männlichkeit heute neu für sich entdecken. Beides ist wichtig, um die Relevanz biblischer Traditionen für die Gegenwart erfahrbar werden zu lassen und darf nicht gegeneinander ausgespielt werden.

Doch wäre es wünschenswert, wenn Ergebnisse der Frauen- und Geschlechterforschung tatsächlich so in universitärer Lehre, Schule und Gottesdienst vermittelt werden, dass sie zum religiösen Allgemeinwissen werden. Denn es gehört zur Geschichte des Feminismus, dass bereits Erreichtes immer wieder in Frage gestellt, unsichtbar oder rückgängig gemacht wird. Dann steht jede Generation wieder vor der Aufgabe, das Rad neu zu erfinden. Es ist immer noch so, dass Forschung von Frauen zu Frauen selten in der jeweiligen Fachdisziplin aufgenommen und als allgemein relevant herausgestellt wird. Die britische Theologin Sara Parks hat dafür einen Begriff entwickelt: das Brooten-Phänomen.[5] Sie bezieht sich dabei exemplarisch auf eine Veröffentlichung von Bernadette Brooten zu Frauen in Leitungspositionen in antiken jüdischen Synagogen.[6] Brootens Studie werde zwar punktuell erwähnt, wenn es um das Thema »Frau« geht, – aber nicht in allgemeinen Forschungsarbeiten zur antiken Synagoge berücksichtigt. Die antike Synagoge werde dann oft stereotyp als von Männern dominierte Einrichtung beschrieben. Wenn die synagogale Ordnung dann noch wegen angeblicher Frauenfeindlichkeit kritisiert wird, komme es zum Teil auch zu antijüdischen Argumentationen, so Parks. Das Brooten-Phänomen hat zur Folge, dass die Bearbeitungen von Gender-Kategorien in biblischen Texten immer noch als Spezialthemen gelten, die am Rande dessen behandelt werden, was als grundlegend für Forschung und Lehre angesehen wird – oder gar als examensrelevant. Rezipiert werden die Ergebnisse oft erst dann, wenn sie auch von einem renommierten männ-

---

5 Vgl. *Parks, Sara*, »The Brooten Phenomenon«: Moving Women from the Margins in Second-Temple and New Testament Scholarship, in: The Bible and Critical Theory 15, 1/2019, 46–64.

6 Vgl. *Brooten, Bernadette J.*, Women Leaders in the Ancient Synagogue. Inscriptional Evidence and Background Issues, BJSt 36, Atlanta ²2020.

lichen Kollegen aufgegriffen und (im Bestfall mit Hinweis auf die ursprüngliche Autorin) veröffentlicht werden.

## 5. Postkoloniale Herausforderungen: decolonize theology

Biblische Frauen- und Geschlechterforschung war von Beginn an ein internationales Projekt. Theolog:innen aus asiatischen, afrikanischen und südamerikanischen Ländern waren an der Entwicklung beteiligt, doch war die erste Phase stark geprägt von nordamerikanischen und europäischen Wissenschaftler:innen. Durch den Anspruch der Kontextualität sind im feministisch-theologischen Diskurs die Vielfalt der Zugänge und damit auch Kontroversen grundlegend angelegt, die ein homogenes »Wir« der Frauen schon seit den 1980er Jahren in Frage stellten und auf die jeweiligen kulturell bedingten Unterschiede im Geschlechterverhältnis hinwiesen. So waren es jüdische Theolog:innen, die in den frühen 1990er Jahren eine wichtige Debatte über den Antijudaismus in der christlichen Theologie anstießen, den auch feministische Theologien unreflektiert weitertrugen und ihren Ansätzen zugrunde legten – wie z. B. mit dem Bild von einem Jesus, der Frauen aus dem patriarchalen Judentum befreite. Insbesondere Stimmen aus dem globalen Süden machten immer wieder darauf aufmerksam, dass Gerechtigkeitsfragen je nach Kontext unterschiedlich betrachtet werden müssen.

Kritische Anfragen aus postkolonialer Perspektive stellen Theologien aus dem globalen Norden aktuell vor die Herausforderung, ihre eigenen theoretischen Annahmen von biblischer Hermeneutik und angemessenen Methoden der Auslegung grundsätzlich in Frage zu stellen. Es geht diesen nicht nur darum, durch den kolonialen Prozess marginalisierte Stimmen zu Gehör zu bringen, sondern auch nach den methodischen Grundlagen und Ausschlusskriterien des wissenschaftlichen Diskurses zu fragen, der es ermöglichte, dass die Bibel bei der Kolonisierung und Missionierung als Machtinstrument missbraucht wurde. Auch biblische Geschlechterforschung baue durch ihre akademische Verortung zu weiten Teilen auf dem Wissenskanon des globalen Nordens und dessen hegemonialer Logik auf.[7] Es sei notwendig, die Exegese

---

7 Vgl. *Dube, Musa*, Boundaries and Bridges. Journey of a Postcolonial Feminist in Biblical Studies, in: *U. Auga* et al. (Hrsg.), Widerstand und Visionen – der Beitrag postkolonialer, postsäkularer und queerer Theorie zu Theologie und Religionswissenschaften, Journal of the European Society of Women in Theological Research 22, Leuven et al. 2014, 139–156.

zu dekolonisieren, um den ihr innewohnenden Imperialismus zu entlarven und sich aktiv kolonisierenden Lesarten entgegenzustellen. So stamme die Vorstellung, dass Paulus »Missionsreisen« unternommen oder Jesus einen »Missionsbefehl« (vgl. Mt 28,18–20) erteilt hätte, nicht aus dem Befund der neutestamentlichen Texte, sondern aus dem Interesse von Missionsgesellschaften im 18. Jh., ihre Beteiligung am Prozess der Kolonisierung neutestamentlich zu legitimieren. Bis heute durchdringt das kolonisierende Denken sowohl die Institutionen der (ehemals) Kolonisierten als auch das Selbstverständnis der Nachkommen der Kolonisator:innen und deren Institutionen. Dieses beruht grundlegend – und oft unreflektiert – auf der Vorstellung der Überlegenheit der eigenen Kultur und Wissenschaftlichkeit sowie auf strukturellem Rassismus. Die Aufarbeitung des kolonialen Denkens steht auch in der theologischen Geschlechterforschung noch am Anfang. Notwendig ist eine grundlegende De-Konstruktion des Überlegenheitsdenkens, wie es in z. B. den Critical Whiteness Studies vorgenommen wird und damit verbunden den Verzicht auf die *eine* Wahrheit in der Auslegung.

## Literatur für einen ersten Überblick

Das auf 60 Bände angelegte Kommentarwerk »Wisdom Commentary« bietet zu jedem biblischen Buch einen feministischen Kommentar, der mit einer intersektionalen Perspektive Aspekte wie Gender, Ökonomie, Ökologie und andere gesellschaftspolitisch relevante Themen einbezieht und allgemeinverständlich vermittelt.[8] An der auf rund 20 Bände angelegten Enzyklopädie »Die Bibel und die Frauen«, die Erträge der Exegese mit Forschungen zur Rezeptionsgeschichte verbindet, sind mehr als 300 Wissenschaftler:innen beteiligt. Die Bände erscheinen seit 2010 zeitgleich in vier Sprachen.[9] Die 2015 veröffentlichte zweibändige »Oxford Encyclopedia of the Bible and Gender Studies« hat den Anspruch, Geschlechter- und Queerstudies ab dem 19. Jahrhundert bis in die Gegenwart umfassend und interdisziplinär darzustellen.[10]

---

8 *Reid, Barbara E.* et al. (Hrsg.), Wisdom Commentary, Collegeville 2015ff.

9 *Fischer, Irmtraud/Groot, Christiana de* et al. (Hrsg.), Die Bibel und die Frauen. Eine exegetisch-kulturgeschichtliche Enzyklopädie, Stuttgart 2010ff.

10 *O'Brien, Julia* (Hrsg.), The Oxford Encyclopedia of the Bible and Gender Studies, Oxford 2015.

# Nicht nur Pandora und Lucretia

## Frauenleben in der griechisch-römischen Antike

*Ann-Cathrin Harders*

## 1. Exemplarische Frauen

Mit der Selbsttötung einer Frau beginnt die römische Republik: Der Römer Collatinus pries das sittsame Verhalten seiner Ehefrau Lucretia in solchen Tönen, dass Sextus Tarquinius, der Sohn des etruskischen Königs, an nichts anderes mehr denken konnte, als diese Tugend zu besitzen. Er schlich sich daher des Nachts in das Schlafzimmer der Matrone »glühend vor Verlangen, mit dem blanken Schwert in der Hand« (Liv. 1,58), aber weder das Geständnis seiner Liebe noch die Androhung, sie zu töten, konnten Lucretia dazu bringen, sich dem Prinzen hinzugeben. Tarquinius drohte daraufhin, Lucretia nicht nur zu töten, sondern den Leichnam eines Sklaven neben sie zu legen und zu verbreiten, er hätte beide beim Ehebruch erwischt. Eine solche Schande erschien Lucretia verwerflicher als der Tod, weshalb sie die Vergewaltigung des Prinzen zuließ.

Am nächsten Morgen erzählte sie Vater und Ehemann von der Tat, und obwohl beide Männer von ihrer Unschuld überzeugt waren, ergriff Lucretia einen Dolch, stieß diesen in ihre Brust und rief, dass keine andere Frau ihren Ehebruch mit Verweis auf Lucretia rechtfertigen dürfe. Ihr Tod blieb aber kein privates Drama, sondern zog einen politischen Umsturz nach sich: Die Römer waren entsetzt vom Prinzen und beeindruckt von der Matrone, so dass sie unter der Führung des Brutus die Tarquinier vertrieben und die Königsherrschaft in Rom beendeten.

Eine ausführliche Version dieser Episode liefert Livius (1,57–60), der während der Herrschaft des Augustus die Geschichte Roms *ab urbe condita* verfasste. In der mythischen Frühzeit, so Livius' Botschaft, herrschten noch

Sitten, die das Fundament der *res publica* bildeten. Tugendhaften Männern und Frauen verdankten die Römer demnach ihren Erfolg, und neben Lucretia führt Livius die Sabinerinnen an, die einen Ausgleich zwischen den römischen Ehemännern und den sabinischen Vätern stiften, dann Verginia, die sterben muss, um ihre Keuschheit vor einem lüsternen Beamten zu bewahren, aber auch Antiheldinnen wie Tarpeia, die Verrat begeht, und Horatia, die den Verlobten den Brüdern vorzieht, und die damit wichtige *virtutes* vergessen. Als Exemplum wurde vor allem Lucretia in der Renaissance wiederentdeckt und fand Eingang in die europäische Kulturgeschichte, konnten doch in ihrer Figur pagane und christliche Vorstellungen von der Ehe und der Ehefrau vereint und die Römerin als nachahmenswertes Vorbild auch für Christinnen angeführt werden.

Im antiken Kontext steht Lucretia aber für mehr als das vorbildhafte Verhalten einer Matrone – ihre Geschichte wie auch die der anderen Frauen markieren wichtige Meilensteine in der Genese der politischen Ordnung Roms: Die Sabinerinnen und Horatia zeigen die soziale Bedeutung von Verwandtschaft an, Verginias Tod durch die Hand des Vaters die Grenzen der Magistratur. An diesen Episoden lassen sich die Bedeutung des Hauses und der Haushaltsgruppe, der *domus*, als eines politischen Raumes aufzeigen und eben auch die Bedeutung von Frauen, die vor allem aus einer familiären Rolle heraus – als Ehefrau, Schwester, Mutter oder Tochter – agieren.

Wenn bisher nur über römische Frauen gesprochen wurde, dann liegt das auch daran, dass sich ähnliche Geschichten im griechischen Raum nicht finden – zwar können auch am Beispiel einer Antigone die Verpflichtungen des Einzelnen gegenüber der Familie und der Gemeinschaft reflektiert werden, aber die *polis* Athen kannte keine Narrative wie die *res publica Romana*, in denen weibliches Handeln für die politische Entwicklung zumindest als mitstrukturierend gedacht wurde. Bei allen Gemeinsamkeiten, was die lebensweltlichen Aspekte von Frauen im antiken Rom und Griechenland angeht, zeigt sich hier die sehr unterschiedliche gesellschaftliche Bedeutung des Raumes und des Verbandes, aus dem Frauen heraus agierten, nämlich dem Haus und der Familie. Das hat auch mit dem politischen System zu tun: In Rom wurden die Magistrate zwar gewählt, zogen ihr Ansehen und ihre Möglichkeiten aber aus ihren Familien und ihrer Abstammung. Im demokratischen Athen des 5. Jahrhunderts hingegen wurde politische Gleichheit bei gleichzeitiger sozialer Ungleichheit durchgesetzt. Die ›Hausmacht‹, die ein Einzelner hatte, sollte nicht politisch entscheidend sein – das bedeutete aber auch, dass die Stellung von Frauen in den jeweiligen Gesellschaften politisch unterschiedlich bewertet wurde.

## 2. Frauenleben in Griechenland und Rom

Wenn es um den Alltag und die Organisation des Familienlebens ging, unterschieden sich die Vorstellungen zu einem Frauenleben sowie die Ideale und Aufgaben, die Frauen übernahmen, in Rom und Athen dagegen nur wenig. In beiden Stadtstaaten hatten Frauen zwar das Bürgerrecht, konnten aber weder wählen noch gewählt werden. In der neueren Forschung werden mit Verweis auf die demographische Situation in der Antike (hohe Kindermortalität, viele Schwangerschaften, junge Gesellschaften) und die Lebensverlaufsperspektive die Dynamiken betont. Eine solcher Ansatz erlaubt es, ein Leben in seinem Längsschnitt zu betrachten, Phasen zu identifizieren und nach Entwicklungen und Differenzen innerhalb der jeweiligen sozialen und kulturellen Kontexte zu fragen. Ein Leben wird also nicht als eine statische Einheit begriffen, sondern in seinem Wandel gefasst und wie welche Phasen einander bedingen. Frauen sind demnach nicht allein über ihr Geschlecht zu definieren, sondern je nach Lebensphase in unterschiedlichen Rollen mit ganz unterschiedlichen Möglichkeiten zu betrachten.

Lebensziel und -aufgabe einer Frau in der Antike war es, zu heiraten, dem Ehemann legitime Kinder zu gebären, diese aufzuziehen und insbesondere Mädchen auf ihre zukünftige Rolle als Ehefrau vorzubereiten und vor allem den Haushalt vorausschauend, sparsam und vernünftig zu führen. Dieses Ziel wurde aber nur in einer Phase des Lebens verwirklicht. Je nach Alter befand sich eine Frau als unverheiratetes Mädchen (*puella, kore*), als Braut (*virgo, nymphe*), als Ehefrau (*uxor, gyne*) und dann als Mutter (*mater, meter*) in einer bestimmten Rolle und Position im Familienverband und hatte entsprechend zu agieren. Anders als Männern fehlte Frauen eine eigene Phase der Jugend; die Heirat diente als *rite de passage* vom Mädchen zur Frau, und dies zeigt an, dass Frauen vor allem in dieser Rolle gesellschaftliche Bedeutung hatten. Ehe und Mutterschaft fallen quasi zusammen – in Athen markierte die Geburt des ersten Kindes das Ende der Phase, in der die Ehe konstituiert wurde; in Rom steckte die Mutterschaft in den Begriffen für die Ehe und die Ehefrau, *matrimonium* und *matrona*, gleich drin. Auch wenn es von Männern ebenfalls erwartet wurde, zu heiraten und Nachkommen zu zeugen, wurden sie nicht durch die Ehe definiert – in Rom wurde der Hausvorstand zwar als *pater familias* bezeichnet, dies war aber ein Rechtsbegriff, der nicht an biologische Vaterschaft gebunden war. *Pater familias* wurde man, wenn der eigene Vater verstarb, nicht wenn man selbst Vater wurde. Eine *mater familias* war dagegen über die Ehe und die Mutterschaft definiert – Rechtsfolgen hatte dieser Ehrentitel nicht.

Aber auch als Mutter und Hausfrau konnte sich der Status der Frau verändern: In Griechenland und Rom bedingte schon eine Altersdifferenz von 10 bis 15 Jahren zwischen Braut und Bräutigam, dass das Eheverhältnis hierarchisch angelegt war. Autoren wie Xenophon schlagen vor, dass der Ehemann als Lehrer der Ehefrau auftritt und die junge Braut anleitet, den Haushalt zu führen, sei sie doch dafür allein kaum in der Lage (Xenophon, *Oikonomikos* 3,11f.). Die Ehemänner vertraten den Haushalt in Rechtsfragen zudem nach außen; Frauen konnten in Griechenland und Rom aus juristischer Perspektive nicht selbstständig agieren, sondern waren auf einen männlichen Vormund angewiesen. Die Ungleichheit der Geschlechter wurde unterschiedlich begründet – der griechische Philosoph Aristoteles nimmt biologisch begründete Defizienzen bei der Frau an (Aristoteles, *De generatione animalium* 727a27ff.), während römische Juristen eher generell von der *infirmitas sexus* sprechen. Im griechischen Raum liegt mit dem Pandora-Mythos und der Erschaffung der ersten Frau zudem eine Schöpfungsvariante vor, in der die Geschlechterdifferenzen göttlich motiviert sind – wenn man es genau nimmt, sind Pandora und ihre Töchter noch nicht einmal Menschen, sondern wurden als Strafe für die Menschen ersonnen (Hesiod, *Theogonia* 570–612). Ansonsten finden sich keine Hinweise, dass Geschlechterdifferenzen religiös begründet wurden. Das heißt allerdings nicht, dass Geschlechterunterschiede nicht auch im religiösen Bereich bedeutsam waren. So war es Römerinnen nicht möglich, Blutopfer zu leisten und damit in Kommunikation zu den Göttern zu treten. Auch die Vestalinnen waren davon nicht ausgenommen – sie hüteten zwar die Flamme und damit die *salus* Roms und bereiteten wichtige Utensilien für die Opfer männlicher Priester vor, aber opfern im strengen Sinn war ihnen nicht erlaubt.

Bei allen Asymmetrien zwischen den Geschlechtern wird in der Forschung jedoch inzwischen weniger auf die Differenzen zwischen den Geschlechtern hingewiesen, sondern einzelne familiäre Beziehungen gesondert betrachtet und gerade das Verhältnis zwischen Ehemann und Ehefrau als komplementär begriffen. Zwar hatte sich die Ehefrau dem Hausherrn zu fügen, dennoch war ein Haushalt ohne Hausfrau nicht denkbar und auf eine geschlechterspezifische Arbeitsteilung – vor allem auf dem Land – angelegt. Die Hierarchie im Haushalt konnte sich zudem wandeln, wenn der ältere Mann verstarb und die Witwe sich dann entweder wiederverheiratete oder aber – was in der römischen Aristokratie durchaus üblich war – ihrem eigenen Haushalt vorstand. Weitaus egalitärer gestaltete sich dagegen das Verhältnis zwischen Bruder und Schwester, was nicht nur am geringeren Altersabstand lag, sondern auch an bestimmten gesellschaftlichen Erwartungen, die von Solidarität und emotionaler Nähe geprägt waren. Der Gebrauch der Geschwistermetapher als Anrede zwischen Christen geht mithin zurück auf einen starken Sitz im paganen Leben.

Frauen werden nicht mehr als eine homogene Gruppe, die in erster Linie über das biologische Geschlecht definiert wird, betrachtet, sondern unter intersektionalen Gesichtspunkten; dabei tragen neben dem Rechtsstatus (frei – unfrei; Bürgerin – Fremde) und sozio-ökonomischen Faktoren auch das Alter und die Position im Familienverband maßgeblich dazu bei, das Leben von Frauen zu strukturieren. Eine Witwe mit vielen Söhnen konnte ganz anders handeln als eine junge Braut von 15 Jahren.

## 3. Frauen als Töchter, Schwestern, Ehefrauen und Mütter

Die Bedeutung des Haushalts und der Familie wurde wiederholt angesprochen, sind dies doch der Raum und die Gruppe, innerhalb derer Frauen vor allem agierten, da ihnen der öffentliche Raum weitestgehend verschlossen war. So nahmen Frauen in Griechenland wie Rom zwar als Bürgerinnen an religiösen Prozessionen und Festen teil, waren Teil des Wirtschaftslebens und in unterschiedlichem Maße auch Teil des gesellschaftlichen Lebens in der Elite. Der politische Raum der Volksversammlungen und Gerichte sowie das Militär war jedoch Männern vorbehalten und ein Auftritt von Frauen auf dem Forum, vor dem Areopag oder im Heereslager war eher die Ausnahme und wurde als Transgression angesehen.

Das bedeutet jedoch nicht, dass das Haus, die Familie und Verwandtschaft sowie die Nachbarschaft gänzlich unpolitische Orte und Gruppen waren. Die Familien- und Verwandtschaftsforschung zur Antike hat im Zusammenspiel mit der Frauen- und Geschlechtergeschichte Frauen als entscheidende Akteurinnen identifiziert, die diese sozialen Netzwerke konstituierten und kultivierten. Frauen sind hierbei vor allem im Verhältnis zu den männlichen Mitgliedern der Haushalte zu setzen – was nicht heißt, dass es nicht auch rein weibliche Netzwerke gab. Diese sind aufgrund der Quellenlage jedoch nur sehr schwer zu greifen: Es liegen eben vor allem literarische Texte von Männern der Elite für Standesgenossen vor, in denen weibliches Interagieren nur vereinzelt durchschimmert.

Als Töchter, Schwestern, Ehefrauen und Mütter oblag es Frauen, überhäusliche Beziehungen zu knüpfen und zu pflegen: In Griechenland wie Rom verließen Bräute mit der Heirat ihre Herkunftsfamilie und wechselten in den

Haushalt des Ehemannes. Damit gaben sie aber nicht die Bindungen zu ihrem Ursprungsverband auf, sondern stellten in ihrer Doppelrolle als Schwester respektive Tochter und Ehefrau ein wichtiges Scharnier zwischen zwei Familiengruppen dar. Während in Athen allerdings eher endogam geheiratet wurde und die Ehe zwischen Cousins bevorzugt war, kannten die Römer für vormoderne Gesellschaften ungewöhnlich weite Heiratsverbote, so dass durch die Ehe große Verwandtschaftsgruppen etabliert wurden. *Adfinitas*, Schwiegerverwandtschaft, wie sie auch im Mythos um die Sabinerinnen thematisiert wurde, hatte eine große soziale Bedeutung – entsprechend wichtig war die Rolle der Frau als Vermittlerin von Verwandtschaft.[1]

In Rom setzte sich im 1. Jh. v. Chr. eine Eheform durch, in der zwar eine Ehe etabliert wurde, damit jedoch nicht die Ehefrau in die *manus*, die »Hand« (Autorität), des Ehemannes überging. Rechtlich verblieb sie in ihrer Herkunftsfamilie, war dort erbberechtig und konnte nach dem Tod ihres Vaters über ihr eigenes Vermögen verfügen, auf das der Ehemann keinen Zugriff hatte. Der ansonsten so allmächtige *paterfamilias* konnte also mit einer Ehefrau konfrontiert werden, die über mehr Vermögen verfügte – und dies war nicht nur Theorie, sondern mit M. Tullius Cicero und seiner Frau Terentia liegt uns ein prominentes historisches Beispiel mit entsprechenden Konflikten vor.

Das Eheideal sah, ungeachtet dieser Rechtsregeln, jedoch weiterhin die *concordia*, die Eintracht, vor, deren Pflege vor allem Aufgabe der Frau war, die mögliche Eigeninteressen gegenüber den Interessen des ehelichen Haushalts hintanstellen sollte. Dies hieß auch, dass eigene finanzielle Mittel zur Förderung des sozialen Status der *domus* eingesetzt werden sollten – sei es, um den Haushalt oder die gemeinsamen Kinder auszustatten. In Rom war das aristokratische Haus der Ort, um wichtige soziale Beziehungen zu pflegen – morgens begrüßte der Patron im Atrium seine Klienten, abends empfing er seine Freunde zum Gastmahl. Frauen nahmen an diesen Interaktionen teil und konnten diese in Abwesenheit von Männern übernehmen oder als Witwen ihre Räumlichkeiten den männlichen Mitgliedern ihrer Familie zur Verfügung stellen. Im römischen Atriumhaus war anders als in athenischen Wohnhäusern keine räumliche Trennung der Geschlechter vorgesehen – Frauen waren nicht auf einen Frauenraum (*gynaikon*) beschränkt, sondern förderten aktiv das Vorankommen einer aristokratischen *domus*. Wenn dann ein etrus-

---

1 Die Leviratsehe zwischen einer Witwe und dem Bruder ihres verstorbenen Mannes, wie sie im Judentum durch Dtn 25,5–10 vorgeschrieben wird, würde nach römischer Perspektive den sozialen Sinn von Verwandtschaft verkennen und als *Incestum* gelten.

kischer Prinz diesen Raum verletzte und eine Frau missbrauchte, dann konnte der dramatische Selbstmord einer Lucretia auch zu einem politischen Systemwechsel führen – zumindest konnte man dies so erzählen.

## 4. Frauen am Rande – die schweigende Mehrheit

Die Forschung zu Frauen in den griechisch-römischen Gesellschaften in der Antike konzentriert sich räumlich auf Rom und Italien beziehungsweise Athen und Attika und in beiden Fällen auf die Elite. Das ist vor allem der Quellenlage geschuldet: Für Athen können wir nur wenige individuelle Frauen etwa über die Gerichtsreden genauer greifen oder wenn sie sich im Umkreis führender Politiker bewegen – aber auch über eine Aspasia, die Konkubine des Perikles, erfahren wir nur sehr wenig. In Rom liegt mit der Korrespondenz des Cicero ein einzigartiges Zeugnis für die sozialen Beziehungen der Elite im 1. Jh. v. Chr. vor, an denen eben auch die Frauen einen wichtigen Anteil hatten. Später lassen sich die Frauen im Umfeld der römischen Kaiser fassen, aber ebenso wie bei den hellenistischen Königinnen können über die *Augustae* nur bedingt generelle Aussagen über antikes Frauenleben abgeleitet werden.

Es sind daher die seriellen und dokumentarischen Zeugnisse, die sich auf Inschriften und in ägyptischen Papyri erhalten haben, die Einblick in das Leben von Frauen jenseits der Elite und jenseits von Athen und Rom erlauben. Die Forschung interessiert sich hier für Frauen, die nicht in rechtlich geordneten Verhältnissen leben wie z. B. im Umfeld von Soldatenlagern, die sich an der Peripherie des Imperium Romanum befanden. So liegen etwa mit den Vindolanda-Tafeln aus Holz einzigartige Zeugnisse für das Alltagsleben in einem Kastell am Hadrianswall vor, die allzu schematischen Einordnungen vom Militär als einem frauen- und familienlosen Raum widersprechen. Grabinschriften deuten auf eine hohe Mobilität und Diversität innerhalb von Soldatenfamilien hin – und auch wenn die Frauen nicht offiziell als Ehefrauen gelten konnten, da römische Soldaten während ihrer Dienstzeit bis Ende des 2. Jh. n. Chr. nicht heiraten durften, so lässt sich auch hier erkennen, wie sehr man sich am klassischen Frauenbild als Ehefrau und Mutter orientierte. Die Ehe blieb das Lebensziel, *uxor*, der Titel, den man anstrebte und für sich reklamierte – kaiserliche Verbote hin oder her.

## Literatur

*Harders, Ann-Cathrin*, Eine Frage von Herrschaft: Religion und Geschlecht im alten Rom, in: *B. Stollberg-Rilinger* (Hrsg.), »Als Mann und Frau schuf er sie«. Religion und Geschlecht, Würzburg 2014, 17–45.

*Harders, Ann-Cathrin*, Art. Schwester, RAC 30, 2019/20 Lfg. 234, Sp. 1–29.

*Harlow, Mary/Laurence, Ray*, Growing up and growing old in Ancient Rome. A life-course approach, London 2002.

*Hartmann, Elke*, Frauen in der Antike. Weibliche Lebenswelten von Sappho bis Theodora, München 2021.

*Scheer, Tanja*, Griechische Geschlechtergeschichte, München/Boston 2015.

# Jewish Women's Lives in Late Second-Temple Judaism

*Amy-Jill Levine*

Women's lives in Second-Temple Jewish contexts were influenced by familial roles (mother, daughter, wife, co-wife, widow, divorced, blended family, sister, grandmother, aunt, etc.), location (Judea, Galilee, Diaspora; urban/rural; majority Jewish or gentile), economic status, enslaved/free, external conditions (e.g., famine, war), mental and physical health (including high rates of maternal and infant death), even luck. Sources include texts (e.g., Old Testament/Tanakh, Old Testament Apocrypha/Deuterocanonical literature, Pseudepigrapha, New Testament, Dead Sea Scrolls, Rabbinic literature, papyri such as the early second-century CE legal documents of Babatha of Ma'oza; writings by elite men such as Josephus, Philo, Juvenal), and archaeological remains (e.g., textiles, pottery, ritual baths; inscriptions designating women as »synagogue leader«).

The Gospels, an excellent source for Jewish women's lives, depict women owning homes (Acts 12:12), having freedom of travel and access to their own funds (e.g., Luke 8:3); obtaining health care (Mark 5:26//Luke 8:43); participating in funerals (Luke 7:12), synagogues, where they are not in balconies or behind screens (Luke 13:11–13), and the Jerusalem Temple (Luke 1–2), and working as patrons, bakers, textile manufacturers, and in the sex industry (Matt. 21:31–32; Luke 15:30).

These sources have also been used for political purposes. In the 1970s, Christian women seeking greater ecclesiastical roles looked to the New Testament for support. Since Jesus commissions no women to teach outside the movement and Paul restricts women's roles (e.g., 1 Cor. 14:33b–36), Christian women constructed an oppressive Jewish context against which to contrast Jesus and Paul. Following antisemitic stereotypes already present in New

Testament interpretation, they depicted Jesus and Paul as liberating women from Jewish misogyny. For example, taking later rabbinic comments out of context and insisting that they exemplified Jewish culture, they noted that Jesus never advised »Talk not much with womankind« (*m. 'Abot* 1:5) or thanked God for not having made him a woman (*t. Ber.* 6:18). They similarly constructed an egalitarian Paul by citing, e. g., Gal. 3:28, »there is no longer male and female,« Phoebe the deacon (Rom. 16:1–2), Junia the apostle (Rom. 16:7) and women's prophesying (1 Cor. 11:15) and explaining Pauline restrictions either as interpolations or as remnants of »rabbinic thought." Ignored, however, were numerous positive rabbinic depictions of women (e. g., of the sage Beruriah [*b. Berakhot* 10; *b. Eruvin* 53b–54a; *b. Pesachim* 62b]), rabbinic concerns for a wife's economic security, archaeological evidence of women synagogue rulers and patrons (see also Josephus, *War* 1.571; *Antiquities* 17.41), Philo's group of Jewish women philosophers, the Therapeutae (*On the Contemplative Life*), and Gospel depictions of Jewish women.

In the following, I will present an overview on the main topics and their multifaceted aspects concerning the live of Jewish women in this period according to the different sources. I will end with a reflection on the reason why – according to the New Testament texts – Jewish women followed Jesus.

## I. Family Relations

In Judea and the Galilee, men typically lived near their families, and wives joined the husband's household. Men married around age 30; their wives were usually ten to fifteen years younger. While Romans were monogamous, Jewish men could, but rarely did, practice polygyny (*m. Ketubot* 10:1–6).

Rabbinic suggestions regarding betrothal for women at puberty (e. g., *t. Ketubot* 1:3) are prescriptive rather than descriptive and limited to certain circles. Tacitus (*Histories* 5:2) suggests that Jews were endogamous (see also Nehemiah, Ezra, and Tobit), although Acts 16:1 (cf. 2 Tim. 1:5) identifies Paul's companion Timothy as having a Jewish mother and gentile father. *B. Kiddushin* 41a states that couples would approve each other prior to signing the marriage contract, which protected the wife in cases of divorce and ensured her economic security in the marriage. *M. Ketubot* 4:4 (see also Josephus, *Ant.* 2.263) states that fathers arranged marriages for their children. According to *m. Kiddushin* 2:1, adult women arranged their own marriages. *Y. Kiddushin* 3:10 indicates that fathers provided daughters dowries, whose value would be returned in case of divorce. Second-century papyri from the Judean desert (*P. Yadin* 18, 37) list money, clothing, gold and silver jewelry as dowry items. Married women retained control of inherited assets, including land ownership (*m. Ketubot* 8:1–2).

According to Matthew 1:18–25, Joseph suspects Mary, to whom he is engaged (possibly indicating *qiddushin* [see *m. Kiddushin* 1:1]); engagement limiting the woman's sexual contact to her betrothed) of adultery and resolves to divorce her quietly. Although Torah mandates stoning for adulterers (Lev. 18:20; 20:10; Deut. 22:22,24), no evidence depicts it happening, rabbinic law puts numerous constraints on carrying out capital punishment (e. g., *m. Makkot* 1:10; *b. Makkot* 6b; see also *b. Sanhedrin* 41a), and Matthew offers no indication that Mary is endangered. The woman who committed adultery, about whom Jesus says, »Let the one among you who is without sin cast the first stone« (John 8:7) is not about to be stoned; rather, scribes and Pharisees use her to test Jesus. Should he mandate stoning, they would both find him barbaric and charge him with violating Roman law restricting the right of capital punishment to the state; should he reject stoning, they could accuse him of violating Torah.

Jesus' natal family included at least two unnamed sisters and several named brothers (Matt. 13:55–56; Mark 6:3; see also John 2:12; 7:3–5). Luke 1:5–36 describes Mary's cousin Elizabeth as of priestly descent. Promoting voluntary kinship (Matt. 12:46–50//Mark 3:31–35//Luke 8:19–21) over natal or marital relations, Jesus repurposes Micah 7:6 (»the son treats the father with contempt, the daughter rises up against her mother ...«) to speak of divisions his teaching creates. In Luke 9:59–61 (cf. also Matt. 8:21–22), he separates disciples from their parents; in Luke 14:26 (cf. also Matt. 10:37) he instructs, »Whoever comes to me and does not hate father and mother, wife and children, brothers and sisters ... cannot be my disciple.«

Asked whether divorce was lawful (Mark 10:2–12 cf. Matt. 19:1–5; Luke 18:15–17; 1 Cor. 7:10–11), Jesus acknowledges that Deuteronomy (24:1–4) permits divorce but as a concession for human weakness. He then forbids divorce on the basis of Genesis 2:24: »a man shall leave his father and mother and be joined to his wife, and the two shall become one flesh ...« (cited also in CD 4:20–21 in limiting polygyny or remarriage after divorce). Matthew (5:32; 19:3–12) permits divorce in cases of *porneia*, which may concern marriages seen as incestuous under Jewish but not Roman law or behavior (e. g., licentiousness) aside from adultery. Deuteronomy permits divorce should the husband find »something objectionable« (*'ervat davar*) in the wife. The School of Shammai understands *'ervat davar* as licentiousness (see also CD *A* 4:20–5:8; 11QT[a] 57:17–18); the School of Hillel defines it as anything a husband finds objectionable, such as his wife's burning dinner or because he found someone prettier (*m. Gittin* 9:10). Mark 6:17–29 presumes that Jewish women could divorce their husbands, as may the second century *P. Se'elim* 13. Josephus (*Antiquities* 15.529–60) finds Herodian women who divorced to be transgressing Jewish law.

Christian commentators who understand Jesus' rejection of divorce as protecting wives, ignore both the School of Shammai and how marriage contracts protected the wife's economic status. Forbidding divorce does not protect wives: in Mark Jesus also forbids wives from divorcing husbands (no commentators argue he is protecting husbands); nor is keeping a woman chained to an abusive husband beneficial.

Although rejecting divorce, Jesus separates spouses. Peter is married (Jesus heals his mother-in-law), but the Gospels ignore his wife. Joanna's husband, Herod's estate manager Chuza (Luke 8:3), does not appear (he may be dead). According to Matthew 20:20–21; 27:56, Zebedee's wife joined her sons James and John in following Jesus; the husband apparently remained in Galilee (see Matt. 4:21). In 1 Corinthians 9:5, Paul says Peter and other apostles are accompanied by a »sister-wife,« likely a wife treated as a sister, that is, a non-sexual partner.

Challenging Jesus concerning belief in resurrection of the dead (a view shared by most Galilean and Judean Jews), Sadducees ask him whose wife will a woman married to seven brothers be in the resurrection. Jesus states (Mark 12:25//Matt. 22:30//Luke 20:34–35) that in the resurrection men do not marry and women are not given in marriage, for they will be like angels (Josephus, *War* 3.374, notes the »chaste bodies« in the world-to-come). Jesus also connects marriage with a sinful generation: »before the flood, they were eating and drinking, marrying and give in marriage, ...« (Matt. 24:38// Luke 17:27;). In Mark 13:17, he predicts, »Woe to those who are pregnant and to those who are nursing ...« (see Matt. 24:19; Luke 21:23). He tells the »daughters of Jerusalem« that they will say, »Blessed are the infertile, and the wombs that never bore, and the breasts that never nursed« (Luke 23:29). When a woman says to him, »Blessed is the womb that bore you, and the breasts that you sucked," Jesus responds, »Blessed rather are those who listen to the word of God and keep it« (Luke 11:27–28). He commends those who eunuchize themselves (Matt. 19:10–12) and so forego fatherhood. Paul (1 Cor. 7:6–9) and the author of Revelation (e.g., 14:4) similarly emphasize celibacy and continence.

Jesus self-identifies and is identified as a »bridegroom,« not a husband. He dismisses marital and natal relationships. Told that his mother, brothers, and sisters seek him, he asks, »Who are my mother and my brothers?« Looking at those around him, he said, »Here are my mother and my brothers! Whoever does the will of God is my brother and sister and mother« (Mark 3:33–35). Except for Mary and Joseph and Jairus and his wife, all women who encounter Jesus lack accompanying husbands. Likely many of his women followers were single, widowed, or divorced; in his company, they found a new family.

While the Gospels promote virginity and continence, *m. Yebamot* 6:6 encourages men to father children: the House of Shammai say two boys; the House of Hillel say a boy and a girl (citing Gen. 5:2). We cannot know how many families followed Leviticus 15:19–30; 18:19 in restricting marital relations during and immediately after the wife's menstruation. Our limited sources suggest that women would have given birth on average every two-three years. Second Maccabees 7:27 indicates children nursed for three years; *t. Niddah* 2:3 suggests two years. Tacitus (*Histories* 5.5) marvels that Jews do not abort or abandon children. The Gospels indicate parental care for both sons and daughters (Matt. 9:18–26//Mark 5:21–43//Luke 8:40–56; Matt. 19:13// Mark 10:13//Luke 18:15).

## 2. Social Mobility

No Gospel mentions women's seclusion. While 2 Maccabees 3:19 (cf. 3 Macc. 1:18; 4 Macc. 18:7) suggest that virgins were kept from the public, and while Ben Sira 42:11–12 and Philo (*Special Laws* 3:169–71; see *Flaccus* 89) suggest they should be sequestered, the comments apply only to elite families. In *Flaccus* 95 Philo notes women's presence in the theatre and the market.

Matthew 21:31–32 indicates women came to John for immersion. According to Luke 1:46–55, Mary travels from Nazareth in Galilee to visit Elizabeth in Judea. John 2:1–12 depicts Jesus' mother attending a wedding and instructing the catering manager; the wedding servers likely included women. The Gospels mention women accompanying Jesus and traveling with him from Galilee to Jerusalem (e.g., Mark 15:40–41). Unclear is whether these women spent nights with Jesus. Of charges against him, including gluttony, drunkenness, being insane or possessed by demons, no charge of sexual impropriety occurs.

The Gospels depict women at Jesus' tomb, whether to anoint the body (Mark 16:1; Luke 24:1; for Mark, the anointing is redundant since in 14:8 Jesus announced that the anonymous woman in Bethany had already anointed him), to watch (Matt. 28:1), or to mourn (John 20:1). In John 20:15, Mary

Magdalene addresses a man she presumes to be the gardener (the case of mistaken identity is one of several connections between John 20 and Hellenistic novels). Some Christian apologists incorrectly insist that the disciples in Luke 24:11 did not believe the women's message about the resurrection because Jews did not accept women's testimony. The disciples' problem is not the messengers, but the message. Josephus (*Antiquities* 4.219), who rejects women's testimony »because of the levity and impetuosity of their sex,« is attempting to impress his Roman readers. The disciples in John 20 accept Mary's good news.

Parables depict women in public: virgins who travel at night to purchase oil (Matt. 27:9–11); a widow appears in court (Luke 18:1–8). Matthew (14:21; 15:38) notes women and children at the feeding miracles. John 9:18–23 notes the public presence of the mother of a congenitally blind man. Martha and Mary speak to Jesus at Lazarus's tomb (John 11). Luke 2:36–38 mentions Anna, a widow who prophesies in the Temple; Acts 21:9 mentions Philip's four virgin daughters who prophesy.

## 3. Gender Divisions

Jesus' sayings promote traditional gender roles. Matthew 6:26–18//Luke 12:24 pair birds that do not sow with lilies that do not spin; Matthew 10:34–26// Luke 12:51–53 describe gender-based household divisions (son/father; mother/daughter; mother-in-law/daughter in law); Matthew 2:41–42//Luke 11:31–32 parallel men (*andres*) of Nineveh with the Queen of Sheba; Matthew 13:31–33//Luke 13:18–21 juxtapose a man who sows seed with a woman who hides yeast; Matthew 24:40–41//Luke 17:34–35 pair two men in a field (or on a couch) with two women grinding at the mill. In Luke 4:25–27, Jesus adduces Naaman the Syrian and the widow of Zarephath. Luke 15:4–10 matches a man seeking his lost sheep with a woman seeking her lost coin. Mark 10:25 (cf. Luke 17:27) depicts men »marrying« and women »being given in marriage.«

## 4. Economics

Jewish women – single, married, widowed – had their own funds. A woman spends her money on physicians (Mark 5:26//Luke 8:43); a widow put her coins into the Temple treasury (Mark 12:42//Luke 21:2); a woman anoints Jesus with expensive perfume (Matt. 26:6–13//Mark 14:3–9; Luke 7:36–50;

John 12:1–8). The parables depict a woman who loses a coin, finds it, and then invites women to celebrate (Luke 15:8–9). The woman who »hides« yeast in three measures of flour (Matt. 13:33; Luke 13:21) may be baking for commercial purposes (see *m. Ḥallah* 2:7; *m. Ketubot* 9:4).

Luke 10:38–42 depicts Martha as the householder; Acts 12:12 locates Jesus's followers »in the house of Mary, the mother of John.« Both women may represent leaders of house churches. The Babatha Papyri confirm that women owned homes and orchards; *m. Ketubah* 6:1; 8:1–2 states that women could receive gifts of both movable property, houses, and land. Jesus's follower Sapphira conspires with her husband to withhold money from the assembly (Acts 5:1–10). In Joppa, Peter resurrects a Tabitha (Aramaic; her Greek name is Dorcas), a Jewish woman known for charity and textile work. Another follower, Priscilla (or Prisca), Aquila's wife, was along with other Jews expelled from Rome by Claudius in 49 C. E.

## 5. Ritual Purity

Menstruation, ejaculation, irregular genital discharges, childbirth, certain skin diseases, and corpses all convey impurity; thus, people were impure much of the time, but they were neither ostracized nor sequestered. Elizabeth's impurity following childbirth (Lev. 12:2–8) did not impede people interacting with her in her home at her son's circumcision (Luke 1:60–61).

Nothing prohibited a ritually impure woman touching anyone. The Torah's concern is for her bedding and anything on which she sits (Lev. 15:20–27). The Talmud states that a menstruating woman may attend to her family's needs, except for filling her husband's wine-cup, making his bed, and washing him (*b. Ketubot* 61a). No law prevents anyone save priests from preparing corpses for burial. In most cases, purity is regained by bathing and by the passing of time. By healing a bleeding woman and people suffering from skin disease, and by raising corpses, Jesus *restores* people to purity.

## 6. Instead of a conclusion: Jewish Women Followers of Jesus

Jesus's patrons include Mary Magdalene, Joanna (the wife of Chuza, Antipas's estate manager), and Susanna (Luke 8:3). Peter's mother-in-law »serves« (Greek: *diakoneo*) Jesus (and perhaps his followers, male and female) according to Matthew 8:14–15//Mark 1:29–31//Luke 4:38–39. Matthew 27:55–56// Mark 15.41 describes how women »served« (*diakoneo*) Jesus. The sisters Mary and Martha provide him hospitality (Luke 10:38–42; John 11:1–12:8); in Acts 12:27–17, Mary the mother of John Mark, provides hospitality to »many« (Acts 16:11–15. 40), as does the textile manufacturer Lydia, either a Jew or a Godfearer, who houses Paul and his companions.

Other followers include the wife of Zebedee and mother of the Apostles James and John (Matt. 20:20–21; 27:56); an unnamed woman who anoints Jesus (on his head [Matt. 26:6–16; Mark 14:3–9] or his feet [Luke 7:36–50]), and the »daughters of Jerusalem« (Luke 23:28) who weep for him. Jewish women, variously named but always including Mary Magdalene, witness Jesus' crucifixion, burial and empty tomb. One of the travelers who encounter Jesus on the Emmaus Road may have been a woman (Greek masculine plural verbs mask women's presence). Women would have heard his teaching in synagogues, outdoors, and in the Temple.

Women followed Jesus *not* because they were oppressed by Jewish practice and belief. They followed him for the same reasons men followed him, for example, because of his healings and exorcisms, eschatological predictions, or teachings about of the Kingdom of God.

## FURTHER READING

*Ehrensperger, Kathy/Sheinfeld, Shayna* (eds.), Gender and Second Temple Judaism, Lanham MD 2020.

*Levine, Amy-Jill,* Jewish Women in the New Testament, Jewish Women's Archive, https://jwa.org/encyclopedia/article/jewish-women-in-the-new-testament

*Navarro Puerto, Mercedes/Perroni, Marinella* (eds.), Neues Testament. Evangelien. Erzählungen und Geschichte (Die Bibel und die Frauen, 2.1), Stuttgart 2011.

*Satlow, Michael,* Jewish Marriage in Antiquity, Princeton 2001.

Essays in:

Das Neue Testament – Jüdisch erklärt, hrsg. von W. Kraus, M. Tilly, A. Töllner, Stuttgart [2]2022.

*Kraemer, Ross S.,* Jüdisches Familienleben im ersten Jahrhundert u. Z., 650–654.

*Satlow, Michael,* Ehe und Ehescheidung, 654–657.

*Ilan, Tal,* Geschlecht und Geschlechterrollen, 657–661.

# Reflections on the Development of (Jewish) Women and (Jewish) Gender Studies

*Tal Ilan*

Women studies as an academic discipline (born as part of what is now designated »second wave feminism«) came into full existence in the 1960s. Jewish women studies followed suit in the 1980s; now over forty years ago. I do not think that a short »update« should cover this entire period. I have decided to begin, where an article published in 2008 ended. Susan Marks, in her »Women in Early Judaism,«[1] stated that the date of her article is 25 years after the publication of Bernadette Brooten's ground-breaking book *Women Leaders in the Ancient Synagogue* (1982).[2] In her article, Marks surveyed the work of a committed group of Jewish academics, all of them pioneers, all of them women, some of them religiously motivated (namely – they saw their mission as intended at improving women's position in their communities of faith), but some of them – like myself – simply interested, as women, in the historical situation of women (just like most Jews are interested in Jewish history; most Germans are interested in German history; most native Americans are interested in native-American history etc.). We all concentrated on Jewish women in the post-biblical period and all produced book-length studies with rabbinic literature at their center. Marks mentioned us all in her article: The four Ju-

---

1 *Marks, Susan*, Women in Early Judaism: Twenty-Five Years of Research and Reenvisioning, Currents in: Biblical Research 6 (2008) 290–320.

2 *Brooten, Bernadette*, Women Leaders in the Ancient Synagogue, Providence RI $^{2}$2020. See on this work my very recent publication *Tal Ilan*, Women Leaders in the Ancient Synagogue Revisited: Some more Philological-Historical Observations, Judaïsme Ancien/Ancient Judaism 11 (2024) 31–59.

diths (Wegner - 1988, Plaskow - 1990, Hauptman - 1997, Baskin - 2002)[3] and myself (Ilan 1995, 1997, 1999)[4] until 2000, and then, at a second stage, a new generation of scholars, who concentrated on more specialized fields - beginning with Miriam Peskowitz (1997) on Jewish women and textiles, Charlotte Fonrobert (2000) on Jewish women and menstruation, Cynthia Baker (2002) on Jewish women and space, and Joan Taylor (2003) on the female members of the Jewish Egyptian Therapeutai sect.[5] That the first books were general surveys and the next group are about specific topics should come as no surprise. The first wave lay the foundations for the more specialized and detailed second round. Marks devoted her survey to »women studies« (Marks 2008, 294) despite the fact that »gender« was already present in the discourse, as the title of one book she surveyed in the article demonstrates (Peskowitz 1997 - *Rabbis, Gender, and History*).

Marks noted that meanwhile gender studies was becoming all the rage. In 1993, Daniel Boyarin published his *Carnal Israel*, and he himself positioned it in the field of gender studies, and more specifically sexuality studies.[6] What this book did for Jewish women studies was revolutionary - it was sophisticated, thrilling and opened the door for men to enter into the field. Most scholars (certainly including most women scholars) would agree today that gender studies are much more »sophisticated« than women studies, and that

> »all human beings participate in gender. Indeed, since ›masculinity‹ and ›femininity‹ are commonly defined by one's being what the other is not, to construct femininity or ›woman‹ is equally and inherently to construct its

---

3 *Wegner, Judith Romney*, Chattel or Person: The Status of Women in the Mishnah. Oxford 1988; *Plaskow, Judith*, Standing Again at Sinai: Judaism from a Feminist Perspective, San Francisco, 1991; *Hauptman, Judith*, Rereading the Rabbis: A Woman's Voice, Boulder CO 1997; *Baskin, Judith*, Midrashic Women: Formations of the Feminine in Rabbinic Literature, Brandeis 2002.

4 *Tal Ilan*, Jewish Women in Greco-Roman Palestine: An Inquiry into Image and Status, Tübingen 1995; *Eadem*, Mine and Yours are Hers: Retrieving Women's History from Rabbinic Literature, Leiden 1997; *Eadem*, Integrating Jewish Women into Second Temple History, Tübingen 1999.

5 *Peskowitz, Miriam*, Spinning Fantasies: Rabbis, Gender, and History, Berkeley 1997; *Fonrobert, Charlotte E.*, Menstrual Purity: Rabbinic and Christian Reconstructions of Biblical Gender, Berkeley 2000; *Baker, Cynthia M.*, Rebuilding the House of Israel: Architectures of Gender in Jewish Antiquity, Stanford 2002; *Taylor, Joan E.*, Jewish Women Philosophers of First Century Alexandria: Philo's ›Therapeutae‹ Reconsidered, Oxford 2003.

6 *Boyarin, Daniel*, Carnal Israel: Reading Sex in Talmudic Culture, Berkeley 1993.

> counterpart, masculinity, ›man‹. It follows that to conflate gender with women is to perpetuate an equation of maleness with neutrality, the human ›standard‹, unmarked and in no need of explanation, and to mark femaleness as deviant from the human ›norm‹.«[7]

This statement, written by Gail Labovitz, is found in an anthology of articles summing up the latest scholarship on the Mishnah. The article is titled: »Mishnah, Women, Gender.« Such anthologies have, since the early 90s, regularly included articles on women (and gender) in early Judaism. I myself have contributed to at least five such anthologies.[8] Yet it is now becoming less standard. For example, in 2007 the *Cambridge Companion to the Talmud* included no article on women. Instead, it included an article by Charlotte Fonrobert entitled »Regulating the Human Body: Rabbinical Legal Discourse and the making of Jewish Gender.« From this title, women are missing. In this article Fonrobert, like Labovitz, emphasizes the same points about why women are no longer the topic of research but rather gender is:

> »Almost everyone may agree now that gender differences are cultural constructs. Gender is variable, and gender differences are scripted differently in different social and cultural contexts. But the fact that gender differences exist to begin with is traditionally considered to be based in biological fact. Nature – or biology – has made bodies different, male and female, and different cultures only inscribe this reality with their specific ways of differentiating between genders.«[9]

---

7 *Labovitz, Gail,* Mishnah, Women, Gender: What are we reading for; where are we reading it? in: *S. J. D. Cohen* (ed.), What is the Mishnah: The State of the Question, Cambridge MA 2022, 334–378: 356.

8 *Ilan, Tal,* Gender Issues and Daily Life, in *C. Hezser* (ed.), The Oxford Handbook of Jewish Daily Life in Roman Palestine, Oxford 2010, 48–68; *Ilan,* Women in Qumran and the Dead Sea Scrolls, in: *T. H. Lim, J. J. Collins* (eds.), The Oxford Handbook of the Dead Sea Scrolls, Oxford 2010, 123–147; *Lim/Collins,* Josephus on Women, in: *H. H. Chapman, Z. Rodgers* (eds.), A Companion to Josephus, Oxford 2016, 210–221; *Ilan, Tal,* Gender, in: The Jewish Annotated New Testament, Oxford $^{2}$2017, 611–614; *Ilan, Tal,* Jewish Women's Life and Practice in the World of the New Testament, in: *B. Dunning* (ed.), The Oxford Handbook of the New Testament, Gender and Sexuality, Oxford 2019, 221–237.

9 *Fonrobert, Charlotte E.,* Regulating the Human Body: Rabbinical Legal Discourse and the making of Jewish Gender, in: *Ch. E. Fonrobert, M.S. Jaffe* (eds.), The Cambridge Companion to Talmud and Rabbinic Literature, Cambridge 2007, 270–294: 271.

These sorts of observations are very theoretical and say little about Jewish women (and men), but they have become so pervasive in the study of Jewish women in rabbinic literature, that monographs about Jewish women in general or about certain aspects touching on Jewish women, have, in the last 16 years, since Marks wrote her survey, instead of growing, shrunk in numbers, and even those monographs that have been published include »gender« but not »women« in their titles (Labovitz 2009 – *Constructions of Gender in Rabbinic Literature*; Shanks Alexander 2013 – *Gender and Timebound Commandments*; Watts Belser 2018 – *Gender Sex and Disability*; Lehman 2022 – *Engendering Tractate Yoma*).[10]

It turns out that this emphasis on gender (at the expense of women), as already suggested in the quotations I presented above, has had a further, far reaching effect, to in fact elevate uncertain sex (or trans-sex or inter-sex), to a position of major importance in the discipline. In 2021 and 2024, two (really thoughtful and important) books on this aspect of Jewish sex/gender have appeared, the first by Max Strassfeld and the second by Sarra Lev. Both books depart from one chapter in the Mishnah (*mBikkurim* 4) which describes two types of persons that have mixed-sexual characteristics – the androgynous and the tumtum – the former being both male and female, and the latter – neither. Both Strassfeld and Lev admit that they see in their work a culmination of the direction in which gender studies were leading. Strassfeld wrote:

> »The study of gender has been, for the most part, structured by a focus on the relationship between men and women in Jewish sources. This focus established a much-needed criticism of rabbinic androcentrism. It is not my intention to blunt that essential feminist critique. At the same time, when we focus on eunuchs and androgynes, we gain a fuller picture of the way gender works in rabbinic literature.«[11]

Lev wrote:

---

10 *Labovitz, Gail,* Marriage and Metaphor: Constructions of Gender in Rabbinic Literature, Rowman and Littlefield Publishers 2009; *Alexander, Elizabeth Shanks,* Gender and Timebound Commandments, Cambridge 2013; *Belser, Julia Watts,* Rabbinic Tales of Destruction: Gender, Sex and Disability in the Ruins of Jerusalem, Oxford 2018; *Lehman, Marjorie,* Bringing Down the Temple House: Engendering Tractate Yoma, Brandeis 2022.

11 *Strassfeld, Max,* Trans Talmud: Androgynes and Eunuchs in Rabbinic Literature, Oakland 2021, 3.

»The sages consistently and actively employ their own categories of intersex to contemplate the intersections between gender and inheritance, holiness, purity, and ›commanded-ness‹ among other issues. Though the ways in which the rabbis understand intersex bodies may vary, one position is the same throughout. In these cases, androgynoi or tumtumin serve as prototypes in the discourse representing what does not fit neatly into the pre-defined (often biblical) categories of male and female.«[12]

In other words, both scholars explain that the blurring of the categories, male and female, present in rabbinic literature itself, makes it necessary to review this blurring as a sign of (in Strassfeld's terminology) gender trouble. Gender, according to this view, just like »sex« is binary – male and female. Study of trans- and intersex problematizes this view.

The present review is no critique of the necessity or quality of these two last-mentioned studies. It only offers a historical observation on the study of ancient Judaism: Once upon a time there was scholarship (of ancient Judaism). Then came (mainly Jewish) women scholars and argued that what we see as (Jewish) scholarship is only (Jewish) men's scholarship and its subjects of research are in fact only (Jewish) men. This is how (Jewish) women studies were born. Quite soon, despite an initial emotional rejection of this field on the part of mainstream Jewish studies (represented mainly by Jewish men), intelligent (Jewish male) scholars noted that the observations made by (Jewish) women scholars were in fact correct, and after acknowledgment, came jealousy. These (Jewish) men also wanted part in this treasure trove. But as is often the case, they also wanted to become its subjects.

I had written above that »most Jews are interested in Jewish history; most Germans are interested in German history; most native Americans are interested in native-American history etc.« This statement is influenced by the post-modernist observation that there is no »objective« scholarship. All scholars write from their social location. (Jewish) women are interested in (Jewish) women; (Jewish) men are interested in (Jewish) men, one disabled scholar cited above is interested in disabled (Jewish) subjects, and the interest of the two scholars who wrote about trans-sex and intersex is personal. This of course does not mean that their scholarship is worthless. It is simply important to know who the scholar we are reading is, and what are her personal concerns.

---

12 *Lev, Sarra,* And the Sages did not know: Early Rabbinic Approaches to Intersex, Philadelphia 2024, 8.

So, I return to the men who invented gender studies. With this new category, it was now going to be alright for (Jewish) men to write about and study (Jewish) women, but their research would have to be explicitly associated with (Jewish) men. Most early (Jewish) gender scholars were men. They began theorizing about the relationship between (Jewish) men and (Jewish) women and came up with the »sophisticated« observation that the differences between (Jewish) men and (Jewish) women were culturally constructed. Otherwise the two (Jewish) sexes are the same, except for some minor unstable (and often unobservable) sexual differences. And if these differences are indeed unstable, it was just a question of time before this instability would be placed at the center, as (Jewish) women had been placed at the center when (Jewish) gender studies were born. Strassfeld and Lev's studies are the culmination of this process.

From when I first began writing my PhD, enormous pressure has been put on (Jewish) women who wished to become academics, to be careful in the extent of their devotion to women studies. Many colleagues told me that they were advised not to write PhDs about (Jewish) women, if they wanted to get an academic job. »After you get the job, you can do what you like« they were told. These »friendly« reactions came from outside the field. In light of this attitude, the move from women studies to gender studies could be seen as a »friendly« move; from within. In fact, it was an alien takeover. The list of monographs penned by women listed above with the word »gender« replacing »women« in them is proof thereof. In fact, I think that more monographs written on topics associate with Jewish women and gender in Ancient Judaism were written by men than by women in the last twenty years (an incomplete list includes Michael Satlow (1995) on sex; Aryeh Cohen (1998) on Tractate Gittin; Shaye Cohen (2005) on women and circumcision; and more recently, Ishay Rosen Zvi (2012) on Tractate Sotah; Yishai Kiel (2016) on sex in the Babylonian Talmud and Shai Secunda (2020) on menstruation in the Babylonian Talmud, both in a wider Iranian cultural context).[13]

---

13 *Satlow, Michael,* Tasting the Dish: Rabbinic Rhetoric of Sexuality, Atlanta GA 1995; *Cohen, Aryeh,* Rereading Talmud: Gender, Law, and the Poetics of Sugyot, Atlanta GA 1998; *Cohen, Shaye J. D,* Why aren't Jewish Women Circumcised? Gender and Covenant in Judaism, Berkeley 2005; *Zvi, Ishay Rosen*, The Mishnaic Sotah Ritual: Temple Gender and Midrash, Leiden 2012; *Kiel, Yishai,* Sexuality in the Babylonian Talmud: Christian and Sasanian Contexts in Late Antiquity, Cambridge 2016; *Secunda, Shai,* The Talmud's Red Fence: Menstrual Impurity and Difference in Babylonian Judaism and its Sasanian Context, Oxford 2020.

From all that I have written up to now one could receive the impression that (Jewish) gender studies constitute a broad category of which (Jewish) women studies is but a sub-group. However, from a historical perspective, (Jewish) women studies do not constitute a sub-section (and not a very elevated one) of (Jewish) gender studies. It should in fact be viewed the other way around. (Jewish) gender studies are the children of (Jewish) women studies (excuse the metaphor), just as a host of other (Jewish) studies are. (Jewish) sex, body and family studies are categories that came into existence in the academy following women studies, because these fields cannot exist without women. Men studies and masculinity studies, came into the world modelled on women and femininity studies.[14]

(Jewish) women studies came first. Without them, all the other academic fields would not have existed. To demonstrate this, I end this review by blowing my own trumpet. I refer scholars to the *Feminist Commentary on the Mishnah and the Babylonian Talmud*, which I head in the last twenty years. Its first issue having appeared in 2008, the exact year in which Susan Marks overview was published. Twelve volumes of the (ambitious ca. 90 volumes) project have been published since (Ilan 2008–2025[15]). The word »gender« is not found in its title, and in the introductory volume to the project, published in 2007, I included gender, together with other categories such as patriarchy and androcentrism, as issues that women studies have to address in a feminist commentary. I had benevolently written:

> »The primary interest of the discipline of ›women studies‹ was the lot of women – half of humanity (and half of the Jewish people) that had been silenced by the other half ... gender studies have created a paradigm shift within the discipline. They have taken to dealing with the differences – social as well as biological – between men and women. They are interes-

---

14 Or as in Wikipedia: »It was in the 1970s that feminist scholars adopted the term gender as way of distinguishing ›socially constructed‹ aspects of male-female differences (gender) from ›biologically determined‹ aspects (sex),« referring to David Haig, »The Inexorable Rise of Gender and the Decline of Sex: Social Change in Academic Titles, 1945–2001,«, Archives of Sexual Behavior 33/2, 2004, 87–96, who shows that gender in its new sense is a term coined in the 1970s, by feminist scholars, and then spread like wild fire, forcefully banishing women from the scene.

15 *Ilan, Tal* (ed.), A Feminist Commentary on the Mishnah and the Babylonian Talmud [1. Ta'anit, Tübingen 2008; 2. Sukkah 2009; 3. Betsah 2010; 4. Keritot 2013; 5. Tamid, Middot, Qinnim, 2013; 6. Hullin 2017; 7. Menahot 2019; 8. Mo'ed Qatan 2021; 9. Qiddushin IV 2021; 10. Pe'ah, Demai, Kila'yim 2023; 11. Gittin IV–V 2024; 12. Shevu'ot 2025].

> ted in the interaction between the sexes. Gender studies have particularly promoted sexuality studies and family studies – areas in which men and women are equally represented (even when not equally active). The shift in scholarly interest created by the shift toward gender studies is partly dictated by the sources themselves, which lend themselves more easily to analysis of areas in which women were traditionally seen as legitimate participants – sex and the family.«[16]

Obviously, I was not yet aware of the complete take-over of women studies by gender studies. In the commentary, however, we indeed treat gender as a sub-category of women studies. In the introduction to my volumes I first address issues of women, and only then of gender. Thus, in the introduction to my commentary on Tractate Ta'anit (fasting), under »women« I pointed out differences in women's and men's fasting practices and requirements, while under »gender« I discussed the pervasive metaphor of the masculine rain impregnating the feminine earth (Ilan 2008–2025, Ta'anit, 9–16). In the introduction to my commentary on Tractate Hullin (profane [slaughter]), under »women« I pointed out differences in women's and men's profane slaughtering, while under »gender« I discussed how a tractate that deals so intensively with animals, continuously compares beasts to women (Ilan 2008–2025, Hullin, 8–24).

I end this overview by demonstrating this »women« and »gender« relationship in the last feminist commentary on Tractate Shevu'ot. The Mishnah of Shevu'ot is about oaths, mostly in the context of law-courts. Oath are often taken by litigants and witnesses in courts. Therefore, one of the major topics of this tractate is women witnesses. One could argue that this is a typical gender issue, because women's status in Jewish courts is culturally constructed, and is thus a gendered question. But before there was gender, it was one of the major issues of women studies, because it is not about people of both genders being barred from giving testimony – only of women. It is about the inferior position of women in the Jewish legal system. No book in the category of men studies will be devoted to men bearing witness. Such a book will just be a study on court-witnessing, within the study of the law, as in studies from before the invention of gender.

The question of women and testimony, and women and swearing dominate the commentary on the Mishnah. The commentary on the Talmud is dominat-

---

16 *Ilan, Tal,* Introduction, in: *T. Ilan* et al. (eds.), A Feminist Commentary to the Babylonian Talmud: Introduction and Studies, Tübingen 2007, 1–23: 9.

ed by another topic – but it is also especially relevant to women. It is about the use made by the rabbis of the Babylonian Talmud of chapter 5 in the biblical book of Numbers. This is the chapter about the ordeal of the bitter water that the woman suspected of adultery must undergo. Its importance for Tractate Shevu'ot is that in it the biblical procedure of taking an oath is enacted, ironically by the suspected woman. This text is used throughout the Babylonian commentary on Tractate Shevu'ot to demonstrate how oaths should be taken, regardless of whether the person swearing is a man or a woman. The wayward woman is a typical example of the inequality between men and woman regarding sexual misconduct. What a woman does is a transgression, a sin, a crime. If the man does the same, he is within his rights. This biblical text falls neatly into the study of sexuality. The use of the oath of the woman in this chapter, in the talmudic commentary on mShevu'ot, for the purpose of analysing oaths in general, sometimes specifically men's oaths, actually cancels out the woman. It clearly belongs to the question of women's silencing, downgrading and finally elimination, and thus again belongs to women studies. Nothing similar could happen to a man, or to a text about a man.

But not everything in a feminist commentary is depressing. A feminist commentary not only discusses how women are discriminated against, unjustly punished or merely cancelled out. Sometimes it also unearthes hidden women, or in our Mishnah, hidden women's body parts. In *mShevu'ot* 4:13 we learn that a person should not swear in God's names, one of them being Shaddai. Our commentary on mShevu'ot brings together biblical scholarship, to show that this name actually refers to the Hebrew word – *shad* = a female tit (Ilan 2008–2025, Shevu'ot, 72–79). This is a case where the present commentary not just discovers hidden women's body parts; it actually makes them divine.

Finally, the issue of intersex also shows up in this commentary. In *mShevu'ot* 3:8 a false oath is demonstrated with an example of one who swears »about a man that he is a woman, about a woman that she is a man.« This is a wonderful opportunity to discuss the unclear distinction between men and women. In the context of women studies, I wrote: »A woman, about whom one swears (or she swears herself) that she is a man, stands to gain much from this oath being accepted.« But I also wrote, in association with the intersex question raised in this article (Ilan 2008–2025, Shevu'ot, 49):

> »The mishnah endorses the idea that men and women are binary opposites ... in this double-edged reality a man is not a woman, and a woman is not a man ... Everyone is expected to understands why it is a vain oath to swear about a man that he is a woman or a woman that she is a man ... Yet the Torah

> expressly instructs men not to wear women's clothing and women not to wear men's cloths (Exod 22:5). If the differences between them were so apparent, why are different sorts of cloths necessary? Additionally, rabbinic literature knows well the border-cases – the *tumtum*, the *androgynous* and others – which are neither-nor (male or female) or both (male and female). If the gender differences between men and women are so obvious, why do the rabbis need to discuss in such detail these in-between cases?«

The Feminist Commentary, like the last volume briefly discussed here, speaks of all the issues of women, gender, sex, family, bodies, masculinity, femininity, and more. It shows well that gender is merely a sub-category within women studies.

# 2. Hebräische Bibel und frühjüdische Literatur

# Sexualität in der Hebräischen Bibel

*Irmtraud Fischer*

Sexualität gehört nach alttestamentlichem Verständnis zu den fundamentalen Grundvollzügen des Lebens. Dem entsprechend zieht sich die Thematik, wie Sexualität im Alltag gelebt wird und wie sie nach ethischen Richtlinien gelebt werden sollte, durch alle Kanonteile.

## 1. Der Mensch ist als sexuelles Wesen erschaffen

Beide Schöpfungserzählungen stellen als einzige von Gott erschaffene Differenz zwischen Menschen das Geschlecht dar. Sexualität hat jedoch in den beiden Erzählungen einen ganz unterschiedlichen Stellenwert.

### *1.1 Alle Geschlechter sind erschaffen*

Bis heute wird das erste Kapitel der Bibel in manchen Kirchen dafür herangezogen, dass alles, was nicht zweigeschlechtlich und heterosexuell ist, widernatürlich sei. Denn die längste Zeit der Exegese wurde die Menschenschöpfung mit der Aussage »männlich und weiblich schuf er sie« (Gen 1,27) als Festschreibung einer ausschließlich binären sexuellen Verfasstheit ausgelegt.

Gen 1 ist jedoch ein durch wiederholte Formulierungen sehr durchkomponierter Text. In wenigen Versen wird die Errichtung der gesamten Schöpfung erzählt, indem durchgehend die Stilfigur des Merismus gewählt wird, um mit der Bezeichnung der äußeren Pole das gesamte Feld dazwischen mitzumeinen: Gott erschafft Licht und Finsternis – aber selbstverständlich auch die nicht erwähnte Dämmerung. Wieso sollte das nicht auch für die

Beschreibung der Geschlechtlichkeit gelten? Gen 1 spricht nirgends von Mann und Frau, sondern ausschließlich vom Menschen, der »männlich und weiblich« erschaffen wird und dem sodann zwei Schöpfungsaufträge gegeben werden: erstens fruchtbar zu sein und sich zu mehren und zweitens die Schöpfung in dem Sinne zu leiten, in dem die Gottheit, deren Bild der Mensch ist, sie schuf. Der zweite Auftrag gilt allen Menschen, der erste nur den äußeren angegebenen Polen, den männlichen und weiblichen gemeinsam, was aber keine Abwertung aller Geschlechter und geschlechtlicher Orientierungen bedingt. Denn da Leben auch Sterben bedeutet, steht der Mehrungsauftrag als Inklusion am Anfang und am Ende der Erschaffung aller Lebewesen (Gen 1,22. 28), um das Lebendige im Dasein zu halten.

### *1.2 Sexualität als Heilmittel gegen die Einsamkeit*

Während in Gen 1 Sexualität mit dem Schwerpunkt der Nachkommenschaft spezifiziert wird, zeigt die Paradieserzählung in Gen 2 völlig andere Wege auf. Der Mensch, *adam*, wird ursprünglich als sexuell undifferenziert dargestellt. Da es jedoch nicht gut für ihn ist, allein zu sein, und die zunächst erschaffenen Tiere keine geeignete Hilfe darstellen (Gen 2,18. 20), wird aus der einen Seite – erst die Vulgata übersetzt mit Rippe – die Frau erschaffen. Implizit lässt sich schließen, dass die verbleibende Seite zum Mann wird. Das hebräische Wort für Hilfe, *ezer*, wird üblicherweise in Bezug auf Gott verwendet, wodurch eine Abwertung der Frau zu einem »Hilfsmenschen« für den Mann, wie sie in der Exegesegeschichte oft vorkommt, nicht intendiert sein kann. Wer Hilfe ist, ist stark, nicht derjenige, der Hilfe braucht. Mann und Frau werden einander zur Hilfe, was auch der sogenannte »Bräutigamsjubel« in 2,23 zeigt, der die Adäquatheit der beiden feststellt. Dabei wird, wenn auch inkonsequent zum Erzählten, behauptet, dass die Frau vom Mann – und nicht vom Menschen – genommen worden sei. Wenn sich die beiden ohne Scham vor ihrer Nacktheit begegnen und »ein Fleisch« werden, wird dies teilweise als Adoleszenzmythos interpretiert; Geschlechtsverkehr fände demnach erst außerhalb des Paradieses statt (vgl. Gen 4,1). Wahrscheinlicher ist jedoch die Deutung, dass die Paradieserzählung Sexualität als Mittel gegen die Einsamkeit sieht: Nicht Nachkommenschaft steht im Zentrum des Interesses, sondern die personale Begegnung in der körperlichen Vereinigung.

## 2. Wie Sexualität gelebt werden sollte: Gesetzesregelungen

Auch wenn sich in der Bibel Texte finden, die auf Sexualerziehung durch die Eltern schließen lassen (vgl. Spr 5,15–23; 6,20–35), so wird der Großteil der Regelungen des Sexuallebens doch in Rechtstexten überliefert.

### *2.1 Damals und heute: sehr unterschiedliche Voraussetzungen und Tabus*

Die alttestamentlichen Regelungen des sexuellen Verhaltens prägen die Gesetzgebung christlicher Länder und des jüdischen Staates bis heute. Dabei sind sie nicht einfach in eine Zeit zu übertragen, in der die Wissenschaft eindeutig eine Vaterschaft feststellen kann, Frauen allein ihren Lebensunterhalt verdienen können und gleichgeschlechtliche Liebe nicht mehr als Verbrechen oder psychophysischer Defekt angesehen wird. Zudem überlebt im heutigen Westen fast jedes Kind bis zum reproduktiven Alter, was Einfluss auf die Geburtenrate hat.

Zu biblischen Zeiten war die Situation jedoch anders: Da die Erbfolge vom Vater auf den Erstgeborenen überging und die patrilineare Genealogie daher von großer Bedeutung war, bestand ein massives Interesse daran, die leiblichen Kinder zu versorgen. Das omnipräsente Verbot des Ehebruchs ist aus dieser sozialen Struktur zu erklären. Es zeigt aber auch, dass das Begehren oft außerhalb der Ehe Erfüllung fand. Häufig zitierte Verbote lassen darauf schließen, dass entsprechendes Verhalten von einer nennenswerten Zahl von Mitgliedern der Gesellschaft praktiziert wurde und man durch die Einschärfung erwünschten Verhaltens eine andere Realität herstellen wollte. Das betrifft alle Lebensbereiche, insbesondere die Sexualität, um die durch Tabus ein engmaschiger Zaun errichtet wurde.

Sexualtabus gruppieren sich vor allem um zwei Felder: kultische Reinheit und verwandtschaftlich zu nahe Geschlechtskontakte, wie sie etwa in Lev 18,1–23 aufgezählt und in Lev 20,11–21 mit Strafen versehen werden. Dabei geht es vorrangig um Inzest im Sinne der Blutsverwandtschaft, aber auch um angeheiratete Personen innerhalb der Großfamilie, welche dabei vor Konflikten geschützt werden soll. Das Tabu, mit Menstruierenden oder mit Frauen, die soeben entbunden haben, zu verkehren, wird zwar am Bluttabu festgemacht, tabuisiert aber auch die Sphäre beginnenden Lebens (vgl. Lev 15,19–33).

### *2.2 Keine Gleichberechtigung in der Ehe*

In heutigen westlichen Gesellschaften sind Mann und Frau (in manchen Ländern auch alle Geschlechter) rechtlich gleichgestellt. Obwohl die Lebensrealität oft eine andere ist, wird – allerdings erst seit einer Generation (!) – die Unterordnung von Frauen unter Männern nicht mehr legitimiert. Im Alten Orient – wie auch während der längsten Zeit der Kirchengeschichte – war das anders. So konnte ein Mann mehrere Frauen gleichzeitig ehelichen und mit Unfreien rechtlich nicht geregelten Sex haben, während eine Ehefrau jedoch sexuell ausschließlich an ihren Mann gebunden war. Ehebruch hat folglich unterschiedliche Bedeutungen: Die Frau brach immer die eigene Ehe, der Mann jedoch immer die fremde, da er eine Unverheiratete ja zusätzlich ehelichen konnte.

Auch wenn Liebesehen bezeugt sind, war wohl der Großteil von der Sippe arrangiert. Frauen wurden bald nach der Geschlechtsreife verheiratet, mussten ihre Familie und deren Rückhalt verlassen und sich in die Sippe des Mannes integrieren (vgl. Ps 45,11f.). Ihren Eltern wurde gleichsam als Entschädigung dafür ein Brautpreis bezahlt, der die Frau vermutlich als Witwen- oder Scheidungsversicherung absicherte (vgl. Gen 31,14f.). Diese Regelungen waren offenkundig so stark in Sitte und Brauch verankert, dass man sie nicht in Rechtstexten, die vor allem die Konfliktfelder regeln, wohl aber in Erzählungen belegen kann. So wird häufig von der Vorschrift, dass ein Mann bei der Trennung von seiner Frau verpflichtet ist, ihr einen Scheidebrief auszustellen (vgl. Dtn 24,1–4), darauf geschlossen, dass ausschließlich dem Ehemann das Scheidungsrecht zustand. Aus den Dokumenten der jüdischen Gemeinde in Elefantine wissen wir allerdings, dass durchaus auch Frauen sich scheiden ließen und bereits im Ehevertrag entsprechende Regelungen darüber getroffen wurden. Einen Scheidebrief brauchten freilich nur Frauen, um sich wiederverheiraten zu können, andernfalls sie ja Ehebruch begehen würden.

### *2.3 »Homo- und Transvestitenparagraphen« nur in einer einzigen Gesetzessammlung*

Immer wieder wird behauptet, der biblische Befund der Ablehnung gleichgeschlechtlicher Beziehungen sei eindeutig. Dem ist jedoch nicht so: Ausschließlich das späte Heiligkeitsgesetz kennt – neben vielen anderen Sexualtabus wie etwa Geschlechtsverkehr während der Menstruation – das Verbot, bei einem Mann zu liegen, wie man bei einer Frau liegt (Lev 18,22; 20,13). Die großen alten Rechtssammlungen wie das Bundesbuch (Ex 21–23) und das deuteronomische Gesetz (Dtn 12–26) kennen einen solchen Paragraphen nicht, obwohl z.B. alle drei Rechtskonvolute das Verbot der Zoophilie, des Verkehrs mit Haustieren, kennen (Ex 22,18; Lev 20,15f.; Dtn 27,21), was dieser Causa Bedeutung verleiht. Gewiss ist jedoch, dass die Rechtsvorschrift in

Lev 18,20 nicht gleichgeschlechtliche Liebe, wie wir sie heute als sexuelle Orientierung verstehen, verbietet, denn diese war im Alten Israel so wohl nicht im Blickfeld.

Bekannt war hingegen Trans- und Intersexualität, wenn Dtn 22,5 Crossdressing, das das sogenannte dritte Geschlecht visualisiert, verbietet. Vermutlich verweist auch Dtn 23,2 auf ein diverses Geschlecht, das aus der Gemeinde ausgeschlossen werden soll. Ebenso ist bei der Aufhebung dieses Paragraphen in Jes 56,3–5 nicht an kastrierte Männer, an Eunuchen, zu denken, sondern an Personen dieser Gruppe, die als unfruchtbar galten.

## 3. Wie Sexualität gelebt wurde: Erzählungen

Geben Rechtstexte einen Einblick in die Vorstellung, wie man leben sollte, so lassen Erzählungen darauf schließen, wie man tatsächlich gelebt hat.

### *3.1 Erwachsen sein heißt sexuell aktiv und genussfähig sein*

Im Alten Orient sowie in Europa bis zur Romantik (und teils weit darüber hinaus) gehörte gelebte Sexualität zur rechtlichen Verfasstheit der Ehe. Ehen wurden nicht aufgrund von Verliebtsein oder Liebe geschlossen, sondern nach wirtschaftlichen, ständischen oder ethnischen Gesichtspunkten. Liebe mag sich – selbst in polygynen Ehen – eingestellt haben, war jedoch keine Voraussetzung für die Heirat oder den Fortbestand der Ehe. Die Ehe und der damit verbundene Sex gehörten zum Erwachsensein dazu und schufen Akzeptanz und Ansehen in der Gesellschaft, insbesondere, wenn die Partner/innen adäquat waren und sich Kindersegen einstellte. Ein geachtetes eheloses Leben, wie es im Christentum durch Keuschheitsgelübde möglich ist, war weder religiös vorgesehen noch sozial oder wirtschaftlich angeraten. Das hat freilich Konsequenzen für eine uneingeschränkt positive Sichtweise von Sexualität innerhalb der von Brauch und Recht vorgesehenen Grenzen.

Ein Buch wie das Hohelied, das allerdings an keiner Stelle klar macht, dass die geschlechtlichen Begegnungen in einer Ehe stattfinden, schwelgt im Genuss der Sinne, die durch die Liebe berauscht sind. Die beiden Liebenden treffen sich in der Natur, nicht in deren offenkundig getrennten Unterkünften (Hld 5,2–8; 8,1f.). Obwohl sowohl die Brüder der Frau als auch die Wächter der Stadt um die Einhaltung der Sitte besorgt sind, sind die Verliebten in der Lage, ihre Liebe zu leben, wie es ihnen gefällt, und in vollen Zügen zu genießen. Das Hohelied beschreibt ohne jegliche Prüderie die nackten Körper der Liebenden unter Zuhilfenahme vielfältigster Metaphern und hebt das sexuelle Begehren damit aus der banalen Triebbefriedigung heraus.

### *3.2 Geschlechtlichkeit und Liebesbeziehungen zwischen Mann und Frau*

Im heutigen Europa wird behauptet, dass Frauen lieben und Männer lieben lassen. Der Befund des ATs ergibt dies nicht. Nur ein einziges Mal wird erzählt, dass eine Frau einen Mann liebt, nämlich Michal, die Königstochter, den jungen Krieger David (2Sam 18,28). Liebende Männer werden häufiger erwähnt: So liebt Isaak seine Rebekka (Gen 24,67) und Jakob seine Rahel (Gen 29,18). Wenn Paltiël, der zweite Ehemann Michals, weinend hinter seiner Frau herläuft, die man zwingt, zu ihrem ersten Mann zurückzukehren, so ist wohl auch hier Liebe im Spiel (2Sam 3,15f.), wohingegen David die Königstochter aus purem politischen Kalkül der dynastischen Legitimierung zurückfordert. Koh 9,7–10 beschreibt den Genuss eines guten Lebens auch damit, dass der Mann eine Frau hat, die er liebt. Dieser Befund muss freilich nicht der Realität entsprochen haben, da die Schriften mit einem Geschlechter-Bias verfasst sind: Männer stehen im Zentrum, ihr Erleben, ihre Bedürfnisse und ihre Taten zählen und werden erzählt.

### *3.3 Gleichgeschlechtliche Beziehungen*

Mit dieser spärlichen Liebesstatistik werden gleichgeschlechtliche Beziehungen durch Liebe charakterisiert. So ist die Liebe zwischen David und Sauls Sohn Jonatan die einzige, von der mehrfach die Gegenseitigkeit betont wird. Für Jonatan ist David die Liebe seines Lebens (1Sam 18,3), er findet überaus großen Gefallen an ihm (1Sam 19,1). Er lässt David bei seiner Liebe zu ihm schwören, »denn als Liebe seines Lebens liebte er ihn« (1Sam 20,17). Als sie sich trennen müssen, weil Saul dem Aufsteiger David nach dem Leben trachtet, küssen sich die beiden Männer und David weint beim Abschied am heftigsten (1Sam 20,41). Nachdem sein junger Freund in der Schlacht gestorben ist, singt ein erschütterter David im feierlich trauernden Leichenlied davon, dass ihm die wunderbare Liebe Jonatans über Frauenliebe ging (2Sam 1,26). Dreimal fällt in diesem Abschied wiederum die hebräische Wurzel für lieben und besiegelt damit ein letztes Mal ihre Lebensliebe.

Sowohl Jonatan als auch David werden als verheiratete Männer und Väter vorgestellt. Die gesellschaftliche Rolle verweigern beide nicht, aber ihre Liebe gilt nicht ihren Frauen, sondern dem geliebten Partner. Vermutlich ist dies bei Hof auch bekannt, denn der Wutanfall des königlichen Vaters über Jonatan muss nicht unbedingt politisch, sondern könnte durchaus auch auf seine sexuelle Präferenz gedeutet werden: »Du aufsässiger Hurensohn! Als ob ich nicht wüsste, dass deine Wahl auf den Sohn Isais gefallen ist, dir selbst und der Scham deiner Mutter zur Schande!« (1Sam 20,30). Bezeichnend dafür ist die Taktik, dass Saul einen solch missratenen Sohn nicht über sich selbst definiert, sondern über dessen Mutter, deren Geschlecht er dadurch Schande macht.

Gleichsam geschlechterfair wird im AT auch von einer großen Liebe zwischen Frauen erzählt. Die beiden Witwen Ruth und Noomi sind im Leid einander zugetan. Noomis Mann und beide Söhne sind in der Fremde verstorben. Als sie nach Betlehem zurückkehren will, schließen sich die beiden Schwiegertöchter an, um mit ihr zu gehen, doch Noomi schickt sie ins Haus ihrer Mutter zurück. Ruth aber hängt an ihr (Ruth 1,14; dasselbe Wort *dbq* findet sich in Gen 2,24 für die Beziehung von Mann und Frau) und schwört ihr lebenslange Gemeinschaft, die sogar über den Tod hinausgehen wird (Ruth 1,16f.). Auch Boas weiß um die spezielle Bindung beider Frauen nach dem Tod des Sohnes und Ehemanns und charakterisiert ihre Beziehung mit Worten aus dem Bräutigamsjubel von Gen 2,24: Für Noomi hat Rut »Vater und Mutter verlassen« (Ruth 2,11). Der Zusammenhang mit 1,14 stellt diese Frauenliebe auf eine Stufe mit der primordialen Hilfe, die entspricht (vgl. Gen 2,21–25). Am guten Ausgang der Geschichte, als Boas Ruth ehelicht und sie damit versorgt, kommt die Schwiegermutter aus der vorherigen Ehe durch eine einzigartige Kombination der zwei verwandtschaftlichen Solidaritätsinstitutionen des Levirats und der Lösung mit ins Haus des neuen Ehemannes. Die beiden Frauen müssen sich also nicht trennen, denn ihre Beziehung ist öffentlich bekannt: Die Frauen von Betlehem konstatieren, dass Ruth ihren Sohn nicht für Boas geboren habe, sondern für Noomi. Die Schwiegertochter, die sie liebt, sei daher mehr wert als sieben Söhne und ersetzt damit eindeutig die beiden verstorbenen (Ruth 4,15).

Auch in dieser Erzählung bleiben die beiden Frauen im gesellschaftlich für sie vorgesehenen Rahmen. Ruth heiratet Boas, den »Potenten« (so die Bedeutung des hebräischen Namens), von dem sie – anders als von ihrem ersten Mann Machlon (»Schwächling«) – schwanger wird, wodurch sie sich nicht nur in die Gesellschaft Betlehems einfügt, sondern auch in die Juda-Genealogie, die auf David hinführt (Ruth 4,18–22). Aber das Paar, dessen Beziehung eine Lebensliebe ist, bleibt beisammen. Insofern könnte man die Figuren beider Erzählungen zwar einer gelebten Bisexualität zuordnen, aber die Neigung bleibt eindeutig beim gleichen Geschlecht.

### *3.4 Sexualität und Gewalt*

Das AT ist kein romantisches Buch und auch keine Heiligenlegende. Es beschreibt menschliches Leben in all seinen Höhen und Tiefen, ohne sexuelle oder sexualisierte Gewalt zu verschweigen. Die Tatsache, dass es mehrere Erzählungen über Vergewaltigungen gibt, ist kein Ausdruck der speziellen Grausamkeit des ATs, sondern vielmehr ein Beleg dafür, dass Verbrechen nicht vertuscht werden.

Die grausamste aller Erzählungen über sexuelle Gewalt ist jene von Ri 19. Die Nebenfrau eines Leviten flieht zu ihren Eltern - der Grund dafür wird nicht mitgeteilt. Er aber holt sie zurück, und auf dem Weg muss man in Gibea übernachten, wo ihnen von den Ortsansässigen keine Gastfreundschaft angeboten wird. Als sie bei einem Fremden Unterkunft finden, verlangt der Pöbel der Stadt (ähnlich wie in Gen 19,1-11), den Gast herauszugeben, um ihn zu vergewaltigen. Stattdessen geben sie die Nebenfrau preis, die daraufhin die gesamte Nacht hindurch von den Männern des Ortes vergewaltigt wird. Am Morgen schleppt sie sich schwer verletzt zurück zum Haus, bricht jedoch auf der Türschwelle zusammen und verliert das Bewusstsein (Ri 19,16-26). Ob sie bereits tot ist oder erst von ihrem Ehemann getötet wird, als er ihren Körper in Stücke hackt, bleibt offen (Ri 19,27-30).

Eine andere Geschichte von sexueller Gewalt in der Familie erzählt 2Sam 13: Tamar wird von ihrem Halbbruder Amnon auf Geheiß des Vaters ins Schlafzimmer gelockt und dort gegen ihren ausdrücklich geäußerten Willen vergewaltigt. Nach geschehener Tat ist sie nicht bereit, das Verbrechen zu vertuschen. Das ist nicht die einzige sexuelle Nötigung im Hause Davids. Der König lässt Batseba zu sich holen, obwohl er weiß, dass sie verheiratet ist und sich, da ihr Mann weit weg ist, nicht gegen den Herrscher wehren kann (2Sam 11). Abschalom, der Amnon wegen der Gewalttat an seiner Schwester töten ließ, vergewaltigt während seiner Thronrevolte die Frauen aus Davids Harem, öffentlich sichtbar auf dem Dach des Palasts, um seinen Bruch mit dem königlichen Vater zu veranschaulichen (2Sam 16,20-23).

Breit dokumentiert ist Vergewaltigung als Kriegstechnik in der prophetischen Literatur: Auf diese Weise demütigt man unterlegene Soldaten, indem man zeigt, dass sie nicht fähig waren, ihre Frauen und Töchter zu schützen.

## 4. Sexualität und Gottesmetaphorik

Beide Aspekte der Sexualität, sowohl die Liebe, die begehrt und beschützt, als auch die Gewalt, die im intimsten Bereich Menschen nicht nur körperlich, sondern auch psychisch zerstört, spiegeln sich auch in der Metaphorik wider, mit der göttliches Handeln beschrieben wird. Die Vorstellung eines begehrenden göttlichen Liebhabers (vgl. Jes 62,1-5; Jer 31,2-5) mag schön erscheinen, doch die Kehrseite eines strafenden Gottes durch Vergewaltigung und sexuelle Bloßstellung (z.B. Hos 1–3; Ez 16; 23) ist vor allem für Frauen zutiefst abstoßend. Wenn aber das Hohelied in der Rezeptionsgeschichte weniger als Sammlung profaner Liebeslieder, sondern vor allem als poetische Gesänge über die Liebe zwischen Gott und Volk gedeutet wurden, zeugt das davon, dass Gott bzw. der Bereich des Religiösen und der Sexualität im ersten Teil der christlichen Bibel keine unvereinbaren Bereiche darstellen.

## Literatur

*Bindrim, David/Grunert, Volker/Kloß, Carolin* (Hrsg.), Erotik und Ethik in der Bibel. Festschrift für Manfred Oeming zum 65. Geburtstag, AGB 68, Leipzig 2021.

*Fischer, Irmtraud/Poplutz, Uta* (Hrsg.), Sexualität, JBTh 33, 2018, Neukirchen-Vluyn 2020.

*Fischer, Irmtraud,* Liebe, Laster, Lust und Leiden. Sexualität im Alten Testament, Theologische Interventionen 5, Stuttgart 2021.

*Dies.*, Alte Texte – neue Fragen – überraschende Antworten. Auf den Spuren des »dritten Geschlechts« in der hebräischen Bibel, in: Protestantismo 79, 2024, 117–125.

*Paganini, Simone,* Unzensiert: Was Sie schon immer über Sex in der Bibel wissen wollten, aber nie zu fragen wagten, Freiburg 2021.

*Vogels, Walter,* »It Is not Good that the ›Mensch‹ Should Be Alone; I Will Make Him/Her a Helper Fit for Him/Her« (Gen 2:18), in: Église et Théologie, 9, 1978, 9–35.

# Wer ist Opfer, wer Täter?

**Von der Schwierigkeit, biblische Schilderungen sexueller Gewalt auszulegen**

*Juliane Eckstein*

Biblische Erzählungen über sexuelle Gewalt (Gen 19; 34; Ri 19; 2Sam 13 uvm.) kommen in den Leseordnungen der Kirchen nicht vor. Wenn gläubige Menschen einmal selbst die Bibel in die Hand nehmen und dabei auf diese Erzählungen stoßen, sind sie meist peinlich berührt bis geschockt.

Die Scham darüber, solche Texte in der eigenen Heiligen Schrift zu haben, spiegelt sich auch in vielen exegetischen Arbeiten. Die Gewalt wird umschifft, heruntergespielt oder indirekt entschuldigt. Andere Aspekte rücken in den Vordergrund, wie Literar- und Redaktionskritik, Formkritik, Datierung und ähnliches. Das heißt, gläubige Menschen finden in den Auslegungen kaum Antworten auf die Frage, wie sie diese Texte heute als Gottes Wort verstehen können.

## 1. Verschlüsselte Botschaften an Frauen

Vor diesem Hintergrund besteht das Hauptverdienst der feministischen Exegese darin, die Texte erst einmal angenommen zu haben. Sie thematisiert diese »Terrortexte« als Ernstfall des Patriarchats. Männliche Interessen würden in den Mittelpunkt gestellt und die Perspektive der betroffenen Frauen unterdrückt (Androzentrismus). Der gewalttätige männliche Sexualakt werde geschildert, weibliches Begehren aber stillgestellt (Phallozentrismus). Die sexuelle Gewalt werde nicht entschieden genug kritisiert und damit indirekt legitimiert.

»Von einem Stift vergewaltigt« (Raped by a Pen) überschreibt Cheryl J. Exum ihr Kapitel über Richter 19. Sie zeichnet die voyeuristische Perspektive nach, aus der die Massenvergewaltigung, Tötung und Zerstückelung der

Zweitfrau eines Leviten beschrieben wird, und vermutet, dass der Text männliche Gewaltfantasien verschleiert und rechtfertigt. Andere erkennen diese voyeuristische Textstrategie in Ezechiel 16 und 23, Jeremia 13, Hosea 2 oder Nahum 3. Dort werden die antiken Königreiche Juda und Israel, aber auch die Stadt Ninive, als Frauen metaphorisiert. Im Bild wird deren Vergewaltigung ausführlich und sadistisch geschildert. Damit nicht genug, ihnen wird auch die Schuld an ihrer eigenen Erniedrigung zugeschoben. Damit würden diese Texte zu einer »Rape Culture« beitragen, in der Vergewaltigung und sexualisierte Gewalt als normal dargestellt wird.

Das würde aber nur funktionieren, weil die Frauenfiguren schwiegen. Ihre Perspektiven und Motivationen kämen nicht zur Sprache. Sie würden sprachlich und textstrategisch isoliert. Damit, so feministische Exegetinnen, würden verschlüsselte Botschaften an Frauen gesendet: Lehnt euch nicht gegen das Patriarchat auf, sonst erfahrt ihr Gewalt.

Ein Beispiel ist das auslösende Moment der Erzählung in Richter 19: Die unbenannte Zweitfrau des Leviten »ist untreu« oder »ist wütend«. Die genaue Bedeutung des hebräischen Verbes *znh* (זנה) ist nicht ganz klar und bereits seit der Antike umstritten. Phyllis Trible geht, wie alle feministischen Autorinnen, von der ersten Deutung aus: Die Frau wird als »untreu« dargestellt. Dabei besteht für Trible die »Untreue« darin, vor ihrem Ehemann weggelaufen (und zurück zu ihrem Vater gekehrt) zu sein. Damit werde Leserinnen signalisiert: Verlasse niemals deinen Mann, egal, was er tut. Wage es nicht, dich selbstständig zu machen, sonst wirst du der Gewalt ausgeliefert. So diene der biblische Text der männlichen Kontrolle über weibliche Körper.

Feministische Exegetinnen beschönigen die Textstrategien nicht. Sie decken sie mit literaturwissenschaftlichen Methoden auf: Sie analysieren den Aufbau dieser Texte detailliert und arbeiten deren Schreckensbotschaft heraus. Sie arbeiten gegen die Tendenz, die Geschichten auszuklammern, weil sie unangenehm sind. Es gehe darum, so Phyllis Trible, »traurige Geschichten« zu erzählen. Sie würden nicht gut ausgehen. Sie böten keine Katharsis. Die traurigen Heldinnen würden nicht erlöst.

Indem sich die Autorinnen auf die Gewaltopfer konzentrieren, wirken sie deren rhetorischer Auslöschung entgegen. Die Frau aus Richter 19 wird von Cheryl J. Exum auf den Namen »Bat-Schever« getauft, was »Frau des Zusammenbruchs« bedeutet. Exegetinnen machen die mehrstufige Gewalt gegen weibliche Figuren sichtbar – in der Handlung des Textes, in seiner Gestaltung und in seiner Auslegung. Sie widmen den Frauen Aufmerksamkeit, geben ihnen einen Namen und rufen so nach einer Verurteilung der Gewalt, nach Umkehr und nach Reue.

## 2. Synchrone Exegese bevorzugt

Nur wenige feministische Exegetinnen kombinieren diesen Ansatz mit historisch-kritischen Methoden der Bibelauslegung. Irmtraud Fischer wäre ein Beispiel im deutschsprachigen Raum. Die meisten feministischen Autorinnen lehnen eine diachrone Analyse dezidiert ab. Das Geschichtenerzählen selbst sei ausreichend, so Phyllis Trible. Susanne Scholz erklärt die Suche nach der Autorenintention für »tot«. Die Bedeutung eines Textes werde beim Lesen aktiv konstruiert. Eigene Erfahrungen gingen notwendigerweise in die Bibellektüre mit ein.

In der Tat fällt auf, dass literaturwissenschaftlich arbeitende Exegetinnen ihren Auslegungen Berichte gegenwärtiger Gewalt an Frauen voranstellen. Damit erscheint die im Alten Testament geschilderte Gewalt viel weniger als Relikt einer fernen, primitiven, minderwertigen Vergangenheit, sondern hochaktuell.

## 3. Gegen eine Abwertung des Alten Testaments

In der feministischen Literatur außerhalb der Exegese gibt es gelegentlich die Tendenz, das Alte Testament als einziges Beispiel einer frauenfeindlichen Kultur aufzuführen und damit (ungewollt) antisemitische Vorurteile zu bedienen. Darauf weist zum Beispiel Ilse Müllner hin.

Phyllis Trible wirkt der Abwertung des Alten Testaments aus christlicher Sicht entgegen, indem sie immer wieder Verbindungen zum Neuen Testament zieht. Zum Beispiel verknüpft sie den Verrat der Zweitfrau durch ihren eigenen Ehemann (Ri 19,25) mit dem Verrat Jesu durch Judas (Mk 14,43–52).

So wie Jesus am Kreuz mit Ps 22 seine Gottverlassenheit beklagt, so beobachten auch feministische Exegetinnen die Abwesenheit Gottes in den Gewalttexten. Wenn Frauen sexuelle Gewalt angedroht (Gen 19; Susanna = Dan 13) oder angetan wird (Gen 34; Ri 19; 2 Sam 13), dann verstummen nicht nur sie selbst, auch Gott schweigt. In manchen Texten (Ez 16; 23; Jer 13; Hos 2; Nah 3) wird Gott zu demjenigen, der die Vergewaltigung ermöglicht, herbeiführt oder gar ausübt.

Somit macht nicht nur die Gewalt selbst die Texte so unerträglich. Das darin gezeichnete Gottesbild bereitet Kopfschmerzen: Gott wird zum Komplizen und Täter. Er erscheint auf der Seite der Mächtigen und als mächtigster Feind dieser Frauen. Die feministische Exegese lässt diesen Eindruck gelten. Sie versuchen nicht, den Gott dieser Texte zu retten.

## 4. Gewalt gegen Frauen oder Gewalt gegen Fremde?

Diese feministischen Auslegungen haben Standards gesetzt, hinter die eine gewaltsensible Lektüre nicht mehr zurückkann. Dennoch gab und gibt es Kritik, auch aus feministischer Perspektive. Zu Wort gemeldet haben sich zum einen womanistische Exegetinnen, also Bibelwissenschaftlerinnen, die Texte aus der Perspektive Schwarzer Frauen auslegen. Sie werfen beispielsweise Trible eine zu einfache Täter-Opfer-Unterscheidung vor. Frauen würden nur als machtlose Opfer in den Blick kommen und Männer nur als mächtige Täter. Stattdessen findet Koala Jones-Warsaw in Ri 19–21 viel komplexere Machtdynamiken. Ein Beispiel: Trible legt die Rolle des Vaters der Zweitfrau des Leviten in Ri 19,5–10 sehr kritisch aus. Dass er seinen Schwiegersohn, als der kam, um seine davongelaufene Frau zurückzuholen, mit Gastfreundschaft überschüttete (indem er den Schwiegersohn z. B. wiederholt zum Bleiben nötigte), interpretiert Trible als eine »Übung in männlicher Kumpanei« (exercise in male bonding). Die Tochter und Ehefrau bleibe von diesem Geplänkel ausgeschlossen und werde vernachlässigt. Dagegen sieht Jones-Warsaw in der aufgedrängten Gastfreundschaft des Vaters einen Versuch der Machtumkehr. Angebotene Gastfreundschaft dürfe nicht einfach abgelehnt werden, der Vater habe den Gast ein Stück weit in der Hand. Dass er seine Tochter wieder in sein Haus aufnehme, zeige, dass er auf ihrer Seite stehe. Und dass der Vater sie nicht ebenso bewirtet wie ihren Ehemann, liege daran, dass sie nach vier Monaten in seinem Haus (Ri 19,2) kein Gast mehr sei. Die Regeln der Gastfreundschaft, die sich der Vater zunutze macht, seien auf die Tochter schlicht nicht anwendbar. Überhaupt sei es unpassend, Betroffene von Gewalt einseitig nur unter ihrem Opferaspekt zu betrachten. Das negiere alle anderen Seiten einer Person, auch die positiven und kreativen. Der Opferbegriff mache eine Neudefinition des Selbst unmöglich. Er könne daher selbst wiederum als Unterdrückungsinstrument dienen.

Während Jones-Warsaw also eine einseitige Opfersicht auf die Frau ablehnt, nimmt sie zugleich den (den Leviten und seine Zweitfrau auf ihrer Heimreise Gastfreundschaft gewährenden) efraimitischen Fremdbürger in Gibea als weiteres Opfer in den Blick (Ri 19,16). Sein Status sei ebenfalls niedrig, was seine Handlungsmöglichkeiten einschränke. Er werde als »Alter« (Ri 19,22) tituliert und von den Gibeatitern herabgewürdigt. Wahrscheinlich sei er ziemlich arm. Zudem sei er selbst fremd in der Stadt Gibea und aus einem anderen Stamm.

Trible geht in ihrer Auslegung mit diesem Mann hart ins Gericht: »Der männliche Beschützer wird zum Zuhälter«, schreibt sie. Skrupellos schlichte er Streit zwischen Männern, indem er Frauen opfere. Jones-Warsaw gesteht dem alten Efraimiter hingegen durchaus Skrupel zu. Sie hält es für eine anmaßende Unterstellung, er würde die Frauen unter seinem Schutz leichtfertig zur Vergewaltigung anbieten. Der Mann habe nur schlechte Optionen gehabt und seine einseitige Verurteilung als Mittäter werde weder dem Text gerecht noch entspreche es der Realität diskriminierter Gruppen. Tribles Blick auf diese Figur spiegele einen typischen Weißen Mittelschichts-Feminismus, der für »Women of Color« nur von begrenztem Wert sei. Trible mache es sich zu einfach, wenn sie das Geschlecht als alleinige Diskriminierungskategorie anerkenne, andere Kategorien aber ausklammere. Weibliche Angehörige einer Minderheit könnten sich dieses Entweder-Oder nicht leisten. Ständig müssten sie aufpassen, nicht unter die Räder zu geraten, wie die Frau in Richter 19.

In diesen zwei Perspektiven auf denselben Text zeigt sich exemplarisch das Problem einer geschlechter- und zugleich diskriminierungssensiblen Auslegung der Gewalttexte. Einerseits läuft sie Gefahr, Opfer- und Täterrollen allzu klar zu verteilen und damit unter Umständen neue Machtelemente einzuführen, die wiederum diskriminieren. Andererseits droht sie, doch wieder Täter-Opfer-Umkehr zu betreiben, wenn die Verantwortung der Täter im Text relativiert und die Erfahrung von Gewalt als sozial bedingt dargestellt wird.

Ilse Müllner weist darauf hin, dass die meisten Gewalttexte die Gewalt durchaus verurteilen. Aber durch all diese Texte schimmere das Interesse durch, den *anderen* Mann als Vergewaltiger darzustellen. Die Negativzeichnung anderer Männer diene dazu, die Herrschaft der eigenen Gruppe zu stabilisieren. Trotzdem gebe es einen Unterschied zwischen dem fremden Mann und der fremden Frau. Während dem fremden Mann in Ri 19,22 sexuelle Gewalt angedroht wird, wird sie im Fall der Frau ausgeübt und erzählt. Darin bestehe die »tödliche Differenz« zwischen den Geschlechtern.

## 5. Feministische Exegese und biblische Männlichkeitsforschung

Neuerdings bringen sich auch Forschende aus Sicht der Männlichkeitsstudien (Masculinity Studies) in den feministischen Diskurs ein und fordern ihn heraus. Feministische Exegetinnen beklagen zum Teil, dass diese Studien feministische Literatur nicht (ausreichend) beachten würden. Häufig liegt das daran, dass die Männlichkeitsstudien mit einem anderen, soziologischen Instrumentarium arbeiten. Andererseits gebrauchen einige von ihnen feministische Werkzeuge, um nun ihrerseits Männer als Betroffene in den Mittelpunkt zu rücken und blinde Flecken der feministischen Exegese freizulegen.

In zahlreichen Bibelstellen finden sie Hinweise auf sexuelle Gewalt gegen Männer. Meist geht es um die Vergewaltigung von Männern durch Männer im Krieg (Jer 38,19; 1Sam 31,4//1Chr 10,4; Ri 3,12–30). Aber auch Gewalt, die von männlichen Familienmitgliedern ausgeht, kommt vor (Gen 9,22). Selbst Gott kann metaphorisch als Vergewaltiger eines Mannes geschildert werden (Jer 20,7; Hi 30,11). Oft wird die Gewalt in diesen Texten nur verklausuliert angedeutet. Es braucht eine »Hermeneutik des Verdachts«, um ihr auf die Spur zu kommen. Dies lässt wiederum Rückschlüsse auf die Texte zu, in denen Gewalt an Frauen offen zur Sprache kommt. Offensichtlich stellt sexuelle Gewalt an Frauen eine Denkmöglichkeit dar, die artikuliert werden kann. Die Vergewaltigung von Männern jedoch ist unsagbar, denn sie berührt deren Status als Mann. Damit zeigt sich, dass Männlichkeit in biblischen Texten zerbrechlich ist. Ständig droht sie, hintertrieben zu werden. Hier treffen sich Männlichkeitsstudien und feministische Exegese. Denn diese hat ebenfalls festgestellt, dass Gewalttexte einerseits patriarchale Strukturen bedienen und andererseits die Risse des Systems vor Augen führen. Die Gewalttexte zeichnen das Patriarchat weniger als unabwendbare Notwendigkeit als vielmehr als ein wackeliges Gebilde. Die Texte führen vor, wie die Männlichkeit eines Mannes ständig gegenüber anderen Männern aufrecht erhalten werden muss, von diesen aber auch unterminiert werden kann: im Extremfall, indem der Mann sexuell penetriert wird oder indem die Frauen unter seinem Schutz missbraucht werden. In beiden Fällen wird ihm sein Anspruch auf Herrschaft und Respekt aberkannt.

Justin David Strong stellt seiner Exegese seine Erfahrungen aus der Arbeit mit syrischen Geflüchteten voran. Männer hatten ihm von Vergewaltigungen durch andere Männer im Krieg berichtet. Damit verbunden waren das Gefühl, kein Mann mehr zu sein, und tiefe Scham. Strong nimmt hier also, genauso wie feministische Autorinnen, reelle Erfahrungen aus der Gegenwart zum Ausgangspunkt. Zu diesen Erfahrungen gehören des Weiteren Geständnisse von Männern, die sexuelle Übergriffe von Frauen erlebt haben. Unter diesem Blickwinkel findet Strong mehrere Texte in der Bibel, in denen seines Erachtens sexueller Missbrauch von Männern durch Frauen geschildert wird.

Ohne dies zu benennen, prägt er eine ganze literarische Gattung, die »Bett-Trick-Erzählung« (*bed trick*) (Gen 19; 38; Ruth 3,4–8). Diese zeichnet sich in ihrer vollkommenen Form durch folgende Elemente aus (in den konkreten Texten werden sie zum Teil ausgelassen oder abgeändert): Zwei Agressorinnen planen den sexuellen Übergriff; das Opfer ist mit ihnen verwandt; die

Frauen sind kinderlose Witwen; der Übergriff geschieht in der Nacht; der Mann ist betrunken; die ältere Frau denkt sich den Plan aus und leitet die jüngere an; der Übergriff ist durch den Mangel an Nachfahren motiviert; der Mann reagiert geschockt und entsetzt, wenn er den Übergriff bemerkt.

Als prominentes Beispiel, das alle Elemente enthält, wählt Strong den Text Ruth 3,4–8. Hier werde eindeutig ein sexueller Akt ohne Konsens des Mannes vollzogen. Folgerichtig bezeichnet er Rut als Vergewaltigerin, vermisst diese Benennung aber in feministischen Kommentaren. Die einen würden Rut als das eigentliche Opfer sehen und damit klassische Täter-Opfer-Umkehr betreiben. Die anderen würden zwar anerkennen, dass Boas im Text dem Geschlechtsverkehr nicht zustimmt, aber daraus keine Schlussfolgerungen ziehen. Wieder andere erkennen zwar, dass sie bei einem umgekehrten Geschlechterverhältnis die Tat als Vergewaltigung bezeichnen würden, schrecken aber vor einer solchen Benennung im Falle einer Täterin zurück.

Die größte Kontroverse hat Strong mit seiner Auslegung von Gen 19,30–38 hervorgerufen. In dieser Bibelpassage, die nach der Vernichtung von Sodom spielt, wird Lot von seinen Töchtern alkoholisiert. Anschließend schlafen sie mit ihm, ohne dass er etwas davon bemerkt. Diese Passage enthält also zentrale Elemente der Bett-Trick-Erzählung. Dennoch lehnen feministische Autorinnen die Deutung als Geschichte einer Vergewaltigung mit Frauen als Täterinnen ab. Sie interpretieren die Erzählung stattdessen als inzestuöse Vergewaltigungsfantasie eines Vaters. Strong hat Recht, dass feministische Autorinnen eine solche Interpretation, die dem Wortlaut des Textes so eklatant zuwiderläuft, in Hinblick auf andere Texte niemals akzeptieren würden.

Der Grund, warum feministische Interpretationen diese Schuldumkehr im Falle von Gen 19 für gerechtfertigt halten, sind wieder realweltliche Zeugnisse. Die Autorinnen berufen sich auf Aussagen von Männern, die den Missbrauch ihrer eigenen Töchter mit exakt diesem Muster rechtfertigen. Auch hier geht es wieder um Fragen der Methodik, dem Verhältnis von biblischem Text und Lebenswirklichkeit und der Frage, wer als Opfer in den Blick kommen darf und wer als solches unerkannt bleibt.

## 6. Nach wie vor relevant

Es zeigt sich, dass die Diskussion um diese Gewalttexte noch lange nicht an ihr Ende gekommen ist. Die Männlichkeitsstudien sind noch ein recht kleines Feld, werden die feministische Exegese aber weiterhin herausfordern. Inwiefern Frauen in den Texten auch als Täterinnen, Helferinnen oder Unterstützerinnen hegemonialer Männlichkeiten vorkommen, ist bei weitem noch nicht ausgeleuchtet. Auch Queer Studies, die Geschlechtsidentitäten über die Binarität von weiblich und männlich hinaus nachdenken, halten gerade erst Einzug in die Exegese und reden auch in Hinblick auf diese Gewalttexte mit.

Intersektionale Ansätze, die komplexe Macht- und Diskriminierungsgefüge erforschen, werden weiterhin an Bedeutung gewinnen. Dass vorzugsweise der »andere« Mann als Vergewaltiger dargestellt wird, lässt sich auch an gegenwärtigen Missbrauchsdiskursen immer wieder ablesen. Die Frage, wie diese herrschaftsstabilisierenden Muster entlarvt werden können ohne das angetane Unrecht zu relativieren, wird feministische Diskurse weiter beschäftigen.

Biblische Texte über sexuelle Gewalt sind nicht nur ein Problem. Sie bergen auch pastorale Chancen. In ersten pastoraltheologischen Arbeiten über Seelsorge nach sexuellem Missbrauch wird eine missbrauchssensible Lektüre dieser Bibeltexte angemahnt. In Selbstzeugnissen gläubiger Missbrauchsbetroffener taucht immer wieder Tamar aus 2Sam 13 als Identifikationsfigur auf.

Zudem erfuhr ich in eigenen Gesprächen mit Missbrauchsbetroffenen, dass diese sich ohne Probleme mit biblischen Gewalttexten auseinandersetzen konnten, obwohl sie von anderen Studien über Missbrauch massiv getriggert wurden. Offensichtlich haben Bibeltexte einen Verfremdungseffekt, der einen gewissen Abstand bietet und gerade dadurch ein Gespräch über Missbrauch ermöglicht.

Da sexuelle Gewalt in unseren Gesellschaften alles andere als Vergangenheit ist, wird eine feministische Exegese sich also immer wieder neu mit diesen Texten auseinanderzusetzen haben.

## LITERATUR

*Exum, Cheryl J.*, Was sagt das Richterbuch den Frauen?, SBS 169, Stuttgart 1997.

*Jones-Warsaw, Koala*, Toward a Womanist Hermeneutic: A Reading of Judges 19–21, in: *A. Brenner* (Hrsg.), Judges. A Feminist Companion to the Bible 4, Sheffield 1993, 172–186.

*Müllner, Ilse*, Tödliche Differenzen. Sexuelle Gewalt als Gewalt gegen Andere in Ri 19, in: *L. Schottroff* (Hrsg.): »Von der Wurzel getragen«, Biblical Interpretation Series 17, Leiden 1996, 81–100.

*Susanne Scholz* (Hrsg.), Doing Biblical Masculinity Studies as Feminist Biblical Studies: Critical Interrogations, Hebrew Bible Monographs 107, Sheffield 2023.

*Strong, Justin David*, The Rape of Men in the Hebrew Bible, the Syrian Civil War, and the MeToo Movement, in: *Scholz, Susanne*, Doing Biblical Masculinity Studies, 66–84.

*Trible, Phyllis*, Texts of Terror: Literary-Feminist Readings of Biblical Narratives, SCM Classics, London 2002.

# Eva und Lilit – Adams Frauen

## Exegetisch-kritische und auslegungsgeschichtliche Aspekte des Frauenbildes der biblischen Paradieserzählung

*Beate Ego*

Der Titel mag überraschen – natürlich kennt man »Adam und Eva«, aber nur wenige wissen, dass Adam noch eine weitere Frau mit dem Namen »Lilit« zugeschrieben wurde. Das ist insofern nicht verwunderlich, als Lilit im Alten Testament nicht erwähnt wird, vielmehr sind es erst spätere jüdische mittelalterliche Auslegungen, die von ihr erzählen. Bevor wir uns dieser Entwicklung zuwenden – zunächst ein Blick auf die alttestamentliche Figur der ersten Frau der Schöpfung, die nach Gen 3,20 den Namen »Eva« trug.

## 1. »Eva« in der biblischen Paradieserzählung aus der Sicht der Bibelwissenschaften

Nach der biblischen Paradieserzählung Gen 2,4–3,24 wird die erste Frau aus der Rippe/Seite des Adam, des ersten Menschen, erschaffen; der Erzähler verwendet hier eine ganz technische Sprache, wenn er vom »Bauen« der Frau spricht (Gen 2,22). Aus dem Erzählverlauf wird deutlich, dass die Frau dem Mann »eine Hilfe« sein soll, »die ihm entspricht« (hebräisch: *ʿēzer kĕneghdô*; Gen 2,18; vgl. V. 20). Ältere Auflagen der Lutherbibel übersetzen hier direkt im Anschluss an Luther »ein Gehilfin, die um ihn sei« (so noch Luther 1984) und bringen so implizit zum Ausdruck, dass die Frau dem Mann untergeordnet ist und eine dienende Rolle einnimmt. Eine genauere Betrachtung des Begriffs »Hilfe« zeigt jedoch, dass dieser in der hebräischen Vorstellung positiv besetzt ist. So kann sogar Gott selbst als »Hilfe« bezeichnet werden, wenn die Frage in Ps 121,1–2: »Ich hebe meine Augen auf zu den Bergen. Woher kommt mir Hilfe?« mit den Worten »Meine Hilfe kommt von dem HErrn, der Himmel und Erde gemacht hat« beantwortet wird. Insbesondere die biblischen Psalmen bieten noch viele weitere Beispiele für eine solche positive Füllung des Begriffs (z.B. Ps 20,3; 27,9; 30,11; 115,9–11) »Hilfe« ist also eine Unterstützung in einem ganz elementaren, lebensschaffenden und lebenserhaltenden Sinn und bezeichnet Adams Frau keinesfalls als Dienstleisterin!

Der Ausdruck *kĕneghdô* in der Wendung »eine Hilfe, die ihm entspricht« drückt aus, dass die Frau, obwohl zeitlich nach dem Mann erschaffen, als ihm gleichwertig anzusehen ist. Diese enge und nichthierarchische Beziehung zwischen Mann und Frau wird in der Erzählung auch dadurch zum Ausdruck gebracht, dass der Mann die Frau mit einem Jubelruf begrüßt und sie als »Bein von meinem Bein und Fleisch von meinem Fleisch« bezeichnet. Die Beziehung zwischen Mann und Frau bildet danach eine eigenständige und eigenwertige Größe unabhängig von der menschlichen Fortpflanzung. Der hebräische Begriff für Frau *ʾiššâh* wird in der Erzählung von dem hebräischen Wort für Mann *îš* abgeleitet (Gen 2,23). Luther hat vor diesem Hintergrund *ʾiššâh* mit »Männin« übersetzt, und auch die neueste Ausgabe dieser Übersetzung von 2017 hat den Begriff beibehalten, wenn es hier heißt: Man »wird sie Männin nennen, weil sie vom Manne genommen ist« (Gen 2,23). Ob *ʾîš* und *ʾiššâh* auch etymologisch zusammenhängen, ist in der wissenschaftlichen Debatte umstritten.

Im weiteren Verlauf der Paradieserzählung spielt die Frau dann insofern eine handlungsleitende Rolle, als sie es ist, die als erste gegen das göttliche Gebot, nicht von der Frucht des Baumes der Erkenntnis zu essen, verstößt. Sie ist es auch, die ihrem Mann von dieser Frucht zu essen gibt (Gen 3,1–7). Die biblische Erzählung spricht an keiner Stelle von »Sünde«; vielmehr taucht der entsprechende hebräische Begriff für Sünde, *ḥaṭṭât*, erstmals im Zusammenhang mit dem Brudermord Kains auf (Gen 4,7). Daher ist die Rede vom Sündenfall im Kontext der biblischen Paradieserzählung eigentlich nicht sachgemäß. Die Frau wirkt nicht wie ein Wesen, das in seiner Vermessenheit gottgleich werden möchte, sondern eher wie ein naives Kind, das unbedacht von der verführerischen Frucht nimmt.

Nach der Übertretung des Gebots verhängt Gott über die ersten beiden Menschen und damit archetypisch über die Menschheit insgesamt verschiedene Lebensminderungen. Für die Frau bedeutet dies eine Vielzahl von beschwerlichen Schwangerschaften, die Geburtsschmerzen sowie ihre Unterordnung unter den Mann, obschon sie ihm in ihren Gefühlen positiv zugetan bleibt (und folglich sich auch nicht von ihm lösen kann). Dem Mann wird die Mühsal der Feldarbeit auferlegt, zudem setzt Gott die Feindschaft zwischen Mensch und Schlange. In der Exegese wird darüber diskutiert, ob die Sterblichkeit des Menschen ebenfalls zu diesen Existenzminderungen gehört oder ob der Mensch bereits sterblich geschaffen wurde (Gen 3,14–19). Für das Verständnis des vorliegenden Frauenbildes ist von entscheidender Bedeutung, dass diese Daseinsminderungen nicht als Legitimation der Unterordnung der Frau unter den Mann zu verstehen sind, sondern vielmehr als Erklärungsversuch für die oftmals mühselige und beschwerliche weibliche Lebenswelt dienen, wie sie der Erzähler aus der patriarchalen Gesellschaft seiner Zeit kennt. Erst im Anschluss an diese Ereignisse erfolgt die Namensgebung »Eva« durch den Mann. Die biblische Überlieferung erklärt den hebräischen Namen *Ḥawwâh* damit, dass die Frau zur »Mutter aller Lebenden« wird (Gen 3,20; vgl. 4,1) und leitet ihn also wohl von dem hebräischen Wort für »lebendig« (hebräisch: *ḥay*) ab. Die Septuaginta, die griechische Übersetzung der Hebräischen Bibel, gibt diesen Namen hier in Gen 3,20 mit Ζωη (»Zoe«), also mit »Leben« wieder. Der Name »Eva« hingegen geht auf die griechische Umschrift von *Ευα* (»Eua«) in Gen 4,1 zurück (siehe auch Gen 4,25). Dieser Namen wird dann im Lateinischen zu »Eva« und in dieser Form für die christliche Tradition in unserem Kulturkreis bestimmend.

## 2. »Eva« in der christlichen Tradition

Die jüngere Exegese hat sich aber nicht nur in historisch-kritischer Hinsicht mit der Figur der Eva beschäftigt, sondern auch mit späteren Auslegungen der Paradieserzählung in der jüdischen und christlichen Literatur. Während die Überlieferungen der Hebräischen Bibel außerhalb der Urgeschichte keine weiteren Belege für die Gestalt der Eva kennen, finden sich Hinweise auf die Rezeption dieser Erzählung erst ab der hellenistischen Zeit in den Überlieferungen der Apokryphen. Das früheste Zeugnis stammt vom Jerusalemer Weisheitslehrer Ben Sira (frühes 2. Jahrhundert v. Chr.), der postuliert, dass von »einer Frau ... die Sünde ihren Anfang [nahm], und ihretwegen [wir] sterben« (Sir 25,32). Im Buch der »Weisheit Salomos« 2,24 wird der Name der Eva nicht ausdrücklich genannt, jedoch darauf verwiesen, dass der Tod durch den Neid des Teufels in die Welt kam und deshalb alle Menschen sterben müssen. Bei den hier genannten Überlieferungen handelt es sich um ursprünglich jüdische Texte; als Teil der Septuaginta haben sie jedoch ihren Einfluss vornehmlich in der christlichen Tradition entfaltet. So haben das Neue Testament und die frühe Kirche dieses negative Frauenbild aufgenommen und erweitert.

Im Neuen Testament wird die Unterordnung der Frau unter den Mann sowie das Verbot zu lehren damit begründet, dass Eva erst nach Adam erschaffen und zudem verführt wurde und das Gebot übertrat. Eine Möglichkeit ihrer Errettung besteht aber dadurch, »dass sie Kinder zur Welt bringt, wenn sie bleiben mit Besonnenheit im Glauben und in der Liebe und in der Heiligung« (1Tim 2,11–15; vgl. 1Kor 11,8f.).

Der Kirchenvater Tertullian (ca. 150 bis 220) bezeugt bereits, dass Evas Schuld, nämlich dem Teufel Einlass gewährt zu haben, weiterwirkt und sogar die Ursache für den Tod des Gottessohnes gewesen sei (in: De cultu feminarum). Von zentraler Bedeutung sind die Aussagen Augustins, die das christliche Menschenbild maßgeblich beeinflusst haben: Demnach sind Mann und Frau nach dem Bilde Gottes geschaffen; diese Eigenschaft steht über der Körperlichkeit und ist daher geschlechtslos. Die Frau in ihrer Körperlichkeit ist jedoch dem Mann untergeordnet; ihre Rolle als Hilfe des Mannes bezieht sich auf Schwangerschaft, Geburt und die Erziehung der Kinder. Für Gespräche und Freundschaften ist der Kontakt unter Männern weitaus besser geeignet (in: De Genesi ad litterarum). Hier wird auch die sogenannte Erbsündenlehre (*peccatum originale*) entwickelt. Adam und Eva haben gesündigt und diese Sünde wird durch den männlichen Samen an alle folgenden Generationen weitergegeben. Die Schuld an der Übertretung wird jedoch Eva zugeschrieben. Nur der Sohn Gottes ist von dieser Sünde frei, da er nicht von einem Mann gezeugt, sondern von einer Jungfrau geboren wurde (in: De nuptiis et concupiscentia). Die Gestalt Marias wird als positives Gegenbild zu Eva gezeichnet. So spricht schon Justin der Märtyrer (gest. ca. 165) davon, dass Eva nach dem Hören des Wortes der Schlange die Sünde und den Tod geboren, die Jungfrau Maria aber durch ihren Glauben die Welt gerettet habe (in: Dialog mit Tryphon). Irenäus (gest. um 202) verbindet die beiden Figuren noch enger, indem er feststellt, dass der Knoten des Ungehorsams Evas durch den Gehorsam Marias gelöst wurde. Diese Gegenüberstellung lässt sich dann über die Jahrhunderte hinweg in der christlichen Tradition verfolgen. Der mittelalterliche Hymnus »Ave Maris Stella« zeigt dies durch ein Wortspiel, bei dem der Name »Eva« in »Ave« umgedreht werden soll. Bei Anselm von Canterbury im 12. Jahrhundert kann Maria auch als Mutter der neuen Schöpfung verstanden werden. Auch Darstellungen in der bildenden Kunst spiegeln ein solch negatives Bild von Eva wider, wenn die Schlange mit einem menschlichen, weiblichen Gesicht dargestellt wird, das dem der Eva auf demselben Bild ähnelt.

Obwohl sich die moderne Exegese der historisch-kritischen Methode verpflichtet weiß, konnte eine solche abwertende Zeichnung der Eva-Figur doch auch die Auslegung des Textes in einem wissenschaftlichen Kontext stark beeinflussen. Vor allem in älteren Kommentaren klingt häufig eine negative Beurteilung der Eva an. So wurde ihr Anmaßung und Hybris bescheinigt, oder man nahm an, dass die positive Rolle Evas als »Hilfe« des Mannes in der Passage über ihre Erschaffung (Gen 2,18–24) durch ihre verfluchte Existenz abgelöst worden sei. Die Annahme einer Unterordnung der Frau unter den Mann schwingt auch in der Übersetzung von der Frau als Gehilfin des Mannes an, wie sie für die Lutherübersetzung über Jahrhunderte typisch war.

Im Zuge der feministischen Theologie ist die biblische Figur der Eva und ihre Rezeptionsgeschichte sowie der Einfluss, den diese Texte über die Jahrhunderte ausgeübt haben, in den letzten Jahrzehnten verstärkt in den Blick geraten. Dabei hat sich ein Prozess vollzogen, der das Bewusstsein für die Problematik solcher »Evabilder« geschärft, gleichzeitig aber auch die positiven Aspekte herausgearbeitet hat. Dabei konnte deutlich gemacht werden, dass in der biblischen Schöpfungserzählung Mann und Frau – immerhin im Kontext einer patriarchalen Gesellschaft – als ebenbürtige Partner dargestellt werden.

## 3. »Eva« in jüdischer Auslegung und … Lilit

Möchte man den Weg der jüdischen Auslegung weiterverfolgen, so eröffnet sich ein weites Feld, von dem hier nur einige Schlaglichter aus dem rabbinischen Schrifttum geboten werden können. Da Mann und Frau aus unterschiedlicher Materie erschaffen wurden, sind sie auch von unterschiedlicher Natur: Wie das Wasser die Erde aufweicht, ist der Mann leicht zu erweichen, die Frau aber, die aus einem Knochen geschaffen wurde, der nicht durch Wasser erweicht wird, bleibt hart (Midrasch Bereschit Rabba 17,8). Eva wurde in der Art eines Vorratshauses gebaut: Denn wie ein Kornspeicher oben schmal und unten breit ist, um die Ernte aufzunehmen, so ist die Frau oben schmal und unten breit, um ein Kind zu tragen (Bereschit Rabba 18,3). Diese Überlieferungen belegen die Wertschätzung Evas als Ehefrau und Mutter. Darüber hinaus wird das hebräische Wort *banâh* für »bauen« in Gen 2,22 auch mit dem hebräischen Wort *binâh* (»Verstand«) in Verbindung gebracht, sodass behauptet werden kann, dass die Frau über ein größeres Maß an Verstand verfüge als der Mann (Bereschit Rabba 18,1). In der rabbinischen Tradition lassen sich jedoch auch frauenfeindliche Tendenzen ausmachen: Als Eva erschaffen wurde, wurde auch Satan erschaffen (Bereschit Rabba 17,6). Gott beschloss, Eva nicht aus Adams Kopf zu erschaffen, damit sie nicht stolz ihr Haupt erhebe; nicht aus seinem Auge, damit sie nicht neugierig sei; nicht aus seinem Ohr, damit sie nicht lausche; nicht aus seinem Mund, damit sie nicht schwatze; nicht aus seinem Herzen, damit sie nicht streitsüchtig sei; nicht aus seiner Hand, damit sie nicht alles mit ihrer Hand berühre, und nicht aus seinem Bein, damit sie sich nicht ständig in Bewegung sei. So fiel die Wahl auf die Rippe Adams als einem verborgenen Teil des Körpers, und doch: All diese Überlegungen Gottes waren nutzlos, denn die Frau hat dennoch all die genannten Schwächen (Bereschit Rabba 18,2). Weil Eva Adam den Tod gebracht hat, gehen Frauen einem Trauerzug voran; weil sie Adams Blut vergossen hat, müssen Frauen Reinheitsvorschriften im Zusammenhang mit der Menstruation einhalten; weil sie Adams Seele ausgelöscht hat, muss die Frau am Sabbat die Kerzen anzünden (Bereschit Rabba 17,8). Die Regeln und Bräuche der Tora, die das Leben der traditionellen jüdischen Frau bestimmen, haben also ihren Ursprung in der mythischen Zeit der Paradieserzählung. Ihre Befolgung kann aber auch als Gegenmittel dienen, indem fromme Frauen von den Strapazen der Schwangerschaft und der Geburt verschont bleiben (babylonischer Talmud Traktat Sota 12a). Die rabbinische Tradition hat allerdings die Vorstellung, dass die ersten Menschen den Tod für die gesamte Menschheit in die Welt gebracht haben, eindeutig verworfen. Nach Bereschit Rabba 9,5 war der Tod von Anfang an integraler Bestandteil der Schöpfung. In Midrasch Tanchuma Buber Bereschit 29 (S. 11a) bittet Adam Gott sogar, man möge nicht über ihn schreiben, dass er den Tod in die Welt gebracht habe, und so verspricht ihm Gott, dass jedem, der aus der Welt scheidet, offenbart wird, dass seine eigenen Werke, die während seines Lebens aufgezeichnet wurden, die Ursache seines Todes sind.

Auf dieser Spur jüdischer Auslegungen begegnet nun auch Lilit. »Lilit« war zunächst einmal der Name eines Dämons, der in Jes 34,14 als Repräsentant einer lebensfeindlichen, gegenmenschlichen Welt zusammen mit Eulen, Schakalen und Straußenvögeln genannt wird und der in Trümmern und Wüsten haust. Diese Gestalt hat ihre traditionsgeschichtlichen Wurzeln in sumerischen und akkadischen Texten, wo sie mit Krankheiten und Unzucht verbunden wurde. Ausgehend von der biblischen Überlieferung kennt dann auch der babylonische Talmud eine Dämonin namens Lilit (Traktat Schabbat 151b). Die Vorstellung, dass Adam eine Frau dieses Namens hatte, findet sich aber erst im Mittelalter in einer jüdischen Schrift namens »Alfa Beta de Ben Sira«, die irgendwann zwischen 800 und 1000 n. Chr. entstanden ist. Hier wird erzählt, dass Gott dem Menschen zunächst eine Hilfe aus der gleichen Erde schuf, aus der auch dieser gemacht worden war; diese nannte er Lilit. Doch schon bald sollte es zum Streit kommen, denn Lilit weigerte sich, sich ihrem

Manne beim geschlechtlichen Umgang körperlich unterzuordnen – mit der Begründung, sie sei eben so viel wert wie er, da sie beide aus dem gleichen Stoff geschaffen wurden. Als Adam nicht einlenkt, fliegt sie – die Zauberkraft des Gottesnamens nutzend – kurzerhand davon. Drei Engel sollen sie zurückholen; weigert sie sich, sollen täglich hundert ihrer Kinder sterben. Doch Lilit bleibt hart. Als die Engel drohen, sie deshalb zu ertränken, handelt sie mit diesen einen Kompromiss aus: Jedes Neugeborene soll nach seiner Geburt einige Zeit in ihrer Gewalt bleiben – ein Junge acht Tage, ein Mädchen zwanzig Tage. Wenn aber die Namen der Engel Sanvai, Sansanvai und Semangloph auf ein Amulett geschrieben werden, dann werden sie die Kinder verschonen.

Diese Erzählung spiegelt die Erfahrung der Fragilität des Lebens von Neugeborenen wider, wie sie besonders in vormodernen, traditionellen Gesellschaften, die nicht über eine hoch standardisierte Medizin verfügen, präsent ist. Unabhängig von allen medizinischen Standards gibt es aber bis heute im jüdischen Volksglauben gelegentlich den Brauch, sich solcher Amulette zu bedienen.

## 4. Ausblick

Die Karriere der Lilit sollte aber noch in eine ganz andere Richtung gehen, denn es sind nicht nur weitere jüdische Traditionen in mittelalterlichen Midraschim, die von Lilit und Adam erzählen, sondern diese Figur wird auch in völlig anderen Zusammenhängen rezipiert. Erinnert sei an die Szene der Walpurgisnacht in Goethes Faust, in der Faust Mephisto nach einer auffälligen Frauengestalt fragt und dieser ihm antwortet, es handele sich um »Lilit, Adams Frau«, und ihm zugleich auch die Warnung auf den Weg gibt: »Nimm dich in acht vor ihren schönen Haaren, vor diesem Schmuck, in dem sie einzig prangt. Wenn sie damit den jungen Mann erlangt, so lässt sie ihn so bald nicht mehr wieder fahren« (Faust I, 4117–4123). In der Kunst des 20. Jahrhunderts wird Lilit dann zum Symbol der *femme fatale*, bis sie schließlich in den 1970er Jahren von der Frauenbewegung als Gallionsfigur des weiblichen Widerstands und des Kampfes um die Gleichberechtigung der Geschlechter entdeckt wird. Wie die neuere historisch-kritische Exegese zur Figur der Eva zeigt, hat aber auch diese Figur durchaus Potential für ein selbstbewusstes Frauenbild – und ist zudem weitaus weniger destruktiv und aggressiv als ihre Vorgängerin!

## Literatur

*Blum, Erhard,* Von Gottesunmittelbarkeit zu Gottähnlichkeit. Überlegungen zur theologischen Anthropologie der Paradieserzählung, in: *G. Eberhardt, K. Liess* (Hrsg.), Gottes Nähe im Alten Testament, SBS 202, Stuttgart 2004, 9–29.

*Börner-Klein, Dagmar,* Das Alphabet des Ben Sira. Hebräisch-deutsche Textausgabe mit einer Interpretation, Wiesbaden 2007.

*Böttrich, Christfried/Ego, Beate/Eißler, Friedmann,* Adam und Eva in Judentum, Christentum und Islam, Göttingen 2011.

*Flasch, Kurt,* Eva und Adam. Wandlungen eines Mythos, München ²2005.

*Gertz, Jan Christian,* Das erste Buch Mose (Genesis). Die Urgeschichte, Gen 1–11, ATD 1, Göttingen ²2021.

*Küchler, Max,* Schweigen, Schmuck und Schleier. Drei neutestamentliche Vorschriften zur Verdrängung der Frauen auf dem Hintergrund einer frauenfeindlichen Exegese des Alten Testaments im antiken Judentum, NTOA 1, Freiburg/Göttingen 1986.

*Meyers, Carol,* Discovering Eve: Ancient Israelite Women in Context, Oxford, New York 1988.

*Schüngel-Straumann, Helen,* Eva. Die erste Frau der Bibel: Ursache allen Übels? Paderborn 2014.

*von Erffa, Hans Martin,* Ikonologie der Genesis. Die christlichen Bildthemen aus dem Alten Testament und ihre Quellen, 2 Bde., München 1989.1995.

# Erzeltern-Erzählungen

**Figuren und Texte**

*Irmtraud Fischer*

## 1. Nomen est omen: Patriarchen- oder Erzeltern-Erzählungen

Der Textbereich von Gen 12–36 wurde – und wird in manchen Publikationen noch immer – als Väter- oder Patriarchenerzählungen bezeichnet. In meinem 1994 erschienen Buch *Die Erzeltern Israels* habe ich aufgezeigt, dass allein diese Bezeichnung die Wahrnehmung derart einschränkt, dass beinahe nur jeder zweite Text rezipiert und z. B. in der katholischen Leseordnung für Sonntage verwendet wird. Die andere Hälfte der Texte handelt von Frauen oder hat Frauen im Zentrum der Handlung. Mein Vorschlag, die im Deutschen geschlechtsneutrale Verwandtschaftsbezeichnung zu verwenden, verdankt sich einer genderfairen Exegese, die das Geschlecht nicht unreflektiert als exegetische Kategorie betrachtet.

## 2. Familienerzählungen leiten Epochen ein

Die Kapitel Gen 12–36 sind als Erzählungen über eine Familie gestaltet. Sie sind durch Stammbäume einerseits an die Urgeschichte zurückgebunden und werden andererseits durch die Rut- und Daviderzählungen fortgeschrieben. Beide sind ebenfalls als Familienerzählungen konzipiert: Aus der universalistisch ausgerichteten Menschheitsfamilie (Gen 1–11) wird jene Familie berufen, die schließlich zu den Stämmen Israels wird. Aus deren letztem Spross in der Juda-Linie (Gen 38) geht über den Stammbaum in Rut 4,18–22

David hervor. Seine Familiengeschichte erzählt die Anfänge des Königsgeschlechts im Südreich (1Sam 16–1Kön 1).

Familienerzählungen leiten also in der Hebräischen Bibel die epochalen Geschichten der Menschheit, der Anfänge des Volkes Israel und des davidischen Königtums ein. In dieser Form der Darbietung entsteht eine Dynastie, ein Volk und die ganze Menschheit durch Zeugen und Gebären, was allein schon eine ausschließliche Konzentration auf das männliche Geschlecht, wie sie in der Exegesegeschichte meist gegeben war, als verfehlt erweist.

## 3. Völker verbindend, Räume und Zeiten überbrückend: Genealogien und Itinerare

Als verbindendes Element dieser drei großen Erzählkomplexe über Familien in mehreren Generationen fungieren Genealogien. Aus der Ursprungsfamilie der Menschheit gehen alle Völker der Erde hervor. Die Völkertafel von Gen 10 füllt mit den Abstammungen aus den Söhnen der Familie Noahs die gesamte damals bekannte Welt; der Semitenstammbaum in Gen 11,10–32 fokussiert sodann die Familie Terachs, aus der Abraham und Lot sowie der in Haran verbliebene Zweig hervorgehen. Genealogien überbrücken Jahrhunderte, ja sogar Jahrtausende, mit wenigen Namen. Sie zeigen soziale Bindungen auf, die nicht von Blutsverwandtschaft herrühren müssen, sondern die Zusammengehörigkeit zwischen Gruppen der erzählenden Zeit widerspiegeln.

Genealogische Relationen sind daher auch als soziale Machtverhältnisse zu lesen: Der Vater ist immer bedeutender als der Sohn oder der Enkel, Geschwisterrelationen geben Gleichwertigkeit an, die insbesondere beim Zwölf-Stämme-Volk Israel egalitäre Verhältnisse anzeigen. Eheschließungen verweisen auf die Verschmelzung zweier ursprünglich selbständiger sozialer Einheiten oder Ethnien, wobei jene Gruppe, die der Mann repräsentiert, die dominante geworden ist. In allen genealogischen Listen spielen Frauen als Mütter eine bedeutende Rolle, besonders in polygynen Ehen, in denen einem Mann – wie etwa Jakob – mehrere Ehefrauen zugeordnet sind. Nur die sogenannten Toledot, die der priesterlichen Literatur zuzuschreiben sind, sind rein agnatische, ausschließlich Männernamen und Zeugungen anführende Stammbäume.

Genealogien sind im Normalfall patriarchal gegliedert. Das bedeutet, dass vorrangig die Linie verfolgt wird, die über die erstgeborenen Söhne läuft, die die Funktion des die Familie leitenden Patriarchen von ihren Vätern übernehmen. Da in den Erzeltern-Erzählungen in allen Generationen die Erbfolge irregulär verläuft, und niemals der Erstgeborene des Patriarchen die Hauptlinie bildet, muss dies narrativ begründet werden. Deswegen sind in jeder der Generationen Erzählungen eingebunden, die die Stammbäume der Erstgeborenen zu Nebenlinien werden lassen. So wird Abrahams Erstgeborener Ismael vertrieben (Gen 16; 21), Isaaks ältester Sohn Esau einerseits durch sein eigenes Verhalten, indem er sein Erstgeburtsrecht für ein Linsengericht verkauft (Gen 25,27–34), andererseits durch den Segensbetrug Jakobs in Gen 27, zur Seitenlinie. Auch Jakobs älteste Söhne disqualifizieren sich, indem Ruben mit der Nebenfrau seines Vaters schläft (Gen 35,22) und Simeon und Levi das Blutbad von Sichem initiieren (Gen 34). Wenn sodann vorerst nicht der viertälteste Sohn Juda die Führung der Familie übernimmt, sondern der zweitjüngste Sohn Josef, so wird dies sowohl durch die Tamar-Geschichte von Gen 38 als auch durch das von den Söhnen kollektiv zu verantwortende Verbrechen an Josef (Gen 37,18–36) erklärt. Im die Genesis abschließenden Segen übernimmt jedoch die Judalinie wieder die Führung (Gen 49,8–12).

Mit den Genealogien sind häufig Migrationsnotizen, sogenannte Itinerare, eng verbunden. Sie zeigen die räumliche Trennung oder auch Wiedervereinigung von zusammengehörigen sozialen Einheiten an. Geografisch wird dabei der Raum des fruchtbaren Halbmonds vom Zweistromland in den Negeb und bis Ägypten mehrmals durchschritten: Die von Gott angestoßene Migration der Familie Abrahams (Gen 12,1–4) ist dabei die Basis für alle weiteren Wanderungen (Gen 24: Brautschau für Isaak; Flucht und Rückkehr Jakobs Gen 28; 32). Die Josefserzählung führt mit seinen Itineraren gleich mehrfach vom Verheißungsland nach Ägypten, wohin schließlich die gesamte Großfamilie Jakobs/Israels übersiedelt (Gen 46).

## 4. Die Verheissungen: Volk und Land Israel mit seinen Heiligtümern

Neben Genealogien und Itineraren bilden die Verheißungen ein verbindendes Band zwischen den vier Generationen der Erzeltern. Obwohl in den Erzählungen eine Vielzahl von Verheißungen identifiziert werden kann (z.B. Sohn, Nachkommenschaft, Volk, Weidegründe, Land, Beistand, Segen), kann man sie auf zwei, die mit dem Namen Israel verbunden sind, konzentrieren: Volk und Land. Denn auch Geburtsankündigungen an die Mutter haben letztendlich das Ziel, in ein großes Volk zu münden, und der Beistand Gottes bewahrt seinen Verheißungsträger, um dies zu erreichen. Verheißungen erfüllen sich nicht in der Generation, der sie gegeben werden, sondern erst in ferner Zukunft. So erfüllt sich die Zusage, zu einem großen Volk zu werden, nicht an Abraham, und die Landverheißung wird nach dem biblischen Erzählverlauf erst nach dem Auszug aus Ägypten umgesetzt.

Direkte Adressaten göttlicher Verheißungen sind in der Verheißungslinie auf der sprachlichen Ebene ausschließlich die Patriarchen. Dass ihre Frauen mitgemeint sind, erschließt sich aus den folgenden Erzählungen. So kann Abraham die göttliche Verheißung nicht mit jeder Frau erfüllen, sondern sie ist ebenso an Sara gebunden, denn sein Erstgeborener Ismael steht zwar auch unter Verheißungen, bildet aber nicht die Haupt- und Segenslinie. Auch den Preisgabe-Erzählungen (Gen 12,10–20; 20; 26,1–12) ist die Problematik der Verheißungsträgerin inhärent: Wenn Abraham und Isaak ihre Ehefrauen als Schwestern ausgeben und sie damit für fremde Männer sexuell verfügbar machen, setzen sie die Verheißungsträgerin und damit die Erfüllung der göttlichen Zusage aufs Spiel. Die Gottheit Israels muss daher direkt eingreifen, um die Bedingungen wiederherzustellen. Aufschlussreich für das Faktum, dass auch die Frauen Verheißungsträgerinnen sind, ist die Erzählung um die Geburten der Frauen Jakobs. Während die ungewünschte und ungeliebte Ehefrau Lea Jakob einen Sohn nach dem anderen gebiert, bleibt die geliebte Rahel unfruchtbar (Gen 29,9–30,2). Sie nützt, wie schon Sara, die Großmutter Jakobs, das altorientalische Rechtsinstitut des stellvertretenden Gebärens der Sklavin für die Hauptfrau und kommt so durch Bilha zu zwei legitimen, wenngleich nicht leiblichen Söhnen (Gen 30,2–8). Den Namen für das zweite Kind, *Naphtali*, »Kämpfer«, begründet sie damit, dass sie mit ihrer Schwester »Gotteskämpfe gekämpft« habe (*naphtulej 'elohim niphtalti*) und sie überwältigt habe (*jakolti* Gen 30,8). In Rut 4,11 greifen die Ältesten und das ganze Volk genau dies auf, indem sie die Gründung des Hauses Israel den beiden Frauen Rahel und Lea zuschreiben. Auch bei Jakob spielt das Motiv des Kämpfens eine Rolle: Bei seinem Übertritt über den Jabboq bei seiner Rückkehr das Verheißungsland heißt es: »Nicht mehr ›Jakob‹ wird dein Name genannt werden, sondern *›Israel‹*, Gottesstreiter! Denn gestritten hast du mit (*sarijta 'im*) der Gottheit und mit Männern und du hast [sie] überwältigt.« (*wattukal* Gen 32,29). Jakob erkämpft sich also das Land, seine Frauen das Volk. Die Erzeltern sind die Träger der Verheißung, nicht allein die Patriarchen.

Bei Hagar, die sowohl bei der Flucht- als auch bei der Vertreibungserzählung von Gottesboten direkt eine Verheißung für ihren Sohn zugesprochen bekommt (Gen 16,10; 21,18), ist dies ohnedies deutlich. Sie wird von allen Frauen der Erzeltern-Erzählungen dadurch besonders hervorgehoben, weil sie die erste Figur in den Erzeltern-Erzählungen ist, die eine Erscheinung eines göttlichen Botens hat. Sie ist auch die einzige Frau in diesem Textkomplex, die den Brunnen der Gottesbegegnung benennt und dadurch wohl ein Heiligtum gründet sowie die rettende Gottheit mit einem Gedenknamen benennt (Gen 16,13f.). In der Verheißungslinie wird Ähnliches nur von den Patriarchen erzählt (vgl. z. B. Gen 12,6–8; 22,14; 28,10–22; 33,20; 35,1–15).

## 5. Figuren, Motive und Motivumkehrungen

Die in den genealogischen Notizen am Ende des Semitenstammbaums erwähnte Familie Terachs, die aus ihrer Heimat in Ur in Chaldäa bereits Richtung Kanaan migriert, jedoch in Haran sich niederlässt (Gen 11,10–32) bilden die Zentralfiguren der Erzeltern-Erzählungen. Der von Nahor und Milka abstammende Zweig verbleibt im Osten; aus ihm holen sich die Söhne der Verheißungslinie in zwei Generationen die Frauen für Eheschließungen innerhalb der Sippe (Gen 24.29). Die Familie Abrahams folgt dem Ruf JHWHs und wandert in das verheißene Land ein, das seinen Nachkommen gegeben werden wird (Gen 12,8).

Die Figur *Abrahams* ist zwiespältig gezeichnet: Er folgt (Gen 12,1–4; 22,1–3) und glaubt (Gen 15,6) seiner Gottheit ein Leben lang aufs Wort. Sein Verhalten gegenüber Frauen und seinen Kindern ist jedoch ambivalent: Aber als eine Hungersnot auftritt, verlässt Abraham ungefragt das Land in Richtung Ägypten, verleugnet dort Sara als seine Ehefrau und lässt sie als seine Schwester nach der Gabe eines königlichen Brautpreises in den Harem Pharaos aufnehmen. Das Land und die Verheißungsträgerin sind damit verloren. Nur dem massiven Eingreifen Gottes, der sich für Sara einsetzt, ist es zu verdanken, dass Pharao – ohne den Brautpreis zurückzufordern – die Ehefrau zurückgibt und die Sippe eskortiert des Landes verweist (Gen 12,10–20). Diese Geschichte wird zudem ein weiteres Mal (Gen 20; und in abgeschwächter Form auch noch einmal von Isaak und Rebekka in 26,1–11) erzählt, und zwar just in der Zeitspanne, in der die Ahnfrau in hohem Alter schwanger wird. Zweimal gibt er sie preis, wie sich herausstellt, aus unbegründeter Angst. Zweimal gibt er auch Hagar und seinen Erstgeborenen Ismael preis (Gen 16,21), da er nicht willens ist, gegen seine eifersüchtige Frau aufzutreten. So kann die theologisch sperrig-skandalöse Erzählung von der Bindung Isaaks in Gen 22, die ein Zwillingstext mit mehr als einem Dutzend Gemeinsamkeiten zur Vertreibung Ismaels in Gen 21,8–21 darstellt, auch als Lebensprobe für Abraham gelesen werden: Alle Mitglieder seiner Familie hat er preisgegeben; deswegen mutet Gott am Lebensende auch dem Patriarchen zu, aus der Verheißungslinie ausgegliedert zu werden. Hat er den Erstgeborenen leichtfertig weggeschickt, so greift Gott nach dem einzig Verbliebenen, dem Sohn der Verheißung, der ihm jenseits der fruchtbaren Lebensphase noch geboren wurde. Abraham besteht die Probe. Der Sohn war freilich nie gefährdet, denn ihm wäre wohl auch nichts passiert, wenn der Vater sich geweigert hätte.

Einzig seinem Neffen *Lot* gegenüber ist Abraham immer solidarisch. Er lässt ihn sogar wählen, wo er sein Siedlungsgebiet haben möchte, als die Weidegebiete für zwei Clans zu klein werden, und setzt so wiederum die Landverheißung aufs Spiel. Abraham steht Lot aber weiterhin bei, als dieser von kriegerischen Königen entführt wird (Gen 14,12–16) und er in Gefahr ist, mitsamt der sündigen Stadt Sodom unterzugehen (Gen 18,16–33). Dennoch endet die Figur Lots tragisch: Er besteht zwar die Probe der zwei Gottesboten, die er in seinem Haus beschützt, als man sie sexuell erniedrigen will. Aber dafür ist Lot bereit, seine jugendlichen Töchter einer Gruppenvergewaltigung auszuliefern (Gen 19,1–11). Seine Frau erstarrt auf der Flucht zur Salzsäule, und mit seinen Töchtern zeugt er schließlich zwei Söhne, die einen inzestuösen Namen erhalten. Diese Erzählung wurde sehr divers interpretiert: Von einer Helden- und Heldinnengeschichte, in der eine Familie vor dem Aussterben gerettet wurde, bis zu einer Chronik der Vertuschung des Missbrauchs durch den Vater bei abwesender Mutter reicht das Spektrum. Wenn die Kinder Amnon und Moab heißen, ist dies, historisch gesprochen, wohl eine Reaktion auf das unsolidarische Verhalten der Nachbarvölker im Zuge des Untergangs des Südreichs 586 v. Chr.

*Sara*, die als unfruchtbare Frau in die Erzählung eingeführt wird, wird einerseits als preisgegebenes Opfer ihres Mannes vorgestellt, andererseits auch als unbeugsame Herrin ihrer Sklavin, von der sie sich einen Erben erhoffte. Sie wird in ihrem Tod die erste Erbin der Landverheißung, wenn Abraham die Grabstätte als Eigentum erwirbt.

Der lang ersehnte und verheißene Sohn *Isaak* wird als schwache Figur vorgestellt: Bei der Wahl seiner Braut wird er vom Vater nicht einmal gefragt (vgl. Gen 24), bei der Erteilung des Sterbesegens von seiner Frau und seinem Jüngeren betrogen (Gen 27); selbst die Schwesternlüge gelingt nicht, da der König, vor dem sie ihn schützen soll, Zärtlichkeiten mit seiner Frau beobachtet (Gen 26,1–11).

*Rebekka* hingegen wird als starke Frau in der Nachfolge ihres Schwiegervaters gezeichnet, da sie wie er bereit ist, ihre Familie zu verlassen und ins Verheißungsland zu ziehen (Gen 24,60, vgl. 12,1–4). Während ihrer problematischen Zwillingsschwangerschaft geht sie allein ans Heiligtum, um ein Orakel einzuholen, das völkerpolitische Dimension hat: Der Zweitgeborene wird die Führung übernehmen (Gen 25,27–34). Für ihn ist sie sogar bereit, den Fluch Isaaks auf sich zu nehmen, wenn er nur den die patriarchale Erbfolge regelnden Segen erlangt, den sie als Frau nicht zu geben imstande ist (Gen 27,13). Nach geglücktem Coup muss sie ihren Lieblingssohn allerdings zu ihrer Familie in den Osten schicken, da ihm der betrogene Bruder nach dem Leben trachtet. Auch wenn sie dies als Notwendigkeit für eine endogame Ehe darstellt, wird sie ihn nie wiedersehen (Gen 27,41–28,7).

Ihr Erstgeborener *Esau* wird als ambivalenter Charakter gezeichnet: Vom Vater geliebt (Gen 25,28), führt er ein Leben als Jäger, achtet das Erstgeburtsrecht gering, wenn er es um das sprichwörtliche Linsengericht an seinen Bruder verkauft. Als ihn dieser auch noch um den die Sippenlegitimität weitergebenden Segen betrügt, kann er nichts mehr ändern. Aber er bleibt bei den Eltern, während der Sieger fliehen muss. Als dieser nach einem halben Leben wieder ins Land heimkehrt, ist der Gram verflogen, er empfängt ihn mit seiner Truppe beim Übertritt über den Grenzfluss (Gen 33,1–16), zieht sich dann aber ins Siedlungsgebiet seiner Frauen nach Seir/Edom zurück (vgl. Gen 36).

*Jakob* wird zwar auf seiner Flucht von Gott in seiner Stellung als Verheißungsträger bestätigt (Gen 28,10–22), aber der Betrug fällt zweifach auf ihn zurück. Gab er sich dem Vater gegenüber als der Ältere aus, so gibt ihm sein Schwiegervater die ältere Tochter anstelle der jüngeren zur Frau, und er muss weitere sieben Jahre für Rahels Brautpreis arbeiten. Das Motiv des Sohnes, der den Vater betrügt, muss er dann nochmals durch die eigenen Kinder erleben, wenn sie ihm anhand der blutgetränkten Kleidung seines Lieblingssohnes Josef klar machen wollen, dass dieser getötet worden sei (Gen 37,31–35).

Die junge Familie Jakobs wächst auf dreizehn Kinder an, und durch schlaue Schafzucht gelangt sie zu beträchtlichem Reichtum, was sodann zur Trennung von Laban und zur Rückkehr ins Land führt. Die Gottesbegegnung, die Jakob auf dem Hinweg in Betel durch die Himmelsleiter hatte, findet ihr Äquivalent am Rückweg im Gotteskampf am Jabbok, aus dem er heil, aber als Gezeichneter und mit neuem Namen Israel hervorgeht. Danach ist er bereit, Esau zu begegnen, zieht allerdings allein mit seiner Familie weiter nach Sichem. Dort vergewaltigt der Fürstensohn seine Tochter Dina, was deren Brüder zur Eskalation der Rache anregt und Jakob aus Sichem, in dem man sich integrieren wollte, fliehen muss (Gen 34). Auf dem Weg zurück zu seinem Vater kommt er in Betel vorbei und erfüllt sein Gelübde (Gen 28,20–22; 35,1–15).

In der Josefsgeschichte spielt die Figur Jakobs zwar noch die bedeutende Rolle des Patriarchen, aber die Hauptfiguren sind bereits seine Söhne, insbesondere Juda und Josef, dessen zwei Kinder Jakob adoptiert. Erst ganz am Schluss der Genesis spricht er seinen Sterbesegen über seine Söhne (Gen 48–49). Aus Ägypten wird schließlich sein Leichnam ins Grab der Erzeltern überführt, wodurch der Verheißungsträger, der nach Ägypten übersiedelte, wieder zurück ins Land kommt (Gen 49,28–50,13).

Jakob hat Nachkommen von vier Frauen. *Rahel* ist die lebenslang geliebte Ehefrau (vgl. Gen 29,11.18–20; 35,18; 44,20), die er am Brunnen trifft, ähnlich wie es bei seiner Mutter Rebekka war: Wer eine Frau sucht, geht zum Brunnen, denn Wasser holen ist Frauenarbeit. Als ihr Vater in der Heiratsfolge Lea bevorzugt, erfahren die Lesenden ausschließlich von den Emotionen des betrogenen Bräutigams, nicht aber von denen Rahels. Sie hat die Liebe des Ehemannes, möchte jedoch Kinder, was zu einem heftigen Ehekrach führt (Gen 30,1f.). Schließlich setzt Rahel ihre Sklavin Bilha als »Leihmutter« ein. Erst nach der Geburt von elf Kindern wird Rahel mit Josef schwanger, stirbt jedoch bei der Geburt ihres zweiten Kindes nahe Betlehem, wo bis heute ein Heiligtum auf sie verweist. Diesen Sohn nennt sie Ben-Oni, »Sohn meiner Lebenskraft« – und nicht, wie häufig mit ›gender-bias‹ übersetzt, »Unheilskind« (Gen 35,18, vgl. Gen 49,3). Die Episode, in der Rahel die Teraphim ihres Vaters stiehlt (Gen 31,19–54), ist wahrscheinlich so zu deuten, dass sie damit die Sippenlegitimität ins Verheißungsland mitnimmt. Es kommt zum Streit und zum abschließenden Vertrag, der die Trennung der beiden Sippen räumlich und genealogisch besiegelt. Danach sucht keiner aus der Verheißungslinie mehr eine Braut aus dieser Familie im Osten.

*Lea* ist zwar die ungeliebte, aber fruchtbare Ehefrau, die Jakob sechs Söhne und die Tochter Dina gebiert sowie zwei weitere Söhne durch ihre Sklavin Silpa. Gen 29,31–30,24 wird zwar als »Gebärwettstreit« der beiden Schwestern, die Hauptfrauen ein und desselben Mannes sind, bezeichnet, ist aber sicher kein Votum dafür, dass der Wert von Frauen ausschließlich durch möglichst viele Kinder bemessen wird. Es ist vielmehr die Gründungserzählung des egalitär verfassten Zwölfstämmevolkes Israel, und sie hebt sich drastisch von den übrigen Texten ab, in denen eine niedrigere Geburtenrate wie in den westlichen Ländern heutzutage vorkommt. Die beiden Schwestern, die um die Zuwendung ihres Ehemannes und um Kinder konkurrieren, sind sich einig, wenn es um ihren Vater geht: Er hat sie verkauft und den Brautpreis aufgebraucht (Gen 31,15). Beide sind bereit, sich von ihrer Herkunftsfamilie zu trennen und mit Jakob ins Verheißungsland zurückzukehren. Von ihren Kindern sind – mit Ausnahme von Josef – nur Einzelepisoden, nicht aber ganze Erzählzyklen überliefert.

Urmas Nõmmik hat kürzlich gezeigt, dass die in den Erzeltern-Erzählungen verarbeiteten Motive weniger originell sind, als weitläufig vermutet, und gut in die höfische Erzähltradition des Alten Orients eingebunden sind. Das in drei Generationen ausgefaltete Betrugsmotiv in den Jakobserzählungen wurde bereits ebenso erwähnt wie das Motiv der rechten Braut am Brunnen. Wie ein roter Faden zieht sich zudem das Motiv der Unfruchtbarkeit und Kinderlosigkeit durch die Erzeltern-Erzählungen (Gen 11,30; 15,2; 16,1; 25,21; 29,31). Alle männlichen wie weiblichen Figuren kommen schließlich doch noch zu einer Nachkommenschaft, die aufgrund der außergewöhnlichen Umstände der Empfängnis durch die Gottheit besonders hervorgehoben wird: Die Verheißungslinie verläuft nicht nach dem üblichen Erbrecht, sondern ausschließlich aufgrund göttlicher Wahl.

## 6. Haben die Erzeltern-Erzählungen Informationswert über die Geschichte Israels?

Herrmann Gunkel bezeichnete die Genesis als eine Sammlung von Sagen. In der ersten Hälfte des vorigen Jahrhunderts wurde die biblische Darstellung der Geschichte weitgehend als historisch angesehen. Die Erzählungen wurden aufgrund ähnlicher Rechtslagen in altorientalischen Gesetzessammlungen, gleicher oder ähnlicher Namen in Archiven vorderorientalischer Kulturen sowie eines vermeintlich prä-jahwistischen Stadiums im Vätergottglauben in die Mittlere Bronzezeit datiert. Von solchen Annahmen hat man sich heute abgewandt und liest die Erzählungen vielmehr als epochenerschließende Familienerzählungen über die Anfänge des Nord- und des Südreiches. Eine Datierung frühestens in die Königszeit ist die logische Folge.

Die Erzählungen sind sozialgeschichtlich aufschlussreich, wenngleich auch Projektionen späterer Zeiten, wie es denn früher gewesen sein soll, nicht ausgeschlossen werden können. Die Lebensweise in Zelten, wie sie im Abraham-Sara- und Rebekka-Isaak-Kreis beschrieben wird, könnte ein solch antikisierendes Element darstellen. Sesshafte und nomadisierende Lebensformen existieren jedoch bis weit ins letzte Jahrhundert hinein zeitgleich in dieser Weltgegend. Daher ist es unwahrscheinlich, dass diese Texte als Kulturmythen verstanden werden sollen, die den Übergang von nomadisierender Viehzucht zum sesshaften Ackerbau widerspiegeln. Da die Domestizierung des Kamels im Vorderen Orient nicht vor dem fortgeschrittenen 1. Jt. v. Chr. belegt ist, kann eine Erzählung wie die Brautschau um Rebekka keinesfalls in der Bronzezeit entstanden sein. Der Text setzt jedenfalls für den im Osten verbliebenen Familienzweig städtische Lebensweise in Häusern voraus.

Wenn man die genealogischen Verhältnisse, in die die Erzählungen von den Ahnen des Südens und des Nordens eingebettet werden, ernst nimmt, so kann dieser Zusammenhang von vier Generationen nicht vor dem Untergang des Nordreichs 722 v. Chr. entstanden sein. Während Texte aus dem Jakob-Kreis sehr wahrscheinlich noch im Nordreich entstanden sind, da dieser Patriarch als Gründer Israels gilt, muss die Vorschaltung der im Süden situierten Erzeltern, Abraham und Sara, als Gründer der Verheißungslinie aus späteren Zeiten stammen. Das Königreich Juda dominierte nie über das Nordreich Israel. Indem das genealogische Narrativ den Sohn des Südreiches, Isaak, mit der Mutter des Nordreichs, Rebekka verheiratete, entsteht ein durchgängiger Erzählfaden. Dieser reicht von der aus Ur-Kasdim (Babel) ins Land migrierten Abrahamsfamilie über Isaak und Rebekka bis zum Gründer des Volkes Israel, dessen zwölf Söhne die Stämme Israels bilden, die als egalitäres Volk eine soziale Einheit bilden. Die Welt erzeugende Erzählung über vier Generationen schafft damit nicht nur eine gemeinsame Geschichte, die es in der Realität nie gab, sondern auch eine gemeinsame soziale, ethnische und religiöse Identität, die in der nachexilischen Zeit tragend wurde. Diese Harmonisierung tritt auch in anderen alttestamentlichen Textbereichen wie der Vereinigung der priesterlichen und deuteronomischen Überlieferung in der Tora zutage.

## LITERATUR

*Fischer, Irmtraud,* Die Erzeltern Israels. Feministisch-theologische Studien zu Gen 12–36, BZAW 222, Berlin 1994.

*Fischer, Irmtraud,* Gottesstreiterinnen. Biblische Erzählungen über die Anfänge Israels, Stuttgart [4]2013.

*Gunkel, Hermann,* Genesis, Göttingen 1901.

*Hieke, Thomas,* Die Genealogien der Genesis, HBS 39, Freiburg 2003.

*Nõmmik, Urmas,* Die Erzelternerzählungen im Lichte höfischer Erzählkunst: Motivkritische Studien zu den Überlieferungen von Lot, Isaak, Rebekka und Jakob, FAT 161, Tübingen 2023.

# Frauen und der Krieg in der Hebräischen Bibel

*Walter Dietrich*

Das Thema »Krieg und Frauen« ist von erschreckender Aktualität. Ob in der Ukraine, ob in Gaza, ob im Sudan oder im Jemen: Frauen sind Hauptleidtragende kriegerischer Auseinandersetzungen. Zuweilen ist das Quälen und Schänden von Frauen sogar gezielt eingesetzte Kriegswaffe. Andererseits stehen in manchen Ländern Frauen unter Waffen, ja gilt es zuweilen als Ausdruck von Gleichberechtigung, dass auch sie das Kriegshandwerk lernen können. Allerdings werden sie dann meist nicht an vorderster Front eingesetzt. Wo dies doch geschieht (etwa in Kurdistan), können sie sich durchaus den Respekt männlicher Gegner verschaffen. An vorderster Front stehen Frauen jedoch viel häufiger im Widerstand gegen Krieg und im Einsatz für Frieden. Nicht umsonst gipfelt ein berühmtes Antikriegsgedicht von Wolfgang Borchert in der Aufforderung: »Sagt NEIN! Mütter, sagt NEIN!« Frauen im Allgemeinen und Mütter im Besonderen sind nicht kriegsaffin.

Obwohl die Thematik »Frauen, Krieg und Frieden« auch in der Hebräischen Bibel präsent ist, wurde sie, in dieser Zuspitzung, kaum Gegenstand der Forschung. Frauen- bzw. Genderfragen wurden oft behandelt, ebenso Fragen nach Krieg und Frieden; die Verbindung von beidem stand aber nicht im Fokus.[1] So wird die nachfolgende Darstellung vor allem die einschlägigen

---

[1] Eine Ausnahme ist *Bauks, Michaela*, Frauen im Krieg in den Erzählungen zur vorstaatlichen Zeit (Josua–Richter), in: *I. Fischer, J. Claassens* (Hrsg.), Prophetie, Die Bibel und die Frauen, 1.2, Stuttgart 2019, 145–160. Diese Arbeit beschränkt sich freilich auf die Bücher Jos und Ri und auch in ihnen nur auf Frauen in der Rolle des Kriegsopfers. Zu nennen wäre allenfalls noch die Arbeit von *Kamrada, Dolores G.*, Heroines, Heroes, and Deity. Three Narratives of the Biblical Heroic Tradition, LHBOTS 613, London 2016. Der

biblischen Texte in den Blick nehmen.[2] Es geht in ihnen übrigens nicht nur um israelitische Frauen, sondern auch um Frauen anderer Nationalitäten. Fünf Aussagebereiche lassen sich unterscheiden.

## 1. Frauen beteiligen sich am Krieg

Die biblische Überlieferung weiß von einzelnen Frauen, die an bewaffneten Auseinandersetzungen aktiv mitgewirkt haben sollen. Die vielleicht berühmteste ist die Richterin Debora, deren Heldinnengeschichte in Ri 4 erzählt und in Ri 5 in ein episches Poem gefasst ist: Die eben im palästinischen Bergland ansässig gewordenen Stämme Israels werden von einem Verbund der in den Ebenen gelegenen, wirtschaftlich und militärisch überlegenen kanaanitischen Stadtstaaten schwer bedrängt. Schließlich stachelt Debora den Anführer des Stammes Naftali, Barak, zum Widerstandskampf an. Er ist bereit, dem Folge zu leisten – unter der Bedingung, dass sie mitgeht. Und sie geht mit (Ri 4,6–8; vgl. 5,7. 12. 15): eine hebräische Jeanne d'Arc. Davon, dass Debora selbst eine Waffe geführt hätte, verlautet nichts. Offenbar war es ihre Rolle, die israelitischen Kämpfer zu motivieren, sodass sie siegten – dies aber nicht in erster Linie aufgrund ihrer Tapferkeit, sondern weil Gott den Feind »in Verwirrung« stürzte (Ri 4,15).

Der gegnerische Feldherr Sisera flüchtete zu Fuß und suchte Unterschlupf im Zelt einer Beduinin namens Jaël. Womöglich hat er sie bedrängt, ihr gar Gewalt angetan. Doch als er eingeschlafen ist, schlägt sie ihm mit einem Hammer einen Zeltpflock durch die Schläfe – und wird dafür in der Bibel hoch gerühmt (Ri 4,17–21; 5,24–27).

Eine andere, nicht beim Namen genannte Frau schaltet den Tyrannen Abimelech aus, indem sie bei der Belagerung der Stadt Tebez von der Mauerkrone aus einen Mühlstein auf ihn wirft (Ri 9,50–54).

Zwei andere Geschichten erzählen, wie Frauen sich zwar nicht selbst an Kämpfen beteiligten, jedoch dadurch, dass sie Kämpfer schützten, auf das Kriegsgeschehen Einfluss nahmen. Rahab, eine in Jericho wohnhafte Prostituierte, versteckt zwei Kundschafter Israels vor Häschern des Stadtkönigs auf

Begriff »Heroines« zielt auf Jiftachs Tochter, deren Heldentat ihre Selbstopferung gewesen sei (dazu s. unten).

2 Die jeweilige exegetische Literatur zu diesen Texten (Kommentare, Spezialaufsätze usw.) ist tendenziell endlos und kann hier nicht vorgestellt werden. Kundige und Interessierte werden ohne große Mühe Einschlägiges finden können.

dem Flachdach ihres Hauses, sodass sie nach Einbruch der Dunkelheit entkommen können (Jos 2,1–7); als bald darauf die Stadt erobert wird, finden das Haus und die Sippe Rahabs Schonung. Während des Abschalom-Aufstands versteckt eine Bäuerin im Dorf Bahurim (unweit von Jerusalem) zwei Botenläufer Davids in einer Zisterne, verhindert ihre Verhaftung und verschafft David einen Vorteil gegenüber seinen Feinden (2Sam 17,19–21).

## 2. Frauen haben Freude am Krieg

Auch wo nicht selbst aktiv beteiligt, sind Frauen dem Krieg nicht unbedingt abgeneigt. Nach dem wunderhaften Sieg am Schilfmeer soll Moses Schwester Mirjam ein Siegeslied angestimmt und ihre Geschlechtsgenossinnen dazu gebracht haben, »mit Trommeln und in Reigentänzen« mitzujubeln (Ex 15,20) – so wie später Jiftachs Tochter ihrem siegreich heimkehrenden Vater »mit Trommeln und im Reigentanz« entgegenläuft (Ri 11,34). Laut 1Sam 18,6f. ziehen israelitische Frauen den siegreichen Männern entgegen »mit Handpauken, mit Freudenlauten und im Dreiertanz« und singen ein Siegeslied: »Geschlagen hat Saul seine Tausende und David seine Zehntausende«. Drückt sich in solchem Verhalten natürliche Freude über eine abgewendete Bedrohung aus – oder weibliche Kriegsbegeisterung?

In seinem Klagelied auf den im Krieg gefallenen König Saul mahnt David: »Nicht meldet es in Gat, nicht verbreitet die Frohbotschaft auf den Gassen von Aschkelon, *damit sich nicht freuen die Töchter der Philister*« (2Sam 1,20). Die Philisterinnen sollen die Niederlage Israels nicht bejubeln – woran sie sich aber letztlich kaum haben hindern lassen. Die Frauen des eigenen Volks mahnt David: »Ihr Töchter Israels, weint um Saul, der euch in luxuriöses Karmesinrot gekleidet, der Goldschmuck an eure Kleider geheftet hat« (2Sam 1,24). Woher nahm Saul die Mittel, um die »Töchter Israels« prächtig einzukleiden? Aus gewonnenen Kriegen!

Eben diese Hoffnung hatten, laut Deboralied, kanaanitische Frauen, als sie die siegreiche Heimkehr ihrer Kriegsmannschaft erwarteten: »Werden sie nicht Beute finden und sie teilen? Ein Frauenleib, zwei Frauenleiber für jeden Mann, [...] ein buntes Tuch, zwei buntgewirkte Tücher für meinen Hals als Beute« (Ri 5,30). Welch verquere Wunschwelt: Verschleppte Frauen für die Männer, geraubte Textilien für die Frauen!

## 3. Frauen leiden unter dem Krieg

Dass Soldaten im Krieg nach Frauen der Gegenseite greifen, wird noch öfter in der Hebräischen Bibel thematisiert. In der Frühzeit Israels soll Frauenraub das Ziel ganzer Feldzüge gewesen sein (Ri 21,12–14. 20–23). Die Tora reflektiert ausgiebig die Rechte kriegsgefangener Frauen: Der israelitische Mann soll sie regulär heiraten und darf sie bei Nichtgefallen nicht zur Ware degradieren: »Du darfst sie nicht als Sklavin behandeln, weil du ihr Gewalt angetan hast« (Dtn 21,10–14) – ein frühes (und in der Rechtsgeschichte für lange Zeit einzig dastehendes) Beispiel humanitären Kriegsvölkerrechts.

Der Kriegsfurie fallen Frauen mindestens in gleichem Maß zum Opfer wie Männer. In einem Bürgerkrieg der israelitischen Frühzeit erhalten die Kämpfer den Befehl: »Geht und schlagt die Bewohner von Jabesch in Gilead« – einer israelitischen Stadt! – »mit der Schärfe des Schwerts, auch *Frauen* und Kinder« (Ri 21,10). Nach der Zerstörung Jerusalems durch die Babylonier wird die Klage laut, dass »die jungen *Frauen* und Männer« entweder durchs Schwert umkamen (Klgl 2,21) oder gefangen weggeschleppt wurden (Klgl 1,18).

Was die Frauen Israels erleiden, erleiden auch Frauen anderer Völker. König Saul erhält den ungeheuerlichen göttlichen Auftrag: »Geh nun und schlage Amalek [einen Nomadenstamm in Südpalästina]. Und ihr sollt alles bannen, was ihm gehört. Und du sollst nichts von ihm verschonen und sollst [alles] töten: von Mann bis *Frau*, von Kind bis Säugling, von Rind bis Schaf, von Kamel bis Esel« (1Sam 15,3). Nicht nur Frauen also, sondern auch Kinder und sogar Haustiere sollen liquidiert werden – ein ebenso grausamer wie widersinniger Befehl. Der Logik von Kriegen entspricht es eher, wenn David, als er ebenfalls gegen Nomadenstämme im Süden vorgeht, zwar »weder *Frau* noch Mann am Leben« lässt, jedoch »Kleinvieh und Rinder und Esel und Kamele und Kleider« als Beute nimmt (1Sam 27,9).

Laut dem Propheten Jeremia (bzw. einem, der in seinem Namen spricht) wird Gott den »Hammer« Israel ergreifen und das feindliche Babylon zerschmettern: »Mit dir zerschlage ich Mann und *Frau*, und mit dir zerschlage ich Alt und Jung, und mit dir zerschlage ich den jungen Mann und die junge *Frau*« (Jer 51,22).

Drei konkrete Beispiele zeigen, wie in Kriegszeiten gerade Frauen zu leiden haben. Da ist zuerst die – nicht mit Namen vorgestellte – Tochter des gileaditischen Stammesführers Jiftach. Sie zieht als einziges Kind ihres Vaters diesem, als er von einem Sieg über die Ammoniter nach Hause zurückkehrt, »mit Trommeln und im Reigentanz« entgegen. Was sie nicht weiß: Er hat vor Aufbruch in den Kampf folgendes Gelübde abgelegt: »Wenn du die

Ammoniter wirklich in meine Hand gibst, so soll, wer herauskommt, wer aus der Tür meines Hauses heraus mir entgegenkommt, [...] JHWH gehören; ich will ihn als Brandopfer darbringen«. Der Vater ist entsetzt, als er seine Tochter kommen sieht, doch er »kann nicht zurück«, sie muss geopfert werden – und sie fügt sich in ihr Schicksal mit heldenhafter Stärke. Diese archaische Erzählung (Ri 11,29–40) zeichnet ein erschreckendes Bild »des Verhältnisses zwischen den Geschlechtern in einer androzentrischen Gesellschaft«[3].

Die anderen beiden Beispiele finden sich in den Davidgeschichten. Da ist einmal Batscheba, die Frau eines Offiziers, der mit der Armee Davids zum Krieg – wieder gegen Ammon – ausgerückt ist. Eines Abends erspäht der König sie vom Dach seines Palastes aus beim Waschen. Obwohl über ihre Identität orientiert, lässt er sie holen und wohnt ihr bei. Als sie daraufhin schwanger wird und er das Kind dem rechtmäßigen Gatten nicht unterschieben kann, sorgt er für dessen Tod in der Schlacht: nach dem Ehebruch also auch noch Mord – gemäß damaliger Rechtsauffassung zwei Schwerverbrechen. Dann allerdings ehelicht David die Kriegerwitwe, die am Ende die Mutter des Thronfolgers Salomo wird (2Sam 11–12; 1Kön 1–2) – vielleicht eine Art Wiedergutmachung für zugefügtes Leid.

Das nächste, eher noch traurigere Beispiel ereignet sich während des Bürgerkriegs zwischen David und seinem rebellischen Sohn Abschalom. Als sich David vor dem Ansturm der Aufständischen aus seiner Residenz Jerusalem zurückzieht, lässt er zehn Nebenfrauen zurück, die sein »Haus behüten« sollen (2Sam 15,16). Wie sollen sie das – gegen eine ganze Armee? Womöglich handelt es sich um einen diplomatischen Schachzug Davids: Sieh, mein Sohn, ich lasse einzig wehrlose Frauen zurück – du wirst sie doch nicht etwa antasten? Dies wäre ein ultimatives Friedensangebot, das Abschalom bekanntlich ausschlägt: Auf dem Palastdach, »vor den Augen ganz Israels, geht er ein« zu den Frauen seines Vaters (2Sam 16,22) – ein krasser Tabubruch, der totalen Krieg bedeutet. Davids kriegserfahrene Söldnertruppen besiegen die Miliztruppen Abschaloms, der alte König kehrt nach Jerusalem zurück – und findet dort jene zehn Nebenfrauen vor. Offenbar sind sie in seinen Augen derart kontaminiert, dass er sie dauerhaft in Quarantäne setzt und mit ihnen keinerlei Verkehr mehr hat. So werden sie zu »Witwen auf Lebenszeit« (2Sam 20,3).

---

3 *Bauks*, Frauen im Krieg (s. Anm. 1), 154f.

## 4. Frauen werden dem Krieg ausgeliefert

Mitunter erscheint das Leiden von Frauen unter dem Krieg als gezielte Strafe. Es ist kein anderer als Gott, der sie gewissermaßen an den Krieg ausliefert.

Der Prophet Jesaja sieht auf die schönheits- und luxusverliebte weibliche Hautevolee Jerusalems schweres Unheils zukommen: »Weil die Töchter Zions hochmütig sind und mit hochgerecktem Hals einhergehen und kokett die Augen verdrehen, beim Gehen immerfort nur trippeln und mit ihren Fußspangen klirren – wird der Herr den Scheitel der Töchter Zions grindig machen und wird JHWH ihre Scham entblößen, (und es wird sein) Moder statt Balsam und Strick statt Gurt, und Glatze statt Haargekräusel und Trauerumhang statt Prunkgewand – das wird sein, wo Schönheit war. Und sieben Frauen werden sich an jenem Tag an einen einzigen Mann klammern und sagen: Unsere eigene Speise werden wir essen, und mit unserem eigenen Gewand werden wir uns kleiden, aber lass uns deinen Namen tragen, nimm die Schande von uns!« (Jes 3,16f. 24; 4,1) In dieser Prophetie schwingt einerseits Bedauern mit, andererseits ereilt die Frauen ihr Schicksal nicht unverdient: Sie zeigen eine verfehlte Haltung, sind Teil eines gottwidrigen Systems.

Das gilt erst recht für die Königin und die Palastdamen von Ninive, der Hauptstadt des neuassyrischen Reichs, unter dem Israel viel zu leiden hatte. Ihnen sagt der Prophet Nahum das Schicksal der Kriegsgefangenschaft voraus: »Hinausgebracht wird als Verbannte die Herrin, und ihre Mägde werden gefangen weggeführt« (Nah 2,8).[4] Ihre Stadt Ninive wird Gott einem kriegerischen Ansturm zum Opfer fallen lassen, vom Propheten ins Bild einer nackt zur Schau gestellten Frau gefasst: »Siehe, ich gehe gegen dich vor, Spruch JHWH Zebaots, und decke auf deine Rocksäume bis an dein Gesicht und lasse die Völker sehen deine Scham und die Königreiche deinen Schimpf« (Nah 3,5).

Das gleiche Bild beziehen die sog. »Klagelieder Jeremias« auf »Frau Zion«, d. h. die Stadt Jerusalem. Sie wurde durch die babylonischen Eroberer nicht nur zur Witwe gemacht (Klgl 1,1), nein, ihre früheren »Verehrer verachten sie, denn sie haben ihre Blöße gesehen. Sie selbst seufzt und hat sich abgewendet. Ihre Unreinheit klebt an ihren Säumen« (Klgl 1,8f.). »In Zion hat man Frauen Gewalt angetan, Jungfrauen in den Städten Judas« (Klgl 5,11). »Frau Zion« klagt um ihre »Kinder«, die ihr genommen wurden (Klgl 1,16. 20; 2,11f.). Während selbst Schakale ihre Jungen stillen, klebte ihren Säuglingen »die Zunge am Gaumen vor Durst« (Klgl 4,3f.), ja, die erbarmungslose Belagerung

---

4 Zu den textlichen Schwierigkeiten dieses Verses siehe *Dietrich, Walter*, Nahum – Habakuk – Zefanja, IEKAT, Stuttgart 2014, 60.

habe Mütter dazu gebracht, ihre Kinder zu verzehren (Klgl 2,20; 4,10). In diesen todtraurigen Liedern fließen metaphorische Darstellungen der vom Krieg gebeutelten »Frau« Jerusalem und Erinnerungen an die dort leidenden Frauen ineinander. Die Dichter vermuten hinter alledem einen erzürnten Gott am Werk.

## 5. Frauen setzen sich ein für Frieden

Vielleicht haben gerade die entsetzlichen Erfahrungen, welche die Frauen des biblischen Israel mit dem Krieg machten, Bilder von Frieden stiftenden Frauen aus sich herausgesetzt. Zwei Erzählungen der Samuelbücher können dies veranschaulichen.

Nach der einen (2Sam 20) ruft ein Benjaminit namens Scheba ben Bichri die Nordstämme Israels zur Sezession vom Davidreich auf. David sendet seine Söldnertruppen aus, den Aufruhr zu ersticken. Scheba findet mit seinem Anliegen nicht viel Gehör und zieht sich in den äußersten Norden Galiläas, ins Grenzgebiet zum benachbarten Aram (dem heutigen Syrien), zurück. In der Stadt Abel-bet-Maacha kann er sich festsetzen, woraufhin Davids General Joab die Stadt einschließen und gegen ihre Mauer Rampen aufwerfen lässt. Als klar ist, dass der Widerstand bald gebrochen sein wird, tritt eine Frau von innen an die Mauer heran (oder stellt sich auf sie) und ruft, sie wolle General Joab sprechen. Dieser lässt sich darauf ein. Da wirft sie ihm vor, er wolle einer »Mutter in Israel« den Garaus machen (wobei nicht ganz deutlich wird, ob sie sich selbst oder ihre Stadt meint). Joab versichert, er wolle einzig und allein den Aufrührer Scheba ben Bichri unschädlich machen; werde der ausgeliefert, zögen sich seine Truppen sofort zurück. In der Stadt muss nun ein hartes Abwägen stattgefunden haben: das im Orient eigentlich unantastbare Gebot der Gastfreundschaft versus den Wunsch, ein großes Blutbad zu verhindern. Es obsiegt die von jener Frau vertretene zweite Position, und alsbald fliegt Schebas Kopf über die Mauer, woraufhin die Belagerung sofort endet. Einer musste sterben, um den Blutzoll möglichst gering zu halten. Dafür sorgte eine besonnene Frau.

Noch klarer ein Plädoyer gegen militärische Gewalt ist die andere Geschichte (1Sam 25). Der noch nicht zum König aufgestiegene David schlägt sich mit einer Privatarmee im unwegsamen Süden Palästinas mehr schlecht als recht durch. Mit seinen 400 Kämpfern fungiert er als Ordnungsmacht der Region, schützt Bauern und Viehzüchter vor Überfällen – und lässt sich solche Dienste mit Naturalabgaben bezahlen. Ein reicher Herdenbesitzer namens Nabal (zu deutsch: »Tor«) weigert sich, eine Abgabe zu entrichten, worauf David seine Männer zu den Waffen ruft und auf Nabals Anwesen hin in Marsch setzt. Ein aufmerksamer Knecht informiert die Hausherrin, die kluge und schöne Abigajil, über die drohende Gefahr, und diese begibt sich sofort mit fünf vollbepackten Eseln den Angreifern entgegen. Sie übergibt David nicht nur ein grosszügiges Geschenk, sondern hält ihm eine denkwürdige Rede, der er von Anfang bis Ende zuhört. Zuerst nimmt sie alle Schuld auf sich, distanziert sich dann von ihrem Gatten, diesem »Toren«, und beschwört David schließlich, sich nicht unnötig mit Blut zu beflecken, weil ihn das bei seinem sicher bevorstehenden Aufstieg belasten würde; er möge einfach abwarten, dass Gott seine Feinde aus dem Weg schafft – und wenn es so weit sei, solle er doch ihrer gedenken (eine ziemlich unverhüllte Avance). David bricht den Feldzug gegen Nabals Anwesen tatsächlich ab, bekommt nach einiger Zeit die Nachricht, Nabal habe das Zeitliche gesegnet (den Mann traf, so wird recht detailliert berichtet, vor Schreck und Zorn der Schlag) und hält prompt um Abigajils Hand an, die diese ihm bereitwillig reicht. Das ist das Happy End einer Geschichte, die sehr leicht in einem Blutbad hätte enden können.

Beide Erzählungen stehen beispielhaft dafür, dass Frauen im alten Israel an Kriegen nicht nur beteiligt oder ihnen leidend ausgeliefert waren, sondern sie gelegentlich auch beendeten oder verhinderten und so zu Kriegsheldinnen ganz eigener Art wurden. Die wenig kriegsaffine Haltung von Frauen kommt zum Ausdruck in einem Lied, das Hanna, der Mutter Samuels, zugeschrieben ist und in dem es heißt: »Keiner ist heilig wie JHWH, ja, es ist keiner außer dir, und keiner ist ein Fels wie unser Gott. [...] Der Bogen von Starken zerbricht, und Strauchelnde gürten sich mit Kraft« (1Sam 2,2. 4), will sagen: Weil die Glaubenden Israels Gott zum Fels haben, fürchten sie sich nicht vor Kriegsbogen und können, auch wenn sie straucheln, bestehen.

Dieser Gedanke wird in ein großes Hoffnungsbild umgewandelt in dem Psalm, den Martin Luther umgedichtet hat zu »Ein feste Burg ist unser Gott«. In ihm wird Gott gerühmt als der, »der den Kriegen Einhalt gebietet bis ans Ende der Erde, der Bogen zerbricht, Speere zerschlägt und Kriegswagen im Feuer verbrennt« (Ps 46,10). Und nach einer berühmten Weissagung, die gleich in zwei Prophetenbücher Eingang gefunden hat, werden eines Tages die Völker zum Zion strömen, sich dort in der Tora unterweisen lassen – und daraufhin »ihre Schwerter zu Pflugscharen umschmieden und ihre Speere zu Winzermessern« (Mi 4,3; Jes 2,4). Das Ziel ist das Verschwinden des Krieges überhaupt und all der Leiden, die er auslöst – auch und zuerst bei den Frauen.

# Die übersehenen Protagonistinnen

## Frauengestalten in Samuel/Könige

*Cornelia Aßmann*

### 1. Die Frauen[1] in den Samuel- und Königebüchern in den Blick nehmen

In Ingeborg Kruses Kurzgeschichtensammlung »Unter dem Schleier ein Lachen« durchwandert die Erzählerin das biblische Israel. Dort begegnet sie einer Reihe von Frauen des Alten Testaments, die sie auffordert: »Erzählt mir selbst eure Geschichte! [...] damit ich mir ein Bild davon machen kann«.[2] Literarisch bahnt die Autorin einen Zugang zu Figuren, die schwer zu fassen sind, denn die Samuel- und Königebücher eint eins: »Männer sehen Frauen an«.[3] Beide Schriften werfen eine androzentrische Perspektive auf Frauen. Diese erschwert den Zugang zu weiblichen Lebenskontexten. Von Frauen existieren in den Büchern keine großen, biographischen Linien, wie sie von zentralen Männern (Saul, David, Salomo) gezeichnet werden. Frauen treten punktuell auf und werden fragmentarisch präsentiert. Deutlich wird dies an der quantitativen Nennung von Frauen. Im Gegensatz zu ihrem männlichen Pendant sind sie wesentlich seltener erwähnt. Frauenbezeichnungen in den

---

[1] Der Beitrag nimmt keine real-historische Darstellung von Frauen vor, sondern nähert sich den Frauenfiguren der Samuel- und Königebücher auf literarischen Ebenen. Zur sprachlichen Vereinfachung und besseren Lesbarkeit wird darauf verzichtet, narratologisch korrekt von Frauenfiguren zu sprechen. Stattdessen wird verkürzt der Terminus *Frau* gebraucht.

[2] *Kruse, Ingeborg,* Unter dem Schleier ein Lachen. Neue Frauengeschichten aus dem Alten Testament, Stuttgart 1986, 147.

[3] *Berger, John,* Sehen. Das Bild der Welt in der Bilderwelt (übers. ins Deutsche v. Axel Schenk), Frankfurt a. M. 2016, 44.

beiden Büchern sind: *'iššāh* (Frau, 160 ×), *'em* (Mutter, 45 ×), *bat* (Tochter, 62 ×), *'ăchôt* (Schwester, 14 ×) sowie *'āmāh* und *šifḥāh* (Magd/Sklavin). Im Vergleich dazu werden die männlichen Akteure als *'iš* (Mann, 565 ×), *'āv* (Vater, 248 ×), *ben* (Sohn, 761 ×), *'ach* (Bruder, 62 ×) sowie *'œvœd* (Knecht/Sklave, 304 ×) bezeichnet.

Weiterhin zeigt sich der androzentrische Blick darin, wie von Frauen berichtet und welche Rolle ihnen zugewiesen wird. Definiert sind Frauen über den Mann. So sind sie Ehefrau (1Sam 4,19; 2Sam 11,3), Tochter (2Sam 21,8. 10f.) oder Schwester (2Sam 13,4). Primär werden Frauen im Kontext von Ehe (1Sam 18,19. 27), Schwangerschaft und Geburt (1Sam 4,19) verortet. Die Ehe ist Verhandlungssache der Männer: Väter verheiraten ihre Töchter. Saul gibt zum Beispiel seine Tochter Michal dem David zur Frau (1Sam 18,27). Nach Davids Flucht vor Saul verheiratet der Vater sie mit einem anderen Mann (1Sam 25,44). David lässt, nachdem er König geworden ist, Michal zurückholen (2Sam 3,16). Während Michal die einzige Frau ist, von der es heißt, dass sie einen Mann – David – liebt (1Sam 18,20), liebt David keine seiner Frauen, sondern nutzt die Ehe zur Machtstabilisierung und -erweiterung.[4] An Michal, die Tauschobjekt der Heiratspolitik ihres Vaters und Davids ist, wird deutlich, dass Frauen nicht über ihre Sexualität verfügen, sondern über sie verfügt wird.[5]

In den Samuelbüchern sind Frauen oft Opfer sexualisierter Gewalt (2Sam 11,1–5; 13,1–22),[6] weil machtpolitische Ränkespiele mit Sexualität verbunden werden. »Von den Männern der Erzählung werden Frauen in diesen Auseinandersetzungen nur benutzt und funktionalisiert.«[7] Auf den ersten Blick scheint ein klares, einheitliches Frauenbild in den Samuelbüchern zu existieren. Doch dieses erweist sich als facettenreicher, da Frauen bis auf den Krieg, in alle Räumen und damit in verschiedensten Rollen vertreten sind. Berichtet wird von Frauen, die dem Ideal der Mutter und Ehefrau nicht entsprechen, weil sie kinderlos sind wie Hanna (1Sam 1,2). Die Texte verleihen Frauen eine

---

4 Vgl. dazu *Bechmann, Ulrike*, Abigail. Prophetin – Weise – Politikerin, Stuttgart 2001, 26f.

5 Vgl. *Fischer, Alexander A.*, Michal im Fenster der Redaktion (2Sam 6,14.16.20–23), in: *Walter Dietrich* (Hrsg.), Seitenblicke. Literarische und historische Studien zu Nebenfiguren im zweiten Samuelbuch, OBO 249, Göttingen/Fribourg 2011, 194–209: 199–203.

6 Vgl. *Fischer, Andrea*, Königsmacht, Begehren, Ehebruch und Mord. Die Erzählung von David, Batseba und Urija (2Sam 11), Narratologische Analysen, Exegese in unserer Zeit. Kontextuelle Bibelinterpretation 26, Berlin 2019, 288.

7 *Müllner, Ilse*, Die Samuelbücher. Frauen im Zentrum der Geschichte Israels, in: *L. Schotroff, M.-Th. Wacker* (Hrsg.), Kompendium Feministische Bibelauslegung, Gütersloh ²1999, 127–128: 121.

Stimme, wenn sie beten (1Sam 1,11f.), klagen (2Sam 11,26), singen (1Sam 18,6). Mit ihrem Eingreifen verhindern oder beenden Frauen Gewalt (1Sam 25,1–35; 2Sam 20,1–22), begründen Dynastien (1Sam 25,28–30) und werden Botschafterinnen (2Sam 14,1–21).

Ganz anders bewertet Lee die Situation von Frauen in den Königebüchern.[8] Nachdem diese durch eine deuteronomistische Redaktion überarbeitet wurden, existieren – so Lee – in den Erzählungen zwei Frauentypen: die arme, hilflose und die grausame, rachsüchtige Frau. Verkörpert wird das Bild der bedürftigen Frau in der Witwe (1Kön 7,14; 11,26; 17,9f. 20). Die Witwe aus Sarepta (1Kön 17,17–24) ist zwar bedürftig, aber keineswegs eine blasse Figur. In größter Not, als sie dabei ist ihren Sohn zu verlieren, erhebt sie gegenüber dem Propheten Elija ihre Stimme. Sie wirft ihm vor, »er habe mit seinem Kommen in Wahrheit die Herbeiführung ihrer Strafe im Schilde geführt«[9]. Ihre Klage bewegt Elija, zu JHWH zu beten, wodurch die Vitalität des Kindes zurückerlangt wird. Die Witwe hat das letzte Wort, wenn sie Elija attestiert: »Jetzt weiß ich, dass du ein Mann Gottes bist und dass das Wort des HERRN wirklich in deinem Mund ist« (1Kön 17,24). Das zweite Bild »kaltblütige Frauen«, wird nach Lee primär auf Frauen am Königshof übertragen, d. h. auf Ehefrauen von Königen (Isebel, 1Kön 16–2Kön 9) oder auf Herrschaft ausübende Königinnen (Atalja, 2Kön 11).

Die Rollen, die Frauen in den Königebüchern ausfüllen, sind bunter als Lee meint. Mütter von Königen werden geehrt, wenn sie bei der Abstammung judäischer Könige (1Kön 11,26; 2Kön 8,26) namentlich genannt sind. Frauen begleiten hohe Ämter: Sie sind Königinmutter (1Kön 11,19; 15,13; 2Kön 10,13); mit Hulda hat sogar explizit eine Frau das Amt der Prophetin (2Kön 22,14) inne. Nebenher ergreifen Randfiguren die Initiative und nehmen Einfluss auf das Schicksal hoher Würdenträger (s. z. B. 2Kön 5,1–4).

Der von Lee gesetzte Rahmen ist zu eng, weshalb es eines zweiten Blickes bedarf. Dabei ist die Zahl von Frauen, die in den Samuel- und Königebüchern Erwähnung finden, im Verhältnis zu den Männern zwar gering, aber im Vergleich zu anderen atl. Büchern gesehen, ist sie groß. Daher werden im Folgenden nur Schlaglichter auf Frauenstereotypen geworfen, die sich aus dem bisher Gesagten ergeben: Frauen als Wächterinnen über Lebensanfang, Leben und Lebensende (2.1) sowie gefährdete und gefährliche Frauen (2.2).

---

8 Vgl. *Lee, Kyung Sook*, Die Königebücher. Frauen-Bilder ohne Frauen-Wirklichkeit, in: Schottroff/Wacker (s. Anm. 7), 130–145: 130f.

9 *Stipp, Hermann-Josef*, Vier Gestalten einer Totenerweckungserzählung (1Kön 17,17–24; 2Kön 4,8–37; Apg 9,36–42; Apg 20,7–12), in: Biblica 80, 1999, 43–77: 63.

## 2. Frauen der Samuel- und Königebücher

### 2.1 *Frauen als Wächterinnen über Lebensanfang, Leben und Lebensende*

Das Ideal einer Frau, die heiratet und Kinder gebiert, lässt kinderlose Frauen durch das bestehende System fallen. Das Alte Testament kennt eine Reihe von Erzählungen, in denen Kinderlosigkeit wundersam überwunden wird, wie z. B. der Bericht über die Geburt Hannas Sohn Samuel (1Sam 1,1-20). Die in die Samuelbücher einleitende Erzählung ist eine der wenigen, die Einblicke in die Gefühlswelt der Protagonistin gibt: Hanna weint (V. 7. 10) und wendet sich im Gebet zu Gott (V. 15f.). Andere Frauen verstärken ihr Leid, indem sie Hanna verachten (V. 6f.).[10] Frauen wie Hanna, die aus dem sozialen Netz fallen »wenden sich in einer solchen Notsituation an Gott oder auch, wie Tamar (2Sam 13; s. u.), an eine anonyme Öffentlichkeit. Die Klagen von Frauen decken [...] in ihrem Hinweis auf das Schicksal einzelner Frauen immer auch ein Ungenügen der herrschenden Gesellschaft auf«.[11] Hanna stößt anfänglich auf die tauben Ohren des Priesters Eli, der ihre Not verkennt, weil er darauf fixiert ist im Tempel für Ruhe und Ordnung zu sorgen (V. 13-16).

Die Überwindung der Sohnlosigkeit ist ebenso Thema der Königebücher. Elischa bedankt sich bei der »großen« Frau von Schunem für ihre Gastfreundschaft, indem er ihr eigenmächtig einen Sohn verheißt. 2Kön 4,8-16 gibt keinen Hinweis darauf, dass die Frau sich nach einem Nachkommen sehnt. Statt dankbar zu sein, mahnt sie den Gottesmann: »Ach nein, mein Herr, Mann Gottes, belüge doch nicht deine Magd!« (V. 16). Im ersten Moment bewahrheitet sich Elischas Zusage, indem die Frau einen Sohn zur Welt bringt (V. 17). Die Aura des Gottesmann-Seins Elischas zerbricht aber, als das Kind stirbt (V. 20). Die Schunemiterin konfrontiert Elischa mit dem Tod des Knaben und dieser gesteht, dass Gott ihm ihre Not verschwiegen hat (V. 26f.). Elischa ist angesichts dessen gezwungen sein Selbstverständnis als Gottesmann zu

---

10 *Bar-Efrat, Shimon,* Das zweite Buch Samuel. Ein narratologisch-philologischer Kommentar, BWANT 181, Stuttgart 2009, meint über Peninna, die Nebenfrau von Hannas Mann (S. 61): Ihre »Funktion in der Erzählung ist es, die Gestalt Hannas aus der gegenteiligen Perspektive zu beleuchten. Nicht nur, dass Peninna viele Kinder hat [...] und Hanna überhaupt keine, sondern Peninna reißt auch, wegen der Eifersucht über Elkanas Liebe zu Hanna, ihren Mund weit auf und ärgert ihre Nebenbuhlerin damit, dass sie nicht im Stande ist, zu gebären. Hanna antwortet nicht darauf, ihre Reaktion ist Weinen und Essensverweigerung«.

11 *Müllner, Ilse,* Klagend laut werden. Frauenstimmen im Alten Testament, in: *G. Steins* (Hrsg.), Schweigen wäre gotteslästerlich. Die heilende Kraft der Klage. Würzburg 2000, 69-86: 70.

korrigieren.[12] Er betet zu Gott und ringt um die Vitalität des Jungen, wodurch die Frau ihn zurückerlangt (V. 32f.). Die fehlende Trauer der Mutter über den Tod des Kindes in 2Kön 4,8–37 wird unterschiedlich gedeutet. Zum einen gilt die Frau als emotionslos.[13] Zum andern wird ihr Schweigen als sozial auferlegt gewertet, um eine vorzeitige Beerdigung des Kindes zu verhindern.[14] Stipp dagegen interpretiert das Fehlen als »Enttäuschung über die Unzuverlässigkeit des Gottesmannes«.[15] Das Ringen um die Vitalität des Kindes in 2Kön 4,38 verweist auf ein weiteres Thema: Schutz des Lebens. Dieses macht sich eine Erzählung über Salomos Weisheit zu nutze. In 1Kön 3,16–28 streiten zwei Prostituierte,[16] die zusammen wohnen und beide ein Kind geboren haben. Eines der Kinder stirbt durch einen nächtlichen Unfall. Aufgabe Salomos ist es zu klären, wer die Mutter des verbliebenen Kindes ist. Nach Lee[17] funktionalisiert 1Kön 3 die Frauen, um Salomos Weisheit zu betonen. Knauf dagegen meint: »Der salomonische Mutterschaftstest testet freilich nicht die biologische Mutterschaft, sondern die psychische und intelligenzmäßige Eignung zur Mutterschaft [...]. Hier steht nicht ein weiser König zwei streitenden Frauen gegenüber, sondern am Ende zwei weise Personen, der König und die erfolgreiche Mutter, einer Verkörperung von Torheit und Missgunst.«[18] An der Schunemiterin und den beiden Prostituierten wird deutlich: Die Frauen in den Königebüchern bewegen sich auf der Grenze zwischen Leben und Tod eines Kindes.

Frauenerzählungen rahmen – so Müllner – die Samuelbücher, die mit dem Lebensanfang einleiten (1Sam 1,1–20) und im Schutz verstorbener Söhne durch ihre Mütter (2Sam 21,10) münden. »Die Sorge der Frauen um Leben und

---

[12] Vgl. *Schmidt, Uta,* Zentrale Randfiguren. Strukturen der Darstellung von Frauen in den Erzählungen der Königebücher, Gütersloh 2003, 68–74. – Das Schicksal der verwaisten Mutter teilt die Schunemiterin mit der Witwe aus Sarepta. Auch sie erhält ihren verstorbenen Sohn durch das Eingreifen eines Gottesmanns – Elia – zurück (1Kön 17,17–24).

[13] Vgl. *Würthwein, Ernst,* Die Bücher der Könige. 1Kön 17–2Kön 25, ATD 11,2, Göttingen 1984, 293.

[14] Vgl. *Rehm, Martin,* Das zweite Buch der Könige. Ein Kommentar, Würzburg 1982, 55.

[15] *Stipp,* Gestalten (Anm. 9), 51.

[16] Obwohl beide Frauen als Prostituierte gelten, werden sie nicht sozial stigmatisiert. *Fritz, Volkmar,* Das erste Buch der Könige, ZBK.AT 10.1, Zürich 1996, 45, mutmaßt, dass die Bezeichnung sicherstellt, dass es sich um alleinstehende Frauen handelt. Für den Prozessverlauf ist ihr sozialer Status nebensächlich. Im Fokus steht ihre Mütterlichkeit.

[17] *Lee,* Königebücher, 133.

[18] *Knauf, Ernst Axel,* 1 Könige 1–14, HThK.AT, Freiburg i.Br. 2016, 171.

Tod bringt sie in Konflikte mit VertreterInnen der herrschenden Ordnung.«[19] David z. B. lässt sieben Söhne Sauls hinrichten (2Sam 21,1–9). Darunter befinden sich die Söhne Rizpas, der Nebenfrau Sauls. David lässt die Toten nicht bestatten und handelt unehrenhaft. 2Sam 21,1–9 bewegt sich zwischen »Blutschuld, Rache, [...] Entehrung, Beleidigung«.[20] Ihr versöhnliches Ende verdankt die Episode allein Rizpas Intervenieren. Sie verteidigt die leblosen Körper vor wilden Tieren und verweilt bei ihnen (V. 10). Die Mutter bleibt »zwar sprachlos, aber sie zeigt durch ihr außergewöhnliches Handeln, dass sie diesen sinnlosen Tod nicht hinnimmt«.[21]

2Sam 21,1–20 beschließt das weibliche Handeln in den Samuelbüchern, jedoch nicht das Buch. Es folgen Davids Danklied (22,1–50) und letzte Worte (23,1–7), die Aufzählung seiner Helden (23,8–39), seine letzte Verfehlung sowie der Altarbau (24,1–25). Was aber Rizpas mutige Tat eindeutig zeigt ist, »dass immer wieder Frauen Licht in die düsteren Episoden der Samuelbücher bringen!«[22]

### *2.2 Gefährdete und gefährliche Frauen*

Besonders Frauen sind bei militärischen Auseinandersetzungen gefährdet: Sie werden verschleppt (1Sam 30,2.3; 2Kön 5,2), getötet (1Sam 15,3) und sexuell missbraucht (2Sam 15,16). Am Kriegsgeschehen selbst nehmen sie nicht teil. Einzelne Frauen des Alten Testaments versuchen die Gewalteskalation zu verhindern. Mittel dazu ist ihre Redekompetenz. Vermittlerinnen treten rohen Männern entgegen und erweisen sich als äußerst eloquent. Der Feldherr Joab macht sich z. B. die Eloquenz einer weisen Frau aus Tekoa zu nutze. Sie soll David zur Begnadigung Abschaloms – seines abtrünnigen Sohnes – bewegen (2Sam 14,1–33). »Joab ist laut Erzähler zwar derjenige, der das Drehbuch geschrieben hat, aber die Initiative im entscheidenden Gespräch liegt bei der Frau aus Tekoa. Das Gespräch wird im Wesentlichen von der Tekoitin geführt, [...] sie bestimmen den Argumentationsverlauf«.[23]

Bei der Belagerung der Stadt Abel-Bet-Maacha dagegen verhandelt eine kluge Frau mit dem Joab und wendet dadurch ihren Untergang ab (2Sam

---

19 *Müllner,* Samuelbücher (Anm. 7), 116.

20 *Dietrich, Walter/Naumann, Thomas,* Die Samuelbücher, EdF 287, Darmstadt 1995, 160.

21 *Schroer, Silvia,* Die Samuelbücher, NSK.AT 7, Stuttgart 1992, 190.

22 *Dietrich, Walter,* Die Samuelbücher heute lesen, Zürich 2022, 25.

23 *Schäfer-Lichtenberger, Christa,* Frauen im Gespräch mit David – deuteronomistische Zwischenrufe?, in: *dies.* (Hrsg.), Die Samuelbücher und die Deuteronomisten, BWANT 8, Stuttgart 2010, 132–156: 148.

20,14–22). Abigail, die Frau des reichen Viehzüchters Nabal, ist ebenso eine weise Frau, die durch Worte Davids Blutrache am Haus Nabals abwehrt (1Sam 25,1–37). *Fischer* verweist darauf, dass bei den Erzählungen um weise Frauen meist ein Mann als Hauptperson eingeführt wird, aber die Frau die heimliche Protagonistin ist.[24] Abigail z. B. stoppt, stellvertretend für ihren Mann Nabal, der eigentlich im Konflikt mit David steht, die Gewaltspirale. Ihr gelingt dies, indem sie David ein höheres Gut anbietet (1Sam 25,27f.). David ist nicht befugt, Rache an seinen Feinden zu üben, sondern JHWH führt sie für ihn aus. Somit kann David Abstand von seinem Schwur nehmen, durch den er Böses tun würde. Abigail schafft damit die Grundlage, dass ihre Prophezeiung, dass David König wird, in Erfüllung geht. Mit ihrer Rede bildet sie einen Kontrast zum törichten Nabal sowie zum jähzornigen David.

Spiegelbildlich steht Abigail Batseba gegenüber. Beide Frauen teilen ein ähnliches Schicksal: Sie sind mit einem Mann verheiratet (1Sam 25,3; 2Sam 11,3) und werden Witwen (1Sam 25,37f.; 2Sam 11,6–26). Ihre Witwenschaft steht in enger Verbindung mit David, der sie aus Kalkül ehelicht.[25] Beide Frauen gebären ihm potentielle Thronfolger (2Sam 3,3; 12,24). Das gleiche Schicksal variiert jedoch in der Fortführung. Mit Batseba erfüllt sich, was Abigail vorhersagte: Durch Davids Ehebruch mit Batseba und der Ermordung ihres Mannes, tut David Böses, weshalb sein Haus in die Krise gerät.

In 1Kön 1,11–21 gibt Batseba ihre Passivität auf und verhilft ihrem Sohn mittels einer Intrige auf den Thron. Somit sichert sie den Bestand der Dynastie und erfüllt, was Nathan, der Hofprophet, David verhieß: den Fortbestand seines Königtums (2Sam 7,12). Während Abigail weiterführend in die Passivität gedrängt wird (1Sam 27,3; 30,5; 2Sam 2,2) und in Vergessenheit gerät, ist die scheinbar gefährlichere Frau – Batseba – bis ins Matthäusevangelium hinein präsent. Zwar namenlos, doch als fremde,[26] ambivalente Frau gilt sie nach Mt 1,6 als Urahnin Jesu. Die fremde Frau als Verführerin des Königs und Israels ist ein gängiger Topos der Königebücher. Die aus den Völkern stammenden Haupt- und Nebenfrauen Salomos, verleiten das Herz des alten

---

[24] Vgl. *Fischer, Irmtraud,* Gotteslehrerinnen. Weise Frauen und Frau Weisheit im Alten Testament, Stuttgart 2006, 55.

[25] Vgl. dazu *Bühlmann, Walter,* Frauen und Männer im Alten Testament (2). Rut und Boas. David und Michal, Abigajil, Batseba, Salomo und seine Frauen, Stuttgart 2008, 62f.

[26] Dass Batseba eine Nicht-Israelitin ist, ist eine Deutung der Auslegungstradition. Zur Diskussion siehe *Ahuis, Ferdinand,* Das »Großreich« Davids und die Rolle der Frauen, BThSt 83, Neukirchen-Vluyn 2007, 86f., und *Hieke, Thomas,* Frauen und Männer in Jesu Ahnengalerie. Zur Genealogie Jesu bei Matthäus und Lukas, in: BiKi 66, 2011, 4–8: 6f.

Königs, sodass er es fremden Götzen neigt (1Kön 11,1. 3f. 8). Auch die phönizische Königstochter Isebel (1Kön 16,31–33) ist dafür ein Beispiel par excellence: Sie ist »Ausländerin, und als Königstochter und -gattin flößt sie [...] großen Respekt ein«.[27] Als solche bietet sie eine Projektionsfläche für Mahnungen vor fremden Frauen, die Israels Beziehung zu JHWH gefährden.

## 3. Ein literarischer Rückblick auf Frauen der Samuel- und Königebücher

Was die Samuel- und Königebücher nicht freigeben, füllen Literatinnen und Literaten wie Kruse, wenn sie Frauenfiguren dort eine Stimme leihen, wo der biblische Text sie ihnen verwehrt. Prominent in der Literatur des 20. Jh. ist dafür Batseba, deren Beziehung zu David literarisch durchleuchtet und ambivalent gezeichnet wird. Mal ist sie Opfer der Begierde Davids, ein anderes Mal Gegenspielerin und Intrigantin. Indem sie aber eine Stimme erhält, kann sie zu diesen Klischees Position beziehen, was in 2Sam 11,1–5 durch die auferlegte Stimmlosigkeit nicht möglich ist.

Doch auch dieser rezeptionsästhetische Zugang blickt lediglich punktuell auf die Frauen der Samuel- und Königebücher. Wenn Frauen in Romanen, Gedichten etc. »eine Rolle spielen, so handelt es sich meist um die, die sich durch spektakuläre Taten einen Namen gemacht und das Interesse der Autoren geweckt haben«.[28] Damit gehen Namenlose, wie die Schunemiterin oder die weise Frau aus Abel-Bet-Maacha, im literarischen Gedächtnis verloren. Der Literatur gelingt es zudem nicht, den androzentrischen Blick gänzlich zu überwinden, wenn z.B. die Königin von Saba[29] aus der Sicht eines leidenschaftlichen König Salomos dargestellt ist oder Salomo als einer porträtiert wird, der viele Frauen besitzt, ohne Interesse an ihnen zu haben.[30]

Ein Ausflug in die Literatur um und über atl. Frauen – wie die aus den Samuel- und Königebüchern – lohnt sich dennoch, denn diese Werke schaffen »ein neues Bild der biblischen Figuren und eröffnen ihren Lesern und Leserinnen damit auch einen neuen Zugang zu den biblischen Texten, indem sie

---

27 *McKenzie*, 1 Könige, 89.

28 *Motté, Magda*, »Esthers Tränen, Judiths Tapferkeit«. Biblische Frauen in der Literatur des 20. Jahrhunderts, Darmstadt 2003, 321.

29 *Merkel, Inge*, Sie kam zu König Salomo, Salzburg 2001.

30 Ein Beispiel dafür ist *Heym, Stefan*, Der König David Bericht, München 2022 (EA 1972).

die biblischen Figuren für die Fragen und Herausforderungen der je eigenen Gegenwart transparent werden lassen«.[31]

## Literatur

*Bühlmann, Walter,* Frauen und Männer im Alten Testament (2). Rut und Boas. David und Michal, Abigajil, Batseba, Salomo und seine Frauen, Stuttgart 2008.

*Dietrich, Walter,* Hauptfiguren und Kernthemen der Samuelbücher. Studien zu den Geschichtsüberlieferungen des Alten Testaments IV., BWANT 243, Stuttgart 2023.

*Eder, Sigrid* et al. (Hrsg.), Frauen, die sich einmischen. Biblisch-politische Lektüre, Festgabe für Irmtraud Fischer aus Anlass ihres 65. Geburtstages, Stuttgart 2022, 213–222.

*McKenzie, Steven L.,* 1Könige 16–2Könige 16, IKAT, Stuttgart 2021.

*Knauf, Ernst Axel,* 1Könige 1–14, HThK.AT, Freiburg i. Br. 2016.

*Lee, Kyung Sook,* Die Königebücher. Frauen-Bilder ohne Frauen-Wirklichkeit, in: *Schottroff/Wacker,* Kompendium, 130–145.

*Müllner, Ilse,* Kein herrschaftsfreier Raum. Sexualität und Macht in biblischen Schriften, in: JBTh 33 (2018, veröffentlicht 2020), 23–45.

*Dies.,* Die Samuelbücher. Frauen im Zentrum der Geschichte Israels, in: *Schottroff/Wacker,* Kompendium, 114–129.

*Schottroff, Luise/Wacker, Marie-Theres* (Hrsg.), Kompendium Feministische Bibelauslegung, Gütersloh ²1999.

[31] *Gillmayr-Bucher, Susanne,* Salomo im Spiegel der Literatur, in: BiKi 76, 2021, 170–177. 176.

# Sind auch Frauen unter den Propheten?

*Judith Gärtner*

Prophetie im antiken Israel sowie in seinen Nachbarkulturen war ein plurales Phänomen. Insbesondere der Blick in den Alten Orient lehrt uns, dass Prophetie kein genderspezifisches Phänomen war. Vielmehr, so stellt Martti Nissinen fest, finden sich »unter den Menschen, die als Mittler zwischen der menschlichen und göttlichen Welt agieren, [...] sowohl Frauen als auch Männer und sogar trans- oder intersexuelle Personen.«[1] Im Unterschied zu diesen Befunden im Alten Orient aber sind die Belege für Prophetinnen in der Hebräischen Bibel auf nur wenige beschränkt. Genannt werden Mirjam (Ex 15,20), Debora (Ri 4f), Hulda (2Kön 22,14–20), Noadja (Neh 6,14), die namenlose Prophetin in Jes 8,3 und die prophetisch redenden Töchter in Ez 13,17–23. Dabei fällt sofort auf, dass kein Buch im Namen einer Prophetin überliefert wurde. Da aber die Arbeit an der Prophetie sowie am Prophetenbild vor allem auf der Grundlage der Prophetenbücher erfolgte, blieben insbesondere Mirjam, Hulda und Debora in ihrer Rolle als Prophetinnen oftmals unberücksichtigt. Prophetie im Alten Testament wurde daher als männliches Feld beschrieben. Es ist insbesondere den Arbeiten von Irmtraud Fischer zu verdanken, dass sich ein Perspektivwechsel eingestellt hat, durch den das Phänomen der Prophetie in seiner Pluralität in den Blick genommen wird. Fischer setzt dazu der klassischen Prophetenforschung vor allem eine hermeneutische Grundentscheidungen entgegen, indem sie im Sinne der jüdischen Kanonaufteilung die Geschichtsbücher als Vordere Propheten be-

1 Vgl. *Nissinen*, Prophetie, 65.

greift. Damit werden Mirjam, Debora und Hulda als Prophetinnen in ihrer Rolle der Auslegung und Aktualisierung der Mosetora sichtbar.[2]

## 1. Prophetinnen in den Geschichtsbüchern

### *1.1 Mirjam*

Mirjam wird als Prophetin und Schwester des Mose in der Exoduserzählung erwähnt. Als Prophetin tritt sie explizit nur im Mirjamlied in Ex 15,20f. auf. Aufgrund seiner Kürze und poetischen Struktur wurde das Mirjamlied in der Forschung lange Zeit zu den ältesten Texten der Hebräischen Bibel gerechnet. Diese Annahme ist heute nicht mehr unumstritten. Es schließt an den Erzählfaden in Ex 14,29 an und deutet die die kollektive Identität Israels prägende Rettungstat JHWHs am Schilfmeer. Im Erzählverlauf allerdings wird dem Mirjamlied das viel umfangreichere Moselied, das ebenfalls eine deutende Antwort auf die paradigmatische Rettungstat enthält, vorangestellt, sodass das Mirjamlied als die zweite hymnische Antwort nachklappt. Dennoch aber bleibt Mirjam in dieser Episode eine von Mose unabhängig agierende Figur, wie es auch in Mi 6,4 bestätigt wird: »Ich habe dich doch heraufgeführt aus dem Land Ägypten und dich erlöst aus einem Sklavenhaus! Und vor dir her habe ich Mose, Aaron und Mirjam gesandt.«

Als Prophetin wird Mirjam zudem in Num 12 in einem Konflikt um die Frage der prophetischen Autorität bestätigt. Dieser entzündet sich an der kuschitischen Frau, die Mose genommen hatte und von der er sich getrennt hatte (Ex 18,2). Hinter dieser Erzählung steht die in der Perserzeit virulente Auseinandersetzung um die Mischehen. Mirjam tritt für die Aufrechterhaltung der Mischehen ein, stellt aber den Alleinvertretungsanspruch Moses in Frage. Für dieses Aufbegehren wird sie mit Aussatz geschlagen und sieben Tage aus der Gemeinschaft ausgeschlossen (Num 12,10–16). Indem Gott direkt mit ihr spricht, zeigt sich nicht nur, dass sie im Konflikt um die Mischehen Recht bekommt, sondern auch dass sie in ihrer von Mose unabhängigen Rolle als Prophetin akzeptiert ist.[3]

Ihre Autorität wird noch einmal indirekt durch den narrativen Kontext ihrer Todesnotiz in Num 20,1 profiliert, in dem der Konflikt um die legitime Führung im Hintergrund steht.[4] Nach Mirjams Tod in Kadesch hadern die

---

[2] Vgl. *Fischer*, Gotteskünderinnen, 29.

[3] Vgl. a. a. O., 76.

[4] Vgl. *Rapp*, Art. Mirjam, 2.

Israeliten mit JHWH wegen des Wassermangels und stellen den Exodus in Frage. Die Führungsautoritäten Mose und Aaron versagen, sodass sie das Volk nicht ins Land führen dürfen.

Insgesamt wird Mirjam als eine Prophetin gezeichnet, die gegenüber den beiden anderen Führungsautoritäten Mose und Aaron unabhängig ist. Gerade in Konfliktsituationen wird sie von JHWH als Prophetin bestätigt.

### *1.2 Debora*

Debora ist die zentrale Figur in der Kriegs- und Rettungserzählung in Ri 4–5. Sie agiert als Prophetin, Richterin, Sängerin und militärische Führungsgestalt. Zudem wird sie noch als Frau des Lappidot (Ri 4,4) eingeführt sowie als Mutter (Ri 5,7) charakterisiert. Aber auch im größeren Erzählkontext der Geschichtsbücher ist die Figur Debora als Prophetin und Richterin in zweifacher Weise besonders profiliert. Zum einen ist sie die erste Prophetengestalt, die nach dem Tod des Mose erwähnt wird, womit sie in der Nachfolge von Mose und Mirjam steht (Dtn 18,18–22). Zum anderen ist sie die erste unter den Richtern Israels, von der es eine Erzählung gibt.

Die Erzählung beginnt mit der nach dem Richterschema gedeuteten Notsituation. Die Israeliten taten – so heißt es – Böses in den Augen JHWHs; da gab JHWH sie in die Hand Jabins des Königs von Kanaan, der die Israeliten durch seinen Feldherrn Sisera bedrängte (Ri 4,1–3). In dieser Notlage wird Debora vorgestellt, womit die Wende in der Geschichte eingeläutet ist (Ri 4,5). Als Richterin hat sie einen festen Ort, die Deborapalme, die zwischen Rama und Bet El im Gebirge Efraim liegt. Von dort aus veranlasst sie, Barak kommen zu lassen, um ihm dann als Prophetin das Wort JHWHs kundzutun. Hierzu wird die typische prophetische Rede, die Botenformel, verfremdet, indem diese als Frage formuliert wird: »Hat JHWH der Gott Israels, dir nicht befohlen ...« (Ri 4,6). Es folgten der Auftrag, gegen Sisera in den Kampf zu ziehen mit der Zusage des Sieges. Barak reagiert auf den göttlichen Auftrag zögerlich und unentschlossen, indem er seine Umsetzung an eine Bedingung knüpft. Er verlangt, dass Debora mit ihm geht. Wenn sie dies nicht tue, werde er nicht in den Kampf gegen Sisera ziehen. In dieser Reaktion wird deutlich, dass Barak seiner Verantwortung als Führungsfigur nicht gerecht wird, da er weder eine Entscheidung trifft noch die Verantwortung seines Handelns tragen will. Dementsprechend fällt auch die Antwort Deboras an Barak aus. Sie versichert ihm ihre Begleitung, verknüpft dies aber mit der Prophezeiung, dass Barak in dem Kampf kein Ruhm zuteilwerden wird, weil JHWH Sisera in die Hand einer Frau geben wird. Auf ihre Sprachmacht folgt ihre Handlungsmacht. »Und Debora stand auf und ging mit Barak« (Ri 4,9). Damit ist deutlich, dass durch Deboras Agieren das folgende Geschehen ausgelöst wird. Dass Debora die Sprachmacht zukommt, die mit einer Handlungsmacht einhergeht, wird auch in Ri 4,14 durch eine erneute Rede verstärkt, in der sie Barak das Mitsein Gottes zusichert und das Kampfgeschehen in Gang setzt. Indem Debora auf diese Weise als »Frau des Wortes« inszeniert wird, erweist sie sich als »Verbindungsglied zwischen Gott und der Situation ihrer Zeit«.[5]

Auf die Rettungserzählung in Ri 4 folgt das Deboralied in Ri 5. Exegetisch betrachtet handelt es sich in Ri 5 um einen sprachlich äußerst komplexen poetischen Text, der kontrovers diskutiert wird. Datierungsvorschläge reichen von der vorstaatlichen Zeit bis in die nachexilische Zeit. Mit Walter Groß kann man eine weitgehende literarische Einheitlichkeit annehmen.[6] Auf diese Weise hat auch die feministische Theologie das Deboralied betrachtet. Profiliert wird, dass deutlicher als in Ri 4 in Ri 5 die Frauen-Perspektive auf das Geschehen überliefert wird. Zu nennen sind die m. E. vier wichtigsten Argumente:[7] Erstens wird in Ri 5,6 eine Epoche nach einer Frau benannt, indem die Tage Schamgars als Tage Jaels bezeichnet werden. Zweitens wird die Wende der Not durch das Aufstehen Deboras in Ri 5,7 initiiert. Drittens erhält Debora in Ri 5,7 den Ehrentitel »Mutter in Israel«. Ein solcher Ehrentitel findet sich in der Bibel noch in 2Sam 20,19 in Verbindung mit Stadt und Mutter in Israel. Auch hier ist eine weise Frau beschrieben, die in einer bürgerkriegsähnlichen Situation eine Führungsrolle übernimmt. Viertens wird die Szene um Jael in Ri 5 so dargestellt, dass durch die sprachlichen Konnotationen eine Vergewaltigungshandlung durchscheint. Kriegsverbrechen an Frauen werden also durch die siegreichen Soldaten so thematisiert, dass sie zugleich konterkariert werden: Die geschlechtsspezifische Rollenaufteilung in Opfer und Täter wird umgekehrt, sodass die Frauen zum Handeln ermächtigt werden.

Das Gesamtsetting von Rettungserzählung und poetischer Deutung in Ri 4–5 findet sich ebenfalls in Ex 14–15. Interessant ist aber, dass Debora, indem sie als Richterin und Prophetin vorgestellt wird und damit eine politische und prophetische Führungsrolle erhält, in der Sukzession sowohl von Mose als auch von Mirjam steht. Es ist Debora, die den Heerbann einberuft, mit Barak in den Kampf zieht und diesen durch ihr Wort beginnen lässt. Zugleich ist es Debora, die das hoch komplexe Rettungsgeschehen in Ri 5 geschichtstheologisch deutet. Somit handelt es sich bei Debora um eine pro-

---

5 *Gillmayr-Bucher*, Rollenspiele, 185.

6 Vgl. *Groß*, Richter, 341.

7 Vgl. *Fischer*, Gotteskünderinnen, 118f.

phetische Führungsfigur, die Sprachmacht und Handlungsmacht vereint und in diesem Sinne unsere christliche Rezeption bis heute herausfordert.

### *1.3 Hulda*

Die Prophetin Hulda wird in 2Kön 22,14–20 und in 2Chr 34,22–28 im Kontext der Kultreform des Josia erwähnt. Vorgestellt wird sie in 2Kön 22,14 als Prophetin aus der Neustadt, als Frau eines hohen Hofbeamten, der für die Kleiderkammer des Königs zuständig war. Die Nennung ihres Wohnortes ist interessant, weil dieser auf die Erweiterung Jerusalems anspielt, die vermutlich aufgrund der Flüchtlinge aus dem Nordreich nach der assyrischen Eroberung 722 v. Chr. zu datieren ist. Ob Hulda aufgrund dieses Wohnortes auch mit den Nordreichtraditionen verbunden werden soll, kann vermutet werden. Die Erzählung berichtet, dass der Hohepriester Hilkija im Rahmen von Renovierungsarbeiten im Tempel ein Buch der Weisung (ספר התורה *sefer ha-torah*) gefunden hat. Dieses überreicht er dem Schreiber Schafan, der es wiederum dem König bringt und vorliest. Daraufhin zerreißt der König seine Kleider als Ausdruck seiner Trauer und Erschütterung, bildet eine Delegation hoher Staatsbeamter, zu der auch der Hohepriester und der Schreiber Schafan gehören, und ordnet an, die Prophetin Hulda wegen der Worte des Buches zu befragen. Dass der König die Delegation nicht zu dem zeitgleich in Jerusalem wirkenden Propheten Jeremia schickt, hat nichts damit zu tun, dass sich eine Prophetin leichter beeinflussen lasse oder mehr Erbarmen hätte. Dass Huldas prophetische Autorität unbestritten ist, zeigt sich schon an der im Hebräischen gewählten Formulierung des Befragens (דרשׁ בעד *daraš baʿad*). Diese Formulierung kann mit Udo Rüterswörden als »sich wenden an« oder »intervenieren« übersetzt werden. Somit beschreibt sie einen Aspekt der prophetischen Fürbitte. Indem die Delegation eben eine solche Fürbitte von Hulda erbittet, werde, so Rüterswörden, sie mit der für das Deuteronomium paradigmatischen Prophetengestalt Mose parallelisiert. Hulda ist »Inhaberin des mosaischen Amtes, die legitime Amtsnachfolgerin des Mose.«[8]

Die Rede Huldas enthält dann aber weit mehr als eine Fürbitte. Sie ist in der Form eines zweifachen prophetischen Gerichtsworts gestaltet. Damit steht sie in der Traditionslinie der vorexilischen Prophetie, für die diese Gattung typisch ist, und ist so auch formal fest in der prophetischen Tradition verankert. Das erste Gerichtswort wendet sich an die Einwohner Jerusalems. Ihnen wird der Untergang Jerusalems vorausgesagt, da sie sich von JHWH

---

[8] Vgl. *Rüterswörden*, Hulda, 240, und *Wacker*, Hulda, 95.

abgewandt und anderen Göttern zugewandt haben. Das zweite Gerichtswort richtet sich an Josia. Dieser wird im Gegenzug dazu als JHWH treuer König dargestellt. Deswegen wird ihm erspart, den Untergang Jerusalems zu sehen. Ihm wird zugesagt, in Frieden im Familiengrab zu ruhen. Die Reaktion des Königs auf die prophetische Rede ist die öffentliche Verlesung des Buches der Weisung vor allem Volk im Tempel und das Schließen eines Bundes mit JHWH. Diesem tritt das Volk bei und sagt zu, die Weisungen, Satzungen und Gebote JHWHs zu befolgen (2Kön 23,1–3). Erst danach ab V. 4ff. folgt die Kultreform Josias. Beides, Bundesschluss und Kultreform, sind im narrativen Kontext als Folge der prophetischen Rede Huldas zu verstehen.

Literarhistorisch betrachtet setzt die prophetische Rede Huldas den Untergang Jerusalems bereits voraus, sodass die Hulda-Erzählung vermutlich exilisch-nachexilisch zu datieren ist. Vor diesem Hintergrund ist ihre literarische Funktion, den Untergang Jerusalems trotz des JHWH treuen Agierens Josias sowie der durchgeführten Kultreform zu legitimieren.

Insgesamt wird Hulda als eine Prophetin mit unumstrittener Autorität und Deutungsmacht gezeichnet, die im narrativen Kontext der Kultreform Josias den Ausschlag für die Umsetzung der Reform gibt und damit mit zentralen Anliegen des Deuteronomiums aufs engste verbunden ist.

### *1.4 Noadja*

Noadja ist in Neh 6,14 erwähnt. Im Unterschied zu Hulda, Mirjam und Debora ist sie eine Prophetin ohne eigene Erzählung. Erwähnenswert ist sie aber dennoch, da auch durch sie die Bedeutung und Selbstverständlichkeit von Prophetinnen sichtbar wird. Noadja wird im Kontext der Gegner Nehemias erwähnt. In Neh 6 benennt er die Gegner des Mauerbaus und bittet Gott, er möge die Taten seiner Feinde ahnden. In diesem Zusammenhang findet sich die Vergeltungsbitte gegen die Prophetin Noadja, die als einzige in der Gruppe der Propheten namentlich genannt wird: »Noadja, der Prophetin, und der übrigen Propheten« (Neh 6,14). Inwiefern sie in die Intrige Sanballats und Tobijas, die Nehemia eine Revolte gegen den persischen Großkönig anhängen wollten, involviert gewesen ist, besagt der Text nicht. Deutlich ist aber aufgrund der namentlichen Nennung, durch die sie aus der Gruppe der Propheten herausgehoben ist, dass sie mit einer Leitungsfunktion betraut war und ihre Autorität anerkannt ist.

## 2. Prophetinnen in den Prophetenbüchern

### *2.1 Die Prophetin in Jes 8,3*

Innerhalb der Prophetenbücher findet sich nur eine einzige Frau, die als Prophetin bezeichnet wird. In Jes 8,1–4 wird berichtet, dass Jesaja der Prophetin nahekam, diese schwanger wurde, einen Sohn gebar und dieser den zeichenhaften Namen »Eilebeute-Raschgeraubt« erhält. In der Rezeption dieser Stelle wird die Prophetin in der Regel als Ehefrau Jesajas verstanden. Diese Konnotation ist allerdings in den Text eingetragen. Der Text selbst lässt dies offen. Der Name »Eilebeute-Raschgeraubt« bringt die Gerichtsbotschaft Jesajas zum Ausdruck, indem die Bedrohung durch die Assyrer nach dem Untergang des Nordreichs 722 v.Chr. als akut und für Juda als existenzbedrohend beschrieben wird. Somit ist der Name des Sohnes Teil der symbolischen Namen, durch die die prophetische Gerichtsbotschaft verkörpert wird (vgl. Jes 7,3; Hos 1,2–9). Festzuhalten bleibt die Bezeichnung einer Frau in ihrer Funktion als Prophetin.

### *2.2 Die prophetischen Töchter in Ez 13,17*

Die prophetischen Töchter in Ez 13,17 werden im Kontext einer Prophetenrede Ezechiels gegen falsche Prophetie genannt. Der von Ezechiel formulierte Vorwurf gegen die falschen Propheten lautet, dass sie nicht das Wort JHWHs verkünden, sondern mit ihrer Prophetie den Jerusalemern gefallen wollen, sich für ihre Prophetie bezahlen lassen und somit korrupt sind (Ez 13,18). Daher weissagen sie Jerusalem Frieden statt Untergang (Ez 13,16). Gleichzeitig wird in dem Text aber auch die Vielfalt des Phänomens Prophetie deutlich. Die Prophetinnen werden der Ekstase bezichtigt. Dies wird aus der im Hebräischen verwendeten Form des Verbs »prophezeien« deutlich, das auch in 1 Sam 10,10–12 verwendet wird, um eine Gruppe von Propheten in Ekstase zu beschreiben. Diese Formen prophetischer Praktiken gehören ebenso zur Prophetie wie die prophetische Rede, Fürbitte und die Verkündigung des göttlichen Wortes. Das zeigt sich sie auch an der massiven Kritik an ihnen, die im Prophetengesetz des Deuteronomiums sowie von den Schriftpropheten formuliert wird (Dtn 18,10f.). Somit verweisen uns die Prophetinnen aus Ezechiel darauf, das Phänomen der Prophetie in seiner Vielfalt wahrzunehmen.

## 3. FAZIT

Blickt man auf die in der Hebräischen Bibel erwähnten Prophetinnen, entdeckt man Frauenfiguren, die in den unterschiedlichen Epochen der Geschichte Israels narrativ verankert sind. Vor allem die Erzählungen von Mirjam, Debora und Hulda zeichnen Prophetinnen mit unbestrittener Autorität in ihrem Amt. Diesen drei kommen Schlüsselstellungen in der biblisch erzählten Geschichte des Volkes Israel zu. Mirjam, die sich in ihrer Unabhängigkeit Mose gegenüber behauptet, deutet die paradigmatische Rettungstat JHWHs am Schilfmeer, die einen zentralen Bestandteil der Geschichtserinnerung sowie der kollektiven Identität Israels ausmacht. Mit Debora beginnt die Geschichte der Prophetie in der sich herausbildenden staatlichen Zeit. Dabei tritt Debora als Prophetin, Richterin und militärische Führungsgestalt die Nachfolge des Mose an. Verbunden wird mit ihr die Rettung aus einer existenzbedrohenden Notlage. Ebenso steht Hulda als Prophetin in der Sukzession des Mose. Mit ihrer unumstrittenen Deutungsmacht sagt sie das Ende Judas voraus, sodass auch sie mit einem zentralen und die kollektive Identität der Israeliten prägenden Ereignis verknüpft ist.

Die Erwähnungen von Noadja in Neh 6,14 und der Prophetin in Jes 8,3 unterstreichen die Bedeutung von Frauen in prophetischer Funktion und betonen ebenfalls im Falle von Noadja deren herausgehobene Autorität. Demgegenüber halten die prophetischen Töchter in Ez 13,17 den Blick für die Vielfalt des Phänomens Prophetie wach.

Somit muss die im Titel gestellte Frage »Sind auch Frauen unter den Propheten?« also mit Nachdruck bejaht werden: »Es sind (selbstverständlich) auch Frauen unter den Propheten!«

### LITERATUR

*Eder, Sigrid,* Art. Debora/Deboralied, 2009, wibilex.de.

*Fischer, Irmtraud,* Gotteskünderinnen. Zu einer geschlechtsfairen Deutung des Phänomens der Prophetie und der Prophetinnen in der Hebräischen Bibel, Stuttgart 2002.

*Gillmayr-Bucher, Susanne,* Rollenspiele – Debora und die Richter, in: dies. et al. (Hrsg.), Ein Herz so weit wie der Sand am Ufer des Meeres, Würzburg 2007, 179–192.

*Groß, Walter,* Richter, HThKAT, Freiburg 2009.

*Ders.*, Prophet und Prophetin im Richterbuch, in: ders. (Hrsg.), Studien zum Richterbuch und seinen Völkernamen, Stuttgart 2012, 89–103.

*Müller, Monika,* Art. Hulda, 2008, wibilex.de.

*Nissinen, Martti,* Nichtmännliche Prophetie in den Quellen des Alten Orients, in: *I. Fischer, J. Claassens,* (Hrsg.), Prophetie. Die Bibel und die Frauen 1.2, Stuttgart 2019, 65–94.

*Pietsch, Michael,* Die Kultreform des Josias. Studie zur Religionsgeschichte Israels in der späten Königszeit, FAT 86, Tübingen 2013.

*Rapp, Ursula,* Art. Mirjam, 2007, wibilex.de.

*Rüterswörden, Udo,* Die Prophetin Hulda, in: *M. Weippert* (Hrsg.), Meilenstein, Wiesbaden 1995, 234–242.

*Wacker, Marie-Theres,* 2 Könige 22,8.9a.10b.11–20: Hulda – eine Prophetin vor dem Ende, in: *E. Schmidt* (Hrsg.), Feministisch gelesen, Bd. 1. 32 ausgewählte Bibeltexte für Gruppen, Gemeinden und Gottesdienste, Stuttgart 1988, 91–99.

# Kriegswunde Metaphorik

**Bilder von »Stadtfrauen« in der Prophetie**

*Ruth Poser*

## 1. Einleitung: Die Städte sind weiblich ...

In den schriftprophetischen Büchern wird wohl weniger häufig auf »echte« Frauen Bezug genommen als auf als Frauen bzw. auf in weiblichen Rollen personifizierte Städte. Besonders oft wird dabei die Hauptstadt des Südreichs Juda »versprachbildlicht« – 26 mal kommt sie als »Tochter Zion« (z.B. Jes 1,8; Sach 9,9), siebenmal als »Tochter Jerusalem« (z.B. Mi 4,8) und dreimal als »Tochter junge Frau Zion« (z.B. Jes 37,22) in den Blick. Aber auch »fremde« Städte, etwa Babylon, tragen gelegentlich den Tochtertitel (z.B. Jes 47,1). Im Rahmen patriarchaler Gesellschaftsstrukturen können diese Anreden Ehrbezeugungen sein, die die (vormalige) jugendliche Schönheit und Attraktivität einer Stadt betonen, sie können aber auch auf die Schutzbedürftigkeit und Kontrolle einer Tochter durch den (»sie besitzenden«) Vater und die (Vater *und* Tochter »gefährdende«) „Eigenwilligkeit« einer jungen Frau verweisen. Auch ohne Titel werden (Haupt-)Städte in den schriftprophetischen Büchern immer wieder in weiblichen Rollen – von der klagenden, verlassenen und zerstörten bis hin zur ehebrecherischen und strafwürdigen Frau – in Szene gesetzt, ein literarisches Mittel, das in erster Linie dazu dient, eine Stadt mit ihrer jeweiligen Bevölkerung zu identifizieren.

## 2. Ehemetaphorik: Metaphorik einer »kaputten« Beziehung

In den Fokus feministischer Kritik geraten ist seit Mitte der 80er Jahre des letzten Jahrhunderts vor allem die sog. Ehemetaphorik, welche den »Bund« zwischen JHWH und »seinen« Hauptstädten Samaria und Jerusalem als eine (immer schon gescheiterte) eheliche Beziehung zur Darstellung bringt (Passagen in Jer 2–6; 13,20–27; Ez 16; 23; Hos 1–3). Aus dieser bricht die von ihrem »Herrn« sozial abhängige »Gattin«, die Stadt, »ehebrechend« und »hurend« aus (was den »Verkehr« mit internationalen politischen Bündnispartnern oder mit [deren] »fremden« Gottheiten bezeichnet), obwohl sie und ihre Kinder von JHWH »pflichtgemäß« mit allem versorgt wurden. Dies wiederum »berechtigt« den männlichen Part, *sie* zu »bestrafen, ihre Versorgung [zu] beenden, sich von ihr [zu] scheiden, ja sie sogar [zu] töten«.[1]

Die in Frage stehenden Texte malen diese auf der Erzählebene zumeist noch ausstehende Bestrafung immer wieder in Bildern *sexualisierter Gewalt* brutal-realistisch aus. Die Metaphorik bleibt gleichzeitig lesbar auf Kriegsgewalt und Kriegsgräuel hin und scheint an den großen Kriegskatastrophen von 722 v. Chr. (Zerstörung des Nordreichs Israel durch die Assyrer) und 587 v. Chr. (Zerstörung des Südreichs Israel durch die Babylonier) zu haften. Kriegskontext ist auch in jenen Textpassagen anzunehmen, in denen internationale (Haupt-)Städte als Hure oder Ehebrecherin diffamiert und von (einem männlichen) JHWH sprachgewaltig »gezüchtigt« werden (Jes 23 [Tyrus und Sidon; vgl. Ez 26]; 47 [Babylon]; Nah 3 [Ninive]).

## 3. Feministische Kritik – und die Kritik an der Kritik

Feministische Bibelwissenschaftler:innen, die sich mit den genannten Texten intensiv auseinanderzusetzen begannen, formulierten vor allem die folgenden Kritikpunkte: (1) Die Stadtfrau-Metaphorik setze Gott und Mann/männlich gleich – es geht also in der Auseinandersetzung mit der Stadtfrau-Metaphorik nicht nur um das Frauen-, sondern auch um das Bild der Gottheit JHWH, der die patriarchal geprägte Rolle des Vaters oder Ehemannes und das diesen Rollen entsprechende maßregelnde und strafende Verhalten zugeschrieben werden; (2) sie legitimiere männliche Überlegenheit/Hegemonie/Verfügungsgewalt als göttlichen Willen; (3) sie betreibe Opferbeschuldigung und diffamiere Weiblichkeit und weibliche Sexualität; (4) sie forciere/rechtfertige sexualisierte Gewalt im Kontext von Ehe und Familie und (5) sei pornographisch.

---

[1] *Maier, Christl M.*, Tochter Zion und Hure Babylon. Zur weiblichen Personifikation von Städten und Ländern in der Prophetie, in: *I. Fischer, J. Claassens* (Hrsg.), Prophetie, Die Bibel und die Frauen 1,2, Stuttgart 2019, 209–225: 213.

Zur Beschreibung der Wirkweisen der Metaphorik wurden also moderne Deutungsmuster herangezogen, um zu erhellen, wo die möglichen Gefahren einer unreflektierten Rezeption der Metapher für das Verhältnis zwischen Mann und Frau und Gott und Frau/Mensch liegen könnten. Obwohl *jede* Auseinandersetzung mit antiken Texten durch die Deutungsstrukturen und -möglichkeiten der Zeit geprägt ist, in der sie geschieht, hat man feministischen Bibelwissenschaftler:innen häufig den Vorwurf entgegengebracht, sich zu wenig mit der historischen Verortung der kritisierten Metaphorik zu befassen und allein die Implikationen für die gegenwärtige Leserschaft in den Blick zu nehmen. »Eine solche Auslegung komme letztlich über die Benennung der patriarchalen Struktur des Textes nicht hinaus.«[2]

Das hat sich als Fehleinschätzung erwiesen – dass feministische Wissenschaftler:innen an Texten wie Ez 16 und 23 derartigen Anstoß genommen und deren patriarchale Struktur(en) herausgearbeitet haben, hat die alttestamentliche Exegese insbesondere im Bereich der Prophetie intensiviert, bereichert und vertieft, in gewisser Weise sogar transformiert. Zum einen nämlich haben feministische Exeget:innen, bei gleichzeitiger Anerkennung der problematischen Tendenzen der Texte, *selbst* begonnen, die *historischen bzw. (sozial-)geschichtlichen* Bedingungen der kritisierten *Sprachgewalt* verstärkt zu erforschen, und zwar unter vermehrter Einbeziehung interdisziplinärer und intersektionaler Perspektiven. Sie haben dadurch auch anders positionierte Forschende zur Auseinandersetzung mit diesen Texten angeregt. Zum anderen hat feministische Kritik mit der Aufdeckung der männlich-hegemonialen Struktur der *Texte* auch die männlich-hegemoniale Struktur der *Interpretation* dieser Texte in der (christlichen, zumeist von Männern verfassten) Kommentarliteratur offengelegt: Die Einnahme der Perspektive Gottes auf die »verdorbene« Stadtfrau und die mit dieser Identifizierung einhergehende Rechtfertigung der göttlichen Gewalt auf der einen, der fortgesetzten Opferbeschuldigung auf der anderen Seite sind zutiefst in Frage gestellt worden. Das hat dazu geführt, dass Bibelwissenschaftler:innen neue und andere Fragen an diese schwierigen Texte formuliert haben und formulieren und beginnen, biblische Hermeneutik vom Kopf auf die Füße zu stellen.

Im Folgenden sollen einige dieser Entwicklungslinien schlaglichtartig vorgestellt werden (Abschnitte 4. bis 8.); am Ende steht ein Ausblick, in dem wenige Momentaufnahmen des sich andeutenden *Hermeneutical Turn* vorgestellt werden (Abschnitt 9.).

---

2 *Heussler, Milena,* »War deine Hurerei noch zu wenig?« Zur Metapher der Stadtfrau Jerusalem, ThSt NF 18, Zürich 2021, 110.

## 4. Metapherntheoretisches

Bei der Ins-Bild-Setzung einer Stadt als Frau handelt es sich um das poetische Phänomen der Personifikation als Untergattung der Metapher, d.h. eine »leblose« Größe oder ein abstrakter Begriff (hier die Stadt) werden als lebende und handelnde Personen dargestellt.

Während man früher davon ausging, bei Metaphern (z.B. »ein junger Löwe war Juda« [Gen 49,9]) handle es sich um *uneigentliche* Rede, die durch Ersetzung des Bildspenders in *eigentliche* Rede übertragen werden könne, nehmen neuere Metapherntheorien an, dass diese *als eigentliche Rede* unübersetzbar sind. Sie haften nicht an einzelnen Worten, sondern sind im Textzusammenhang (d.h. auf Satz- und Textebene) zu interpretieren, was sowohl in Richtung des Bildspenders als auch in Richtung des Bildempfängers möglich ist. Ihre Bedeutung bewegt sich zwischen dem *ist nicht* und dem *ist wie* – und so lassen sie sich zwar umschreiben, doch kommt diese Umschreibung gleichsam nie zum Ziel. Metaphern haben einen Sinnüberschuss, durch den sie über ihren historischen Kontext, in dem sie entstanden und an dessen *erlebte* Wirklichkeit sie gebunden sind, hinausweisen auf andere *erlebbare* Wirklichkeiten.

Die feministische Bibelwissenschaftlerin Renita J. Weems hat nachdrücklich darauf aufmerksam gemacht, dass es in der Hebräischen Bibel Metaphern gibt, die in der Gefahr stehen, Gewalt, hierarchische Beziehungsgefüge und geschlechtsspezifische Rollenzuschreibungen zu einer theologischen Einsicht zu erheben. Solche Metaphern erfordern ein kritisches Lesen, eine Hermeneutik des Verdachts, können jedoch gleichzeitig als *pointing fingers* gesehen werden, durch die auf Gewalt, Unterdrückung und Marginalisierung hingewiesen wird.[3]

Wenn eine Stadt als Frau angesprochen wird, liegt dem die Vorstellung zugrunde, dass eine Stadt weibliche Eigenschaften hat bzw. für die in ihr Lebenden weiblich konnotierte Rollen übernimmt. Auch kann sie weiblich konnotiert behandelt werden, denn sie verfügt über lebenswichtige Ressourcen wie Nahrung, Schutz und Wohnung für Menschen und ist darum einer Mutter vergleichbar, die ihre Kinder versorgt. Sie kann begehrt, erobert, beschützt und regiert werden. Die Assoziation von „weiblich« mit „nährend, schützend« und von »männlich« mit »erobernd, stark, regierend« beruht auf einer hierarchischen Vorstellung zweier einander entgegengesetzter Geschlechter – eine

---

3 Vgl. *Weems, Renita J.*, Battered Love: Marriage, Sex, and Violence in the Hebrew Prophets, Minneapolis 1995, 12–34.111.

heteronormative und hegemoniale Vorstellung von Geschlecht, die bis in heutige Zeit wirksam ist und in den letzten Jahrzehnten zunehmend hinterfragt wird.

## 5. Zu den altorientalischen Wurzeln der Stadtfrau-Personifikation

Die Wurzeln der Stadtfrau-Metaphorik werden heute in drei altorientalischen Vorstellungsbereichen gesehen: 1. Die Idee der »weiblichen Stadt« entstammt der westsemitischen Tradition, in der »Stadt« wie im Hebräischen (עִיר *ʿīr*) grammatikalisch im Femininum steht und ihr weibliche Titel und Epitheta als Ausdruck der Verehrung beigelegt werden. 2. Weiblich konnotiert ist auch das in neuassyrischer Zeit aufkommende ikonographische Element der *Mauerkrone*, die, in Form einer stilisierten Stadtmauer mit Türmen und (Waffen-)Schmuck, Schutz und Schutzbedürftigkeit symbolisieren kann (vgl. Jes 54,11–17; 62,1–5). In ganz verschiedenen Kulturen schmückt die Mauerkrone seitdem die Köpfe von Frauengestalten, die auf unterschiedliche Weise als Repräsentantinnen oder Personifikationen einer (Haupt-)Stadt fungieren. 3. Die weibliche Personifikation von Städten bzw. »Stadtelementen« findet sich auch in der in Mesopotamien gegen Ende des 3. Jt. v. Chr. aufkommenden Literaturform der *Stadtklage*. Kennzeichnend für diese ist

> »das Auftreten der Stadtgöttin, welche die Zerstörung ihrer Stadt und ihres Tempels beklagt. Sie betrauert ihre eigene Vertreibung, den Verlust ihrer ›Kinder‹ als Tod und die Vertreibung ihrer Bevölkerung sowie den Verlust ihrer göttlichen Protektion und damit jeglicher politischen und religiösen Ordnung in der Stadt.«[4]

Alttestamentliche Texte wie Klgl 1–2, in denen »Zion« die ihr 587 v. Chr. zugefügten Erleidnisse beklagt – wobei ihr geschundener Körper sowohl die Zerstörung des Stadtraums mit seinen Gebäuden als auch die Verwundung und Vernichtung der in ihm lebenden Menschen repräsentiert –, lassen erkennen, dass diese Tradition in Israel bekannt war. Im Unterschied zu den mesopotamischen Stadtklagen lassen die alttestamentlichen Klagetexte jedoch keine Stadtgöttin, sondern die personifizierte Stadt selbst bzw. die prophetische Stimme zu Wort kommen, was vermutlich mit der monotheisti-

---

4 *Wischnowsky, Marc,* Art. Tochter Zion, 2006, www.wibilex.de, Abschn. 2.

schen Fokussierung auf den einen Gott JHWH zum Zeitpunkt der Entstehung der Texte zusammenhängt. Denn erst zu Beginn des 7. Jh. v. Chr., d. h. im Kontext der zunehmenden babylonischen Bedrohung, kommt es in Juda zu einer breiteren Rezeption der mesopotamischen Klagetexte, vor allem in den vorderen Kapiteln des Jeremiabuchs (vgl. Jer 4,19–21; 6,22–26).

## 6. Die Personifikation von Städten als Frauen vor dem Hintergrund des Engendering of Warfare

Brad E. Kelle hat darauf hingewiesen, dass die prophetische Metaphorisierung von Städten als Frauen nur im Kontext kriegerischer Eroberung und Zerstörung zu finden ist, sei es in Klage-, Anklage- oder Erneuerungszusammenhängen. Die Stadtfrau-Personifikation diene als *Wartime Rhetoric*,[5] die sich als Teil des schon antike Kriegsstrategien bestimmenden *Engendering of Warfare* begreifen lässt. Damit ist ein ideologischer Mechanismus gemeint, der Kriegsführung und Vorstellungen/»Realisierungen« von Geschlecht(errollen) aufs Engste miteinander verknüpft. Zentral sind dabei etwa die »Abhärtung« und das »Wehrtüchtigwerden« von Jungen und jungen Männern, was von Müttern und jungen Frauen gefördert und verstärkt wird, oder die Kodierung des »Siegs« als *männlich* und der »Niederlage« als *weiblich*, so dass es bei Kampfhandlungen entsprechend darum geht, die »Feinde« unabhängig vom Geschlecht »zu Frauen zu machen« bzw. zu *feminisieren*.

Im antiken Stadtbelagerungskrieg war dieser Mechanismus auch deshalb von besonderer Bedeutung, weil nicht nur (männliche) Soldaten, sondern die gesamte Zivilbevölkerung einer Stadt, nicht zuletzt Frauen und Kinder, ganz unmittelbar involviert waren. Einige assyrische Palastreliefs setzen die gewaltvolle Belagerung und Eroberung von Städten – metaphorischen Frauen – als sexualisierte Gewalt ins Bild, so dass damit zu rechnen ist, dass diese im Rahmen eines wirklichen Kriegsgeschehens in Gewalt (auch) gegen in dieser Stadt lebende reale Frauen überging.

Es ist sehr wahrscheinlich, dass Vergewaltigungen von Frauen im Kontext antiker Belagerungskriege systematisch als Kriegswaffe eingesetzt wurden (vgl. auch Jes 13,16; Klgl 5,11) – auch wenn sie in den Inschriften der assyrischen und babylonischen Könige nicht erwähnt werden und auf den

---

5 *Kelle, Brad I.*, Wartime Rhetoric: Prophetic Metaphorization of Cities as Female, in: *ders./F. R. Ames* (Hrsg.), Writing and Reading War: Rhetoric, Gender, and Ethics in Biblical and Modern Contexts, SBL. SS 42, Atlanta 2008, 99–115.

assyrischen Palastreliefs, die eine große Anzahl an Kriegsgräueln zur Darstellung bringen, nicht verzeichnet sind.[6]

Gleichzeitig gibt es deutliche Hinweise darauf, dass im Kontext des *Engendered Warfare* auch Männer von sexualisierter Gewalt durch die in die Stadt einbrechende Armee betroffen waren. So findet sich in Sanheribs Feldzugsberichten (705–681 v. Chr.) ein expliziter Hinweis auf Genitalverstümmelung. Einige Male werden in der Hebräischen Bibel besiegte (männliche) Soldaten mit Frauen verglichen oder als Frauen bezeichnet (vgl. Jes 19,16; Nah 3,13). In Jer 50,37 heißt es: »Das Schwert [komme] über [...] das zusammengewürfelte Volk in der Mitte der Stadt, dass es zu Frauen werde!« Dies ist wahrscheinlich nicht nur im übertragenen Sinne zu verstehen. Auf assyrischen Reliefs werden »besiegte« Männer fast immer so positioniert, dass die entblößten Genitalien den Betrachtenden (und dem Blick des assyrischen Herrschers) ausgesetzt sind. Oft werden sie so ins Bild gesetzt, dass sie von einer Waffe in einem eindeutig sexualisierten Sinne penetriert erscheinen.

In diesem Zusammenhang ist es sehr auffällig, dass diejenigen Texte, die (Gottes) Gewalt gegen die als Frau personifizierte Stadt besonders krass ausmalen, nahezu durchgängig von der hebräischen Wurzel גלה *glh* Gebrauch machen, für die die Grundbedeutung »(etwas) aufdecken« oder »(jemanden) entblößen« angenommen wird (vgl. z.B. Jes 47,2.3; Ez 16,36; Hos 2,12). Die Substantive גולה *golah* und גלות *galut* bezeichnen die »Kriegsgefangenschaft«, wobei גולה *golah* zum *Teminus technicus* für die unter Nebukadnezar nach Babylonien deportierten Judäer:innen geworden ist.

Die »Entblößung«, die durch גלה *glh* zum Ausdruck gebracht wird, kann sich auf sehr Unterschiedliches beziehen, etwa auf das »Offenlegen« einer Schuld (vgl. Klgl 2,14) oder der Fundamente einer Stadt in Zusammenhang mit deren Eroberung (vgl. Ez 13,14). In Verbindung mit dem Objekt ערוה *ärwah*, »Nacktheit, Blöße«, einem Substantiv, das häufig für die weiblichen Genitalien gebraucht wird, zielt גלה *glh* auf illegitime sexuelle Verbindungen (vgl. Lev 18; 20). גלה *glh* kann auch für ein »gewaltsames Entblößen« stehen und damit auf Vergewaltigung hindeuten (vgl. z.B. Ez 22,10). In den in Frage stehenden Texten wird *JHWH selbst* einige Male als Subjekt eines solchen gewaltvollen Aufdeckens der Nacktheit der als Frau personifizierten Stadt ins Bild gesetzt – und damit *als Täter sexualisierter Gewalt* (vgl. Jer 13,26; Ez 23,28f.; Hos 2,5)!

Daniel L. Smith-Christopher zufolge hängt diese Bildsprache (auch) mit der Praxis des Entblößens (*stripping*) von Kriegsgefangenen im Kontext neu-

---

6 Eine einzige bislang bekannte Ausnahme beschreibt *Konkel*, Gott der Rache, 39–41.

assyrischer und neubabylonischer Kriegsführung zusammen.[7] Er verweist auf Jes 20, wo geschildert wird, dass der Prophet drei Jahre lang *nackt* herumgegangen sei, um die drohende *Kriegsgefangenschaft* Ägyptens und Äthiopiens zeichenhaft vorwegzunehmen (vgl. Mi 1,8f.). Auch betont er den auffälligen Umstand, dass auf den assyrischen Reliefs männliche Kriegsgefangene im Unterschied zu weiblichen Gefangenen sehr oft nackt dargestellt sind. Die Bronzetore Salmanassers III. (858–824 v. Chr.) aus Balawat zeigen einerseits *männliche Kriegsgefangene,* die nackt und in Halseisen weggeführt werden, andererseits *weibliche Kriegsgefangene,* welche die Vorderseite ihres Gewands anheben (vgl. Jes 47,2f.) – *beides* gehört zum Bedeutungsspektrum von גלה *glh.*

## 7. TRAUMA-SENSIBLES LESEN

Vor dem Hintergrund des soeben Dargestellten haben einige Ausleger:innen den Schluss gezogen, die Ehemetaphorik-Texte hätten sich ursprünglich »nur« an die männliche Bevölkerung der (Haupt-)Stadt bzw. an deren politische, wirtschaftliche und religiöse männliche Führung gerichtet. Diese hätte schockiert und in die Identifikation mit der treulosen, hurenden Stadtfrau »hineingezwungen« werden sollen, um ihr Scheitern an den politisch(-theologisch)en Aufgaben und die eigene Verantwortung für die (als Strafe Gottes gekommene!) Kriegskatastrophe zu begreifen. Ganz abgesehen davon, dass eine solche Deutung die feministische Kritik nicht obsolet macht, passt sie m. E. nicht zum Charakter der Stadtfrau-Personifikation, deren Besonderheit es ist, als *kollektiver Körper* die *Körper der Einzelnen,* die zu ihr gehören, repräsentieren zu können und in ihrem Erleiden die kriegstraumatischen Erleidnisse von Männern *und* Frauen, Soldaten *und* Zivilpersonen, Jungen *und* Alten »zu bergen«. In diesem Sinne eröffnet die Stadtfrau-Metaphorik einen Textraum, in dem Einzelne indirekt Worte finden können für unsägliche Schrecken, die ihnen widerfahren sind, und zugleich als Teil eines traumatisierten Kollektivs angesprochen sind.

Ich lese Texte wie Ez 16 und 23 als Versuche einer kriegstraumatisierten, aus Jerusalem nach Babylonien deportierten Gruppe (und von deren Nachkommen), eine *eigene Geschichte* zu erzählen um hierüber zu einer Integration der kollektiven und individuellen Schreckenserfahrungen in die (je)

---

7 *Smith-Christopher, Daniel L.*, Ezekiel in Abu Ghraib: Rereading Ezekiel 16:37–39 in the Context of Imperial Conquest, in: *St. L. Cook, C. L. Patton* (Hrsg.), Ezekiel's Hierarchical World: Wrestling with a Tiered Reality, SBL. SS 31, Atlanta 2004, 141–157.

eigene Geschichte zu gelangen – damit Zukunft vorstellbarer wird. Auch Studien aus postkolonialer Perspektive haben gezeigt, dass es für Betroffene imperialer Gewalt in einer Situation sozialer und politischer Unterdrückung überlebensnotwendig sein kann, eigene Worte für das ihnen Angetane zu finden. Entsprechende Schilderungen sind manchmal bizarr, grotesk, obszön und unerträglich – weil das Erlittene selbst es ist!

Die metaphorischen »Lebensgeschichten« in Ez 16 und Ez 23 bleiben dabei jedoch – und das ist durchaus realistisch – (noch) traumatisch, etwa darin, dass die Geschichte Israels in der Biographie der Hauptstadt Jerusalems als »Verfallsgeschichte« erzählt wird – die Beziehung zwischen JHWH und seinem Volk war zu keiner Zeit wirklich gut. Wenn JHWH am Ende von Ez 16 die Wiederaufrichtung des (Ehe-)Bundes und seiner Stadtfrau »großmütige« Vergebung ihrer Schuld ankündigt, wobei Jerusalem allerdings auf Dauer nur Scham und Schweigen bleiben (V. 59–63), spiegelt sich auch darin – wie in der Sprachlosigkeit des Propheten selbst (vgl. Ez 3,25–27; 33,21f.) – Traumatisches: das Hin und Her von Schweigen und Aussprechen, von Nicht-erzählen-Können und Erzählen-Wollen.

Traumatisch erscheint auch der vor allem im Jeremia- und Ezechielbuch zum Tragen kommende Schuld-Strafe-Diskurs, der darauf zielt, den Babyloniern den »Sieg« wegzunehmen und ihn JHWH zuzuschreiben, so dass JHWH wirkmächtig bleibt – und sich auch zukünftig wieder zugunsten seines Volkes als wirkmächtig erweisen kann. Umgekehrt führt die (Selbst-)Stigmatisierung Jerusalems dazu, dass sich Israel kleine Handlungsspielräume neu eröffnet und offenhält – denn für Überlebende eines Traumas ist es mitunter leichter erträglich, schuld gewesen statt völlig ohnmächtig gewesen zu sein. Vermutlich entspricht die *Sexualisierung der Schuld Jerusalems* (»Ehebrechen« und »Huren«) der – als Strafhandeln JHWHs gedeuteten – in verschiedener Hinsicht sexualisierten, feminisierenden erlittenen Kriegsgewalt, und stellt gleichzeitig ein in toxisch-männlich konturierten Gesellschaften weithin verbreitetes und in besonderem Maße stigmatisierendes Muster der Opferbeschuldigung dar. Manchen von unsäglicher Gewalt Betroffenen hilft, so furchtbar das anmutet, die Schuld-Strafe-Deutung zum Überleben, während andere Traumatisierte an den Schuldgefühlen, die eigentlich die Täter(:innen) haben müssten, zerbrechen.

Texte, die wie Jes 47 und Nah 3 das der *Stadtfrau Jerusalem* Angetane auf Babylon und Nineve als Repräsentant:innen der imperialen Übermacht zurückwenden, lassen sich als traumatische Rachephantasien verstehen, die der Entmachtung des internalisierten verohnmächtigenden Täters dienen (wollen). *Vergeltungsäußerungen* können ein wirksames Mittel sein, Traumata und

Verletzungen zu verarbeiten, sie in Sprache zu fassen und dadurch an einer Bewältigung zu arbeiten, die nicht auf Rache und erwiderte Gewalt hinauslaufen muss, zumal, wenn es *Gott* vorbehalten bleibt, die Täter:innen zur Verantwortung zu ziehen, um Gerechtigkeit wieder aufzurichten. Sofern allerdings JHWH in diesen Texten als männlicher Kriegsverbrecher, der seine Feinde vermittels sexualisierter Gewalt feminisiert, gleichsam »hyper-real« in Szene gesetzt ist, wird hierin die Spirale traumatisierender (Kriegs-)Gewalt eher forciert als unterbrochen, was auch zu Retraumatisierungen führen kann. Anders als das Jesajabuch »arbeitet« die Nahumschrift nicht an der Frage, wie (Kriegs-)Gewalt international überwunden werden kann und entwirft kein entsprechendes Szenario, so dass Letztere »heute nur als Klagetext gelesen werden [kann], der die Verflechtung von staatlicher, militärischer und sexueller Gewalt aufzeigt und selbst keinen Weg aus der Gewalt weist.«[8]

## 8. Die (jeweilige) Schrift als Ganzes als theologische (Trauma-)Literatur wahrnehmen

Anders als das Nahumbuch hält keine der prophetischen Schriften, die »exzessiv« von der Ehemetaphorik als Sprachbild für die gescheiterte Bundesbeziehung zwischen JHWH und seinen Stadtfrauen im Kontext der traumatischen Kriegskatastrophen von 722 v. Chr. (Hos) bzw. 587 v. Chr. (Jer; Ez) Gebrauch machen, diese dauerhaft aufrecht. Die Verwendung von *Ehemetaphorik* bzw. *Stadtfrau-Metapher* ist deshalb m. E. auch im Rahmen der jeweiligen (Erzähl-)Komposition und von deren Entwicklungen zu betrachten.

Das Jeremiabuch etwa enthält mit Jer 8,18–9,2 einen *Stadtklagetext*, in dem ein *Ich* über den Zusammenbruch der ins Bild der Tochter gesetzten Stadt Jerusalem weint und klagt und zum Ausdruck bringt, wie es selbst angesichts des Traumas seiner Stadt vor Schmerz zusammenzubrechen droht. Vom Text her ist diese Ich-Stimme JHWH (und nicht Jeremia) zuzuschreiben, doch hat man diese Zuordnung oftmals mit dem Hinweis zurückgewiesen, JHWH könne nicht über ein Unheil klagen, das er selbst herbeigeführt hat; das passe nicht zur Vorstellung des strafenden oder allmächtigen Gottes. Man kann diesen Text jedoch auch dahingehend deuten, dass JHWH sich selbst in Widersprüche verwickelt, sich selbst ins Wort fällt, wodurch ein subtiler Gegendiskurs zu den Sprachbildern von einem sexualisiert-gewalttätigen, toxischmännlichen Gott eingebracht wird.

---

8 A. a. O., 221, mit Verweis auf Gerlinde Baumann.

(Auch) das Ezechielbuch enthält mit Ez 36,16–37,14 eine Erzählpassage, in der das mit dem Schwert in Stücke geschlagene, kriegstote, »knochentrockene« Haus Israel *physisch* neu zusammengefügt und durch »Geistkraft« (רוח *rūaḥ*) aufgerichtet wird – zu einem »sehr, sehr großen [männlichen?] (Kriegs)-Heer« (37,1–10). Als JHWH die Seinen:Ihren (die also nicht im Schweigen bleiben!) gegen das Existieren-Müssen im »Kriegsdienst« protestieren hört (V. 11), verändert er:sie sich und wendet sich seinem:ihrem Volk neu – und freundlich! – zu (vgl. 37,12–14). In der Folge werden Krieg und (Waffen-)Gewalt aus der Bundesbeziehung – und aus der Welt – verbannt (Ez 38–39). Die neue bzw. wiedererbaute Stadt, die der Prophet in Ez 40–48 visionär *erfährt*, ist nicht geschlechtlich konnotiert.[9]

Etwas anders liegen die Dinge im Jesajabuch: In ihm wird von der Stadtfrau-Metapher nur zweimal ansatzweise in einem Jerusalem/Zion und seine Bevölkerung *stigmatisierenden* Sinne Gebrauch gemacht (vgl. Jes 1,21–31; 57,3). Jes 54 malt demgegenüber die (Wieder-)Aufrichtung des (Friedens-)Bundes als Liebesbeziehung zwischen dem »Ehemann« JHWH und seiner Stadtfrau aus, wobei sich das Szenario als regelrechtes Gegenbild zu Ez 16 ausnimmt: *JHWH* räumt ein, ihr (für kurze Zeit) untreu gewesen zu sein, schwört seinem Zorn über sie ab, verspricht »Zuwendung auf Weltzeit« und kündigt ihr an, dass ihre Scham/Beschämung für immer beendet ist. Gleichzeitig *legt* das Jesajabuch JHWH *nicht* auf die Rolle des Ehemannes oder eine andere geschlechtlich konnotierte Rolle *fest*, sondern zeichnet ihn:sie (zumal im zweiten Teil des Buches [Jes 40–66] in ganz unterschiedlichen Bildern, etwa als Löwe (31,4), Vogelmutter (31,5), »Kriegsmann *und* Gebärende« (Jes 42,13f.), Vater (63,16), Hebamme und Mutter (66,7–13).

## 9. Hermeneutical Turns oder: Was Krieg mit Menschen (und Gottheiten?) aller Geschlechter macht

In den letzten Jahren sind die schriftprophetischen Bücher immer deutlicher als literarische Betrachtungen über die Schrecken des Krieges rezipiert worden. Die verschiedenen Stimmen, die sich in den Texten zu Wort melden, haben jedoch den Krieg nicht allein *als Hintergrund*, sie re-inszenieren die in

9 Vgl. *Poser, Ruth,* Wenn das »Haus Israel« den Kriegsdienst verweigert: Friedensspuren im Ezechielbuch, in: *Klara Butting/Gerard Minnaard* (Hrsg.), Der Friede Gottes, der höher ist als alle Vernunft. Biblische Grundlinien, Uelzen ²2025, 115–137.

ihm omnipräsente Gewalt in kunstvoller Prosa und Poesie. Ziel ist es, den Erleidnissen Worte zu finden, sie zu bezeugen, zu betrauern, sich mit ihren Voraussetzungen und Folgen auseinanderzusetzen und sie Gott und Menschen vor- und hinzuhalten. Die weibliche Personifikation von Städten ist *in diesem Zusammenhang* zu betrachten – als *pointing finger*, der aufzeigt, wie das Trauma des Krieges geschöpfliches Leben in allen seinen Dimensionen verwundet, fragmentiert und zerstört.

In diesem Sinne lehrt die intensive (feministisch-exegetische) Auseinandersetzung mit der Stadtfrau-Metaphorik ein neues, vorsichtiges, fragendes Herangehen an die schriftprophetischen Texte, dem es *nicht* um unmittelbare Botschaften *für mich/uns heute* oder *allgemein- und ewiggültige* Aussagen etwa über das Wesen Gottes oder die menschliche Sündhaftigkeit zu tun ist. In einem Aufsatz zu Gewalt und Gender in den schriftprophetischen Büchern stellt Corrine L. Carvalho der *Hermeneutik des Verdachts* als feministischem Prinzip eine *Hermeneutik des (Auf- und Zu-)Hörens* an die Seite, denn das sei es,

> »was diese antiken Zeug:innen von uns einfordern: Einfach auf ihre Stimmen zu hören, während sie mit der Frage kämpfen: ›Wo ist Gott am Rande des Zusammenbruchs?‹ [...] Die feministische Interpretation der biblischen Prophetie hat den Zorn, das unmittelbar Drängende [und Unaushaltbare, R. P.] der Prophet:innen neu relevant gemacht. [...] Wird heute auf diese Texte Bezug genommen, geht es darum, die antiken Schreie in gegenwärtige Sprache zu übertragen und Einfühlung zu ermöglichen.«[10]

## Literatur

*Irmtraud Fischer, Juliana Claassens* (Hrsg.), Prophetie, Die Bibel und die Frauen 1,2, Stuttgart 2019.

*Carvalho, Corrine L.*, The Challenge of Violence and Gender under Colonization, in: *G. A. Yee* (Hrsg.), The Hebrew Bible: Feminist and Intersectional Perspectives, Minneapolis 2018, 107–133.

*Konkel, Michael,* Doch ein Gott der Rache? Traumatheorie und die Eskalation der Gewalt im Ezechielbuch, ThGl 113, 2023, 31–46.

---

10 *Carvalho*, Challenge, 131f. (Übersetzung R. P.).

# Female Figures in Biblical Wisdom Literature

*Rachel Frish*

Women occupy a distinctive position in biblical Wisdom Literature. From practical maxims about wives and daughters to the personification of Wisdom herself, feminine imagery operates simultaneously on both literal and allegorical levels, embodying fundamental tensions between order and chaos, wisdom and folly, life and death. Since these texts were written by men and primarily addressed to a male audience, they often depict women in terms of their influence on male behavior. This article examines the multivalent roles of female figures across wisdom texts, analyzing how social structures and literary conventions shaped their portrayal and exploring the broader implications for understanding ancient wisdom literature.

## 1. Women in Proverbs

References to women appear throughout the book of Proverbs. The central chapters (10–29) contain various maxims concerning different types of women – a common feature of ancient Near Eastern didactic wisdom. More prominent references appear in the opening collection (Prov 1–9) and closing chapters (30–31). These pericopes create a framework for the entire work, presenting a vast array of female figures – from the mother-educator and the strange woman to personified Wisdom and Folly – ending with a hymn dedicated to the »Woman of Valor« (31:10–31).

Following wisdom literature's tendency toward binary classifications, Proverbs divides women into two types: good and evil. Positive figures embody virtue, modesty, and industriousness, leading to honor and life, while negative ones are associated with sexual impropriety, cunning, and deceit, bringing shame and death.

The book's innovation lies in identifying each of these female figures with a comprehensive way of life – the path of wisdom or folly. While all female figures in the book's framework contribute to this identification, two have particularly dominated scholarly discourse: the strange woman and personified Wisdom.

*1.1 The Strange Woman*

Warnings against the strange woman appear in Proverbs 2:16–19, 5, 6:20–35, and 7. She is termed »strange,« »foreign,« »another man's wife,« and sometimes »prostitute.« Three main approaches prevail in scholarship regarding her interpretation: the historical, the allegorical, and the concrete.

The historical approach focuses on her designation as »strange« and »foreign,« interpreting these warnings as targeting relationships with women of foreign ethnic origin, particularly in the Persian period, when exogamous marriages were a central concern. However, these terms may simply denote social outsiders. The text explicitly identifies her primary transgression: engaging in extramarital relations, thereby undermining the family structure.

The allegorical approach views the strange woman as a metaphorical depiction of the way of evil, based on three factors: the fatal consequences of encountering her, her parallels to allegorical figures, and her antithetical relationship to Wisdom. Unlike typical adultery warnings in ancient Near Eastern wisdom, Proverbs portrays her as exceptionally destructive – leading to Sheol (2:18; 7:27) and causing mass destruction (7:26). Similar descriptions also appear in relation to the allegorical personification of folly (9:18), leading many interpreters to identify them as one figure.

The contrast between wisdom and the strange woman reinforces this allegorical reading. Wisdom's role is explicitly to protect from the strange woman (5:2–3, 6:23–24, 7:4–5), and the two figures appear as mirror images: both roam the streets seeking to »trap« youths, both seek love, and both derive power from speech – one speaking perversely, the other uprightly; one leading to life, the other to Sheol.

This allegorical reading, already present in the Septuagint and Qumran scrolls, dominates traditional Jewish and Christian exegesis and finds renewed support in feminist interpretations. However, the detailed nature of these instructions, which include specific descriptions of punishments from betrayed husbands and community, makes the purely allegorical reading difficult. Moreover, warnings against sexual transgressions are common in ancient Near Eastern wisdom texts, suggesting these passages had a concrete didactic purpose.

Therefore, a synthetic interpretation seems most appropriate: while maintaining their practical warning against sexual misconduct, these passages present the strange woman's sin as a paradigmatic choice that symbolizes the abandonment of the sapiential way of life and inevitably leads to destruction.

### *1.2 »Lady Wisdom«*

Among the female figures in Proverbs, personified Wisdom stands out as particularly prominent. Her traits far exceed those of any realistic woman: she grants life, happiness, and honor (3:16, 18), provides protection (4:6), and bestows grace and splendor (4:8–9). Especially noteworthy is her portrayal in Proverbs 8, which develops her character with distinctly divine attributes: she is God's first creation – perhaps even His daughter – present at creation, delighting daily alongside God and humanity; she embodies just governance and bestows wealth, honor, and life.

The personified Wisdom has drawn significant scholarly attention, particularly concerning the emergence of a figure with divine characteristics within Israel's supposedly monotheistic wisdom tradition. Although some scholars have argued that Wisdom in Proverbs 8 represents a genuine hypostasis,[1] most contemporary scholars maintain that the Masoretic text does not conceptualize Wisdom as a distinct divine entity, but rather employs personification as a literary device. The Septuagint translation, however, exhibits marked tendencies toward hypostatization. Here, Wisdom is portrayed as created by God prior to all creation, specifically »for the sake of his works« (8:22).[2] The Septuagint also describes Wisdom as »beside him, fitting together« (8:30), suggesting an autonomous role in creation.

This exceptional status prompted questions about personified Wisdom's conceptual origins. One particularly influential hypothesis identifies substantial parallels with the Egyptian goddess Ma'at, who is characterized in several Egyptian contexts as Ra's daughter and Thoth's consort.[3] Ma'at represents a complex theological and philosophical construct, embodying an intricate

---

1 See especially *Ringgren, Helmer,* Word and Wisdom: Studies in the Hypostatization of Divine Qualities and Functions in the Ancient Near East, Lund 1947.

2 Translations of LXX follow NETS.

3 *Bauer-Kayatz, Christa,* Studien zu Proverbien 1–9, WMANT 22, Neukirchen-Vluyn 1966, 93–119.

amalgamation of truth, justice, cosmic harmony, and material prosperity – concepts inextricably linked as aspects of the primordial cosmic order. This order reflects the ideal pattern according to which the world was established, and which grounds religious, social, and moral structures. However, some scholars reject this identification as foreign to Israelite thought.

Contemporary scholarship suggests that personified Wisdom emerged from multiple models, both mythological and human, ranging from Canaanite and Egyptian deities to angels, prophetesses, and teachers.[4] While Wisdom does not perfectly align with any single model, several or all of these archetypes likely contributed to its formation.

The »multiple models« approach provides a fresh perspective on the similarities between Ma'at and Wisdom in Proverbs 8. Rather than viewing Ma'at as a direct or singular influence, this framework situates her as one of several contributing models that shaped personified Wisdom. This approach may offer new insights into both the function of personified Wisdom and the circumstances that fostered its development.

The book of Proverbs faces a fundamental challenge: how to verify that its human-derived wisdom accurately reflects divine principles of creation by which God governs the world. In Egyptian thought, Ma'at plays a similar role: by embodying the principles of creation whose implementation guarantees prosperity and abundance, she bridges both the spatial divide between heaven and earth and the temporal gap between creation and the present.

Proverbs similarly requires an intermediary figure to correlate the sages' teachings with their promised rewards – one who witnessed creation – yet remains active in human life. As a representation of wisdom independent of direct revelation, it must belong to the created order rather than being conflated with the Creator. The personification of Wisdom fills this gap, resolving the theological tension by demonstrating the intrinsic connection between the sages' teachings and the foundational principles of creation. In doing so, it clarifies the relationship between adherence to these principles and the assurance of prosperity.

### *1.3 Between Order and Chaos*

Why were female figures specifically chosen to represent both the path of wisdom and deviation? The feminine grammatical gender of the Hebrew terms »wisdom« and »folly« probably contributed to this personification, but this does not fully suffice to explain the complexity of the phenomenon. A

4 *Fox, Michael V.*, Proverbs 1–9, AB 18A, New York 2000, 333–341.

deeper explanation emerges from women's liminal position at the nexus of order and chaos – fundamental categories in wisdom literature.

Biblical Wisdom tradition, like its ancient Near Eastern counterparts, exhibits an inherently conservative character focused on maintaining order. This order enables sages to comprehend causality and anticipate outcomes, while chaos threatens their entire worldview by negating the possibility of strategic foresight.

The order-chaos dichotomy manifests in Proverbs' binary representation of women: positive figures, including personified Wisdom, embody order through righteousness, fidelity, and industry, functioning as familial anchors who channel sexuality into sanctioned pathways, bearing and nurturing children. Conversely, negative figures – the strange woman and personified Folly – embody chaos through seductiveness, deception, and familial subversion, ultimately leading to Sheol, the domain of chaotic forces.

The intrinsic connection between female figures and order or chaos reflects women's dual potential in this worldview: as custodians of order through procreation and education, yet capable of transgressing boundaries, destabilizing familial foundations, and guiding individuals toward absolute chaos. This duality reflects women's marginal status in patriarchal society – their peripheral position enables them to either preserve or subvert social structure, making them both ideal guardians against chaos and potential threats to order.[5]

The order-chaos dichotomy illuminates how concrete actions reflect life choices: choosing a good wife who will maintain familial boundaries preserves order, while choosing a corrupt woman leads to chaos. While some scholars link this emphasis on societal order to post-exilic concerns, the desire to preserve order and apprehension regarding its disruption by younger generations transcends any particular historical context.

Thus, rather than reflecting specific historical circumstances, the use of female figures to represent this fundamental tension is better explained by the internal needs of wisdom literature, and particularly those of Proverbs. As an introduction to the anthology, Proverbs 1–9 employs these figures to provide cohesion and authority to its teachings, linking concrete daily choices to the fundamental choice between wisdom and folly, making abstract decisions tangible for students. Through personified Wisdom – present at creation and mediating between divine and human realms – the text estab-

---

5 *Newsom, Carol A.*, Woman and the Discourse of Patriarchal Wisdom, in: *T. K. Beal, D. Gunn* (eds.), Reading Bibles, Writing Bodies, London and New York 2002, 132–147.

lishes a continuum that links concrete action, the choice of the wisdom path, and the authority of this path, anchored in the foundational event of order: creation.

## 2. WOMEN IN QOHELETH

Qohelet's discussion of women, though limited, appears in two significant passages which seem to contradict each other. In 7:23–29 Qohelet presents a remarkably severe characterization of women:

> 26 I found more bitter than death the woman who is a trap, whose heart is nets, whose hands are fetters; one who pleases God escapes her, but the sinner is taken by her.
> 27 See, this is what I found, says Qohelet, adding one thing to another to find the sum, which my mind has sought repeatedly,
> 28 but I have not found. One man among a thousand I found, but a woman among all these I have not found.

Yet in 9:9, he advocates embracing life with a beloved spouse:

> Enjoy life with the woman whom you love all the days of your vain life that are given you under the sun, because that is your portion in life …

Contemporary scholarship has proposed various resolutions to this contradiction. A dominant approach suggests that Qohelet quotes traditional wisdom sayings about women in 7:26 and 7:28 only to challenge them. An alternative interpretation argues that these verses target specifically women who are »a trap,« referring to wicked rather than all women. This interpretation, however, encounters significant difficulties with v. 28, where »woman« appears without qualifiers, suggesting a universal statement.

A more compelling resolution emerges from recognizing the distinct contexts of these passages: in chapter 9, woman is one of life's pleasures, whereas in chapter 7, she obstructs the pursuit of wisdom. In this context, as Qohelet strives »to know and to search out and to seek wisdom,« women appear as a trap from which one seeking wisdom should escape. This view of women as an impediment to wisdom is well-documented throughout history. A similar attitude appears in Proverbs, where Lemuel's mother warns against giving his strength to women, since this might cause a king to fail in his duties, and later in the Talmud, where marriage is described as a »millstone« hindering Torah study (*b. Kiddushin* 29b).

Following this reading, one might suggest that when Qohelet seeks in verse 28 »to find« one man among a thousand, the verb could be understood in the sense of »to understand« (cf. 8:17), suggesting his acknowledgment of an inability to understand even a single woman. These verses thus depict women as the ultimate »other«: intellectually inferior, mysterious, and alluring – posing a potential threat to the sage's progress.

Chapter 9 presents a different perspective: having despaired of understanding divine workings, Qohelet counsels enjoying as much as possible the pleasures of the »vain life.« Here, woman is no longer a threat but simply a source of momentary enjoyment, the most one can hope to attain.

## 3. Women in the Book of Job

In Job, women occupy a relatively peripheral position, appearing sporadically in the speeches and gaining slightly more prominence in the frame narrative. In the prologue, Job's daughters appear participating in family feasts alongside their brothers, while in the restoration narrative, his new daughters – who are notably granted an inheritance among their brothers – are individually named and distinguished for their exceptional beauty.

Job's wife is the only female character given a voice in the narrative, appearing in a single scene after Satan's second test (2:9–10). Following the loss of his children and possessions and being afflicted with boils, Job sits in ashes, silently scraping himself with a potsherd. His wife breaks the silence, urging him to curse God and die. Job rebukes her harshly, likening her to the foolish (or godless) and insisting that one must accept both good and adversity from God.

This scene serves a dual literary function: it highlights Job's righteousness through his rejection of his wife's 'normal' response while also revealing his gradual erosion – he no longer blesses God as he did after the first calamity but instead remains silent, suggesting protest. His wife's urging toward death deepens his sense of isolation. She functions primarily as a literary device; although she undoubtedly suffered greatly, the text ignores her suffering both in God's exchange with Satan and in Job's final compensation.

The limited treatment of female characters in the Masoretic text contrasts sharply with later traditions: the Septuagint gives Job's wife an extended speech, while the Testament of Job elaborates on her suffering and death and elevates Job's daughters to angelic status through his gifts to them.

## 4. Women in Ben Sira

While Ben Sira's treatment of women builds upon earlier wisdom tradition, particularly Proverbs' dichotomy of good and bad women, its warnings against seduction, and its personification of wisdom as female, he develops this tradition in distinctive ways, introducing new perspectives and emphases. Unlike Proverbs, which avoids wholesale condemnation of women, Ben Sira explicitly attributes negative characteristics to women as a group, leading scholars to identify clear misogynistic tendencies in his work. He goes so far as to blame women for bringing death into the world (25:24).

Central to Ben Sira's thought are concepts of honor and shame, likely influenced by Hellenistic perspectives. This ideological foundation is evident in his teachings concerning daughters, a subject to which he devotes substantial attention, in contrast to Proverbs. He emphasizes the significant risk that daughters might bring shame upon their fathers through their behavior, while noting that when they behave properly, the honor accrues to their husbands rather than their fathers. This concern reflects his broader view of women as frivolous and easily seduced, posing a constant threat to family honor.

Unlike Proverbs, Ben Sira depicts wicked women in strictly concrete rather than allegorical terms. Yet, he significantly develops the personification of Wisdom as a female figure. In chapter 24 (attested only in Greek, Latin, and Syriac), she appears in an elevated role, addressing angels, suggesting her emergence as a divine entity. Her portrayal reflects contemporary national aspects of wisdom theology, with Wisdom, identified as the Torah, divinely commanded to dwell in Zion (cf. Bar 3:36–4:1). Beyond these national elements, Ben Sira introduces explicit erotic tones to Wisdom's portrayal. These parallel developments – divine and erotic – continue in the Wisdom of Solomon, where personified Wisdom emerges as a distinct divine entity while appearing as a bride/wife in an intimate relationship with God and the sage (Wis. 8:2–3, 9).

## 5. Conclusion

The prominent position of women in biblical wisdom texts paradoxically reflects their marginal rather than elevated social status. While their presence varies – from Proverbs' extensive treatment to limited roles in Job and mostly negative portrayals in Qoheleth and Ben Sira – women consistently serve as forces for male students to harness or avoid, rather than as recipients of wisdom. Their binary classification as good or evil, their role in the order-chaos dynamic, and the interplay between literal and allegorical portrayals serve essential functions in sapiential ideology, guiding students toward the proper path. Understanding this paradoxical status – appearing central to the discourse while actually being marginalized – is crucial for comprehending women's position within and beyond biblical Wisdom Literature.

### Bibliography

*Balla, Ibolya,* Ben Sira on Family, Gender, and Sexuality, Deuterocanonical and cognate literature studies 8, Berlin 2011.

*Camp, Claudia V.,* Wisdom and the Feminine in the Book of Proverbs, Bible and literature series 11, Sheffield 1985.

*Forti, Tova,* The ›Isha Zara‹ in Proverbs 1–9: Allegory and Allegorization, *Hebrew Studies* 48, 2007, 89–100.

*Riesener, Ingrid,* Frauenfeindschaft im Alten Testament? Zum Verständnis von Qoh 7,25–29, in: *A. A. Diesel* et al. (eds.), Jedes Ding hat seine Zeit ... Studien zur israelitischen und altorientalischen Weisheit, BZAW 241, Berlin 1996, 193–207.

*Taschl-Erber, Andrea,* Im Anfang und als Anfang erschaffen. Zur »Präexistenz« der Weisheit in Spr 8,22–3, in: *von J. Frey* et al. (eds.), Perspektiven zur Präexistenz im Frühjudentum und frühem Christentum, WUNT 457, Tübingen 2021, 31–78.

*van Wolde, Ellen,* The Development of Job: Mrs. Job as Catalyst, in: *A. Brenner-Idan* (ed.), Feminist Companion to Wisdom Literature, Sheffield 1995, 201–221.

# Hoheslied

## Erotik in der Bibel und ihre Rezeption

*Rüdiger Bartelmus*

Auf den ersten Blick werden manche Leserinnen und Leser angesichts der Formulierung des Themas dieses Beitrags die Stirn gerunzelt haben und denken: Warum müssen Theologen mit dem Zeitgeist gehen und auch in der Bibel nach dem suchen, was in illustrierten Zeitschriften bzw. Liebesromanen u.ä. in hinreichendem Maße breitgetreten wird? Haben nicht jüdische, und – spätestens seit der Zeit der Kirchenväter – auch christliche Theologen das Hohelied, unbeschadet des Wortlauts des Textes, konsequent dahingehend interpretiert, dass die männliche Hauptfigur niemand anderes sein kann als Gott bzw. als JHWH, der Gott Israels, und dass die weiblichen Protagonisten dementsprechend Menschen, also Israeliten bzw. Christen sein müssen?

Diese traditionelle Lesart des Hohelieds setzt allerdings ein *sacrificium intellectus* voraus, was aber seltsamerweise jahrhundertelang kaum jemanden gestört zu haben scheint: Schon allein der Wortlaut der ersten Sätze des Textes des Hohelieds hätte es eigentlich verhindern müssen, die Ansicht zu vertreten, dass der Sprecher das Volk Israel und der Angesprochene der Gott JHWH ist. Dazu nur ein Beispiel vom Anfang des Hohelieds: »Mit Küssen seines Mundes bedecke er mich. Süßer als Wein ist deine Liebe. Köstlich ist der Duft deiner Salben, dein Name hingegossenes Salböl; darum lieben dich die Mädchen« (Hld 1,2f.).[1] Spricht man so mit Gott?

[1] Die von mir auch in anderen Zitaten verwendete Version einer Übersetzung des im Original althebräischen Textes entstammt der aktuellsten derzeit verbreiteten Übersetzung der Bibel, der sog. Einheitsübersetzung. Die Übersetzer der Einheitsübersetzung waren bemüht, den hebräischen Text nach Möglichkeit ohne traditionelle theologische Lesarten wiederzugeben.

In allen Szenen im Hohelied geht es nun einmal bei unvoreingenommenem, genauerem Hinsehen um Handlungen bzw. Wahrnehmungen, die nichts mit Gott zu tun haben, sondern als Sprachbilder für erotische Handlungen im zwischenmenschlichen Bereich angesehen werden müssen. Diese sind allerdings (aus der Sicht eines heutigen Mitteleuropäers) ziemlich seltsam: Nur ein Beispiel: Als angemessenes Sprachbild für die Liebe Gottes süßen Wein zu verwenden ist – zumindest aus der Sicht des Autors – wenig passend. Es mag allenfalls aus der Sicht von Personen angemessen sein, die keine Angst vor Kopfschmerzen haben. Ein durchschnittlicher mitteleuropäischer Weintrinker kann angesichts des Satzes eigentlich nur den Kopf schütteln. Aber auch die Tatsache, dass bei dieser Sicht auf den Text unterstellt würde, dass von Gott geliebt zu werden ein Privileg von Mädchen ist, weist deutlich darauf hin, dass die theologisierende Sichtweise schlicht ein Irrweg ist.

Was ist das Hohelied aber dann? Die Antwort ist schlicht: Eine Sammlung von Liebesgedichten. Wer anderes als verliebte Frauen und Männer könnten dann aber die Protagonisten sein?

Auch dass das uns vorliegende Hohelied *ein* Lied ist (wie die Überschrift »*Das* Hohelied Salomos« unterstellt), ist – wie man schon nach wenigen Sätzen wahrnimmt – eine Fehleinschätzung: Ohne irgendeinen erkennbaren Zusammenhang sind Szenen unterschiedlicher Länge aneinandergereiht, und sie spielen an verschiedenen Orten. Sprecher sind zumeist entweder eine Frau und oder ein Mann, die ein Liebesverhältnis verbindet, gelegentlich aber auch Personen aus dem Umfeld der beiden bzw. ein Erzähler.

Ob und inwieweit es sich tatsächlich um ein *Lied* handelt, ist schwer zu entscheiden: Musikalische Noten sind jedenfalls nicht überliefert. Dass sich die Protagonisten singend unterhalten hätten, ist alles andere als wahrscheinlich. Von Komponisten vertont (und somit ein echtes Lied) wurde das Hohelied bzw. Teile davon m. W. erst in der Renaissance-Zeit. Eine innere Logik der Abfolge der verschiedenen Szenen ist nicht zu erkennen, was bei einer Liebesdichtung nicht weiter irritiert, aber bei Liebesliedern eher ungewöhnlich wäre. Was den Text zusammenhält, ist das Phänomen menschlicher Liebe zwischen einer Frau und einem Mann. Um das zu unterstreichen, endet der eigentliche Text mit einem Summar, in dem abschließend zusammengefasst ist, was Liebe eigentlich ist: »Stark wie der Tod ist die Liebe, die Leidenschaft ist hart wie die Unterwelt. Ihre Gluten sind Feuergluten, gewaltige Flammen. Auch mächtige Wasser können die Liebe nicht löschen; auch Ströme schwemmen sie nicht weg. Böte einer für die Liebe den ganzen Reichtum seines Hauses, nur verachten würde man ihn« (Hld 8,6b–7).

Spätestens diese Sätze hätten es eigentlich unmöglich machen müssen, das Hohelied auf das Verhältnis JHWH-Israel bzw. Gott-Christenheit zu beziehen, was aber jahrhundertelang Überzeugung frommer Juden und Christen war (und in evangelikalen und konservativen katholischen und jüdischen Kreisen m.W. immer noch ist).

Seltsamerweise wurden an diesen finalen Lobpreis der Liebe noch sieben Verse angefügt, deren Zusammenhang untereinander ebenso unklar ist wie der mit den 110 übrigen Versen: In den ersten drei Versen geht es dort um eine kleine Schwester, die noch nicht geschlechtsreif ist, dann rühmt sich eine Frau als eine Mauer, deren Brüste Türmen gleichen (8,8–10). Es folgt ein Hinweis auf einen besonders üppigen Weinberg Salomos. Die Sprecherin hat einen eigenen Weinberg, so dass sie generös auf einen Anteil an dem noch üppigeren Weinberg Salomos verzichtet, ja sogar noch den Wächtern ihres Weinbergs 200 Silberstücke auszahlen kann (V. 11f.).

Dieser voreilige Blick auf das Ende des Hohelieds mag irritieren. Normalerweise stellt man einen Text so vor, dass dessen Ordnung beibehalten wird. Aber ohne Kenntnis der seltsamen Anordnung der Textbausteine versteht man nicht, warum das angeblich von Salomo gedichtete Hohelied gewissermaßen das »Schlusslicht« der im Judentum als »Ketubim« (Schriften), im Christentum als »Poetische Bücher« eingeordneten Teile in der Mitte des Alten Testaments eingeordnet wurde.

Auch wenn in der Überschrift Salomo als Autor des folgenden Textes erwähnt ist, spricht alles dafür, dass dem nicht so ist: Denn schon die Folgesätze stammen eindeutig von einer Frau: »Mit Küssen seines Mundes bedecke er mich. Süßer als Wein ist deine Liebe« (Hld 1,2). Wer genau dieser »er« bzw. »der« ist, lässt sich den folgenden Sätzen nicht entnehmen. Zunächst scheint dieser »er« freilich doch Salomo sein zu können, denn die liebesdurstige Sprecherin spricht den Angebeteten als »König« an, der sie in seine Gemächer führen solle, damit sie sich ungestört am Liebesspiel mit ihm berauschen kann.

Danach geht diese Szenerie allerdings abrupt in eine Selbstdarstellung der Schönen über: Sie erklärt Frauen, die als »Töchter Jerusalems« angesprochen werden, dass ihr brauner Teint dem Umstand geschuldet ist, dass sie keine Städterin, sondern ein Hirtenmädchen und trotzdem (oder sogar deshalb) besonders schön ist (1,5f.). Dementsprechend wechselt die Szenerie von einem Palast in die Welt von Hirten, und die Frau klärt mit ihrem – realen – Geliebten (der auch ein Hirte ist), wo ein mittägliches Tête-à-Tête im Schatten stattfinden kann. Es folgt ein Zwiegespräch, in dem die Liebenden die Schönheit des jeweiligen Partners mit Bildern preisen: Einer Geliebten in Aussicht zu stellen, sie so mit Schmuckstücken auszustatten, dass sie einer Stute am Wagen des Pharao ähnelt, ist zwar aus heutiger Sicht nicht gerade charmant (1,9), der Verweis auf die lieblichen Wangen der Schönen gleicht das indes einigermaßen aus. Die Vergleiche, mit denen die Frau ihrerseits den Geliebten schildert, sind leichter als Komplimente zu verstehen: Mit einer Hennablüte aus den Weinbergen von Engedi verglichen zu werden, die angeblich – vermutlich in Wasser gelegt und so vergoren – berauschend wirken kann, ist ebenso ein Kompliment wie der Vergleich mit einem Bündel Myrrhe, einem Aphrodisiakum (1,13).

Eine innere Logik der Abfolge der darauf folgenden verschiedenen Szenen ist nicht zu erkennen. Was den Text zusammenhält, ist das Phänomen menschlicher »Liebe«. Das sollen im folgenden einige Textbeispiele illustrieren. Vorweg sei auf das Phänomen verwiesen, dass – anders als man bei einem Text aus einer patriarchal geprägten Kultur erwarten würde – die Textanteile, in denen die Frau im Vordergrund steht und überdies sogar noch das »Sagen« hat, deutlich größer sind als die des Mannes. Ja, in einigen Szenen ist sie es, die die Initiative ergreift und den Geliebten nicht nur sucht, sondern auch dorthin bringt, wo sie seine Nähe genießen kann: »Ich packte ihn, ließ ihn nicht mehr los, bis ich ihn ins Haus meiner Mutter brachte, in die Kammer derer, die mich geboren hat« (Hld 3,4).

Länger zu Wort kommt der männliche Teil des Liebespaares erstmals im 4. Kapitel. Die hier verwendeten Sprachbilder werden in einem Bild illustriert, das in den USA kursiert, weshalb ein Urheber nicht mehr festzustellen ist. Ich kommentiere es nur sparsam, indem ich auf die im Text angesprochenen Körperteile der Schönen zeige.

4,1f.: »Wie schön bist du, meine Freundin, wie schön! Deine Augen glänzen wie Tauben hinter deinem Schleier hervor. Dein Haar ist wie eine Herde Ziegen, die vom Gebirge Gilead herabwallt. Deine Zähne sind wie eine Herde frischgeschorener Schafe, die von der Schwemme heraufsteigen, die allesamt Zwillinge haben und deren keins ohne Lämmer ist.«

Dieser seltsame Satz bedarf wohl einer Erklärung. Gemeint ist: Die beiden Zahnreihen der Geliebten sind parallel, symmetrisch und lückenlos! Die Schilderung geht auf ähnliche Weise weiter:

»Einem Karmesinband gleich sind deine Lippen und dein Plaudermund ist lieblich. Gleich dem Riss im Granatapfel schimmert deine Schläfe hinter deinem Schleier hervor. Dein Hals ragt gleich dem Davidsturme, der für Waffen gebaut ist, an dem die tausend Schilde hängen daran, lauter Tartschen der Helden. Deine Brüste sind wie zwei Böcklein, Zwillinge der Gazelle, die auf Lilienauen weiden. Bis der Morgenwind weht und die Schatten fliehen, will

ich zum Myrrhenberg gehen, zum Weihrauchhügel. Alles ist schön an dir, meine Freundin; an dir ist kein Fehl« (4,3–7).

An diese auf einen Mitteleuropäer in der Gegenwart (vorsichtig gesagt) seltsam wirkenden Komplimente schließt ein aus anderen Gründen noch seltsamer wirkender Satz an: »Mit mir, vom Libanon, Braut, mit mir vom Libanon komm! Steige herab vom Gipfel des Amana, vom Gipfel des Senir und des Hermon, von den Wohnstätten der Löwen, von den Bergen der Panther« (4,8).

Warum an das zitierte Preislied ein Vers angefügt worden ist, in dem vorausgesetzt wird, dass sich das Paar auf dem Libanon befindet, ist eines der vielen Rätsel im Hohelied, die noch niemand plausibel gelöst hat. Dass damit die Gefühle einer Liebesnacht beschrieben sein könnten, halte ich für ausgeschlossen, zumal die danach folgenden Sätze perfekt an die letzten Worte des

»Preislieds« auf die Schönheit der Frau anschließen würden. Allenfalls könnte der Vers zum Libanon als ein mehr als fragwürdiges Bild für den Höhepunkt einer als zauberhaft empfundenen Liebesnacht interpretiert werden (was ich aber für Unsinn halten würde). Jedenfalls spricht der Liebhaber der Schönen davon, dass die Geliebte ihn mit einem Blick ihrer Augen und den Kettchen ihres Halsschmucks »verzaubert« hat. Im Liebestaumel fügt er noch weitere Gründe an, weshalb er der Schönen verfallen ist: Ihre Liebkosungen sind für ihn köstlicher als Wein, der Duft ihrer Salben köstlicher als alle Balsamgerüche. Nach seinem Gefühl triefen ihre Lippen von Honig; Honig und Milch meint er auch unter ihrer Zunge zu erschmecken.

Alle weiteren positiven sensorischen Wahrnehmungen aufzuzählen würde zu weit führen. Erwähnt seien nur noch die ersten Worte des positiven Resumées des verliebten Mannes am Beginn des 5. Kapitels. In einer verklausulierten Bildsprache berichtet er seinen Freunden, welch perfekte Liebesnacht ihm bevorstand und er ermuntert sie dazu, ähnlich zu verfahren: »Ich kam in den Garten meiner Schwester und Braut, pflückte meine Myrrhe und meinen Balsam, ich aß meine Wabe und meinen Honig, trank meinen Wein und meine Milch. Esset, ihr Freunde, und trinkt, und berauscht euch in Liebeslust!« (5,1).

Die anschließenden Worte der Schönen überraschen nach dieser feurigen Erklärung des Liebhabers: »Ich schlief, doch es wachte mein Herz – horch, da klopft mein Geliebter: Tue mir auf, meine Schwester, meine Freundin, mein Täubchen, meine Traute! Denn mein Haupt ist voll Tau, meine Locken voll Tropfen der Nacht« (5,2). Trotz aller Liebesschwüre reagiert die Schöne indes plötzlich negativ – man könnte auch sagen provokativ: »Ich habe mein Röcklein ausgezogen; wie könnt' ich es wieder anziehen? Ich habe meine Füße gewaschen – wie könnt' ich sie wieder beschmutzen?« (V. 3). Dass die Sprecherin (Schreiberin) unbeschadet ihrer negativen Reaktion erwartete, ihr Geliebter nähme diese nicht ernst, ergibt sich aus dem folgenden Bericht: »Mein Geliebter streckte die Hand durch die Luke in der Türe; da wallte mein Herz in mir, mir schwanden die Sinne bei seinem Reden. Ich stand auf, um zu öffnen, die Hand an den Griffen des Riegels. Da troffen meine Hände von Myrrhe, von flüssiger Myrrhe meine Finger« (V. 4f.).

Diese Reaktion war indes zu spät, denn sie berichtet weiter: »Ich tat meinem Geliebten auf; Doch mein Geliebter war weggegangen, war fort. Ich suchte ihn, aber ich fand ihn nicht. Ich rief nach ihm, doch er gab mir nicht Antwort«. Diese verspätete positive Reaktion hatte negative Folgen: »Da fanden mich die Wächter bei ihrer Runde durch die Stadt; sie schlugen, sie verletzten mich. Den Mantel entrissen sie mir, die Wächter der Mauern«. Offenbar hielten diese die Schöne für ein Straßenmädchen. Sie allerdings hoffte, dass wenigstens ihre Freundinnen dabei helfen, die gestörte Beziehung zu ihrem Liebhaber in Ordnung zu bringen: »Ich beschwöre euch, Jerusalems Töchter: Wenn ihr meinen Geliebten findet, sagt ihm, ich bin krank vor Liebe« (V. 5–8).

Das 6. Kapitel beginnt mit einer Frage der Freundinnen, wo denn der Geliebte der Schönen hingegangen ist. Da die Antwort der Schönen einen Liebesakt schildert, müsste man eigentlich sowohl die Anfrage als auch die Antwort im Plusquamperfekt wiedergeben: »Wohin war dein Geliebter gegangen«. Die Antwort müsste dann lauten: »Mein Geliebter *war* in seinen Garten gegangen, hinab zu den Balsambeeten, in den Gärten zu weiden und Lilien zu pflücken« (6,1f.).

Um das zu unterstreichen, endet der eigentliche Text des Liedes mit dem oben bereits erwähnten Summar, in dem noch einmal zusammengefasst ist, was Liebe aus der Sicht des Autors bzw. der Autorin eigentlich ist. Wie wichtig Liebe ist, wird mit der Feststellung unterstrichen, dass Liebesleidenschaft (mit all ihren Höhen und Tiefen) eine von JHWH geschaffene Glut ist, die selbst mit großen Wassermengen nicht ausgelöscht werden kann (8,7).

Die abschließenden Sätze des Hohelieds (8,11ff.) belegen den Konsens der Wissenschaft, dass der Autor des Hohelieds auf keinen Fall Salomo sein kann: Dieser erscheint hier ja als Erzählobjekt, und der Schreiber distanziert sich explizit von ihm. Diese Verse lauten: »Salomo besaß einen Weinberg in Baal-Hamon; den Weinberg übergab er Hütern. Für seine Frucht würde jeder tausend Silberstücke bezahlen«. Von diesem Blick auf Salomo kommt der Autor dann wieder auf die ihn bewegende eigene Liebesangelegenheit zurück und wendet sich unmittelbar an seine Geliebte. »Die du in den Gärten weilst, auf deine Stimme lauschen die Freunde; lass sie mich hören!«. Die Geliebte legt aber offenbar Wert auf Diskretion und empfiehlt eine Flucht aus der Öffentlichkeit: »Fliehe, mein Geliebter, tue es der Gazelle gleich, bzw. dem jungen Hirsch auf den Balsambergen« (8,13f.).

So sehr sich jahrhundertelang Bischöfe, Priester und Pfarrer darum bemüht haben, das Hohelied auf das Verhältnis zwischen Gott und Menschen zu beziehen – zumindest Komponisten haben bereits im ausgehenden Mittelalter das Hohelied so vertont, dass das Publikum wahrnehmen konnte, dass es in ihm um nichts anderes geht als um die Liebe zwischen einer Frau und einem Mann.

Dazu abschließend nur zwei Beispiele: Komponisten, die ja gerne Liebeslieder komponierten, aber vermutlich keinen Wert darauflegten, den ohnehin meist bescheidenen finanziellen Ertrag ihrer Tätigkeit mit einem »Schreiberling« zu teilen, fanden im Hohelied ein ideales »Textbuch«. Es kostete sie praktisch nichts. Und da das Sujet der Heiligen Schrift entstammte, konnte ihnen niemand den Vorwurf machen, dass sie »moralgefährdende« Kompositionen verbreiten würden. Ja, die Ambiguität der Texte garantierte eine große Zahl von Aufführungen.

Der 1553 – also wenige Jahre nach dem Tod Luthers – in dem heute Südtirol genannten Landstrich südlich vom Brenner geborene, aber an verschiedenen Orten in Süddeutschland sowohl im Dienst von Fürsten als auch in der freien Reichsstadt Nürnberg wirkende Komponist Leonhard Lechner hatte bereits 30 Jahre vor seinem Tod unter dem Titel Motectae sacrae, Quator, Quinqve, et Sex Vocum einzelne Sätze aus dem Hohelied vertont. Dieser Teil des Alten Testaments war für ihn offenbar besonders wichtig. Denn unter dem Titel »Das erst und ander Kapitel des Hohenliedes Salomonis« komponierte er als sein letztes Werk einen Teil des Hohenliedes in der Übersetzung Martin Luthers. Publiziert wurde dieses Werk, dessen Teile die Merkmale damals verbreiteter »Gattungen« wie Sehnsuchtslied, Prahllied, Tagelied und Paraklausithyron (Türklage) aufweisen, aber erst nach seinem Tod.

Selbst in einem von der Reformation unberührten, streng katholischen Land wie Spanien konnte am Ende des 16. Jahrhunderts ein Komponist wie Francisco Guerrero folgende Passage aus der lateinischen Übersetzung des Hohenliedes so vertonen, dass kein Hörer, der die Tonsprache der Spätrenaissance kannte, darauf kommen konnte, dass er ein geistliches Opus hörte. »Dum esset Rex in accubitu suo, nardus mea dedit suavitatem odoris. Dilectus meus mihi, qui pascitur inter lilia. Ora pro nobis beata Maria Magdalena«. (Während der König an seinem Platz zu Tisch lag, ließ meine Narde ihren Duft ausströmen. Mein Geliebter gehört mir und ich ihm, der zwischen Lilien weidet. Bete für uns, selige Maria Magdalena!« Hld 1,11+2,16).

Dieser angefügte abschließende Satz ist geschickt gewählt, denn Maria Magdalena war nun einmal alles andere als eine Nonne, aber sie war eine biblische Gestalt, und einer späteren Überlieferung nach war sie die Geliebte von Jesus.

## Literatur

*Bartelmus, Rüdiger*, Das Hohelied – erotische Literatur in der Bibel? Berlin/Münster 2020.

*Haas, Volkert*, Babylonischer Liebesgarten. Erotik und Sexualität im Alten Orient, München 1999.

*Hagedorn, Anselm*, Art. Hoheslied, 2006, www.wibilex.de.

*Keel, Otmar*, Deine Blicke sind Tauben. Zur Metaphorik des Hohen Liedes, SBS 114/115, Stuttgart 1984.

## Abbildungsnachweis

Das Bild ist im WWW weit verbreitet ohne Copyright-Angabe. Es soll zuerst 1978 von der christlichen Satire-Zeitschrift »The Wittenburg Door« publiziert worden sein, gezeichnet von Den Hart.

# Ruth und die Frage nach der fremden Frau

*Melanie Köhlmoos*

## 1. Einleitung

Die »fremde Frau« wird in den Schriften der Hebräischen Bibel mit Skepsis, ja mit Ablehnung betrachtet. Am deutlichsten wird dies im Buch der Sprüche, in dessen Anfangskapiteln ständig vor der »fremden Frau« gewarnt wird (Prov 2,16–19; 5,3–8; 6,24f.; 32; 7,5. 25–27). Prov 5 macht in aller Ausführlichkeit deutlich: »Die ›Fremde Frau‹ ist attraktiv und verführerisch, steht jedoch zugleich für den Weg des Bösen und damit für eine grundlegende Richtungsentscheidung: Hält sich der Weisheitsschüler zur JHWH-Gemeinschaft, oder riskiert er, aus dieser herauszufallen?«[1] Die »fremde Frau« ist also diejenige, die JHWH-gläubige Männer bzw. Judäer mit allen Mitteln vom rechten Weg abbringen will. Das ist eindeutig ein frauen- und fremdenfeindliches Stereotyp, ein Vorurteil. Es ist aber keineswegs spezifisch für die Hebräische Bibel, sondern ein allgemein menschliches Phänomen: Um uns Klarheit darüber zu verschaffen, wer »wir« sind, definieren »wir« uns, indem wir uns von »den Anderen« abgrenzen.

Das Hebräische hat viele Begriffe für die »Anderen«. Im Zusammenhang mit der »fremden Frau« werden zwei benutzt. Zum einen gibt es die »fremde Frau«, die *'iššāh zārāh*« (Prov 2,16; 5,3. 20). Das Wort *zār*, »fremd«, hat eine recht große Bandbreite, von »ausländisch« bis zu »abtrünnig«. Die »fremde Frau« der Sprüche ist in der Regel eine, »die gesellschaftliche Normen nicht beachtet«.[2] Dies wird in den Sprüchen häufig als sexuell abweichendes Ver-

---

1 *Schipper*, Proverbien, 334.

2 *Maier*, Frau, 259.

halten geschildert, sie ist unzüchtig oder zügellos. Man übersetzt das Wort aber besser mit »Außenseiterin«. Gleichzeitig überschneidet sich *zār*, »fremd« häufig mit *nåkrî*, »Ausländer«. Stehen die beiden Begriffe beieinander, ist der *nåkrî*, »Ausländer« nicht nur der ethnisch Fremde, sondern der Ausländer als der, der anders ist als der Israelit (und damit meistens »böse«).

Im Buch Ruth kommt der Begriff der »fremden Frau« (*'iššāh zārāh*), nicht vor. Aber Ruth bezeichnet sich selbst als *nåkrijāh*, »Ausländerin« (Ruth 2,10). Solche Ausländerinnen sind es, mit denen in den Büchern Esra und Nehemia pauschal die Ehe verboten wird (Esr 10; Neh 13).

Das Buch Ruth zeigt im ganzen Aufriss, dass *nåkrijāh*, »Ausländerin« einen negativen Beiklang hat. Das wird hier aber nicht durch die Verwendung von *zār*, »fremd« weiter ausgeführt. Vielmehr ist Ruth eine ganz spezifische Fremde, Ausländerin, nämlich eine Moabiterin (Ruth 1,3; 2,2.6; 4,5.10). Außerhalb des Ruthbuchs sind Moabiter und besonders Moabiterinnen die Ausländer:innen, denen auf besondere Weise nachgesagt wird, dass sie von israelitisch-judäischen Normen und Werten abweichen. Den Beinamen »die Moabiterin« wird Ruth bis zum Ende der Geschichte nicht los. Jedes Mal, wenn Ruth »die Moabiterin« genannt wird, ist das Publikum des Buches aufgerufen, die Geschichte von Ruth in Bethlehem mit dem zusammenzudenken, was es über die Moabiterinnen weiß. Das ist kein freundliches Wissen. Den Moabiter:innen wird in der Hebräischen Bibel Folgendes vorgeworfen:

- Das ganze Volk Moabs entstammt einem Inzest (Gen 19).
- Die Moabiter wollen Israel durch Bileam verfluchen lassen (Num 22–24).
- Die Moabiterinnen haben Israel zu (Unzucht und) Götzendienst verführt (Num 25).
- Der moabitische König Eglon bedrückt Israel. Er ist ebenso fett wie leichtgläubig und wird unter sehr unehrenhaften Umständen getötet (Ri 3).
- König Salomos ausländische Frauen, unter ihnen Moabiterinnen, verführen Salomo zum Abfall von JHWH, so dass Israel in zwei Königreiche geteilt wird (1Kön 11,1–13).
- Mescha, der König von Moab, rebelliert gegen die israelitische Oberhoheit. Als ihm im Krieg eine Niederlage droht, opfert er seinen Sohn (2Kön 3,27).

Die erzählenden Überlieferungen der Hebräischen Bibel über Moab und die Moabiter:innen haben also nichts Positives über diese zu sagen. Im Gegenteil: Sie sind ausgesprochen negativ gefärbt, z. T. sogar bösartig. Demzufolge – und teils unter Rückgriff auf diese Erzählungen – verbieten Dtn 23,2–9 und Neh 13,23–27 Ehen zwischen Judäern und Moabiterinnen.

Ruth ist also nicht nur einfach eine fremde bzw. ausländische Frau. Sie stammt aus einem Volk von Blutschändern, Verrätern, Verführerinnen, Götzendienern, die sogar Menschen opfern. Das Ruthbuch schreibt gegen diese Vorurteile an und entwirft dabei eine Geschichte, die ebenso provokant wie charmant ist. Wie dies geschieht, ist im Folgenden skizzenartig nachzuzeichnen.

## 2. Historische Rückfrage: Was ist eigentlich Moab?

Moab ist keine Erfindung der biblischen Schriftsteller, sondern ein reales Land. Östlich des Jordan, im Gebiet des heutigen Jordanien gelegen, beansprucht Moab das zentrale und südliche Ostjordanland:

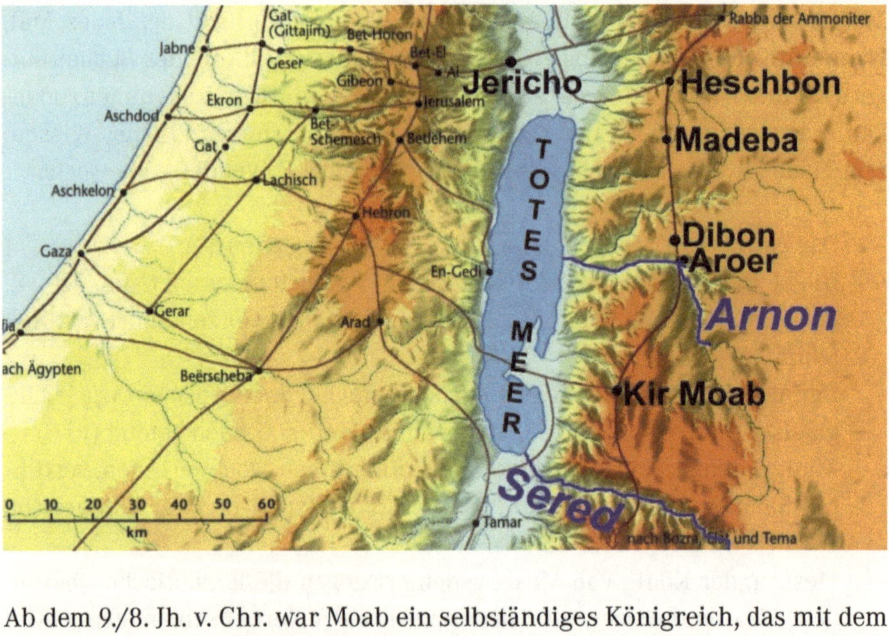


Ab dem 9./8. Jh. v. Chr. war Moab ein selbständiges Königreich, das mit dem benachbarten Königreich Israel in dauerhaftem kriegerischen Konflikt stand. Aus dieser Zeit stammt die Inschrift des Königs Mescha (vgl. 2Kön 3), auf der er den Krieg mit Israel aus seiner Sicht schildert: Nicht er ist von Israel abgefallen, sondern Omri und sein Sohn Ahab von Israel haben sich widerrechtlich moabitisches Territorium angeeignet (Mescha-Stele, Z. 11–21), und er hat es sich zurückgeholt. Bei den Rückeroberungen kam es auch nach

Meschas Darstellung zu schweren Kämpfen (Z. 11–18). Die Mescha-Inschrift ist ein außerbiblisches Zeugnis für die Könige Ahab, Omri und Mescha, sowie für den israelitischen Gott JHWH und den moabitischen Gott Kemosch. Weitere Schriftzeugnisse über Moab sind wenig aussagekräftig. Das gilt auch für den weiteren archäologischen Befund: Über Kultur und Geschichte Moabs gibt er wenig Auskunft. Die Reste lassen sich nur deswegen als »moabitisch« bezeichnen, weil sie auf moabitischem Gebiet liegen. Ansonsten sind sie typisch für die Region, aber nicht für ein Volk oder einen Staat. Nach dem 6. Jh. v. Chr. wurde Moab als ostjordanische Teilprovinz erst von den Babyloniern, dann von den Persern beherrscht, dabei wurde es gelegentlich mit Juda und Samaria gemeinsam verwaltet.

Vor dem 9. Jh. v. Chr. war Moab kein Königreich, sondern ein Gebiet. Das Ruthbuch wahrt diese Erinnerung indem es nie vom »Land Moab« spricht, sondern von den »Feldern Moabs«. Dies ist die Gegend zwischen dem Berg Nebo/Pisga und Jericho, am nördlichen Rand des späteren Königreiches. Legt man die biblischen und (wenigen) moabitischen Texte zugrunde, dann ist diese Gegend schon immer von verschiedenen Gruppen bewohnt worden, die sich entweder zu »Israel« oder zu »Moab« zählten. Diese Gemengelage dürfte der Grund für die Kriege des 9. Jh. v. Chr. gewesen sein, die in ihrer Heftigkeit wohl tiefe Spuren im kollektiven Gedächtnis hinterließen. Zumindest ist die Bösartigkeit der biblischen Texte zum Thema Moab daraus gut zu erklären. Nach dem kurzen Zwischenspiel des Königtums sind »Moabiter« und »Israeliten« erneut Gruppen, die nicht politisch definiert sind (als Angehörige eines Königreiches), sondern sich aus verwandtschaftlichen Linien und bestimmten Sitten und Gebräuchen selbst definieren. Dabei kommen sehr wahrscheinlich Strategien zum Einsatz, die sich in der Hebräischen Bibel am Beispiel Moabs beobachten lassen: Moabiter ist, wer an Kemosch glaubt und bestimmte Dinge tut; Israelit ist, wer an JHWH glaubt und bestimmte Dinge tut – oder eben nicht tut.

Das Ruthbuch spielt im 11. Jh. v. Chr. (vgl. 1,1), zu einer Zeit, als es weder ein Königreich Moab noch ein Königreich Juda gab, sondern nur Landschaften, die von verschiedenen Gruppen bewohnt wurden, die sich teils mischten, teils voneinander abgrenzten. Verfasst wurde es aber (wahrscheinlich) um das 5./4. Jh. v. Chr., als sowohl Juda als auch Samaria (das ehemalige Königreich Israel) als auch Moab Teil der persischen Provinz Transeuphrat waren. Erneut war die Bevölkerung »gemischt«, was Strategien der Selbstdefinition notwendig machte.

## 3. »Moabiterinnen sprechen kein Hebräisch«

In Neh 13,23–27 wird das Verbot aus Dtn 23 wiederholt, Israeliten mit Moabiterinnen zu verheiraten. Dabei wird nicht nur auf die Vorgänge aus dem Numeribuch verwiesen, sondern zusätzlich wird gesagt, dass die Kinder aus diesen Ehen nicht »jüdisch«, d. h. Hebräisch sprechen könnten.

Das Ruthbuch widerlegt die Annahme, Moabiterinnen könnten kein Hebräisch, von der ersten bis zur letzten Seite. An allen Stellen, wo Ruth zu Wort kommt (1,10. 16f.; 2,2. 10. 13. 19. 21; 3,5. 9), spricht sie perfektes, präzises und elegantes Tora-Hebräisch. Das hat nur vordergründig mit den Erfordernissen der Geschichte zu tun. Natürlich muss Ruth Hebräisch sprechen, denn sonst könnte man die Geschichte ja nicht verstehen. Indes gibt es auch in der althebräischen Literatur Möglichkeiten, die Personen Dialekte oder Mundarten sprechen zu lassen oder sich zumindest unbeholfen auszudrücken (vgl. Ri 12,5f.). Davon ist im Ruthbuch aber nichts zu spüren. Ruths Hebräisch ist vollkommen fehlerfrei und verrät ihre Herkunft in keiner Weise. Im Gegenteil: Der Schwur in 1,16f. ist äußerst kunstvoll formuliert. Ihre Erwiderung auf Boas in 2,13 ist überaus höflich, ohne unterwürfig zu sein, eher elegant und »höfisch«. Gemessen an Sprachstandards gleicht Ruth einer feinen Dame aus Jerusalem und keinem ostjordanischen Bauerntrampel.

Sprachgeschichtlich muss man ohnehin sagen, dass der Vorwurf Nehemias nicht vollständig korrekt ist. Alle in der Region verwendeten Sprachen – Hebräisch, Aramäisch, Moabitisch, Ammonitisch, Philistäisch und weitere – sind so eng miteinander verwandt, dass man sich mühelos in der eigenen Muttersprache miteinander verständigen konnte. Im schlimmsten Fall liegen die Sprachen so weit auseinander wie Schwäbisch und Hamburger Platt.

Tatsächlich geht es Nehemia auch gar nicht um aktive Sprachbeherrschung. Sprache ist der Weg, auf dem bei der Erziehung der Kinder Sitten und Gebräuche, Normen und Werte vermittelt werden. Elementarerziehung ist Sache der Mutter. Aber Israels und Judas Eigenarten stehen in den Schriften, und die sind auf Hebräisch verfasst. Nehemias Vorwurf will also sagen, dass die Moabiterinnen die Merkmale Israels nicht weitergeben können, weil sie deren Traditionen nicht kennen und/oder nicht verstehen. Auch dieser Vorwurf wird im Ruthbuch und von Ruth selbst widerlegt. In 1,16 spricht sie die sogenannte »Bundesformel« nach (JHWH ist Israels Gott, Israel ist JHWHs Volk), sie weiß, dass ihr das Nachleseprivileg zukommt (2,2), sie spricht Boas als »Löser« an (3,9). Umgekehrt gesteht Boas ihr zu, dass sie handelt wie Abraham und dass ihr Weg nach Juda ein Weg zu JHWH ist (2,2).

Im Ruthbuch wird also widerlegt, dass die Moabiter:innen Barbaren seien, die von Israel und JHWH nichts verstehen.

## 4. »Moabiterinnen sind Verführerinnen«

Dass Moabiterinnen einen anderen Gott als JHWH verehren, wird nur einmal kurz gestreift (1,15). Danach spielt das Thema »Götzendienst« keine Rolle mehr. Wenn Naomi in 1,8 würdigt, dass Ruth und Orpa der Familie Elimelech »Güte« erwiesen hätten, dann ruft sie damit einen zentralen Begriff des biblischen Gottesbildes auf. Das hebräische *ḥæsæd* bedeutet »Güte«, »Liebe«, »Barmherzigkeit«, »Gnade« und bezeichnet die Zuwendung JHWHs zu Israel. Ruth (und Orpa!) verhalten sich zu den Elimelechs wie JHWH zu Israel - ein großes Kompliment und eine theologisch gewagte Aussage. Da Ruth keine Götzendienerin ist, verführt sie auch weder Machlon noch Boas dazu.

In Gen 19 wird der Ursprung der Moabiter darauf zurückgeführt, dass nach dem Untergang Sodoms Lots Töchter (also Abrahams Großnichten) ihren Vater betrunken machen, um von ihm Kinder zu empfangen. In dieser giftig-polemischen Geschichte spielt es keine Rolle mehr, dass Lots Töchter zur Abrahams-Familie gehören. Im Vordergrund steht, dass den Müttern der Moabiter jedes Mittel recht ist, um zu Kindern zu kommen, bis zu Inzest und »Samenraub«. Nicht so Ruth. Ihre erste Ehe, die mit Machlon, bleibt kinderlos (Ruth 1). Da wir noch ganz am Anfang der Geschichte sind, könnte man den Schluss ziehen, dass bei der Familie Elimelechs alle moabitischen Verführungskünste nichts nützen. Dies wird aber schnell widerlegt. In Ruth 1 und Ruth 2 sagen alle Figuren, dass Ruth anständig und zurückhaltend ist. In ihrem Gespräch mit Boas Ruth 2,10–13 bedankt sich Ruth artig für die Achtung, die Boas ihr entgegengebracht hat, weist aber ausdrücklich darauf hin, dass sie keine *šipḥāh* (»Magd) des Boas ist. Eine solche kann von ihrem Herrn für sexuelle Dienste in Anspruch genommen werden. Ruth steht dafür nicht zur Verfügung.

Umso interessanter ist Ruth 3. Von sich aus geht Ruth nicht nachts auf die Tenne zu Boas. Vielmehr ist es Naomi, die sie schickt, aber ausdrücklich befiehlt, Ruth solle tun, was Boas sagt (Ruth 3,1–4). Falls Boas betrunken sein sollte (3,7), so ist er selbst dafür verantwortlich. Ruth nutzt die delikate Situation - sie selbst, gewaschen und parfümiert, im Dunklen zu Füßen des halbnackten Boas - jedoch keineswegs aus, sondern spricht Boas auf seine Familienpflicht des Lösers an. Diese enthält nur die Pflicht, Landbesitz in der Familie zu halten (Lev 25), nicht etwa Kinder zu zeugen. Boas würdigt Ruths sexuelle Zurückhaltung denn auch ausdrücklich (3,11). Weiter weg von den Töchtern Lots, aber auch von der fremden Frau des Sprüchebuchs, kann eine Frau gar nicht sein. Ob es nach dem Austausch zwischen Boas und Ruth auf dem Feld noch zum Sex kommt, lässt das Buch offen; falls ja, ist er einvernehmlich und nicht durch Täuschungsmanöver erzielt.

## 5. Fazit: Moabiterinnen sind Moabiterinnen – Na, und?

Ruth ist also keine Barbarin, keine Götzendienerin und keine Verführerin. Man könnte sie nach heutigen Maßstäben in ihrer ganzen Tugendhaftigkeit sogar etwas langweilig finden, würde sie nicht immer wieder von sich aus die Initiative ergreifen und ihre ungewöhnliche Treue und Integrität unter Beweis stellen. Man muss auf jeden Fall berücksichtigen, dass Ruth nach dem Tode ihres Mannes Machlon Naomi nichts schuldig ist. Die Ehe ist beendet, und damit gehört Ruth wieder in ihren moabitischen Kontext. Dass sie ihre Schwiegermutter und Juda vorzieht – warum auch immer – macht sie zu einem Charakter, dem das Persönliche wichtiger ist als das Politische, die auf vorgeschriebene Bräuche und kulturelle Erwartungen pfeift, wenn es um Liebe und Treue (zu Naomi) geht. Das macht sie in der Tat zu dem, was mit der »fremden Frau« des Sprüchebuchs als Horrorvorstellung gezeichnet wird: Eine Frau die ihrem Herzen folgt, und sei es um den Preis der Ausgrenzung.

Versuchen wir, uns in das ursprüngliche Publikum des Ruthbuchs hineinzuversetzen, dann ist der Text eine ungeheure Provokation. Niemand lässt sich gern vor Augen führen, dass er oder sie sich von Vorurteilen leiten lässt. Mehr noch: Ruth folgt der Tora, was Israel in seiner Geschichte ausweislich der Texte der Hebräischen Bibel sehr häufig eher nicht gelungen ist. Die heftigste Provokation für das Publikum liegt im letzten Vers des Buches, in 4,22: »Obed zeugte Isai. Isai zeugte David.« In Neh 13 wird auf den König Salomo verwiesen, der sich von seinen Frauen verführen ließ. Ruth 4 hält dagegen, dass Salomos Vater David der Urenkel einer Moabiterin war, die aber so gar nichts mit dem Moabiterinnen-Klischee zu tun hat.

Ob das Ruthbuch grundsätzlich für die Anerkennung von Ehen zwischen Judäern und Moabiterinnen oder anderen Ausländerinnen plädiert, lässt sich fragen. Immerhin funktioniert die Geschichte nur, weil Ruth sich »assimiliert«, bevor sie »integriert« wird. Auf diesen Sachverhalt weisen postkoloniale Leserinnen immer wieder hin, für die Orpa die eigentliche Identifikationsfigur ist, weil sie sich eben nicht den Anderen anpasst. Darüber lässt sich trefflich streiten, und es eröffnet eine neue Interpretationsebene für das Ruthbuch. In jedem Fall mahnt das Ruthbuch dazu, Vorurteile immer wieder zu überprüfen, gewissermaßen den Faktencheck zu machen. Das Beiwort »die Moabiterin« zwingt das Lesepublikum immer wieder dazu, die eigenen Erwartungen in Frage zu stellen. Am Ende kommt heraus: Eine Moabiterin ist zunächst eine, die eben aus Moab kommt und/oder moabitische Vorfahren hat. Alles Weitere muss sich zeigen.

## Literatur

*Beyer, Andrea*, Hoffnung in Bethlehem. Innerbiblische Querbezüge als Deutungshorizonte im Ruthbuch, BZAW 463, Berlin 2014.

*Hübner, Ulrich*, Mord auf dem Abort? Überlegungen zu Humor, Gewaltdarstellung und Realienkunde in Ri 3,12–30, BN 40, 1987, 130–140.

*Köhlmoos, Melanie*, Wo liegt das »Feld Moabs«? Migration und Genealogie in Ruth und 1Chronik, in: *B. Hensel* (Hrsg.), Migration und Theologie, ABG 74, Leipzig 2023, 115–134.

*Koosed, Jennifer L.*, Gleaning Ruth: A Biblical Heroine and Her Afterlives, Columbia, SC 2011 (Studies in Personalities of the Old Testament).

*Maier, Christl*, Die »fremde Frau« in Proverbien 1–9: Eine exegetische und sozialgeschichtliche Studie, OBO 144, Freiburg/Göttingen 1995.

*Pardes, Ilana*, Das Buch Ruth: Geschichte einer Migration, Berlin 2022.

*Schipper, Bernd Uwe*, Sprüche (Proverbia) 1–15, BK XVII,1, Neukirchen-Vluyn 2017.

## Abbildungsnachweis

*Hübner, Ulrich, Koenen, Klaus*, Art. Moab/Moabiter, 2008, www.wibilex.de.

# Ester oder: Wenn Lesarten sprechend sind

## Hermeneutische Reflexionen auf der Basis der jüngeren Esterbuchforschung

*Veronika Bachmann*

Die Erzählung von Königin Ester und ihrem Cousin Mordechai, die auf ein Edikt reagieren müssen, das die Ausrottung der gesamten judäischen Bevölkerung im persischen Weltreich befiehlt, vermag auf Leserinnen und Leser sehr unterschiedlich zu wirken. Noch immer schwingen aus einer christlichen Perspektive gerne antijüdische Klischees mit, insbesondere wenn die Hebräische Erzählfassung gelesen wird, die Gott nicht explizit nennt. Zugespitzt formuliert fallen bei einer solchen Lesart »die Juden« mit »Sonderregeln« auf, mit denen sie anecken. In der Reaktion gegen Feinde, die sich daran machen, grausam alle Angehörige von Mordechais Volk umzubringen, sieht man keine Verteidigung, sondern einen unverhältnismäßigen Vergeltungsschlag. Dieser wird insbesondere Ester angelastet, die *in extremis* als Bild herhalten muss für den Typus der rachsüchtigen, intriganten schönen Jüdin. Gewisse Äußerungen Martin Luthers trugen dazu bei, solche Klischees kirchlich lange mitgetragen zu haben. In die Forschung flossen sie bis in die Anfänge des 20. Jh. ein.

Wie lässt sich das Esterbuch anders lesen? Wo setzt es Pointen und wie profiliert es seine Erzählfiguren, wenn man genau auf den Text schaut? Und inwiefern hat gerade die Geschlechterforschung in den letzten Jahren daran mitgearbeitet, neuen Lesarten auf die Spur zu kommen? Diesen Fragen möchte ich anhand von sechs Dimensionen nachgehen, die in der jüngsten Esterbuchforschung vermehrt Beachtung gefunden haben.

## 1. Eine Geschichte in unterschiedlichen Versionen

Allein ein Blick in eine römisch-katholische oder christlich-orthodoxe Bibel verdeutlicht, dass es »das« Esterbuch nicht gibt bzw. dass je zu klären ist, von welcher Buchversion die Rede ist. Von der griechischen Langfassung der Septuaginta her,[1] die einen umfangreicheren Duktus hat als die hebräische Fassung, entwickelte sich die Tradition, in evangelischen Bibelausgaben mit Apokryphen auch die sogenannten »Stücke« oder »Zusätze« zu Ester zugänglich zu machen. Dass damit eine integrale alternative Erzählversion nur in Stücken zugänglich gemacht wird, korrigieren heute gewisse Bibelausgaben wie die Bibel in gerechter Sprache oder die Gute Nachricht Bibel. Das Esterbuch wird dort in zwei Ganzversionen präsentiert, in der hebräischen und in der besagten griechischen Langfassung.

In der Forschung wurden lange die textgeschichtlichen Implikationen der unterschiedlichen antiken Textfassungen diskutiert, bevor sich das Interesse in den letzten Jahren immer stärker auf narrative Analysen und thematische Vergleiche zwischen den Erzählversionen verschoben hat. Von Anfang an wurde dabei auch der vergleichenden Analyse geschlechterpolitischer Akzentsetzungen Beachtung geschenkt. Was bedeutet es etwa, dass die hebräische Erzählversion gleich zu Beginn anhand der Erzählung von Königin Waschti, die sich einem Befehl ihres betrunkenen Gatten verweigert, worauf dieser mit einer administrativen Großaktion zur Rettung der Ehre aller Männer im persischen Weltreich reagiert (Est 1), männliche Suprematie zum Thema macht? Welche Auswirkung auf die Wahrnehmung dieser kritischen Spiegelung des vorgeführten Regierungsstils und der vorgeführten Mentalität hat es, wenn die griechische Langfassung dieser Szene einen Erzählauftakt in ganz anderer Tonalität und mit anderem Thema voranstellt? Und was bedeutet eine solche Verschiebung für die Profilierung der Esterfigur? Wie sehr bleibt sie erkennbar als Figur, die bei ihrem Agieren – in den Fußstapfen von Waschti – mit grundsätzlich denselben Herausforderungen konfrontiert ist?

Nicht nur, aber gerade auch die vergleichenden Arbeiten, die sich explizit Geschlechterfragen widmen, haben das Bewusstsein dafür geschärft, dass jede Erzählversion – ob antik oder modern – Teil eines Diskurses ist und diesen mitsteuert – wobei mit gleichem Stoff durchaus unterschiedliche Positionierungen möglich sind.

---

[1] Neben dieser Langfassung gibt es noch einen griechischen Kurztext (sog. Alpha-Text). Beide Versionen finden sich in Übersetzung abgedruckt in der Septuaginta Deutsch, hrsg. von *W. Kraus* und *M. Karrer* (Übersetzung: Kristin De Troyer und Marie-Theres Wacker).

## 2. Die Frage des Grundtons

Blickt man auf die Forschungsliteratur, so wird gerade aus einer Perspektive, die für Geschlechterfragen sensibel ist, deutlich: Mehr als bei anderen biblischen Büchern spielen bei der Esterauslegung hermeneutische Fragen und damit auch Fragen nach biblischen Lesetraditionen eine entscheidende Rolle. Auffällig viele Forschungsbeiträge aus dem angelsächsischen Raum bestimmen z.B. den Erzählstil der hebräischen Erzählfassung als karikierend oder gar karnevalesk und an vielen Stellen mit ironischen Spitzen spielend. Ein solcher Blick auf den Text schöpft nicht zuletzt aus der Festtradition von Purim, schenkt aber auch dem vorherrschenden Stilmittel des Übertreibens und Überzeichnens Beachtung. Die Herausforderung: Nur wer einen solchen karikierenden und ironischen Grundton wahrnimmt, kann z.B. im Auftakt der hebräischen Erzählfassung besagte Spitze gegen männlichen Suprematismus erkennen. In der vorherrschenden deutschsprachigen Exegese wird der Frage nach dem Grundton bisher wenig Beachtung geschenkt. Das hat zur Folge, dass die Dimension der Ironie insbesondere für die Einschätzung der geschlechterpolitischen Positionierungen der Erzählversionen selten bedacht wird. Arbeiten mit kritischem Blick auf Geschlechterfragen, die hier einen anderen Weg wählen, bleiben im deutschsprachigen Raum bis heute marginal.

In der römisch-katholischen Auslegungstradition waren über Jahrhunderte allegorische Deutungen vorherrschend. Ein allgeorischer Zugang steht der Wahrnehmung eines ironischen Grundtons in besonderer Weise im Weg: Wenn z.B. Ester, die Waschti als Königin ablöst, von Hrabanus Maurus und anderen als Kirche gedeutet wird, die die Synagoge ablöst, oder wenn – wie beim syrischen Kirchenlehrer Aphrahat – der König in Est 1–2 mit Gott identifiziert wird, dem Waschti/die Synagoge im Gegensatz zu Ester/der Kirche nicht gefallen hat, wird damit praktisch jede Möglichkeit ausgeschlossen, in der Erzählung eine komische, ironische oder gar satirische Note zu entdecken.[2] Insbesondere der König bleibt hier unfehlbarer König. Ähnliches gilt allerdings auch für einen Zugang zur Bibel, wonach jeder Bibeltext eine normative Botschaft enthalten muss. So gibt es bis ins 21. Jh. hinein die insbesondere Frauen an ihren Platz weisende Lesart, in Waschti ein Negativbeispiel für eine ungehorsame, schlechte Ehefrau zu sehen, während Ester zur

---

2 Vgl. zu beiden Beispielen *Bachmann, Veronika*, The Esther Narratives as Reminders – For Jews and for Christians, in: European Judaism 47, 2014, 117–126.

vorbildlich gehorsamen, tugendhaften Ehefrau hochstilisiert wird.[3] Aus einer Geschlechterforschungsperspektive ist es somit insgesamt aufschlussreich zu beobachten, wer bei Ester mit welcher Erzählversion als Basis welchen Grundton postuliert und für konkrete Thesen zum Buch voraussetzt. Die Wahl stellt entscheidende Weichen.

## 3. Übersetzungsfragen

In Bezug auf die hebräische Esterbuchfassung sind in den letzten Jahrzehnten an zwei Textstellen – bei Est 4,14 und 8,11 – Diskussionen zur Übersetzung aufgebrochen, da Alternativübersetzungen möglich scheinen. Beide Stellen sind nicht unwichtig für die Interpretation der dargestellten Geschlechterbeziehungen und für die Bewertung des Handelns von Ester und Mordechai als *jehudim*. Bemerkenswerterweise hat die Übersetzungsalternative von Est 8,11 bereits Eingang in die aktuelle Lutherübersetzung und in die revidierte Einheitsübersetzung gefunden.

Die erste Übersetzungsalternative betrifft Mordechais an Ester gerichtete Worte, mit denen er sie dazu bewegen möchte, sich beim König für die Rettung des bedrohten Volkes einzusetzen (Est 4,13b–14). Analog zu den anderen Standardübersetzungen übersetzt hier die Lutherbibel:

> »13b Denke nicht, dass du dein Leben errettest, weil du im Palast des Königs bist, du allein von allen Juden. 14a Denn wenn du zu dieser Zeit schweigen wirst, 14b wird eine Hilfe und Errettung von einem andern Ort her den Juden erstehen. 14c Du aber und deines Vaters Haus, ihr werdet umkommen.«

Mordechai wendet sich hier in harschem und drohendem Ton an Ester: Falls sie nichts tue, würden sie und ihre ganze Sippe umkommen, während die *jehudim* von einem anderen Ort her gerettet würden. Die Logik dieser Drohung

---

3 Vgl. auf das Beispiel einer kirchlichen Unterweisung im südafrikanischen Kontext hinweisend *Masenya, Mmadipoane*, Theirs Hermeneutics was Strange! Ours is a Necessity! Reading Vashti in Esther 1 as African Women in South Africa, in: *C. Vander Stichele, T. Penner* (Hrsg.), Her Master's Tools? Feminist and Postcolonial Engagements of Historical-critical Discourse. Global Perspectives on Biblical Scholarship 9, Atlanta, GA 2005, 179–194: 187f. Für eine bürgerlich-reformatorische Interpretation mit gleicher Stoßrichtung aus dem Zürich des 16. Jh. vgl. Jos Murers Hester-Spiel (1567), zugänglich über: https://www.e-rara.ch/zuz/content/titleinfo/1283649.

ist merkwürdig, da erstens auch Mordechai zu Esters Sippe gehört und zweitens fraglich ist, warum Esters Einsatz so wichtig sein soll, wenn es eine alternative Rettungsmöglichkeit zu geben scheint. Mehrere jüngere Kommentare zum Esterbuch beschreiten inzwischen einen anderen Weg.[4] Sie interpretieren V. 14b als Interrogativ-Apodosis und postulieren somit eine rhetorische Frage, die zum Verneinen aufruft:

> »Denn wenn du wirklich schweigst in dieser Zeit: Wird Befreiung und Rettung für die *jehudim* von einem anderen Ort erstehen? Auch du und das Haus deines Vaters, ihr werdet umkommen!«

Mit dieser Übersetzung wirkt das Beziehungsgefüge zwischen Mordechai und Ester deutlich kooperativer als mit der klassischen Übersetzung. Mordechai setzt genau auf Ester, weil nur noch sie als Retterin – vielleicht gerade dank Gottes Vorsehung? – in Frage kommt. Bei dieser Übersetzung wird in Kauf genommen, dass sich »von einem anderen Ort« nicht mehr auf Gott beziehen lässt, wie es die jüdische Tradition auf Basis der klassischen Übersetzung vorschlägt.

Bereits in jüngste Revisionen gewisser Standardübersetzungen hat eine Neuübersetzung von Est 8,11 Eingang gefunden. Noch in der Lutherübersetzung von 1984 hieß es – es geht hier um den Inhalt des Gegenedikts –, der König habe den *jehudim* erlaubt, »sich zu versammeln und ihr Leben zu verteidigen und alle Macht des Volks und Landes, die sie angreifen würden, zu vertilgen, zu töten und umzubringen samt den Kindern und Frauen und ihr Hab und Gut zu plündern [...].« Neu wird in Luther 2017 übersetzt, der König habe den *jehudim* die Erlaubnis gegeben, »sich zu versammeln und ihr Leben zu verteidigen und alle Macht des Volks und der Provinz, die sie samt Kindern und Frauen angreifen würden, zu vertilgen, zu töten und umzubringen und ihr Hab und Gut zu plündern [...].« Der Unterschied liegt darin, dass mit dieser Übersetzung nicht zur Tötung der Feinde samt ihren Familienangehörigen aufgerufen wird. Dies käme einem Vergeltungsschlag gleich, da auch das Haman-Edikt auf die Vernichtung ganzer Familien abzielt. Die Übersetzungsalternative betont, dass nur die Tötung der Angreifenden und somit eine Selbstverteidigungserlaubnis im Blick ist. Hier ist der hebräische Text syntaktisch zweideutig: Beide Übersetzungen sind möglich. Mit der neuen

---

[4] So z. B. *Ego, Beate*, Ester, BK. AT 21, Neukirchen-Vluyn 2017, 243. 249–252; *Macchi, Jean-Daniel*, Ester, IEKAT, Stuttgart 2021, 180.

Übersetzung lässt sich jedoch ein Zeichen setzen gegen das problematische Klischee »jüdischer Rachsucht«.

Noch in keine Standardübersetzung scheint die Diskussion um die Übersetzung der Bezeichnung *jehudim* (hebräisch) bzw. *ioudaioi* (griechisch) eingeflossen zu sein. Während die Einheitsübersetzung und die Zürcher Bibel z B. im Nehemiabuch *jehudim* konsequent mit »Judäer« wiedergeben, übersetzen sie die Bezeichnung im Esterbuch konsequent mit »Juden«. Mit der Estererzählung geraten wir somit nicht zuletzt mitten in den Fragenkomplex, ab wann es religionsgeschichtlich sinnvoll und geboten ist, statt von Judäerinnen und Judäern, der Bezeichnung für die Bewohnerinnen und Bewohner des Südreiches Juda und deren Nachfahren, von Jüdinnen und Juden zu sprechen. Da das Purimfest, das durch die Erzählung begründet wird, heute allein im Judentum gefeiert wird und Jüdinnen und Juden im Laufe ihrer Geschichte vom Inhalt der Erzählung in tragischer Weise immer wieder eingeholt worden sind, ist es nachvollziehbar, dass aus jüdischer Perspektive die Übersetzung »Juden (und Jüdinnen)« eine passende Übersetzung ist. Aus christlicher Perspektive lässt sich selbstkritisch fragen, was der Übersetzungsunterschied bedeutet: Verleitet eine Übersetzung mit »jüdisch« statt »judäisch« aus einer christlichen Perspektive dazu, das Buch als »jüdisches Buch« aus dem eigenen Bibelkanon auszugrenzen und theologisch sowie liturgisch (z.B. als Predigttext) weniger ernst zu nehmen als andere Bücher des Alten/Ersten Testaments?

## 4. Intertextualität

Hat in den letzten Jahren das Interesse an den unterschiedlichen Erzählversionen zugenommen, so auch das Interesse an Untersuchungen zu intertextuellen Bezügen der Estererzählungen. Aus einer an Genderfragen interessierten Perspektive liegen inzwischen insbesondere Vergleiche mit anderen »Frauenbüchern« wie dem Juditbuch oder der Susanna-Erzählung und ihren weiblichen Hauptfiguren vor. Die Frage, inwieweit solche Texte reale Frauen in ihrer Entfaltung gestützt haben – gerade in einem Diskurs um Möglichkeiten und Grenzen von Frauenrollen in Kontexten der hellenistisch-römischen Zeit –, wird von gewissen Arbeiten mitbedacht, bleibt aber schwierig zu beantworten.

Mehrfach wurden Vergleiche zwischen der Esterfigur und der Figur von Josef (Gen 37–50) vorgelegt. Solche Vergleiche vermögen der Esterfigur erzählerische und theologische Konturen zu geben, die allein mit Blick auf das

Esterbuch nicht zwingend erkannt werden, aber für ihre Profilierung zweifellos von Bedeutung sind, da die Josefserzählung bei den Abfassungskreisen und Adressatinnen und Adressaten der Estererzählungen als bekannt vorausgesetzt werden dürfen. Auch bei Josefs Schicksal steht Gott erzählerisch im Hintergrund, beide Figuren werden der eigenen Familie entrissen, beide sind mit einem höfischen Kontext konfrontiert, der intrigante Machtspiele erlaubt (vgl. bei Josef Gen 39), und beide spielen eine rettende Rolle für ihre Familie bzw. für ihr Volk.

Eher unterbelichtet fiel bisher die Analyse intertextueller Bezüge zu den Tora-Texten aus, die den Auszug aus Ägypten zum Thema haben. Nimmt man ernst, dass bei der Estergeschichte von der Gattung her eine Hoferzählung und die Erzählung einer kollektiven Rettung, die an die Exoduserzählung erinnert, miteinander verflochten und in eine »historische Zeit« transferiert vorliegen (perserzeitliches Erzählsetting), stellt sich die Frage nach erzählerischen und theologischen Pointen nochmals neu. Auffällig ist die Datierung des Erlasses des Ausrottungsediktes am 13. Tag des ersten Monats: Die Trauerreaktion der *jehudim* bzw. *ioudaioi* fällt damit genau in die Zeit von Pessach. Statt zu feiern, fasten sie – und können in dieser Situation nur mehr auf die Pessach-Wahrheit hoffen, also darauf, dass Gott sein Volk erneut retten wird. Die Tatsache, dass die *jehudim* am Ende der Erzählung Ruhe vor den Feinden erfahren, vermag das Lesepublikum im Vertrauen zu bekräftigen, dass Gott seinem Volk als Retter treu bleibt. Ester kommt damit nicht nur als Figur in den Blick, die gemeinsam mit Mordechai ein neues Fest, Purim, etabliert, sondern auch als Figur, die durch ihren Einsatz wesentlich dazu beiträgt, dass sich auch Pessach wieder glücklich feiern lässt.

## 5. Die Frage nach Gott und nach Ordnung, die trägt

Zur Frage nach der Theologie insbesondere der hebräischen Erzählfassung, die Gott nicht explizit erwähnt, ist viel geschrieben worden. Auch hier lässt sich beobachten, dass die Bewertung gerade von Ester stark von der Einschätzung abhängt, ob man diese Buchversion als bewusst säkular gehalten interpretiert oder nicht. Arbeiten, die einen »säkularen« Buchcharakter postulieren, gehen bisweilen so weit, Ester mit dem Attribut skrupellos zu bezeichnen. Eine antijüdische Tendenz wird umschifft, indem etwa erwogen wird, das Buch habe sein damaliges Lesepublikum mit einem Negativbeispiel davor warnen wollen, sich von der Religion abzuwenden.

Ein jüngster Interpretationsvorschlag eröffnet eine ganz andere Perspektive.[5] Er basiert auf einer Lesart, die den persischen König und seine Manie, Gesetze zu erlassen, als Negativfolie deutet für die Vorstellung des wahren Königs (Gott), der eine gute Ordnung und gute Weisungen (Tora) verantwortet und dieser guten Ordnung im Hintergrund Schritt für Schritt – im Zusammenspiel mit menschlichem Agieren – zum Durchbruch verhilft. Ester, Mordechai und alle weiteren *jehudim* repräsentieren danach Menschen, die den Ordnungssinn dieser wahren Ordnungsinstanz teilen und sich damit sowohl vom skrupellosen Ordnungsverständnis von Haman, der über Leichen geht, um seine Ziele zu erreichen, als auch vom chaotischen Wirken des persischen Königs abgrenzen . Dieser ist zwar ständig mit Gesetzeserlassen beschäftigt, vermag damit jedoch seiner Reichsbevölkerung weder zuverlässige Sicherheit noch reichsweiten Frieden zu gewährleisten.

Damit eröffnet sich ein ganz anderer Blick sowohl auf die Esterfigur als auch auf ihr Volk – und es wird verständlich, warum die Erzählung an mehreren Stellen eine Offenheit für Menschen anderer Volkszugehörigkeit signalisiert (vgl. Est 8,17; 9,27) – jedem Mann und jeder Frau wird ein Sinn für eine tragfähige, auf gemeinschaftliches Wohl ausgerichtete Ordnung zugetraut, und weltweit gemeinsam danach zu leben, wird als Ideal in den Raum gestellt.

## 6. Zur Frage, wer mit dem Text was und was der Text mit wem macht

Inwiefern ist Ester ein »Frauenbuch«? Wem ist es im Laufe der Jahrhunderte seiner Rezeption warum wichtig gewesen? Wer hat zu welchem Zweck auf die Esterfigur oder auch auf Waschti rekurriert? Nicht zuletzt dank der seit 2010 entstehenden Enzyklopädie »Die Bibel und die Frauen« sind mehrere aufschlussreiche Beiträge zur vielfältigen Rezeption des Buches und seiner Protagonistin Ester entstanden. Aufschlussreich sind sie, weil sie auf Frauen und Frauengruppen blicken, die in Vergessenheit geraten oder als Bibelrezipientinnen bisher kaum ernst genommen worden sind. Über Ester-Lektüren wird hier reale Frauengeschichte aufgerollt.

Der Durchgang durch die verschiedenen Themen der Forschung dürfte verdeutlicht haben, dass das Esterbuch aufgrund stilistischer und inhaltli-

---

5 Vgl. *Bachmann, Veronika*, Verdrehtes Recht versus Tora. Zur theologischen Bedeutung der Gesetzesthematik im hebräischen Esterbuch, BZSup 8, Paderborn 2023.

cher Eigenheiten stärker als andere biblische Bücher vor Augen hält, dass auch akademische Zugänge letztlich nicht frei von Prägungen sind. Den weisheitlich-spielerischen Charakter insbesondere der hebräischen Version gilt es somit durchaus ernst zu nehmen: Wer Ester liest, gibt viel von sich selbst preis.

## Literatur

Einblicke, wie Frauen das Esterbuch und die Esterfigur rezipiert haben, bieten insbesondere Beiträge der Bände 1.3; 4.1; 4.2; 6.1; 6.2; 7.2; 7.3 und 8.1 der Enzyklopädie: Die Frauen und die Bibel, hrsg. von *Irmtraud Fischer* et al.; Stuttgart 2010ff.

*Bachmann, Veronika,* Verdrehtes Recht versus Tora. Zur theologischen Bedeutung der Gesetzesthematik im hebräischen Esterbuch, BZSup 8, Paderborn 2023.

*Bachmann, Veronika,* Drei Frauen am Hof. Das Esterbuch (Teil 2), in: Bibel und Liturgie 87, 2014, 134–140.

*Butting, Klara/Minnaard, Gerard/Wacker, Marie-Theres* (Hrsg.), Ester. Mit Beiträgen aus Judentum, Christentum, Islam, Literatur, Kunst, Die Bibel erzählt ..., Wittingen 2005.

# Judit

## Eine Frau ist mutiger

*Barbara Schmitz*

»Wer kann dieses Volk verachten, das solche Frauen in seiner Mitte hat?« (Jdt 10,19) fragen die assyrischen Soldaten, als sie Judit und ihre Magd in ihrem Lager erblicken. Die Bewunderung von Judit, aber auch die Empörung über sie bilden die beiden Pole der Reaktionen, die sich auch in der Rezeptionsgeschichte widerspiegeln: Bewunderung für ihre mutige Tat zur Rettung Israels und der Welt, Empörung über die Tötung durch eine Frau oder große Vorsicht gegenüber einer Frau, die geschickter zu sein scheint, als es das Umfeld ihr zutraut.

Die ambivalenten Reaktionen, die die Erzählung hervorgerufen hat, stützen sich oftmals auf wenige Passagen der Erzählung. Daher wird im Folgenden zunächst der erzählerische Kontext referiert, sodann die Frage nach der Historizität der Erzählung, nach Struktur und Aufbau, nach der »Originalsprache« gestellt, um dann die zentralen Figuren, Gott und Judit nach der griechischen Textfassung im Unterschied zur Textfassung der Vulgata, die Martin Luther für seine Übersetzung gewählt hat, zu diskutieren.

## 1. Die Handlung der Erzählung

Die biblische Erzählung selbst setzt nicht mit der Figur Judit ein, sie tritt vielmehr erst nach der Hälfte der Erzählung in Kapitel 8 auf. Bis dahin wird erzählt, wie der assyrische König Nabuchodonosor die ganze Welt seiner Herrschaft unterwerfen will und dazu zunächst Arphaxad, seinen Gegner im Osten, nach fünf Jahren besiegt. Zeitgleich hat Nabuchodonosor Boten in den Westen ausgesandt, damit sich die dort lebenden Völker seiner Herrschaft unterwerfen. Das haben diese allerdings abgelehnt, was den Zorn des Königs hervorgerufen hat (Jdt 1). Nach einem 120-tägigen Fest, mit dem er seinen Sieg über Arphaxad feiert, ruft er seinen Stellvertreter Holofernes zu sich und beauftragt ihn in einer Rede mit der Eroberung des Westens, damit er als König ausziehen könne, um die Völker im Westen zu bestrafen (Jdt 2,1–13). In einem groß angelegten Feldzug erobert Holofernes Volk um Volk im Westen (Jdt 2,14–28). Friedensangebote der Völker lehnt er ab, vielmehr zerstört er ihre Kultanlagen und Tempel und verlangt die Verehrung Nabouchonosors als des einen Gottes (Jdt 3). Mittlerweile vor Judäa angekommen, sind die Israeliten in höchster Alarmbereitschaft und ergreifen weniger militärische, sondern vor allem kultisch-theologische Maßnahmen, um das Unheil für den gerade erst wiedereingeweihten Tempel und sich selbst abzuwenden (Jdt 4). Erstaunt über den ersten Widerstand erstattet der Ammoniter Achior Bericht über die Israeliten vor Holofernes und hebt hervor, dass dieses Volk in seiner Geschichte immer dann stark gewesen sei, wenn Gott auf seiner Seite sei (Jdt 5). Dies ist kein Rat, den der erfolgsverwöhnte Holofernes hören möchte, und so wirft er ihn aus seinem Lager, nicht ohne erneut Nabuchodonosor als den einen Gott hervorzuheben (Jdt 6,1–9). Ausgeliefert an die judäische Stadt Betulia berichtet Achior von dem Vorgefallenen und löst damit noch größeren Schrecken aus (Jdt 6). Zwischenzeitlich haben die anderen Feldherren Holofernes geraten, die Stadt von ihren Wasserquellen abzuschneiden. 34 Tage der Belagerung lösen in Betulia dann einen Aufstand der Bevölkerung aus. Sie fordert, die Stadt den Angreifern zu übergeben. Die Ältesten der Stadt handeln eine Frist von fünf Tagen aus (Jdt 7). Erst jetzt betritt Judit die Bühne der Handlung, die mit einer langen Genealogie und ihrer bisherigen Lebensgeschichte vorgestellt wird: Als Witwe hat sie den Besitz ihres Mannes geerbt, lässt diesen von einer ›Magd‹ verwalten, lebt selbst ein zurückgezogenes Leben. Betont werden ihre große Schönheit und ihr hohes Ansehen. Entsprechend ihrer hohen gesellschaftlichen Position bestellt sie die Ältesten der Stadt zu sich und erläutert ihnen in einer ausführlichen Rede, warum die Frist von fünf Tagen theologisch falsch ist (Jdt 8). Unverständig verlassen die Ältesten Judit, die daraufhin im Trauerritus ein langes Gebet an Gott richtet, in dem sie um die Stärke Simeons bittet (Jdt 9). Anschließend wäscht, salbt und schminkt sie sich, macht sich schön und zieht gemeinsam mit ihrer Magd von der Stadt ins Lager der Assyrer (Jdt 10). Dort angekommen hält sie vor Holofernes eine ausführliche Rede, in der sie erläutert, dass sie ihm den richtigen Zeitpunkt zum Angriff nennen könne (Jdt 11). Die beiden Frauen leben im Lager der Assyrer, bis Holofernes aus Sorge um sein Ansehen als Mann ein privates Fest in seinem Zelt arrangieren lässt

(Jdt 12). Nachdem Judit und Holofernes am Ende des Abends alleine sind, hat dieser allerdings in Vorfreude auf eine Nacht mit der schönen Judit so viel getrunken, dass er auf seinem Bett einfach eingeschlafen ist. Judit nimmt nun sein Schwert, betet zwei Mal zu Gott und trennt in zwei Schlägen seinen Kopf ab. Zusammen mit ihrer Magd und dem Kopf des Holofernes verlassen die beiden Frauen das Lager der Assyrer und kehren nach Betulia zurück. Nachdem sie alles erzählt haben, weisen sie das Volk an, Lärm zu machen und so zu tun, als wollten sie das Lager der Assyrer angreifen. Geweckt durch den Lärm entdeckt man den kopflosen Holofernes mit dem Ergebnis, dass alle fliehen und die Israeliten das Lager ungehindert plündern können (Jdt 14). Judit und die Frauen führen dann einen Festzug an, der die ihnen folgenden Männer nach Jerusalem führt, wo der Sieg mit einem großen Fest begangen wird (Jdt 15). In einem abschließenden Hymnus besingt und reflektiert Judit das Geschehen. Die Geschichte endet mit dem Hinweis, dass zwar viele Männer Judit heiraten wollten, sie aber unverheiratet bis zu ihrem Tod blieb, sie ihrer Magd die Freiheit schenkte und niemand mehr Israel Zeit ihres Lebens behelligt habe (Jdt 16).

## 2. Die Frage nach der Historizität der Erzählung

Ein *assyrischer* König mit dem babylonischen Namen *Nabuchodonosor* (griech. für Nebukadnezzar)? Dessen Stellvertreter einen *persischen* Namen trägt? Der ein Weltreich erobern will, wie der *makedonische* König Alexander der Große? Der auf ein Israel trifft, das gerade erst nach dem Exil nach Israel zurückgekehrt ist (6. Jh. v. Chr.) und dessen Tempel *wieder*eingeweiht wurde (164 v. Chr.)?[1]

Nimmt man diese Informationen zusammen, wird schnell klar, dass die Juditerzählung aus unterschiedlichen Zeiten und Epochen Material in einer Erzählung zusammenfügt. Dabei reicht das Material von der assyrischen bis in die hellenistische Zeit. Damit wird deutlich, dass die Erzählung kein historischer Bericht sein will, sondern als eine Erzählung verstanden werden möchte, die unterschiedliches Material aus verschiedenen Epochen zusammenfügt und in ein Geschehen vereinigt. Dabei werden im Modus des Als-ob die großen Bedrohungen des Volkes Israels in einer Erzählung zusammengebunden und so in einer fiktiven Konstellation vereinigt: Der imperiale Anspruch der antiken Großmächte, wie der Assyrer oder Babylonier, die Erobe-

1 Vgl. zum Folgenden ausführlich die Einleitung von *Schmitz/Engel*, Judit, 2014.

rung und Deportation durch die Babylonier (597 und 587 v. Chr.) und die Zerstörung des Jerusalemer Tempels (587 v. Chr.) oder auch die erneute Bedrohung des Jerusalemer Tempels durch den seleukidischen König Antiochus IV, dessen Interventionen den Aufstand der Makkabäer zur Folge hatte (2. Jh. v. Chr.).

Die Juditerzählung ist also eine fiktionale Erzählung, die in vielfältiger Weise historische Erinnerungen wachruft. Insofern konstituiert die Erzählung eine eigene Textwelt – nicht jenseits, sondern mit den historischen Erinnerungen Israels.

Interessanterweise fehlen jedoch Hinweise auf Römisches in der Erzählung. Dies hat – neben anderen Aspekten – dazu geführt, dass man die Erzählung an das Ende des 2. Jh. v. Chr. datiert.

## 3. Struktur und Aufbau: Reden und Gebete

Die Juditerzählung zeichnet sich durch zwei unterschiedliche Strukturmerkmale aus:[2]

Zum einen bildet die Handlung einen Spannungsbogen, der sich durch einen Tiefpunkt und einen Höhepunkt auszeichnet. Im ersten Teil der Erzählung (Jdt 1–7) wird die zunehmende Bedrohung der gesamten Welt durch den Weltherrschafts- und Gottesanspruch Nabouchodonosors erzählt, was für Israel bedeutet, den Glauben an den Gott Israels aufgeben zu müssen und die (erneute) Zerstörung des Jerusalemer Tempels erwarten lässt. Dies löst in Israel als erstem Volk in der erzählten Textwelt massiven Widerstand gegen das übermächtige assyrische Militär aus und führt bei der Belagerung der Stadt Betulia zu einer ausweglosen Situation, sodass die Bevölkerung nur noch mit ihrem Tod rechnet. Am Tiefpunkt des Geschehens setzt dann in Jdt 8 die Handlung mit dem Auftritt Judits neu ein, die ihr Rettungshandeln vollzieht. Dies findet in der Tötung des Tyrannen Holofernes ihren Höhepunkt und ihr Happy End mit dem Fest am Jerusalemer Tempel.

Zum anderen wird das Buch Judit aber auch durch sechs Reden und Gebete durchzogen, die über die gesamte Erzählung einen eigenen Spannungsbogen bilden: Die Rede von Nabouchodonosor am Anfang (Jdt 2), in der dieser sein künftiges Strafgericht ankündigt, steht der Rede Judits am Ende gegenüber (Jdt 16), in der diese das Geschehen rückblickend zusammenfasst und deutet. Achiors Rede vor Holofernes (Jdt 5) wird durch Judits Rede vor Holo-

2 *Schmitz*, Gedeutete Geschichte, 2004.

fernes (Jdt 11) gespiegelt, in der dem Feldherrn jeweils ein (nahezu identischer) Rat erteilt wird, der bei Achior auf Ablehnung stößt, bei der schönen Judit aber die Zustimmung von Holofernes erfährt. In der Mitte stehen die theologische Rede von Judit (Jdt 8), die die Ältesten der Stadt belehrt und korrigiert, sowie das große Gebet von Judit zu Gott (Jdt 9), in dem sie dessen Hilfe erbittet.

Durch diese beiden unterschiedlichen Strukturmerkmale ergibt sich zunächst eine flott erzählte, spannende Handlung, die – spätestens bei wiederholtem Lesen – eine zweite Ebene durch die Reden und Gebete eröffnet, durch die das Geschehen fundiert und reflektiert wird.

## 4. Die Frage nach der »Originalsprache«

Lange hat man Hebräisch oder Aramäisch für die Originalsprache des Buches gehalten. Begründet wurde dies mit der für das Griechische untypischen Reihung von Hauptsätzen, die mit »und« verbunden sind. Zudem finden sich in vielen Teilen der Erzählung typisch ›hebräische‹ Wendungen und Formulierungen.

In den letzten Jahrzehnten haben sich allerdings die Stimmen gemehrt, die für Griechisch als die Originalsprache plädieren. Dies hängt damit zusammen, dass man bisher kein einziges Textfragment der Juditerzählung auf Hebräisch oder Aramäisch gefunden hat – im Gegensatz etwa zur Tobiterzählung oder zu Jesus Sirach. Darüber hinaus hat man beobachtet, dass die Juditerzählung biblische Texte verwendet, diese aber nicht aus der Hebräischen, sondern der Griechischen Bibel zitiert.[3] Zwei Mal in der Erzählung, einmal in Jdt 9,7f. (»und [sie] haben nicht erkannt, dass du der Herr bist, der Kriege zerschlägt. ›Herr‹ ist dein Name«) und in Jdt 16,2 (»Denn ein Gott, der Kriege zerschlägt, ist der Herr«) wird Ex 15,3 nach der Griechischen Bibel, der sog. Septuaginta (LXX), zitiert: »Der Herr (ist jemand), der Kriege zerschlägt. Herr ist sein Name«. Dieses Beispiel ist deswegen so sprechend, weil hier die griechische Übersetzung deutlich vom hebräischen Text abweicht, in dem es heißt: »JHWH ist ein Kriegsmann, JHWH ist sein Name«. Die zweifache Zitation von Ex 15,3 nach der griechischen Übersetzung legt nahe, dass beim Verfassen der Juditerzählung die Griechische und nicht die Hebräische Bibel zur Verfügung gestanden haben dürfte. Dafür sprechen auch zahlreiche

---

3 Vgl. *Engel*, HERR.

Anspielungen an die profane griechische Literatur wie an Homer, Herodot, Thukydides etc.[4]

## 5. Zwei besondere Figuren in der Erzählung: Gott und Judit

Die Juditerzählung verfügt über ein konturiertes Set an Figuren, wie Nabouchodonosor, Holofernes, Achior, Judit usw. Versteht man eine literarische Figur als eine menschliche oder menschenähnliche Gestalt in erzählenden Texten, dann zeichnet sich eine solche Figur durch ihr Handeln und Sprechen aus. Mit einer solchen Definition werden auch nicht-menschliche Figuren als handelnde Akteure in erzählenden Texten erfasst - und dies bedeutet, dass man - aus literaturwissenschaftlicher Sicht - auch Gott als eine Figur des Textes verstehen kann. Wie etwa bei der Protagonistin Judit kann man danach fragen, wo und wie die Figur Gott oder die Figur Judit in der Erzählung handelt oder spricht.

Für die Figur Gott ergeben diese Fragen ein interessantes Ergebnis, denn Gott spricht in der Erzählung an keiner einzigen Stelle, und er handelt nur ein einziges Mal. Dieses eine Mal ist Jdt 4,13, wo es heißt: »Und der Herr hörte ihr Rufen und sah auf ihre Not.« Sehen und Hören sind zwar Tätigkeiten, die Gott als Subjekt haben, die aber angesichts der existentiellen Bedrohung, in der sich Israel und der Tempel befinden, wenig durchgreifend, sondern merkwürdig passiv erscheinen. Als der große Retter erscheint Gott in dieser Erzählung nicht.

Allerdings kann man Jdt 4,13 durchaus als Anspielung an die Texte der Exodus-Überlieferung verstehen (vgl. Ex 2,24f.; 6,4; Dtn 26,7), in denen - vor der Rettung Israels - Gott als derjenige erscheint, der die Not Israels sieht und ihre Klage hört. Anders als in der Exodus-Überlieferung interveniert Gott aber nicht selbst, sondern es ist Judit, die agiert. Judit wird in der Situation der Not aktiv, sie bestellt die Ältesten zu sich, erläutert ihnen die Situation und beschreibt, warum sie falsch gehandelt haben. Die Ältesten nämlich spekulieren darauf, dass Gott doch noch eingreifen und wie ein *deus ex machina* die Situation retten wird (vgl. Jdt 7,30f.; 8,28–31). Deswegen haben sie eine Frist von fünf Tagen mit dem protestierenden Volk ausgehandelt, um abzuwarten, ob Gott nicht doch noch eingreifen und Israel retten wird. Judit widerspricht dieser Position: Die Ältesten würden mit dieser Haltung Gott auf

4 Vgl. *Gera*, Judith, 57–78.

die Probe stellen, was in jeder Hinsicht unangemessen sei. Vielmehr würde Gott Israel prüfen wollen, damit sie lernen, richtig zu handeln. Was nach Judits Position ›richtig‹ handeln heißt, zeigt sie, indem sie aktiv wird, sich schön macht, die Stadt verlässt, sich als vulnerable Frau in ein Militärlager voller Männer begibt, sich schutzlos vor Holofernes stellt und im richtigen Moment handelt. Statt einen Krieg zu führen, löst Judit die Bedrohung Israels und der ganzen Welt durch die gezielte Tötung des Verantwortlichen. Damit dürfte die in der griechisch-hellenistischen Welt breit belegte Position der Legitimität von Tyrannentötung aufgegriffen worden sein.[5] Dies belegt einmal mehr, wie verwurzelt die Juditerzählung in der hellenistischen Welt ist.

Die Tötung von Holofernes wird sehr klar als Tat Judits beschrieben: Sie tritt an den Bettpfosten, nimmt seinen Säbel, näherte sich dem Bett, ergreift sein Haar, schlägt zweimal auf seinen Nacken, so stark sie konnte, und trennte ihm den Kopf ab (Jdt 13,6. 8).

An der Täterschaft Judits lässt die Erzählung keinen Zweifel, zugleich aber wird in den Reden und Gebeten die Tat Judits vorbereitet und reflektiert (etwa über die Aufnahme der Dina-Erzählung Gen 34 in Jdt 9,2–4) und zugleich narrativ legitimiert (etwa über die Parallelisierung mit der David-Goliat-Erzählung, in der auch der kleine schwache David den übermächtig erscheinenden Goliat mit dessen eigenem Schwert tötet, vgl. 1Sam 17).

## 6. Vulgata: Das Motiv der Schönheit

Neben der Überlieferung der griechischen Juditerzählung gibt es in der Antike eine zweite Fassung der Juditerzählung, die sich in der Übersetzung des Hieronymus ins Lateinische, der sog. Vulgata, findet. Diese unterscheidet sich in vielfacher Weise von der griechischen Fassung: Die Vulgata-Fassung hat umfangreiche Ergänzungen, sog. Plus-Texte (etwa in der Rede des Achior in Jdt 5), aber auch umfangreiche Kürzungen (etwa bei der Rede Nabouchodonosors in Jdt 2), so dass der Text der griechischen Fassung nur etwa zur Hälfte dem Text der Vulgata-Fassung entspricht. Interessanterweise hat sich Martin Luther bei seiner Übertragung der sog. »Apokryphen« für die Vulgata-Fassung entschieden. Diese findet sich in den Luther-Übersetzungen bis 1984, erst die jüngste Version der Luther-Übersetzung von 2017 bietet eine Übersetzung des griechischen Textes.

---

5 Vgl. *Schmitz*, Book of Judith, 412–426.

Dies ist deswegen nicht uninteressant, als die lateinische Übertragung des Hieronymus, die er Anfang des 5. Jh. n. Chr. angefertigt hat, eine deutlich anders konturierte Erzählung bietet: nicht nur deutlich stärkere (männliche) Führungspersönlichkeiten, sondern vor allem ein anders akzentuiertes Gottesbild und eine domestizierte, viel ›bravere‹ Judit. Erläutert sei dies wiederum an der Figur Gott und an dem Motiv der Schönheit Judits: Auch in der Vulgata-Fassung handelt die Figur Gott nur an einer Stelle, allerdings fehlt im Gegensatz zur griechischen Fassung (Jdt 4,13 LXX) in der Vulgata der Hinweis auf das Hören und Sehen Gottes. Gott vielmehr handelt in dem gegenüber der griechischen Fassung ergänzten Vers (Jdt 10,4 Vulgata): »Auch verlieh ihr der Herr strahlendes Aussehen, weil diese ganze Ausgestaltung nicht von Lust herrührte, sondern von Tugend, und der Herr deshalb diese zu solcher Schönheit steigerte, dass sie den Augen aller von unvergleichlichem Reiz erschien.« Die Judit der Vulgata wird nämlich nicht bereits bei ihrer Einführung als eine schöne, sondern lediglich als eine ›elegante‹ Frau von ›feinem Aussehen‹ beschrieben; zu einer ›schönen‹ Frau wird sie erst durch Gottes Tun in Jdt 10,4 nach der Vulgata-Fassung, deren Verdienst darin besteht, wie ein Mann zu handeln (vgl. Jdt 15,11 Vulgata). Gänzlich neu ist in der Vulgata das Motiv der Keuschheit, das in der Theologie und der Briefkorrespondenz v. a. mit Frauen bei Hieronymus eine zentrale Bedeutung spielt:[6] Während die griechische Fassung Judit als eine reiche (und damit unabhängige) Witwe charakterisiert, wird sie in der Vulgata-Fassung zu einer explizit *keusch* lebenden Witwe. Auffallenderweise benennt Hieronymus die Keuschheit Judits in dem von ihm verfassten Vorwort als besonderes Merkmal; ebenso auffallend ist, dass nur in der Vulgata-Fassung das Motiv der Keuschheit in der Erzählung benannt wird (Jdt 15,11 und 16,26 Vulgata).

In den unterschiedlichen Texttraditionen der Juditerzählung von den griechischen Texten über die lateinischen Fassungen der Vetus Latina und der Vulgata, syrischen und anderen Übersetzungen bis hin zu den mittelalterlichen hebräischen Texten ist noch viel bisher Unentdecktes zu erforschen. Dies gilt ebenso für die reiche Rezeptionsgeschichte des Judit-Stoffes in der Kunst, Literatur und Musik.

In jedem Fall scheinen die Desiderate der Judit-Forschung zu bestätigen, was Judit in der Erzählung selbst prognostiziert: »Ich will eine Tat vollbringen, von der man noch in fernsten Zeiten den Kindern unseres Volkes erzählen wird« (Jdt 8,32).

---

6 Vgl. hierzu *Lange*, Juditfigur.

## Literatur

*Engel, Helmut,* »Der HERR ist ein Gott, der Kriege zerschlägt«. Zur Frage der griechischen Originalsprache und der Struktur des Buches Judith, in: *K.-D. Schunck, M. Augustin* (Hrsg.), Goldene Äpfel in silbernen Schalen, BEATAJ 20, Frankfurt 1992, 155–168.

*Gera, Deborah Levine,* Judith, Commentaries on Early Jewish Literature, Berlin/Boston 2014.

*Lange, Lydia,* Die Juditfigur in der Vulgata. Eine Studie zur lateinischen Bibel, DCLS 3, Berlin/Boston 2016.

*Schmitz, Barbara/Engel, Helmut,* Das Buch Judit, HThK.A, Freiburg 2014.

*Schmitz, Barbara,* Gedeutete Geschichte. Die Funktion der Reden und Gebete im Buch Judit, HBS 40, Freiburg 2004.

*Schmitz, Barbara,* The Book of Judith and the Tyrannicide: How the Book of Judith takes up a Greek-Hellenistic Discourse, in: *P. Dubovský, F. Giuntoli* (Hrsg.), Stones, Tablets and Scrolls, Archaeology and Bible 3, *Tübingen 2020, 412*–426.

*Wills, Lawrence M.,* Judith, Hermeneia, Minneapolis 2019.

# 3. Neues Testament und frühchristliche Apokryphen

# Sexualität und Askese im Neuen Testament

*Luzia Sutter Rehmann*

Wie wichtig theologische Frauen- und Geschlechterforschung ist, wird beim Thema Sexualität offenkundig. Mit welchem Blick wird auf Körper geschaut? Wer schaut und beschreibt? Wer wird gesehen oder übersehen? Wie wird Sexualität und Askese definiert? Diese Fragen stellen sich sowohl für die neutestamentlichen Schriften wie auch für den exegetischen Diskurs.

Paulus lebte und schrieb unter den Bedingungen des Römischen Imperiums im 1. Jh. Seine Aussagen müssen daher im kulturellen und politischen Kontext Roms gelesen werden. Gewaltförmige Sexualität scheint im römischen Reich weit verbreitet und selbstverständlich gewesen zu sein. Dieser Beitrag nimmt seinen Ausgangspunkt bei Paulus und fragt, ob und inwiefern er die gewaltförmige sexuelle Praxis seiner Zeit kritisierte. Teilte er den römischen Virilismus, d. h. die zeitgenössischen Vorstellungen von Sexualität als Dominanz und Unterwerfung? Paulus verwendete oftmals den griechischen Begriff *porneia*. Doch wie der Begriff genau zu verstehen ist, was er umfasst und bezeichnet, ist nicht mit einem Wort zu erklären. Oft wird *porneia* als »Unzucht« oder »Ehebruch«, »Hurerei« oder »sexuelles Fehlverhalten« wiedergegeben, was zeigt, wie unterschiedlich er interpretiert wird.[1] Schon Renate Kirchhoff hat darauf hingewiesen, dass der Begriff in jüdischen, bzw. jüdisch-christlichen Texten anders gebraucht wird als in paganen Texten.[2] Für jüdische Ohren ist *porneia* die Übersetzung von illegitimer Sexualität,

---

1 Vgl. *Loader, William,* Art. Sexualität (NT), 2014, www.wibilex.de.

2 *Kirchhoff, Renate,* Die Sünde gegen den eigenen Leib. Studien zu *porne* und *porneia* in 1Kor 6,12–20 und dem sozio-kulturellen Kontext der paulinischen Adressaten, SUNT 18, Göttingen 34 ,1994.

resp. von Beziehungen, die die Tora verboten hat. Das zeitgenössische Judentum wie Paulus bewerteten *porneia* als gemeinschaftsrelevante Toraübertretung im Sinne von Lev 18.[3]

Der griechische Ausdruck wird von *pernemi* gebildet, das heißt »in die Fremde verkauft werden, als Sklavin verkaufen«.[4] Bezeichnenderweise gehört Prostitution zu *porneia*, die Paulus ausdrücklich adressierte (1). Eine neue Perspektive auf die Frage von sexueller Askese ermöglicht die Wahrnehmung der Pluralität frühchristlicher Lebensformen. Frauen lebten nicht nur als Ehefrauen, sondern auch in Frauen- und Witwengemeinschaften (2). Die ntl. Texte geben wenig Auskunft zu queeren Existenzen. Doch die theologische Frauen- und Geschlechterforschung fragt, inwieweit queere/lesbische Beziehungen zur Zeit des römischen Imperiums lebbar waren und was sich dazu aus dem NT erschließen lässt (3).

## 1. Sexualität, Macht und Gewalt

Religion und Politik sind in der Antike unauflösbar miteinander verbunden.[5] Als Kaiser Augustus die Alleinherrschaft im Römischen Reich übernommen hatte, schuf er eine neue Bildersprache. Seine Macht sollte sich auf verschiedenen Ebenen manifestieren: in den Staatsakten, in religiösen Ritualen, in der Kleidung, in seinen Bauten und den unter ihm geprägten Münzen. Die Münzen transportierten die römische Ideologie der Überlegenheit bis zu den entlegenen Provinzen. Sie machten deutlich: Römischer Frieden entsteht durch Eroberung und Unterwerfung. Die ist auch an der von Vespasian geprägten Münzen JUDAEA CAPTA zu sehen, die anlässlich seines Sieges über Jerusalem herausgegeben wurden. Sie zeigten die gedemütigte Zion, die am Boden kauert, während hinter ihr ein römischer Soldat steht. Judäa oder Zion wurden weiblich dargestellt, mit gebundenen Händen, offensichtlich verzweifelt oder sogar geschändet, da manchmal ihr Kleid verrutscht erscheint. Sie stellte die besiegte Bevölkerung dar, die am Boden war. Der Sieger war bewaffnet, groß, im Besitz all seiner Kräfte, männlich.[6] Die Kategorie »Geschlecht« erwies sich als Sprach- und Ausdrucksmittel, um die Machtbezie-

---

3 *Schottroff, Luise,* Der erste Brief an die Gemeinde in Korinth, Stuttgart 2013, 81.

4 A. a. O., 21.

5 Zum Folgenden siehe: *Janssen*, Sexualität und Macht.

6 *Lopez, Davina C.,* Apostle to the Conquered. Reimagining Paul's Mission. Minneapolis 2008.

hungen und Hierarchien verständlich zu machen. Politische Macht wurde durch sexuelle Aktivität und Dominanz ausgedrückt. Ohnmacht hingegen durch sexuelle Unterwerfung und das Erdulden einer brutalen, gewaltförmigen Sexualität.

Käufliche Sexualität war neben öffentlichen Spielen und anderer Unterhaltung der Massen ein wesentlicher Bestandteil der Aufrechterhaltung römischer Herrschaft in den Städten. Sie diente zum einen dazu, Männer (und in geringerem Maße auch Frauen) für wenig Geld den Gang zu Prostituierten zu ermöglichen. Wenn sie zu den »billigen« Frauen gingen, kostete es für sie nicht mehr als ein Brot. Zum anderen war Prostitution eine wichtige Geldquelle, die darauf basierte, dass sich vor allem Sklav:innen auf Geheiß ihrer Herr:innen prostituieren mussten. Prostitution und Armut sind eng miteinander verknüpft. Armut gehörte zum Alltag des überwiegenden Teils der Bevölkerung. Die Menschen des römischen Reiches waren zu über 90 % arm, lebten knapp oberhalb und zu einem Drittel sogar unterhalb des Existenzminimums. Ihnen standen wenige Oberschichtangehörige (3 %) gegenüber.[7]

Man kann davon ausgehen, dass Paulus hinsichtlich der Prostitution in Korinth ähnliche Verhältnisse vorfand wie in Pompeij, Ostia und Rom.[8] In den Gemeinden wird es zahlreiche Frauen gegeben haben, die sich prostituieren mussten – aus Armut oder weil sie als Sklavinnen dazu gezwungen waren. Über die Würde ihrer Körper dachte Paulus nicht nach. Dass er damit die antike Frauenverachtung und damit ebenfalls Strukturen des gesellschaftlichen Unrechts reproduzierte, war er sich nicht bewusst.

Die Auslegungs- und Wirkungsgeschichte von 1Kor 7 ist davon ausgegangen, dass Paulus selbst ehelos gelebt habe und Ehelosigkeit für alle Menschen empfohlen habe. Die Ehe sei für ihn eine Notlösung und er habe ein negatives Bild von Sexualität. Diese Vorannahme entspricht aber nicht dem, was tatsächlich im 1. Korintherbrief steht. Nach Luise Schottroff thematisierte Paulus in 1Kor 7 eine sexuelle Praxis, die dem Willen Gottes zuwider ist.[9] Paulus verhandelte nicht Ehelosigkeit als moralisches Gut oder eine Abkehr von »Unzucht«. Vielmehr wandte er sich gegen eine fehlgeleitete und gewaltförmige Sexualität, die in einer Gemeinschaft große Zerstörungsmacht haben kann. Sie belastet nicht nur jeden Einzelnen/jede Einzelne, sondern auch das gemeinschaftliche Zusammenleben. Weder lebenslange sexuelle Enthaltsam-

---

[7] *Friesen, Steven J.*, Poverty in Pauline Studies: Beyond the So-called New Consensus, JSNT 26, 2004, 323–361.

[8] *Kirchhoff* (Anm. 2), 43.

[9] *Schottroff* (Anm. 3), 112.

keit noch eine Ablehnung der Sexualität sind daher seine Empfehlungen von 1Kor 7.[10] Vielmehr ging es ihm um ein Christus-gemäßes Leben, das der *porneia* gegenüber Widerstand entgegenbringt. Mit der sozialgeschichtlichen Exegese und der Unterscheidung jüdischer und römischer Perspektiven gelingt es Schottroff, die Aufmerksamkeit darauf zu richten, ob eine sexuelle Beziehung gewaltförmig oder gewaltfrei eingegangen wird. Ein Satz wie »Eunuchen für das Himmelreich« (Mt 19,12) ist in der kirchlichen Sexualmoral leider wichtig geworden, ohne dass gewaltförmige sexuelle Praxis kritisiert wurde.[11]

In 1Kor 7 zeigte Paulus zwei mögliche Befreiungswege auf, um aus der gewaltförmigen sexuellen Praxis hinauszugelangen: den der Selbstbeherrschung (*enkrateia*) und den der dauerhaften Partnerschaft (Ehe). Beide Wege sind von den Tora gewiesen. Interessant ist, dass es für Paulus sexuelle Selbstbeherrschung sowohl als Verheiratete wie auch als Unverheiratete braucht, um der *porneia* keinen Raum zu geben. Wer unverheiratet keine Selbstbeherrschung aufbringen kann, soll heiraten. Aber auch in der Ehe gelte es, aufeinander Rücksicht zu nehmen (1Kor 7,3f.). Paulus adressierte damit vor allem die Männer. Er war sich bewusst, dass sexuelle Selbstbeherrschung für sie meist eine Überforderung darstellt (1Kor 7,9. 36). Genau deshalb sollten sie heiraten. Dann sind sie durch die Ehegesetze gebunden und sollten auf ihre Frauen Rücksicht nehmen. In diesem Sinne lehrt die jüdische Ehe den Männern Selbstbeherrschung und ein Leben in Beziehung. Doch zugleich bindet die Ehe die Menschen in zerstörerische Strukturen der Welt ein, die die christliche Gemeinschaft nicht perpetuieren möchte (1Kor 7,33). Denn die Ehe berge die Gefahr, von der gemeinschaftsbezogenen Arbeit für die Armen abzulenken und sich um die Dinge dieser Welt mehr zu interessieren, als sich für eine andere, gerechte Welt einzusetzen (1Kor 7,32–34).

Für Paulus war es klar, dass ein Christus gemäßes Leben für Ehefrauen deutlich schwieriger zu realisieren ist als für Ehemänner. Er befürchtete, dass die verheirateten Frauen »dem Ehemann gefallen« (1Kor 7,34) wollen, um nicht verstoßen zu werden. Unverheiratete (Witwen, Jungfrauen, Geschiedene) können sich viel einfacher um »die Dinge des Herrn, resp. Gottes« sorgen. Der Ausdruck nimmt Bezug auf das Engagement für gerechte Beziehungen und auf das, was die Gemeinschaft braucht. Aus diesem Grund empfahl

---

10 A.a.O., 122.

11 *Ranke-Heinemann, Uta*, Eunuchen für das Himmelreich. Katholische Kirche und Sexualität von Jesus bis Benedikt XVI. München [6]2000.

Paulus den Jungfrauen und Witwen, ehefrei zu leben (1Kor 7,34).[12] Denn dann stehe es ihnen frei, sich für die Gemeinde zu engagieren, wichtige Leitungsämter zu übernehmen oder zu reisen und andere Gemeinden zu besuchen.[13] Paulus empfahl also nicht Askese und war nicht körperfeindlich eingestellt, sondern er wollte die gemeinschaftsbezogene Arbeit in der Gemeinde stärken. Er teilte die Ansicht, die auch in den Evangelien zu finden ist, dass die patriarchale Lebensführung am Fortbestehen von Ungerechtigkeit interessiert ist und nicht an der Überwindung von Unrecht und Gewaltverhältnissen (siehe auch: Lk 14,15; 17,7; Mt 24,37).

Die paulinischen Briefe beurteilten die patriarchale Ehe um einiges kritischer als die späteren nachpaulinischen Briefe. Diese versuchten, die Bedeutung der ehefrei lebenden Frauen zurückzudämmen.[14]

## 2. Jungfrauen- und Witwengemeinschaften

Die theologische Frauen- und Geschlechterforschung interessiert sich dafür, wie sich die patriarchale Ehe, resp. die Ehelosigkeit auf Frauen auswirkte. Es kommt auf die Perspektive an, das heißt, wer den Ruf in die Enthaltsamkeit hörte: Frauen hörten die Enthaltsamkeitspredigt möglicherweise als Ruf in die Freiheit, wohingegen Männer sie eher als Verzicht auf Sexualität und Macht hörten. In diesem Sinne vermutet die theologische Frauen- und Geschlechterforschung unter Enthaltsamkeit von Frauen weniger Askese oder Körperfeindlichkeit, sondern den Wunsch nach Autonomie und Bewegungsfreiheit.

Frauen konnten sich nur zu einem ehefreien Leben entscheiden, wenn sie dazu ökonomisch in der Lage waren. Das heißt, entweder hatten sie die Mittel dazu oder sie waren in ein Netz eingebunden, das ihnen ein unverheiratetes Leben erlaubte. Denn außerhalb der patriarchalen Familienstrukturen droh-

---

12 *Sutter Rehmann, Luzia,* »Und ihr werdet ohne Sorge sein ...«. Gedanken zum Phänomen der Ehefreiheit im frühen Christentum, in: *D. Sölle* (Hrsg.), Für Gerechtigkeit streiten. Theologie im Alltag einer bedrohten Welt, Gütersloh 1994, 88–95: 90.

13 *Bieberstein, Sabine,* Christusgemäßes Leben in Ehefreiheit oder Rettung durch Ehe? Kontroversen in der paulinischen und nachpaulinischen Literatur und die Folgen für Frauen, in: *S. Schreib* et al., (Hrsg.), Geschlecht, Sexualität, Ehe. Sondierungen im Neuen Testament, Freiburg 2023, 192–218: 210.

14 *Merz, Annette,* Die fiktive Selbstauslegung des Paulus. Intertextuelle Studien zur Intention und Rezeption der Pastoralbriefe, Göttingen 2004, 296f.

ten Frauen in Armut zu geraten.[15] Die Armut der meisten Witwen war ein Faktum. Arbeiterinnen verdienten zudem deutlich weniger als ihre männlichen Kollegen.

Darum ist es interessant zu sehen, dass nur wenige Frauen, die im NT genannt werden, als Ehefrauen oder Mütter eines Sohnes erkennbar sind.[16] Viele andere werden mit ihren männlichen Verwandten genannt (z. B. Röm 16; 1Kor 7). Auch wenn dieser rein statistische Befund schwierig zu deuten ist, zeigt er, dass Frauen im frühen Christentum, die nicht über Männer definiert wurden und in der Regel als Unverheiratete oder Geschiedene angesehen werden müssen, auffällig häufig genannt wurden.[17] Damit wird das Bild in Frage gestellt, dass die verheiratete Frau den »Normalfall« darstelle.

Viele Witwen scheinen im NT in Witwengemeinschaften gelebt zu haben (Apg 6,1; 9,36–43; 1Tim 5). Die Witwen – auch wenn sie arm waren (Mk 12,37–44; Lk 18,2–6) – galten als tragende und gestaltende Mitglieder der Gemeinden. Sie konnten ihre Arbeitskraft, Zeit und Energie für die Gemeinschaft einsetzen, ohne einem Mann darüber Rechenschaft ablegen zu müssen.

Mit »Witwe« sollte nicht selbstredend eine alte Frau assoziiert werden, es werden auch junge Witwen erwähnt (1Tim 5,11). Der griechische Begriff (*chära*) bezeichnet nicht nur Frauen, deren Mann verstorben ist, sondern auch Frauen, die in verschiedenen Lebensformen ohne Ehemann leben.[18] Ein weiteres Beispiel einer Frauen-Schutzgemeinschaft ist das junge Mädchen Maria, das unverheiratet schwanger wurde und mehrere Monate bei der verheirateten Elisabeth lebte (Lk 1,39f.).

Interessant ist, dass auch noch mehrere Generationen später, in den apokryphen Märtyrerakten der Perpetua (um 203), sich kein Hinweis auf einen Ehemann findet, obwohl Perpetua aus vornehmem Haus stammte und einen kleinen Sohn hatte. Ihre Eltern, Geschwister und einige Sklavinnen werden genannt, nicht aber ihr Ehemann, so dass nicht klar wird, ob es ihn gegeben hat.[19] Auch die apokryphen Apostelgeschichten des 2./3. Jh. erzählen von Frauen, die »Tempel Gottes« werden möchten und darum ein eheloses Leben

---

15 *Schäfer-Lichtenberger/Christa, Schottroff, Luise,* Art. Armut, in: *F. Crüsemann* et al. (Hrsg.), Sozialgeschichtliches Wörterbuch zur Bibel, Gütersloh 2009, 22–26.

16 *Schottroff, Luise,* Heilig an Leib und Geist (1Kor 7,34), in: *L. Schottroff, S. Schroer, M.-Th. Wacker,* Feministische Exegese, Darmstadt 1995, 186.

17 *Fechter, Friedrich/Rehmann, Luzia Sutter,* Sexualität/Sexuelle Beziehung, in: *Crüsemann,* (Anm. 15), 518–521, 521.

18 *Maier, Christl/Lehmeier, Karin,* Art. Witwe, in: *Crüsemann,* (Anm. 15), 667–668.

19 *Osiek, Carolyn,* Perpetua's Husband, Journal of Early Christian Studies 10, 2002, 287–290.

suchten.[20] Stevan Davis sieht in ihnen frühe Witwengemeinschaften, über deren Sexualleben wir aber nichts erfahren. Die erzählte Ehefreiheit wird sichtbar als Befreiungsweg aus der patriarchalen Ordnung in eine christliche Gemeinschaft hinein.[21] Ebenso wird eine gewaltförmige und grenzverletzende eheliche Sexualität sichtbar, der verlobte oder verheiratete Frauen ausgesetzt waren. Sie versuchten offenbar, sich dieser durch ein Christus-gemäßes Leben zu entziehen.

## 3. Frauen, die Frauen lieben

Lange Zeit wurde Homosexualität in der Antike nur unter dem Fokus der männlichen Sexualität diskutiert. Dennoch erkannte Kenneth Dover, der Homosexualität in griechischen Quellentexten untersuchte, dass die antike Sexualität von hierarchischen Machtbeziehungen geprägt war.[22] Der sexuelle Akt wurde im klassischen Griechenland durch Dominanz und Unterwerfung bestimmt: Vom erwachsenen Mann sei das Einnehmen einer aktiven, penetrierenden Rolle erwartet worden, während umgekehrt alle, die im sexuellen Akt den passiven Part übernahmen, unabhängig von ihrem biologischen Geschlecht als »feminisiert« angesehen worden seien.[23] Zwiffelhoffer beschrieb den römischen Diskurs über das Geschlechtsleben als Virilismus.[24] Ihm fiel auf, dass das Geschlechtsleben der Ehefrau in der römischen Literatur im toten Winkel bleibt. Erst als aktive Ehebrecherin werde sie zum Gegenstand des Interesses. Eine Frau, die mit einer anderen Frau sexuelle Beziehungen unterhielt, galt als *Tribade*. Über sie erfahre man in der Literatur sehr wenig. Wenn sie aber erwähnt werde, erscheine sie als *monstrum*. »Sie sei etwas Unerhörtes und Unnatürliches, ja man schäme sich, das Wort auch nur auszusprechen.«[25]

---

20 *L. Sutter Rehmann*, Sexuelle Differenzen.

21 S. Davies stellte die These auf, die apokryphen Apostelgeschichten seien von einer Gemeinschaft von Witwen erzählt worden. *Davies, Stevan L.*, The Revolt of the Widows. The Social World of the Apocryphal Acts, London 1980.

22 *Dover, Kenneth*, Greek Homosexuality. London 1978.

23 Siehe dazu: *Meister, Jan/Borsch, Jonas*, Idealisiert, sexualisiert, materialisiert, politisiert: Antike Körper und ihre Geschichte(n), in: H-Soz-Kult, https://www.hsozkult.de/literaturereview/id/fdl-136870 (08. 02. 2022).

24 *Meyer-Zwiffelhoffer, Eckhard*, Im Zeichen des Phallus. Die Ordnung des Geschlechtslebens im antiken Rom, Frankfurt/New York 1995, 106.

25 A. a. O., 101.

So fällt auf, dass Sexualität vor allem als sexueller Akt der Penetration diskutiert wurde. Das heißt, männliche Homosexualität tangierte das vorherrschende Männlichkeitsideal nur, wenn ein viriler (aktiver, freier, mächtiger) Mann sich penetrieren ließ. Ob in der Politik, im Sport, im Krieg oder in der öffentlichen Rede, überall stieg mit zunehmender Aktivität und Kontrolle über andere Menschen auch das Ansehen von Männlichkeit.[26] Dies galt insbesondere auf dem Gebiet der Sexualität.

In der nicht-feministischen Auslegung wurde männliche Sexualität als Befriedigung eines natürlichen Verlangens wie Hunger oder Schlaf verstanden. Dieses Verlangen wurde nur dann zu einem moralischen Problem, wenn es der Kontrolle männlicher Rationalität zu entgleiten drohte. Die eigentlichen Sexualpraktiken waren Ausdruck bestehender Herrschaftsbeziehungen, wobei das spezifisch Männliche in der persönlichen Freiheit und Souveränität zum Ausdruck kommt. Die Ausübung von Herrschaft und die Wahrung der sozialen Unterschiede waren daher bedeutsamer als der Gegensatz zwischen Homo- und Heterosexualität.[27] Doch die Tribade durchkreuzte diese Geschlechterordnung und wurde daher einstimmig verurteilt. Sie galt als vermännlichte Frau, die aktiv statt passiv sein wollte. Darum wurde weibliche Homosexualität als »gegen die Ordnung« wahrgenommen.

So erstaunt es nicht, dass homoerotische Liebe und Begehren, das nicht auf Dominanz und Unterwerfung beruhte, im römischen, herrschaftlichen Diskurs kein Thema war. Doch bedauernswerterweise wiederholte sich dieses Desinteresse an reziproker Liebe im modernen nicht-feministischen, wissenschaftlichen Diskurs. Erst Bernadette Brooten[28] untersuchte nicht nur die lateinischen Schriftsteller, um mehr über weibliche Homosexualität herauszufinden. Sie zog auch magische Zaubersprüche, medizinische Texte und Horoskope hinzu. Dadurch fand sie Hinweise auf Eheschliessungen zwischen Frauen, aber auch auf Klitoridektomie als radikale Kontrolle weiblicher Homoerotik. Ihre breite philologische Quellenuntersuchung wurde allerdings lange Zeit nicht wirklich zur Kenntnis genommen.

---

26 *Mayordomo, Moises,* Konstruktionen von Männlichkeit in der Antike und der paulinischen Korintherkorrespondenz, EvTh 68, 2008, 99–115.

27 *Williams, Craig A.,* Roman Homosexuality. Ideologies of Masculinity in Classical Antiquity, New York/Oxford 1999.

28 *S. Brooten,* Love Between Women.

## Zusammenfassend

Paulus ist ein spannender Gesprächspartner in Sachen Sexualität. Einiges hat er auf dem Hintergrund der Tora kritisieren und aufdecken können. Dazu gehört die römische Verehrung von Mächtigen in Standbildern (Röm 1,23–25), die dem jüdischen Bilderverbot (Ex 20,2–4) zutiefst entgegenlief. Die Vergottung von Menschen war für ihn eine Verhöhnung Gottes, zumal diese Vergottung meist einherging mit der Verachtung der Körper der Armen. Er forderte die Respektierung der Heiligkeit von Körpern, auch von armen Körpern (Röm 1,23–25). Die Tora lehrte Paulus, *porneia* als gewaltförmig und für die Gemeinschaft schädlich zu entlarven. Aber bezüglich des ausweglosen Loses armer Frauen, die sich zum Broterwerb prostituieren zu müssen, machte er sich keine Gedanken. Auch schien er die römische Sicht auf Frauenbeziehungen übernommen zu haben. Sie verstießen gegen eine Ordnung, die er für unumstößlich hielt.

### Literatur

*Brooten, Bernadette J.*, Love Between Women. Early Christian Responses to Female Homoeroticism, Chicago/London 1996.

*Janssen, Claudia*, Sexualität und Macht. Eine Lektüre von 1Kor 6,12–20 im Kontext des Imperium Romanum, in: Caminhos, vol. 16/2, 2018, 106–118.

*Schottroff, Luise*, Heilig an Leib und Geist (1Kor 7,34), in: *L. Schottroff, S. Schroer, M.-Th. Wacker*, Feministische Exegese. Forschungserträge zur Bibel aus der Perspektive von Frauen, Darmstadt 1995, 185–192.

*Sutter Rehmann, Luzia*, Sexuelle Differenzen. Geschichten des Missbrauchs in den Apokryphen Apostelakten – Grundzüge einer Hermeneutik des Konflikts, in: lectio difficilior 2000/2.

# Synoptiker

## Texte und Figuren

*Petra von Gemünden*

Ein kurzes Wort zum Anfang: Die synoptischen Evangelien sind primärer Ausgangspunkt für die Frage nach der Stellung Jesu zu den Frauen. Dabei ist nicht nur in der modernen traditionellen Exegese, sondern auch in den Anfängen der feministischen Exegese die Tendenz zu beobachten, Jesus als besonders frauenfreundlich positiv von dessen jüdischer Umwelt abzusetzen. Der Einspruch der Jüdin Judith Plaskow »Christian Feminism and Anti-Judaism« löste zunächst eine Diskussion in den USA, ab 1986 – aufgrund »der Nazi-Vergangenheit Deutschlands und Österreichs« stärker emotional gefärbt – im deutschsprachigen Raum aus.[1] Judith Plaskow kritisiert den anachronistischen und selektiven Gebrauch des Talmuds zugunsten von Jesus (die negativsten rabbinischen Abschnitte werden den positivsten neutestamentlichen Abschnitten entgegengestellt). Schließlich bleibe die unterschiedliche kontextuelle Verankerung Jesu und der Rabbinen unberücksichtigt. 1988 bekennen feministische Theologinnen in einer Stellungnahme: »auch wir [...] schleppen das Erbe des christlichen Antijudaismus mit uns und reproduzieren ihn.«[2] In der Folgezeit setzte eine entsprechende Aufarbeitung und Sensibilisierung ein.[3]

---

1 *Fischer*, Frauen, 64f.

2 *Jensen* et al., Stellungnahme, 158.

3 Siehe bes. *Siegele-Wenschkewitz*, Vergangenheit.

## 1. Markusevangelium

Eine große Rolle spielen Frauenfiguren im Markusevangelium: in Wundererzählungen, der Wortüberlieferung, der Passions- und Ostergeschichte. Eindeutig negativ konnotiert sind Herodias und ihre Tochter,[4] aber auch Jesu Mutter und Geschwister. Die mehrheitlich positive Interpretation der übrigen Frauenfiguren ist manchmal umstritten. Bezeichnet das Dienen der Schwiegermutter des Simon im Anschluss an ihre Heilung in Mk 1,31 eine traditionell weibliche Versorgungstätigkeit oder deren »Nachfolge«, ja etwas, was die Engel nach 1,13b für Jesus tun? Die Frau, die unter Blutfluss leidet (5,25–34), ergreift – wie auch die Syrophönizierin (7,24–30) – *selbst* die Initiative. Bei ersterer rühmt Jesus ihren Glauben (5,34), bei letzterer ihr Wort (λόγος, 7,29). Allein die Syrophönizierin, jedoch kein Mann, bringt Jesus in den Evangelien dazu, seine Meinung zu ändern.[5] Rühmt Jesus das Verhalten der armen Witwe (12,41–44) als vorbildlich oder klagt er über sie als »Opfer der Ausbeutungsstrategien des Tempels«[6]? Die »von einigen« (14,4) kritisierte Salbung von Jesu *Haupt* (Königssalbung!) durch eine Frau in Bethanien wird häufig als prophetischer Akt gedeutet, dessen Bedeutung Jesus in 14,9 hervorhebt. Erst auffällig spät im Evangelium, nämlich *nach* der Flucht der Jünger wird in 15,40f nachgetragen, dass einige Frauen Jesus schon in Galiläa »nachgefolgt« waren und ihm »gedient« hatten. Die Frauen werden »als Lückenbüßer für die feigen Zwölf«[7] eingeführt. Sie bleiben länger bei Jesus (15,40f.47; 16,1–7), doch beobachten sie die Kreuzigung nur »von ferne« und versagen schließlich auch: Die Grabesgeschichte endet mit der Flucht der Frauen, denn »Zittern und Entsetzen« hatte sie gepackt (16,8). Und obwohl sie mit einer Botschaft für die Jünger betraut wurden (16,7), sagten sie niemandem etwas, »denn sie fürchteten sich«. Dieser primäre Markusschluss wurde bezüglich der Frauen unterschiedlich interpretiert: negativ (mit Rekurs auf die Parallelität zur Jüngerflucht in 14,50) als angstvolles Versagen auch der Frauen oder positiv (mit Rekurs auf Epiphanie-Erzählungen) als angemesse-

---

4 Mk 6,17–29. Die Zeichnung der Herodias wurde einerseits als frauenfeindliche androzentrische Herrschaftskritik charakterisiert, andererseits wurde auf den ähnlich elitenkritisch gezeichneten Pilatus verwiesen.

5 Ist die zurückhaltende Schilderung der Not der Mutter und ihrer »unsichtbaren« Tochter mit der Vermeidung von »Voyeurismus« (*Meiser*, Anthropologie, 140) zu erklären oder mit deren Geschlecht (*Guttenberger*, Frauen, 99f. 204. 206f.)?

6 Zu den verschiedenen Interpretationen und zum Zitat vgl. *Lau*, Witwe, 186–189.

7 *Ebner*, Schatten, 64.

ne Antwort auf eine göttliche Epiphanie oder ambivalent (wie auch die Jünger im Markusevangelium ambivalent gezeichnet sind): Immer mit dem Ziel, die *Leser:innen* zu aktivieren.

Zwar stehen die Frauen im Markusevangelium bisweilen im Kontrast zu den Männern, doch weder die einen noch die anderen werden wohl intentional einheitlich negativ oder positiv gezeichnet. Die *Teil*identifikation mit diesen fehlbaren Figuren und deren Scheitern sollen zusammen mit der Ausrichtung auf Jesus die ebenso fehlbaren Leser:innen motivieren.

## 2. Matthäusevangelium

Obwohl Matthäus - wie Lukas - zusätzlich zu Markus auf die Logienquelle rekurriert, stehen die Frauen selten im Zentrum seines Interesses. Die Perspektive ist bei Matthäus vorwiegend eine androzentrische (5,9. 28. 32. 45; 19,3–12). Frauen begegnen in Erzähler»kommentaren«[8] als Figuren wie Maria und die Frauen in Wundererzählungen; ferner lesen wir von Herodias und ihrer Tochter; der Mutter der Zebedaiden; von Frauen in der Passions- und Ostergeschichte und finden Frauen in Jesu Verkündigung. Die Therapien zeigen die Tendenz, *Jesus* und seine Heiltätigkeit stärker in den Mittelpunkt zu rücken (8,14f; 9,18–26), die Heilung der an Blutfluss leidenden Frau erfolgt auf *Jesu* Zusage hin (9,22), nicht mehr als direkte Folge ihrer Berührung von Jesu Gewand (Mk 5,27), ihre Eigenständigkeit wird also zurückgedrängt. Diese Änderungen sind evtl. einer ausgeprägteren Christologie geschuldet. Im Streitgespräch über die Ehescheidung (19,3–12) übergeht Matthäus die Scheidung einer Frau von ihrem Mann (die nach Mk 10,12 in Entsprechung zu griechisch-römischem Recht möglich ist). Dass Matthäus die Mutter der Zebedaiden einführt, die (statt ihrer Söhne Mk 10,35) Jesus darum bittet, dass diese Ehrenplätze zu seiner Rechten und zu seiner Linken in seiner Gottesherrschaft bekommen (20,20f), passt zur matthäischen Tendenz, die Jünger (hier: auf Kosten ihrer Mutter) zu schonen.[9]

Positiv fällt dagegen die Einführung (nur im Matthäusevangelium) von »Frauen und Kindern« in die Speisewundererzählungen auf (14,21; 15,38). Soll dadurch Jesu Wundertat gesteigert werden oder intendiert das eine Auf-

---

[8] So besonders die Frauen im Stammbaum Mt 1,1–17; vgl. weiter 2,18 (Erfüllungszitat); 14,21; 15,38.

[9] Diese muss schließlich zur Rechten und Linken des Gekreuzigten zwei »Räuber« am Kreuz sehen Mt 27,38. 56 (anders Mk 15,40).

wertung von Frauen (auch sie dürfen mit Männern zu Tische liegen)? Jesu Salbung wird in 26,10 als »gutes Werk« bezeichnet. Die Frau des Pilatus interveniert in der Szene der Verurteilung Jesu – motiviert allein durch die Sorge um ihren Mann? – und bezeichnet Jesus 27,19 als »Gerechten«.[10] Wie im Markusevangelium wird erst im Zusammenhang mit der Kreuzigung deutlich, dass Frauen Jesus aus Galiläa nachgefolgt waren (27,55). Sie sind auch am Grab anwesend (27,61) und die ersten, die die Osterbotschaft vernehmen, doch der das Evangelium abschließende Missionsauftrag ergeht nur an die elf Jünger (28).

Besonders hervorgehoben werden aber im Matthäusevangelium die »Dirnen« und die Kanaanäerin: Im Logion in 21,31f. betont Jesus, dass die Zöllner und Dirnen (ob ihrer Umkehrbereitschaft) »eher ins Reich Gottes kommen als ihr«. Hier scheint jedoch deren Außenseiterrolle prävalent zu sein. Die Perikope von der Kanaanäerin in 15,21–28 bildet darüber hinaus eine entscheidende Etappe auf dem Weg von Mt 10 (Aussendung »zu den verlorenen Schafen aus dem Hause Israel«) zu Mt 28 (Aussendung zu »allen Völkern«). Die Kanaanäerin überwindet hier argumentativ den im Matthäusevangelium gegenüber Mk 7,24–28 verstärkten Widerstand Jesu. Dieser bescheinigt ihr schließlich im Unterschied zu Mk 7,29 einen großen Glauben.

Die meisten neuen Erwähnungen von Frauen gegenüber Markus finden sich im Stammbaum und den Kindheitserzählungen des Matthäusevangeliums. Der Beginn des Matthäusevangeliums soll aus narratologischer Sicht das Verstehen des:der implizierten Leser:in von Jesus Christus, »des Sohnes Davids, des Sohnes Abrahams« (1,1) etablieren. Er tut dies durch einen patrilinear verlaufenden Stammbaum, der die Heilsgeschichte auf Jesus zulaufen lässt. Auffällig ist, dass das stereotype Schema »x zeugte y« durch die Nennung von vier aus dem Ersten Testament bekannte Frauen (Tamar; Rahab, Ruth und »die [Frau] des Urija«, also Batseba)[11] durchbrochen wird. Werden die Frauen hier genannt als Sünderinnen (das meinten viele Kirchenväter)? Als Nicht-Jüdinnen? Oder aufgrund ihrer (für Außenstehende möglicherweise skandalösen) Selbständigkeit und Initiativkraft? Im Blick auf Gen 38,26 (Tamar ist gerechter als Juda), Jos 2,6 (Rahabs vorbildliches Tun) sowie auf das von Ruths Wertschätzung zeugende Buch Ruth, die Bemerkung in 2Sam 11,27, wo der Ehebruch David zugeschrieben wird, und die positive Konnotation dieser Frauen im Frühjudentum ist die erste Möglichkeit am unwahrscheinlichsten. Auch wenn Tamars Abstammung nicht ganz klar und nur

---

[10] Die Intervention hat die Funktion, die Römer zu entlasten.

[11] Mt 1,3.5f. Zum Folgenden vgl. auch Hieke, Frauen, 4–8.

Batsebas Mann explizit als Hethiter bezeichnet wird, spricht viel für die zweite Möglichkeit, denn mehr als die genannten Frauen hätte man im Stammbaum die Stammmütter Israels erwartet. Zudem folgt in 2,1–12 die Perikope der aus der Ferne kommenden Magier und formuliert am Ende des Matthäusevangeliums der Auferstandene im Missionsbefehl explizit die Öffnung zu allen Völkern (28,19) – die Erwähnung der vier Ausländerinnen in Mt 1 kann also die Funktion haben, auf das grenzenlose, universale mit Jesus verbundene Heil hinzuweisen. Die dritte Interpretationsmöglichkeit muss keine Alternative zur zweiten sein: Selbständigkeit und Initiativkraft zeigen die vier Frauen: Tamar insistiert trickreich auf ihr Recht und wird wichtig für Bedeutung des Stammes Juda, die selbständig lebende Rahab versteckt die Kundschafter und hilft dem erfolgreichen Vorankommen der Israeliten, Ruth verlässt ihre Heimat und wird zur Vorfahrin von David, Batseba agiert aktiv in der Frage der Thronnachfolge Davids und sichert ihrem Sohn Salomo den Thron (1Kön 1).

Im Stammbaum unterbricht schließlich 1,16 das patrilineale Schema mit der auffallenden Formulierung: »Jakob zeugte Josef, den Mann der Maria, von der geboren ist Jesus«. Das legt schon von der Struktur her einen Zusammenhang mit der Figur der Maria nahe. Da Maria – anders als manche Exegeten im dritten Reich nachzuweisen suchten – als Jüdin vorzustellen ist, lässt sie nicht automatisch an die vier Nicht-Jüdinnen denken. Einen Zusammenhang kann man aber im Moment des Unwahrscheinlichen und Unerwarteten sehen: nicht durch »etablierte«, sondern durch unbedeutende Frauen (und auch nicht durch Männer) agiert hier Gott und durchbricht in souveräner Freiheit vorhersehbar-patriarchale Schemata.

## 3. Lukasevangelium

Die meisten Frauenfiguren finden sich im Lukasevangelium:[12] Elisabeth und (natürlich fokussiert) Maria sowie die Prophetin Hanna in der Kindheitsgeschichte (1f); die Schwiegermutter des Simon (4,38f), die an Blutfluss leidende Frau und die Tochter des Jaïrus (8,40–56), die Witwe von Naïn (7,11–17/S), die gekrümmte Frau (13,10–17/S) im Kontext von Therapien/Totenerweckungen; Herodias (3,19), die Sünderin (7,36–50 mit deutlich schärferem Profil gegenüber Mk 14,3–9); die von Maria aus Magdala angeführte Liste der Jesus

12 Eine detaillierte Übersicht bietet *Böttrich*, Sensibilität, 176–181.

begleitenden Frauen (8,2f.); Maria und Martha (10,38–42),[13] die Frau aus dem Volk, welche die Mutter Jesu seligpreist (11,27f.), die opfernde Witwe (21,1–4) sowie die Frauen in der Passions- und Ostergeschichte. Auffallend häufig kommen Frauen in Jesu Verkündigung vor, als Gleichnis- und Beispielfiguren.

Während die quantitative Überzahl der Frauenfiguren im Lukasevangelium im Vergleich zu den anderen, auch den apokryphen, Evangelien, eindeutig ist, ist stark umstritten, wie letztere zu interpretieren sind. In der modernen traditionellen Exegese wurde das Lukasevangelium als Evangelium »der« bzw. »für die Frauen« wahrgenommen. H.-J. Klauck verwies auf die auffallend vielen alleinstehenden Frauen im lukanischen Doppelwerk und darauf, dass das im damaligen patriarchalen Kontext »ein Faktor der Emanzipation« sein kann.[14]

Lukas frauenfreundliche Einordnung wurde aber auch heftig bestritten, so u. a. von Elisabeth Schüssler Fiorenza, die eine Abwertung und Verdrängung von Frauen bei Lukas ausmacht: Sie verwies z. B. darauf, dass Mk 15,40f. von Frauen spricht, die Jesus nachgefolgt waren, Lukas dieses Nachfolgen (ἀκολουθεῖν) in Lk 8,1–3/S jedoch nicht erwähnt. Folglich erscheinen die Frauen nur als Geheilte und werden auf die Rolle von Unterstützern reduziert.[15] In der Tat übergeht Lukas an einigen Stellen die Frauen; eine von der Frau ausgehende Scheidung fehlt im Unterschied zu Mk 10,12 bei Lk (ebenso bei Mt). Die Salbung Jesu vor dessen Tod erscheint bei Lukas nicht würdevoll als Prophetie gestaltet im Passionskontext, sondern als Salbung durch »eine mit sexuellen Verfehlungen konnotierte Sünderin« (7,36–50).[16] Und nur bei Lukas wird die Osterbotschaft despektierlich von den Aposteln als »Geschwätz« bezeichnet (24,11). Die Frauen werden also nicht als würdig erachtet, die Osterbotschaft zu verkündigen. Auch die Statistik sieht nicht mehr so gut aus, wenn man die Frauen- und Männerfiguren innerhalb des Evangeliums in den Blick nimmt: Das Verhältnis Männer zu Frauen fällt deutlich zu Gunsten der Männer aus. Gleichwohl sind komplementäre »geschlechtersymmetrische Paarbildungen«[17] charakteristisch für das Lukasevangelium. Die Zeichnung der Frauen bleibt also insgesamt ambivalent.

---

13 Die beiden Figuren begegnen auch in Joh 11,1–44; 12,1–8 jeweils im Zusammenhang mit ihrem Bruder Lazarus. Gleichwohl ist Lk 10,38–42 ohne Pendant.

14 *Klauck*, Armut, 189.

15 *Schüssler-Fiorenza*, She said, 63f.

16 *Böttrich*, Sensibilität, 197.

17 Zum Begriff vgl. *Theißen/Merz*, Jesus, 212.

Das gilt auch für die Maria-Martha-Perikope (10,38–42), die eine besonders breite Rezeption erfahren hat: Seit den Kirchenvätern ist die Interpretation der beiden Figuren als Typen der *vita activa* und der *vita passiva* beliebt. Seit der Reformation wird in protestantischen Kreisen das abschließende Urteil Jesu gerne auf die Abwertung der Werkgerechtigkeit (Martha) und den Vorrang der Gnade (Maria) hin interpretiert. In der Neuzeit haben Vertreter:innen einer frauenfreundlichen Position des Lukas u. a. darauf verwiesen, dass Maria sich hörend zu Jesu Füßen setzte (10,39) und folglich eine Schüler(innen)haltung einnimmt. Mit der Feststellung, eine Frau als Schülerin eines Rabbi sei außergewöhnlich, wurde Jesus gegenüber »dem« Judentum unter Rekurs auf Talmud und Mischna (jSota 19a8; bSota 21b, mSota 3,4) hervorgehoben. Dabei gibt es dort auch gegenteilige Stimmen. Dieser einseitige diskriminierende Verweis fehlt in neueren Publikationen.

Stark diskutiert wurde die διακονία (Dienst) bzw. das διακονεῖν (dienen) der Martha (10,40). Ist es dem *setting* entsprechend im Sinne von (gastgeberischer) Hausarbeit zu verstehen und übersieht Jesus hier – typisch Mann! – dass sich das Essen nicht von allein kocht? Oder sind διακονία bzw. das διακονεῖν nicht in Bezug auf die (Missachtung der) Versorgungsarbeit, sondern im Blick auf eine kirchenleitende Tätigkeit oder gar ein Amt zu verstehen? Phöbe wird ja in Röm 16,1 als διάκονος (Diakonin) bezeichnet. Das konnte positiv als Hinweis auf eine Leitungsfunktion ausgewertet werden, aber auch negativ: Jesu Kritik in Lk 10 wolle Leitungsfunktionen von Frauen beschränken. Jedoch weisen διακονία/διακονεῖν bei Lukas ein breiteres Bedeutungsspektrum auf, weshalb letztere Interpretation auch in Frage gestellt wurde. Ist es wirklich das, was Lukas im Blick hat? Die Perikope drückt das zumindest nicht aus – weil Lukas bezüglich der Frauen selbst ambivalent ist? In jüngerer Zeit wird hervorgehoben, dass die Perikope in erster Linie nicht zwei Schwestern im Gegenüber zum Handlungssouverän Jesus kontrastiert, sondern sich auf Martha konzentriert. Und man hat auch gefragt, ob »gender« überhaupt die entscheidende Rolle in dieser Story spielt. Ist es nicht das Sich-Sorgen und Beunruhigen um Vieles (vgl. Lk 8,14!) – und das, obwohl Jesus präsent ist?

## Literatur

*Böttrich, Christfried,* Zwischen Sensibilität und Konvention. Rollenbilder von Frauen im lukanischen Doppelwerk, in: *J. Frey, N. Rupschus* (Hrsg.), Frauen im antiken Judentum und frühen Christentum, WUNT 489, Tübingen 2019, 175–208.

*Ebner, Martin,* Im Schatten der Großen. Kleine Erzählfiguren im Markusevangelium, BZ 44, 2000, 56–76.

*Fischer, Irmtraud,* Auch Frauen stehen in der problematischen Tradition: Antijudaismus in der Feministischen Theologie, in: *G. Höver, S. Mosès* (Hrsg.), In Verantwortung vor der Geschichte: Besinnung auf die jüdischen Wurzeln des Christentums. Bonn 1999, 59–71.

*Gemünden, Petra von,* Aus Widerspruch lernen. Die transformative Kraft des Dialogs, in: *H. Müller* et al. (Hrsg.), Beziehungsweisen. Theologie aus dialogischer Überzeugung, FS B. Oberdorfer, Gütersloh 2022, 58–76.

*Guttenberger, Gudrun,* Besessene Frauen in der Antike. Beobachtungen zu Exorzismuserzählungen an weiblichen Besessenen, in: *K. Greschat, H. Omerzu* (Hrsg.), Körper und Kommunikation: Beiträge aus der theologischen Genderforschung, Leipzig 2003, 95–123.

*Hieke, Thomas,* Frauen und Männer in Jesu Ahnengalerie. Zur Genealogie bei Matthäus und Lukas, BiKi 66/1, 2011, 4–8.

*Jensen, Anne* et al., Stellungnahme Feministischer Theologinnen zum Vorwurf des Antijudaismus, EvTh 48, 1988, 158.

*Klauck, Hans-Josef,* Die Armut der Jünger in der Sicht des Lukas, in: *ders.,* Gemeinde – Amt – Sakrament. Neutestamentliche Perspektiven, Würzburg 1989, 160–194.

*Lau, Markus,* Die Witwe, das γαζοφυλάκιον und der Tempel. Beobachtungen zur markinischen Erzählung vom »Scherflein der Witwe« (Mk 12,41–44), ZNW 107, 2016, 186–205.

*Meiser, Martin,* Anthropologie im Markusevangelium, in: *C. K. Rothschild* et al. (Hrsg.), Christian Body, Christian Self: Concepts of Early Christian Personhood, WUNT 284, Tübingen 2011, 125–148.

*Schüssler-Fiorenza, Elisabeth,* But She Said. Feminist Practices of Biblical Interpretation, Boston 1992.

*Siegele-Wenschkewitz, Leonore,* Verdrängte Vergangenheit, die uns bedrängt. Feministische Theologie in der Verantwortung für die Geschichte, München 1988.

*Theißen, Gerd/Merz, Annette,* Wer war Jesus? Der erinnerte Jesus in historischer Sicht. Ein Lehrbuch, Göttingen 2023.

## Literatur zum Weiterlesen

*Navarro Puerto, Mercedes/Perroni, Marinella* (Hrsg.), Evangelien. Erzählungen und Geschichte. Dt. Ausg. hrsg. von *I. Fischer* und *A. Taschl-Erber,* Die Bibel und die Frauen 2.1, Neues Testament, Stuttgart 2012.

# Sklavinnen in der Jesusbewegung

## Real und metaphorisch

*Annette Merz*

## 1. Einleitung

In den letzten Jahrzehnten ist zur Realität von Sklaverei in der Antike und zu der sehr gebräuchlichen Sklavereimetaphorik in philosophischen und religiösen Texten viel geforscht worden. Die Evangelien verwenden oft Metaphern mit Bezug zur Sklaverei und geben damit zu erkennen, dass diese soziale Institution und die mit ihr verbundenen alltäglichen Haltungen, Praktiken und Werte im Umfeld der frühen Jesusbewegung bekannt waren. Es fällt aber schwer, in den frühchristlichen Quellen konkrete versklavte Personen auszumachen, die mit Jesus in Kontakt waren, was vor allem daran liegen wird, dass diese Gruppe Menschen »nicht der Rede wert« waren. Es ist immerhin ein von Jesus geheilter männlicher Sklave bekannt (Mt 8,6.13), gab es auch geheilte Sklavinnen? Wo und wie kam Jesus in Kontakt mit versklavten Frauen? War womöglich Maria, die Mutter Jesu, eine Sklavin? Solche konkreten Fragen möchte dieser Artikel beantworten. Dafür soll zuerst kurz skizziert werden, wie die Rahmenbedingungen des Lebens von versklavten Menschen und insbesondere Frauen aussahen. Eine zweite wichtige Fragestellung betrifft das metaphorische Sprechen von Sklavinnen und Sklaven in Parabeln und parabolischen Aussagen Jesu. Es stammt aus der alttestamentlichen Tradition, die das Volk Israel und hervorgehobene Menschen metaphorisch als »Sklavinnen und Sklaven Gottes« bezeichnete (oft mit »Knechte und Mägde« übersetzt). Damit wurde eine formelhafte Ehrenbezeichnung benutzt, deren metaphorischer Charakter wahrscheinlich gar nicht mehr ins Bewusstsein drang. Sie wurde nun im Kontext der griechisch-römischen sozialen Welt verwendet, in der Sklavinnen und Sklaven prinzipiell als wert- und ehrlose Geschöpfe betrachtet wurden. Das Gleichnis Jesu in Lk 17,7–10 kann das gut veranschaulichen:

> 7 Wer aber von euch hat Sklavinnen und Sklaven auf dem Acker oder auf der Weide und würde zu ihnen sagen, wenn sie von draußen hereinkommen: ›Kommt gleich zu Tisch!‹ 8 Würdest du nicht eher zu ihnen sagen: ›Bereitet mir etwas zu essen, legt euch eine Schürze um und dient mir, bis ich gegessen und getrunken habe. Danach sollt ihr essen und trinken.‹ 9 Bist du etwa den Sklavinnen und Sklaven dankbar dafür, dass sie getan haben, was befohlen worden war? 10 So soll es auch bei euch sein: Wenn ihr alles getan habt, was euch befohlen wurde, so sagt: ›Wir sind nur unnütze Sklavinnen und Sklaven, wir haben getan, was wir zu tun schuldig waren.‹« (Bibel in gerechter Sprache)

Solche Traditionen verstören und provozieren wichtige Fragen an die biblische Theologie: Welches Menschen- und Gesellschaftsbild wird unbewusst und ungewollt stabilisiert und weitergetragen, wenn diese Metaphorik verwendet wird? Kann die so verwendete Metaphorik die eigentlich intendierte Befreiungsbotschaft des Evangeliums unterminieren und sich negativ auswirken auf benachteiligte soziale Gruppen? Sollte Sklavereimetaphorik, beginnend beim liturgischen Anrufen von Gott als Herrn (über uns Sklavinnen und Sklaven!) nicht prinzipiell aus dem theologischen Sprechen verbannt werden?

## 2. Die Welt von versklavten Frauen und Mädchen

Sklaverei ist eine Institution, die auch im alten Israel bestand. Das verbreitete Vorurteil, dass die sozialen Systeme in Israel menschlicher waren als im Rest des Vorderen Orients, hat kritischen Untersuchungen nicht standgehalten. Zur Zeit Jesu war Pälastina Teil des römischen Imperiums, was bedeutete, dass die Oberschichten an den gängigen sozialen Praktiken dieses Weltreichs partizipierten. Dazu gehörte die Versklavung großer Teile der Bevölkerung von eroberten Gebieten, wodurch sie aller menschlichen Rechte und Eigenschaften verlustig erklärt wurden und als billige Arbeitskräfte in allen Bereichen der Ökonomie und Haushaltführung eingesetzt wurden, oft weit entfernt von ihrem Geburtsort und getrennt von allen früheren sozialen, kulturellen und religiösen Bindungen. Neben den Standardbegriffen *doulos* und *doule* (Sklave und Sklavin) war ein viel gebrauchtes

Wort für versklavte Menschen *somata* (Körper), ein Ausdruck, der auch für Vieh gebraucht wurde. Aristoteles hatte den Sklaven als ein dem Handeln dienendes *Werkzeug* im Besitz des Herrn definiert. Körperliche Integrität bestand für Sklavinnen und Sklaven nicht. Schläge, Erniedrigungen und sexuelle Ausbeutung waren alltäglich. Kinder, die von versklavten Frauen und Mädchen geboren wurden, vergrößerten den frei verfügbaren Sklavenbesitz des Herrn oder der Herrin. Freilassung war möglich, so bestand ein Anreiz, zur Zufriedenheit der Herrschaft zu funktionieren. Unter solchen Ausgangsbedingungen lebte ein großer Prozentsatz der Bevölkerung, in Rom selbst schätzungsweise 30–40 %, in Palästina war es ein viel kleinerer Teil, wobei die Faustregel gilt: je städtischer die Umgebung und je zahlreicher die Oberschicht, desto mehr Sklavinnen und Sklaven, teils aus fernen Ländern, waren gezwungen, dort zu leben.

Zu den wissenschaftlichen Herausforderungen der Gegenwart gehört die ethische Verpflichtung, die erfahrene Gewalt und den Opferstatus von versklavten Menschen nicht durch eine einseitige historische Rekonstruktion aus der Herrenperspektive zu perpetuieren, sondern sich der Erfahrung, dem Selbstverständnis und dem Gefühl der persönlichen Handlungsmächtigkeit (»agency«) von versklavten Menschen anzunähern. Deren Perspektive ist in den Quellen zumeist abwesend. Die Bibelwissenschaften können hierbei lernen von der Erforschung der transatlantischen Sklaverei. Sadiya Hartman hat die Methode der »critical fabulation« entwickelt, die kritische Imagination ins Werk setzt und dabei den Bereich dessen auslotet, was unter den rekonstruierbaren historischen Bedingungen gewesen sein könnte.[1] Im Folgenden versuche ich, in ihren Fußspuren nach den versklavten Frauen im Umfeld Jesu zu suchen.

## 3. Versklavte Frauen im Kontakt mit der frühen Jesusbewegung

Die einzigen Sklavinnen, die in den Evangelien in Kontakt mit der Jesusgruppe explizit genannt werden, sind Frauen, die im Besitz der hohepriester-

---

[1] *Hartman, Saidiya,* Venus in Two Acts, small axe 26 (2008) 1–14; *dies.*, Lose Your Mother. A Journey along the Atlantic Route, New York 2007. *Moss, Candida,* God's Ghostwriters. Enslaved Christians and the Making of the Bible, London 2024 verwendet Hartman's Methode, um die Rolle von versklavten Menschen bei der Entstehung der frühchristlichen Schriften zu untersuchen.

lichen Familie waren. Eine dieser Sklavinnen provoziert die Verleugnung des Petrus (Mk 14,66–72). Diese Frau, die Petrus als »einen von denen, die mit dem Nazarener Jesus waren« entlarvt, identifiziert sich mit der Sichtweise ihrer Herrschaft und gewinnt daraus einen gewissen (abgeleiteten) Status als Mitglied einer hochgestellten Familie, die in religiösen Fragen bestimmen durfte, wer dazu gehört, und wer als Außenseiter zu gelten hat. Solche Identifikation der Sklavenschaft mit den Werten der Familie wurde erwartet, was natürlich nicht heißt, dass sie immer geleistet wurde.

Wenn Jesus und die ihn begleitenden Jüngerinnen und Jünger bei reichen Leuten und Funktionsträgern eingeladen wurden, darf man vermuten, dass gelegentlich versklavte Dienerschaft im Hintergrund die nötigen Arbeiten verrichtete, mithörte, was gesprochen wurde und sich selbst ein Urteil dazu formte. Unter den Volksmengen, denen Jesus zusprach, und unter den Kranken, die er heilte, können wir auch versklavte Frauen und Männer vermuten.

Jesus und Johannes der Täufer hatten beide den Ruf, dass ihre Botschaft bei Prostituierten und Zöllnern großen Anklang fand (Mt 21,31f.; Lk 7,29f. 37; 15,1f.). Wir wissen, dass die Gruppe der Prostituierten in der Antike zu einem extrem hohen Prozentsatz aus versklavten Frauen bestand, die zur Ausübung dieser Tätigkeit gezwungen wurden. Zum Personal einer Zollstation gehörten mit hoher Wahrscheinlichkeit Bodyguards und Helfer, die als Sklaven keine Wahl hatten, den verfemten Beruf auszuüben. Beide Gruppen wurden verachtet und hatten doch, soweit es versklavte Menschen betrifft, keinerlei Möglichkeit, anders zu handeln. Es ist höchst bemerkenswert, dass gerade diese Gruppen sich Jesus und Johannes und der Botschaft von der Nähe des Gottesreiches zuwendeten und damit in einem Lebensbereich, in dem sie Entscheidungsfreiheit besaßen, sich gegen die etablierte Religion entschieden und religiösen Außenseitern ihre Loyalität schenkten!

Leider gibt es keine direkten Aussagen Jesu über die Rolle von versklavten Menschen innerhalb seiner Anhängerschaft. Wir können nur zwischen den Zeilen lesen. Jesus nennt seine Anhängerinnen und Anhänger, alle, die den Willen Gottes tun, seine »Brüder und Schwestern und Mütter« (Mk 3,33–35). Wenn er die neue Familie Gottes beschreibt, erwähnt er keine Väter – und auch keine Sklavinnen und Sklaven (Mk 10,29f.; Mt 23,9). Feministische Theologinnen haben hieraus auf eine »Nachfolgegemeinschaft von Gleichgestellten« (Elisabeth Schüssler Fiorenza) geschlossen und dachten dabei vor allem an das Verhältnis von Frauen und Männern. Andere haben dem entgegengehalten, dass Familienmetaphorik hierarchische Strukturen nicht ausschließt. Das könnte auch in Bezug auf die Sklavenschaft geltend gemacht werden, wofür man in den paulinischen und deuteropaulinischen Traditionen

Hinweise finden könne, die ein äußerst spannungsvolles Verhältnis von utopischen Traditionen und gelebter Realität erkennen lassen (Gal 3,28; Phlm 16; Kol 3,22–4,1; 1Tim 6,1f.).

Einen reichen Mann, der sich Jesus anschließen wollte, forderte er auf, alles zu verkaufen, was er hatte und es den Armen zu geben (Mk 10,21). Was das für die Sklavinnen und Sklaven dieses reichen Mannes bedeuten würde, sagt der Text nicht. Würden sie verkauft an andere reiche Leute? Oder freigelassen, um mitzugehen? Unter den mit Jesus herumziehenden Anhängern befanden sich auch einige begüterte Frauen, die Jesus aus ihrem Besitz unterstützten (Lk 8,2f.). Hatten diese Frauen, etwa Johanna, die Frau des Chuza, der einer von Herodes Antipas' Verwaltern war, Sklavinnen bei sich? Hatten sie ihre Sklavinnen freigelassen oder verkauft, um die Predigt des Gottesreiches zu alimentieren? Dass wir solche Fragen nicht beantworten können, zeigt das ganze Ausmaß dieses unterdrückten Teils der urchristlichen Geschichte. Es muss diese Sklavinnen und Sklaven gegeben haben. Wie ihre freigeborenen Zeitgenossen kamen sie mit Jesus in Kontakt und formten sich eine Meinung über ihn, nahmen seine Botschaft an oder lehnten sie ab. Als Sklavinnen und Sklaven hatten sie nur eine sehr eingeschränkte Bewegungsfreiheit, konnten nicht so einfach mit einem Wanderprediger mitgehen. Aber Jesus hatte viele sesshafte Unterstützerinnen und Unterstützer, von denen manche Sklavinnen und Sklaven gewesen sein könnten und andere möglicherweise Sklavenbesitzer:innen waren. Die Geschichte von Maria und Martha liest sich ganz anders als gewohnt, wenn man sich vorstellt, dass Martha als Hausherrin die Arbeit in der Küche vor allem beaufsichtigt, während Maria Jesus ihre ungeteilte Aufmerksamkeit schenkt (Lk 10,38–42). Wer backte das Brot im Haushalt von Martha und Maria? Sie selber oder ihre Sklavinnen, die einem antiken Erzähler nicht der Rede wert waren? Wir wissen es nicht, aber die Unruhe, die diese Frage bringt, ist wichtig.

Als letztes Beispiel einer möglichen Sklavin in der Jesustradition ist noch Maria, die Mutter Jesu zu besprechen. Sie bezeichnet sich dem Engel Gabriel gegenüber als »Sklavin des Herrn (d. h. Gottes)«. Im Magnifikat spricht sie von Gott als dem, der »die Niedrigkeit seiner Sklavin gesehen« und sie erhöht hat (Lk 1,38. 48). Obwohl beide Bezeichnungen sich im Kontext eindeutig auf einen metaphorischen Sklavinnenstatus der Maria Gott gegenüber beziehen, wird argumentiert, dass dies nicht ausschließt, dass sie tatsächlich eine Sklavin war und dass ihre ehrenvolle Bezeichnung als Gottessklavin eine kreative Form der Bearbeitung des Traumas der ungewollten Schwängerung durch ihren irdischen Herrn darstellen könnte. Das von einer Sklavin geborene Kind ist selbst ein Sklave, und das entscheidende Argument der Vertreterinnen dieser These ist dann auch, dass nach dem Christushymnus des Philipperbriefes sich Jesus Christus seiner göttlichen Gestalt entäußerte und die »Gestalt eines Sklaven annahm, den Menschen gleich wurde und in der Form eines Menschen« erschien (Phil 2,7f.).[2] Von der Mehrheit der Auslegerinnen und Ausleger wird allerdings auch Phil 2 als eine poetische Metapher angesehen, zumal ein Parallelismus zwischen Sklave und Mensch im Gegenüber zur göttlichen Existenz besteht. Im Verhältnis zu Gott ist eben nach jüdischer Tradition jeder Mensch ein Sklave (Gottes). Weitere Spuren eines Sklavenstatus von Jesus und seiner Mutter gibt es nicht in den Quellen, und die Theorie wird daher meist wohl zurecht als sehr unwahrscheinlich eingestuft.

Letzte Sicherheit ist allerdings nicht zu erlangen und man sollte das Argument afro-amerikanischer Theologinnen ernst nehmen, dass die Plausibilität einer These auch mit der ethnischen und sozio-kulturellen Identität der Auslegenden zusammenhängt. Die übergroße Mehrheit der weißen, oberschichtnahen Exegeten und Exegetinnen wird sich aufgrund des eigenen privilegierten Hintergrunds nicht automatisch mit dem Empfinden einer von ihrem Besitzer geschwängerten Frau identifizieren. Doch diese Erfahrung war in Sklavenhaltergesellschaften die allgegenwärtige Realität von versklavten Frauen. Das größte Problem von Lk 1,38.48 liegt in meinen Augen auf der theologischen Ebene. Mit der metaphorischen Aussprache »Siehe, ich bin die Sklavin des Herrn, mir geschehe, wie du gesagt hast«, wird eine millionenfache Erfahrung sexueller Gewalt an versklavten Frauen metaphorisch benutzt, um eine positive Aussage zu machen – die Empfängnis des Sohnes Gottes durch eine Jungfrau, die sich dadurch erhöht weiß und im Magnifikat zur Prophetin einer gerechteren Welt wird. Die Botschaft der Umkehrung der Verhältnisse wird gekleidet in die Sprache alltäglich erfahrener Gewalt gegen Frauen. Diese Ambivalenz ist vielen Sklavereimetaphern eigen, auch solchen, die im Munde Jesu begegnen.

---

2 Hauptvertreterin dieser These ist die südafrikanische Womanist Theologin *Winsome Munro* mit ihrem posthum publizierten Buch Jesus, Born a Slave: The Social and Economic Origins of Jesus' Message, Lewiston, NY 1998. Eine neuere afro-amerikanische Perspektive bietet *Smith, Mitzi J.*, Abolist Messiah: A Man Named Jesus Born of a Doule, in: *Mitzi Smith, Angela Parker, and Ericka Dunbar* (eds.), Bitter the Chastening Rod: African Biblical Interpretation after Stony the Road We Trod in the Age of BLM, SayHerName, and MeTOO, Lanham, MD, 2022, 53–70.

## 4. Metaphorische Sklavinnen in Jesusworten

Eines der unzureichend thematisierten Interpretationsprobleme der Evangelien liegt in der vielfältigen Verwendung von Parabeln und anderen metaphorischen Traditionen, in denen Jesus Bilder aus dem alltäglichen Leben von Sklavinnen und Sklaven verwendet, um eine Aussage über die Beziehung zwischen Gott und den Menschen zu machen. Er steht dabei in einer alten religiösen Tradition Israels, und seine Sklavengleichnisse sind in Form und Aussage vielen rabbinischen Sklavengleichnissen ähnlich (Martijn Stoutjesdijk). Eine Basismetapher ist die von Gott als Befreier Israels aus der Sklaverei in Ägypten, womit er sich das Volk als Eigentum erworben habe. Dadurch sind die Israeliten zu Sklavinnen und Sklaven Gottes geworden (z.B. Lev 25,42). Die Propheten gelten in ganz besonderer Weise als Sklaven (meist übersetzt als »Knechte«) Gottes, und es ist diese prophetische Tradition, in die Maria mit ihrer Selbstbezeichnung als Sklavin des Herrn und mit ihrem Befreiungslied Lk 1,46–55 selbstbewusst eintritt. Es ist möglich, dass die Bezeichnung Jesu als »Sohn Gottes« ursprünglich auf die jesajanischen Traditionen vom »Sklaven/Knecht des Herrn« zurückgeht. Sie wurde in der Septuaginta als »*pais theou*« wiedergegeben, was Sohn und Sklave Gottes bedeuten kann. Mt 12,18–21 bezieht das erste Gottesknechtlied Jes 42,1–4 auf Jesus, und in der Didache, einer frühchristlichen Kirchenordnung, wird Jesus wie David wiederholt als Gottes Sklave (*pais*) bezeichnet (9,2f.; 10,2f. 8).

Unabhängig von der Frage, ob Jesus sich selbst in der Tradition des jesajanischen Gottessklaven sah, hat er auf jeden Fall auf vielerlei Weise seine Zuhörer aufgefordert, sich als Sklavinnen und Sklaven Gottes zu verstehen. Etwa wenn er sagt, niemand könne (als Sklave) zwei Herren dienen und sie auffordert, sich gegen den Dienst am Mammon und für den Dienst Gottes zu entscheiden (Mt 6,24). Auch die vielen Sklavengleichnisse, von denen eines oben zitiert wurde, sind hier zu erwähnen. Diese Gleichnisse verwenden die Realität des grenzenlosen Einsatzes und totalen Gehorsams, der von Sklavinnen und Sklaven erwartet wurde, um den erstrebenswerten Einsatz für Gott zu symbolisieren. Mk 13,34–37 etwa glorifiziert chronischen, gesundheitsschädlichen Schlafentzug, der eine Alltagsrealität vieler versklavter Menschen war, deren Dienst niemals endete. Sie schrecken auch nicht zurück vor der Schilderung der furchtbaren Foltern und Todesarten, die angewendet wurden, um sogenannte ungehorsame oder faule Sklavinnen und Sklaven zu bestrafen und dem übrigen Sklavenvolk zur Abschreckung zu dienen (z.B. Mt 18,25.34; 24,45–52; Lk 12,45–48, wobei die meisten Bibelübersetzungen das in Stücke schneiden als Todesstrafe in Mt 24,51/Lk 12,46 auslassen). Man muss sich nur in Erinnerung rufen, dass diese Gleichnisse noch in den kolonialen Sklavenhaltergesellschaften benutzt wurden, um das unmenschliche Regime von Plantageneigentümern zu rechtfertigen, um zu erkennen, wie tief problematisch und letztlich theologisch inakzeptabel der Gebrauch dieser Bildsprache ist. Ein kurzer Ausschnitt aus dem Film »12 Years a Slave«, der den Missbrauch von Lk 12,47 zeigt, kann das beispielsweise im Religionsunterricht gut verdeutlichen.[3]

Wir wissen übrigens nicht, wie viel von diesen Schilderungen von Gewalt gegen Sklavinnen und Sklaven auf Jesus selbst zurückgeht; es ist auffällig, dass bei Matthäus die Rede von gewalttätiger Behandlung am ausgeprägtesten ist. Bei Markus findet sich demgegenüber keine Gewalt gegen versklavte Menschen als eschatologische Warnung (wohl aber Alltagsgewalt: Mk 12,1-5). Im Kern geht die Sklavereimetaphorik sicher auf Jesus zurück, was als Thema in der Forschung bislang stark unterbelichtet ist.

Ich möchte abschließend zwei Problemkomplexe skizzieren, die wichtige Einsichten bieten können und noch weiterer Forschung bedürfen. Erstens steht die Sklavereimetaphorik in der Jesustradition neben der Familienmetaphorik. Die Gläubigen werden bildlich nicht nur als Sklavinnen und Sklaven Gottes angesprochen, sondern auch als Söhne und Töchter Gottes. Die beiden Bildfelder überschneiden sich in den Konzepten des erwarteten Gehorsams und der Abhängigkeit, rufen aber ansonsten andere soziale Assoziationen und Wertungen auf. Es stellt sich dann die Frage: wer soll sich in welcher Situation als Sohn oder Tochter verstehen und wer soll in welcher Situation sich als Sklavin oder Sklave verstehen? Hier kann zweitens die Tradition von Mk 10,42–44 einen Fingerzeig geben. Dort richtet sich Jesus an die Zwölf und macht deutlich, was er von Leitungspersonen erwartet:

> 42 Die als Herrscherinnen und Herrscher über die Völker gelten, herrschen mit Gewalt über sie, und ihre Anführer missbrauchen ihre Amtsgewalt gegen sie. 43 Bei euch soll das nicht so sein! Im Gegenteil: Wer bei euch hoch angesehen und mächtig sein will, soll euch dienen, 44 und wer an erster Stelle stehen will, soll allen wie ein Sklave oder eine Sklavin zu Diensten stehen. (Übersetzung: Bibel in gerechter Sprache)

Es sind also gerade Personen, die Macht über andere haben, die sich die Sklavinnen und Sklaven in ihrer erzwungenen (!) Demut und Niedrigkeit zum Vorbild nehmen sollen und freiwillig (!) eine solche Haltung einnehmen sol-

---

3 URL: www.youtube.com/watch?v=Hx23SzMh4oE

len, was natürlich nicht dasselbe ist. Auch das eingangs zitierte Sklavengleichnis aus Lk 17,7–10 richtet sich an jemanden, der vom Dienst versklavter Menschen profitiert und lernen soll, sich selbst in der dienenden Position vorzustellen. Jesus setzt die Sklavenmetapher also ein, um damit gerade die Egalisierung ungerechter Strukturen in Gang zu setzen. So macht es auch Paulus in 1Kor 7,21–24, was in ernüchterndem Gegensatz zu späteren Haustafeltraditionen steht, in denen Sklavinnen und Sklaven aufgefordert werden, als Christusgläubige bessere Sklavinnen und Sklaven zu werden.[4]

## 5. Schlussreflexion

Die Sklavenmetaphorik gehört zu unserem theologischen Erbe, ein Erbe, das man mit Fug und Recht als toxisch beschreiben kann. In der Zeit der Entstehung dieser Traditionen stand dem eine allgegenwärtige soziale Praxis gegenüber, die nur von ganz wenigen Denkern und Gruppen prinzipiell hinterfragt wurde. Allerdings können wir – unsere kritische Imagination gebrauchend – davon ausgehen, dass es vor allem die Sklavinnen und Sklaven selbst waren, die sich eine Gesellschaft ohne Sklaverei vorstellten – und die ihre utopischen Gedanken nur untereinander weitergaben, so dass sie kaum in den Quellen dokumentiert sind. Heute ist Sklaverei international geächtet und besteht doch in großem Umfang und neuen Formen weiter, ermöglicht von globalen, postkolonialen Unrechtsstrukturen. Frauen und Mädchen sind damals wie heute besonders gefährdet, zusätzlich zu anderen Formen der Ausbeutung Opfer von sexueller Gewalt und unerwünschten Schwangerschaften zu werden.

In dieser Situation ist mein Plädoyer als Bibelwissenschaftlerin ein doppeltes. Erstens müssen wir die verschwiegene Geschichte frühchristlicher Sklavinnen und Sklaven so weit möglich erhellen, auch wenn es bedeutet, unkonventionelle Methoden wie »kritische Imagination« zu verwenden. Zweitens müssen wir uns der ambivalenten und oft toxischen Wirkungsgeschichte der urchristlichen Sklavereimetaphorik bewusst werden und daraus theologische Konsequenzen ziehen. Es hilft dabei, sich immer wieder zu fragen, wie ein bestimmter Bildgebrauch aus der Perspektive und Erfahrung versklavter Frauen und Männer geklungen haben mag.

---

4 Siehe *Merz, Annette*, Believers as »Slaves of Christ« and »Freedpersons of the Lord«: Slavery and Freedom as Ambiguous Soteriological Metaphors in 1 Cor 7:22 and Col 3:22–4:1, NTT Journal for Theology and the Study of Religion, 72(2), 2018, 95–110.

## Literatur

*Glancy, Jennifer*, Slavery in Early Christianity, Minneapolis 2002.
*Hezser, Catherine*, Jewish Slavery in Antiquity, Oxford 2005.
*Kartzow, Marianne Bjelland*, The Slave Metaphor and Gendered Enslavement in Early Christian Discourse: Double Trouble Embodied, London & New York 2018.
*Stoutjesdijk, Martijn*, »You Are My Slaves.« A Comparative Study of the Slavery Metaphor in Early Rabbinic and Early Christian Parables, JCP 41, Leiden 2025.

# Frauenfiguren im Johannesevangelium

*Joachim Kügler*

Das Johannesevangelium gehört sicher nicht zu den frauenfeindlichsten Texten des Neuen Testaments. Trotzdem bewegt es sich selbstredend im Kultur-Rahmen männlicher Herrschaft (P. Bourdieu). Das bedeutet, dass wir nicht erwarten dürfen, moderne Gender-Konzepte im Text zu finden. Interessanter ist vielmehr, wie sich diese Jesus-Erzählung im vorgegebenen Rahmen bewegt, wo sie Akzente setzt oder gar Brüche riskiert. In dieser Perspektive sollen einige Frauengestalten vorgestellt werden und mit ihnen die Gender-Strategie des Johannesevangeliums.

## 1. Die namenlose »Mutter Jesu«

Sie ist die erste Frau, die im Text als konkrete Gestalt genannt wird: die Mutter Jesu. Im Unterschied zu den synoptischen Evangelien heißt sie nicht Maria, sondern bleibt durchgehend anonym. Die Namenlosigkeit von biblischen Frauengestalten wird in der neueren Forschung (besonders zum AT) genauer beobachtet und oft negativ beurteilt. Bei der Frau des Potiphar, der des Hiob und anderen mag es tatsächlich so sein, dass in der Namenlosigkeit eine Distanz des Textes zu der betreffenden Figur deutlich wird. Im JohEv sollte man differenzieren. Die Mutter teilt nämlich ihre Namenlosigkeit mit der Gestalt des Geliebten Jüngers, der in Joh 13 ins Licht tritt, in einigen Szenen charakterisiert wird und dann am Ende die Verfasserschaft zugeschrieben bekommt. Bei ihm ist die Namenlosigkeit eine erzählerische Konzentration auf das, was diese Figur ausmacht, die Beziehung zu Jesus. Jesus liebt ihn und überträgt so – entsprechend antiker Vorstellung – auch seine Autorität auf ihn. So wie Jesus den Vater bezeugt, bezeugt der Geliebte Jünger Jesus. Auch bei der Mutter ist eine solche Konzentration auf das Wesentliche zu sehen. Ohne Ablenkung durch einen Namen besteht die Figur erzählerisch aus ihrer Beziehung zu Jesus: Sie ist seine Mutter. Im antiken Kontext ist die Beziehung zwischen Mutter und Sohn ambivalent. Einerseits ist die Mutter eine Autorität – je jünger der Sohn ist, desto mehr – andererseits ist die Mutter vor allem als Witwe der Vormundschaft des Sohnes (oder eines anderen Mannes) unterstellt. Diese Ambivalenz ist auch im JohEv erkennbar: In der Hochzeitserzählung in Joh 2 wird die Mutter schroff zurechtgewiesen als sie sich in den göttlichen Aufgabenbereich des Sohnes einmischt. Andererseits gibt sie dann aber Anweisungen anderen gegenüber und erscheint so als Frau mit Macht. Dem göttlichen Sohn unterstellt – und doch eine Frau, die etwas zu sagen hat – eben die Mutter eines Großen. Im Hintergrund dürfte dabei eine Konstellation stehen, die wir auch im Zusammenhang mit anderen großen Männern der antiken Welt finden. Schon im alten Ägypten spielte die Königsmutter als einzige Frau des königlichen Harems eine herausgehobene Rolle. Bezüglich späterer Zeiten ist an die Mutter Alexanders des Großen ebenso zu erinnern wie an die Mutter des Augustus oder des Tiberius. Dass die Rolle einer Frau auf ihr Muttersein reduziert wird, ist aus heutiger Sicht kritisierbar, im patriarchalen Kontext aber (bis heute) die Norm. Die Mutterrolle ist die einzige Frauenrolle, die in Kulturen Männlicher Herrschaft als machtvoll gesehen wird, ohne dass eine Vermännlichung der betreffenden Frau notwendig wäre. Dass die Namenlosigkeit der Mutter Jesu auch etwas mit der des Geliebten Jüngers zu tun hat, bestätigt sich übrigens in Joh 19, wo sie als Alleinstehende (die ungläubigen Brüder Jesu werden ignoriert) von der Obhut des Sohnes in die Obhut seines irdischen Nachfolgers übergeben wird. Ob diese Szene weitergehende Bedeutung (die Mutter als Sinnbild der Gemeinde) hat, bleibt umstritten, aber klar ist, dass die Vormundschaft über die Mutter Jesu den besonderen Status des Geliebten Jüngers herausstellt.

## 2. Die namenlose Samariterin am Brunnen (Joh 4,5–30)

Während die Samariterin, die mit Jesus spricht, früher aufgrund ihrer »ungeordneten« oder sogar »sündhaften« Lebensverhältnisse negativ bewertet wurde, wird die Figur heute differenzierter gesehen. Es ist in der Tat zu bezweifeln, dass der Text die Frau als Sünderin darstellen will. Selbstredend ist sie am Anfang noch nicht zum Glauben gekommen und gehört allein schon deswegen noch zur gottfernen Welt. Aber sie ist vom ersten Auftreten an doch auch mehr als das, nämlich eine kluge und interessierte Dialogpartnerin Jesu, der mit ihr spricht, obwohl sie Frau und Samariterin ist, während er Mann und Jude ist. Sieht man in diesem grenzüberschreitenden Verhalten des erzählten Jesus ein Vorbild für die Lesenden, dann liegt der Erzählung eine Abwertung von Frauen ebenso fern wie jede Xenophobie. Es ist deshalb nicht überraschend, wenn die Frau gegen Ende der Perikope zur Messias-Verkünderin wird und viele andere zum Glauben bringt. Dass auch sie namenlos bleibt, ist nicht unbedingt als frauenfeindlich einzustufen. Es zeigt einfach, dass sie nicht als Einzelperson interessiert, sondern über Gruppenmerkmale definiert wird. Sie ist vor allem eine (einfache) Frau und Samariterin. Das ist der Erzählung wichtig an dieser Figur. Es geht nicht um eine biographische Anekdote sondern um Frauen und um Menschen aus/in Samarien. Die Frau am Brunnen verkörpert zwei üblicherweise marginalisierte bzw. stigmatisierte Gruppen und dient so der Erzählung dazu, diese Gruppen in ein positives Verhältnis zu Jesus zu setzen.

## 3. Maria aus Magdala

Die Magdalenerin spielt im Johannesevangelium eine herausragende Rolle, wobei sie Züge von verschiedenen Frauen aus der synoptischen Tradition an sich zieht. Sie ist hier die Schwester von Marta, auch Schwester des Lazarus, in dessen Auferweckungserzählung sie zum ersten Mal auftritt, und zwar bereits als Glaubende. Maria ist im vierten Evangelium keine Sünderin, sondern wird von Jesus zusammen mit ihren Geschwistern geliebt. Damit hebt sie der Text auf einen ähnlichen Status wie den Geliebten Jünger. Die Magdalenerin salbt Jesus mit wertvollem Öl. Dessen wundervoller Duft ist wohl Sinnbild der göttlichen Herrlichkeit, welche die ganze Welt erfüllt. Durch das »Abtrocknen« der Füße Jesu mit ihrem Haar salbt Maria faktisch auch sich selbst. Der göttliche Duft Christi wird auch zu ihrem. Damit wird Maria zum Sinnbild aller, die glaubend das Heil empfangen und im ganzen Haus der Welt verbreiten. Es ist nach dieser Vorbereitung keine Überraschung, wenn die Erzählung Maria die Ehre zukommen lässt, als erster Mensch dem Auferstandenen zu begegnen. Weil das Göttliche unantastbar ist, darf sie ihn zwar nicht berühren, aber sie erkennt die Identität des Auferstandenen. Da der Geliebte Jünger bereits vor ihr zum Glauben gekommen ist (Joh 20,8), ist Maria zwar nicht der Ursprung des Osterglaubens, aber sie erhält den Auftrag, die Botschaft der Auferstehung/Erhöhung den Jüngern weiterzugeben. Ihnen gegenüber wird sie zur Verkünderin, was ihr in der kirchlichen Tradition den lateinischen Ehrentitel *Apostola apostolorum* eingetragen hat.

Dass Joh 21,14 behauptet, das Frühstück am See sei die *dritte* Erscheinung des Auferstandenen, wirkt eigenartig. Diese Zählung trifft nur zu, wenn eine Begegnung mit Jesus nicht mitgezählt wird. Bei dieser »übersehenen« Offenbarung Jesu dürfte es sich um die vor Maria von Magdala handeln. Dafür spricht, dass sie nicht »Jünger« genannt wird, und in 21,14 eindeutig von den Jüngern die Rede ist. Mit den zwei zählenden Erscheinungen muss 21,14 also die Erzählungen in Joh 20,19–29 meinen, wo sich Jesus einmal den Jüngern ohne Thomas und dann den Jüngern mit Thomas zeigt. Marias Jesus-Begegnung im Garten zählt offensichtlich nicht. Das ist auch nicht verwunderlich, denn mit Petrus und dem Geliebten Jünger werden zwei Männer gegen Ende des Textes mit zentralen Aufgaben betraut. Sie stehen für die kirchlichen Funktionen des Leitens (Petrus, Joh 21,15–19) und des Zeugnisgebens (Geliebter Jünger, 21,20–24). Damit ist zwar nicht gesagt, dass in der gemeindlichen Realität nicht auch Frauen entsprechende Funktionen wahrnehmen konnten, aber die Ikonen dieser Grundfunktionen sind eben männlich besetzt. Und die genderstrategische Frage ist dann, wie lange sich die Wirklichkeit dem Anpassungsdruck an die männlich erzählten Idealtypen entziehen konnte. Vermutlich nicht sehr lange. Das Johannesevangelium ist ja gegen Ende des ersten oder Anfang des zweiten Jahrhunderts entstanden und passt mit seinem auf Männer fokussierten »Strukturplan« in eine breitere Bewegung. Dabei handelt es sich um eine Anpassung des Kirchenbildes an die patriarchalen Strukturen der Mehrheitskultur. Hierher gehören die deuteropaulinischen Pastoralbriefe (1Tim; 2Tim; Tit) mit ihrer angestrebten Restrukturierung der Kirche nach dem Modell des patriarchalen Haushalts, ebenso die Haustafel-Ethik in Eph 5,21–6,9 und Kol 3,18–4,1 (auch 1Petr 2,13–3,7; 5,1–5) oder die patriarchalisierenden Einschübe in den echten Paulusbriefen, etwa das berühmt-berüchtigte *Mulier taceat in ecclesia* (eigentlich: »die Frauen sollen in den Gemeindeversammlungen schweigen«) in 1Kor 14,34.

Auch wenn die Literarkritik in der Johannesforschung ziemlich aus der Mode geraten ist, fragt sich trotzdem, ob der überlieferte Text nicht älteres Material benutzt, das eine anders akzentuierte Theologie und auch eine andere Genderpolitik verfolgt. Wenn man versuchsweise der alten These von Julius Wellhausen[1] folgt, dass die Endredaktion nicht nur das »Nachtragskapitel« Joh 21 verantwortet, sondern unter anderem auch den ›Wettlauf‹ des

---

1 *Wellhausen, Julius,* Das Evangelium Johannis, Berlin 1908.

Geliebten Jüngers mit Petrus zum Grab (Joh 20,2–10) eingefügt hat, so ergibt sich ein anderes Bild der Magdalenerin. Wenn vorher niemand allein durch das leere Grab zum Glauben gekommen wäre, hätte ihre Begegnung mit dem Auferstandenen einen viel höheren Stellenwert! Auch ihr Bekenntnis »Rabbuni« in Joh 20,16 wäre viel wichtiger und machte sie zum Ursprung des Osterglaubens! Ihr Auftrag, den ahnungslosen Jüngern die Botschaft der Auferstehung Jesu weiterzugeben, wäre dann einfach nur konsequent, und ihr späterer kirchlicher Ehrentitel als Apostelin der Apostel erhielte noch einmal ein ganz anderes Gewicht. Wenn man die Frage nach älteren Traditionen nicht völlig ablehnt, kann man eine Entwicklung der Genderkonzeptionen im Johannesevangelium erkennen. Während zunächst eine frauenfreundliche bzw. gender-egalitäre Perspektive dominiert, findet sich auf der Ebene der johanneischen Redaktion, die den kanonisch gewordenen Text verfasst, eine Fokussierung auf männliche Idealbilder. Nun ist es ein Mann, der Geliebte Jünger, der als erster glaubt und dem die Funktion des Zeugnisgebens – also die Funktion für die inhaltliche Definition[2] des christlichen Glaubens zugeschrieben wird. Und es ist ein Mann, Petrus, dem die organisatorische Leitung[3] der Herde Jesu übertragen wird. Mit dieser männerzentrierten Genderpolitik passt die Endfassung des Johannesevangelium gut in die Phase der patriarchalen Neuordnung der Kirche. Nach den extravaganten, gender-egalitären Anfängen der apostolischen Zeit beginnt gegen Ende des ersten Jahrhunderts nach Christus ein breites Roll-back, das die kirchlichen Strukturen mehr und mehr an die Gender-Stereotypen der antiken Mehrheitsgesellschaft anpasst und die weitere Christentumsgeschichte prägt – in den meisten Kirchen auf der Welt bis heute. Entlang den kulturellen Mustern männlicher

2 Definition ist hier durchaus im Sinne von Abgrenzung gemeint, denn nicht umsonst wird in Joh 21,20 an die Abendmahlszene (13,23–26) erinnert, wo der Geliebte Jünger eingeführt wird und allein die entscheidende Frage nach dem Verräter – Prototyp der nicht (richtig) Glaubenden – stellen kann.

3 Mit der Einsetzung des Petrus zum Hirten ist keine päpstliche Autorität gemeint. Petrus wird ja in Joh 21 nicht zum Oberhirten eingesetzt. Es geht also eher um die narrative Skizze der Leitungsfunktion an sich, wie sie in jeder christlichen Gemeinde damals und heute zu finden ist. Im Unterschied zur späteren Entwicklung trennt die johanneische Redaktion die Leitungsfunktion ganz deutlich von der inhaltlichen Seite des Zeugnisgebens. Inhaltlich ist Petrus unzuverlässig bis ahnungslos. Ohne die Führung des Zeugen weiß er weder, wer »der Verräter« ist, noch erkennt er »den Herrn«. Ohne den Geliebten Jünger gerät Petrus an die falschen Leute und gerät in eine Gefahrenzone, in der er versagt. Er wird sogar zum Verleugner Jesu, woran die dreigliedrige Einsetzungsszene in Joh 21 brutal erinnert.

Herrschaft wird die Ausübung eines kirchlichen Amtes als Machtausübung verstanden. Da Macht in diesem Verständnis als männlich gegendert wird, erscheinen kirchliche Funktionen und Ämter als typisch männlich und bleiben konsequenterweise »natürlich« Männern vorbehalten. Es wäre sicher heilsam, sich vor diesem Hintergrund an die apostolischen Anfänge zu erinnern: Da waren nicht nur paulinische Gemeinden überzeugt, dass nur strikte kirchliche Gender-Neutralität (»nicht mehr männlich, nicht mehr weiblich«) glaubensgemäß ist. Auch im johanneischen Bereich gab es vermutlich eine entsprechende Glaubenstradition. Sie schrieb einer Frau die entscheidende Autorität für den österlichen Glauben zu. Ihren Gang zum Grab ließ man nicht in Schweigen oder Unverständnis enden, sondern in der Erkenntnis, dass der Meister lebt, und im Weitergeben dieser Erkenntnis an die anderen Jünger.

Zugegeben, keine historische Gewissheit, aber vielleicht doch mehr als ein literarkritisch induzierter Gendertraum ...

## 4. Die namenlose Ehebrecherin (Joh 7,53–8,11)[4]

Männer schleppen eine Frau vor Jesus und beschuldigen sie des Ehebruchs. Es handelt sich bei dem Konflikt nicht um einen Prozess, in dem die Angeklagte sich verteidigen dürfte. Die römische Besatzungsmacht hatte den jüdischen Autoritäten das Recht zur Todesstrafe entzogen. Aber auch um Lynchjustiz kann es kaum gehen. Zum einen werden die Kläger als führende Männer (Pharisäer, Schriftgelehrte) eingeführt, und die Lage ist auch nicht durch blutrünstige Emotionalität gekennzeichnet. Sonst würde man die *in flagranti* ertappte Delinquentin nicht erst zu einem Rabbi bringen und mit ihm über das weitere Vorgehen diskutieren. Die Geschichte wirkt konstruiert, um ein halachisches Problem narrativ abzuhandeln. Die Frage an Jesus, was er zu dem Fall sagt, soll ihn aufs Glatteis führen, damit man ihn anklagen kann. Vermutlich besteht die Falle darin, dass Jesus sich entweder gegen das Gesetz des Mose (*Gebot* der Todesstrafe) oder gegen das Gesetz der römischen Kolonialmacht (*Verbot* der Todesstrafe) wenden muss. Die Namenlose ist zunächst nicht allzu wichtig und dient nur als stummes Anschauungsobjekt für den männlichen Rechtsdisput. Die krasse Männerzentrierung wird

---

[4] Die Perikope ist kein ursprünglicher Bestandteil des Johannesevangeliums. Wichtige alte Handschriften kennen sie nicht. Später wird sie nach Joh 21,25 oder auch nach Lk 21,37 angeordnet. Heute ist die Einfügung nach Joh 7,52 üblich. Daher wird die Ehebrecherin hier wie eine Frauenfigur des Johannesevangeliums besprochen.

auch daran deutlich, dass der männliche Ehebrecher und seine Schuld nicht thematisiert werden. Das spricht umso lauter als in Kulturen männlicher Herrschaft üblicherweise der Mann über den Geschlechtsverkehr entscheidet. Frauen werden »genommen« und haben kaum Entscheidungsspielraum. Ehefrauen und Sklavinnen sind der sexuellen Herrschaft des Mannes radikal untergeordnet. Unter antiken Bedingungen dürften auch beim Ehebruch Initiative und Kontrolle überwiegend beim Mann liegen. Obwohl Ehebruch als Einbrechen[5] in die Ehe eines anderen also eigentlich Männersache ist, wird hier die Frau – und nur sie! – angeklagt.

Der Text impliziert also eine deutliche Gender-Ungerechtigkeit. Die Männer nehmen für sich die Rolle des Ankläger-Richters in Anspruch und machen die Frau zum machtlosen Objekt dieses Anspruchs. Das gilt auch dann, wenn die Frau sich nicht gewehrt haben sollte, was hier wohl impliziert ist. Wenn von »nicht mehr sündigen« (8,11) die Rede ist, dann setzt das ja voraus, dass die Frau gesündigt hat, und nach damaligem Verständnis keine Vergewaltigung stattfand.

Jesus reagiert zunächst mit demonstrativem Desinteresse. Das Herumkritzeln auf der Erde signalisiert, dass Jesus nicht bereit ist, für sich den Fall zur Falle werden zu lassen, indem er sich für das eine Gesetz und gegen das andere entscheidet. Und als man ihm sein Schweigen nicht durchgehen lässt, hebt er mit seiner Antwort das Dilemma zwischen jüdischem Gebot und römischem Verbot auf, indem er den Konflikt auf eine neue Ebene hebt. Jesus stellt die Autorität der anklagend-richtenden Männer infrage. Er gesteht nur dem das Recht auf den ersten Steinwurf zu, der das Gesetz des Mose ganz befolgt. Das deckt die Doppelmoral der Männer auf, die sich als schuldlos darstellen und sogar den *partner in crime* der Frau verschonen.

Ohne Jesus bzw. den Text feministisch zu verklären, kann man doch sagen, dass die patriarchale Gender-Strategie, das Recht als misogynes Machtmittel zu benutzen, für nichtig erklärt wird. Das macht auch die Reaktion der Ankläger deutlich: Alle Männer ziehen sich zurück – verschreckt durch Selbsterkenntnis. Die bisher stumme Namenlose darf dann zum ersten Mal sprechen. Als einziger Mann in der Erzählung spricht Jesus sie an. Seine Intervention öffnet ihr den Mund. Und nicht einmal der sündlose Christus verurteilt die Frau, sondern entlässt sie mit einer Ermahnung.

---

5 In der Antike war die Einehe die Regel, war aber Teil eines sexuellen Herrschaftsraums, den der Mann auf andere Frauen ausweiten konnte. Problematisch war nur sein Eindringen in den Herrschaftsbereich eines anderen, gleichrangigen Mannes.

## 5. RESÜMEE

Das Johannesevangelium konsequent unter genderstrategischen Gesichtspunkten zu lesen, eröffnet ein tieferes Verständnis seines Jesus-Bildes. Er ist das Modell eines Mannes, der Frauen nicht schlechter behandelt als Männer. Seine Glaubensbotschaft ist genderneutral. Auch der Endtext ist nicht so misogyn, dass er dies leugnen würde. Aber wenn man nach älteren Traditionen fragt, wird deutlich, dass die johanneische Tradition einmal sogar den Ursprung ihres Osterglaubens auf eine Frau zurückgeführt hat.

### LITERATUR

*Bechmann, Ulrike,* Die Samariterin am Brunnen, Stuttgart 2013.

*Habermann, Ruth,* Das Evangelium nach Johannes, in: *L. Schottroff, M.-Th. Wacker* (Hrsg.), Kompendium Feministische Bibelauslegung, Gütersloh 1998, 527–541.

*Kügler, Joachim,* Das Johannesevangelium, in: *M. Ebner, S. Schreiber* (Hrsg.), Einleitung in das Neue Testament, 3. Aufl., Stuttgart 2020, 210–230.

*Kügler, Joachim,* Sexualität – Macht – Religion, Würzburg 2021.

*Kügler, Joachim,* Eine wortgewaltige Jesus-Darstellung. Das Johannesevangelium, 2. Aufl., Stuttgart 2018.

# Female Apostles in the New Testament

*Bernadette J. Brooten*

> To be an apostle is something great. But to be outstanding among the apostles–just think what a wonderful song of praise that is! They were outstanding on the basis of their works and virtuous actions. Indeed, how great the wisdom of this woman [i.e., Junia] must have been that she was even deemed worthy of the title of apostle.
>
> *John Chrysostom (Homilies on Romans, Homily 31.2 on Rom 16:7)*

What is an apostle? Most Christians and many non-Christians think that twelve male apostles followed Jesus during his ministry in Galilee, accompanied him to Jerusalem, and celebrated his last supper, a Passover meal, there. Indeed, people in Europe and beyond often visualize this as Michelangelo did in his masterpiece, The Last Supper (1494–1498): twelve men, clustered in dynamic and harmonious groups of three sit at a long table, with Jesus at the center. Once we grasp an image with our eyes, imagining anything else can be difficult, but in order to understand apostleship in the New Testament, we must do just that. Michelangelo faithfully represents the Evangelist Luke's conceptualization of apostle as one of twelve men chosen by Jesus during his lifetime to follow him and after his death to preach the Gospel (Luke 6:13–16; Acts 1:13, 21–26). Indeed, these elements are so important to Luke that he presents the eleven apostles remaining after Judas betrayed Jesus as deciding by lot who will replace Judas. The person must be a man and must have followed Jesus while he was alive. Luke uses the term »apostle« frequently throughout the gospel and in the Acts of the Apostles.

The Apostle Paul, however, whose letters are at least a few decades earlier than the Gospel of Luke and the Acts of the Apostles, presents a very different understanding of apostleship. Under Luke's definition, Paul would not count as an apostle. Paul never claims to have known Jesus during his lifetime, which means that during Jesus' work with others in Galilee and down through to Jerusalem, Jesus could not have appointed Paul to be an apostle. Apostleship, however, is central to Paul's self-understanding, even as some other Christ-believers contest his views and practices. For Paul, the central elements seem to be having seen the risen Christ and traveling to teach others about Christ and his message (1 Cor 9:1–7; see also 1 Cor 12:28–31). Paul recognizes as fellow apostles some other Christ-believers who work with him, including Andronikos, Junia, Silvanus, and Timothy (Rom 16:7; 1 Thess 1:1; 2:7). Paul also describes Jesus's brother James as an apostle, who, of course, knew Jesus during his lifetime, but apparently only came to be Jesus' follower after his death (Gal 1:19). We should assume that each of them claimed to have seen the risen Christ and to have been believed by others, and that they engaged in missionary work. Paul also writes of »false apostles,« implying that other Christ-believers with whom Paul vigorously disagreed also claimed the title of apostle, likely based on criteria that differed from Paul's (2 Cor 11:13). In the Acts of the Apostles, Luke normally reserves the word »apostle« for just twelve men, but at two points, Luke also applies the term to Paul and Barnabas (Acts 14:4,14). Luke may have used an earlier source that used those terms, and, respecting the source, Luke left in the word »apostle.« The Gospel of John uses the term »apostle« just once, but in its broader meaning of »messenger« (John 13:16).

This short overview shows that the earliest Christ-believers developed differing understandings of what one should call highly honored and authoritative leaders of the first generation. There may well be additional interpretations that have not been passed down to us.

## I. JUNIA

Paul wrote about Junia during her lifetime in his Letter to the Romans, probably dating from the mid-50's. Rom 16:7 reads: »Greet Andronikos and Junia, my relatives who were in prison with me; they are prominent among the apostles and they were in Christ before I was.«[1] Andronikos and Junia were relatives of Paul, either in the narrow sense, such as cousins, or in the extended sense of fellow Jews. They very likely continued to go to the synagogue, to celebrate Jewish festivals, and to observe the Torah.

Paul has no reason to claim that they believed in Christ before he did. Perhaps other very early Christ-believers recognized Andronikos and Junia as apostles before Paul met them. Note the phrase »outstanding among the apostles,« which points to other apostles, some perhaps unknown to us.

Paul does not define the relationship between Andronikos and Junia, whether husband and wife, brother and sister, cousins, father and daughter, mother and son, uncle and niece, aunt and nephew, or guardian and ward. They could even simply have been two missionaries traveling together, which may be less likely given the seeming impropriety, but early Christ-followers who highly valued celibacy may have found such an arrangement acceptable.

Andronikos and Junia were incarcerated together with Paul, probably for missionary actions. If Junia was a freedwoman, as I argue below, how might her former enslavement have affected her living conditions while imprisoned? We will never know precisely, but further research on the treatment of incarcerated persons who were enslaved or had been enslaved could shed light on this question.

While John Chrysostom and other early and medieval Christian commentators took it as obvious that Junia was a woman, some later ones took the name, spelled in Greek as Iounian, the »n« at the end indicating the accusative/objective case, as a male name.

When I provided evidence for Junia as a female apostle in 1977, the majority of scholars held that the name was masculine. Today, however, biblical translations have changed from Junias to Junia, and the New Testament editions have gone back to the Byzantine manuscripts that have an acute accent

1 Discussions include: *Marschall, Priscille,* The Junia Case, Once Again. A Response to Esther Yue L. Ng, »Was Junia(s) in Rom 16:7 a Female Apostle? And So What?« (JETS 63/3 [2020]: 517–533), in: Journal of the Society of European Women in Theological Research 23, 2020, 517–533; *Belleville, Linda,* Ἰουνίαν ... ἐπίσημοι ἐν τοῖς ἀποστόλοις: A Re-examination of Rom 16.7 in Light of Primary Source Materials, NTS 51, 2005, 231–249; *Brooten, Bernadette J.,* »Junia ... Outstanding among the Apostles« (Romans 16:7), in: Women Priests: A Catholic Commentary on the Vatican Declaration, ed. L. Swidler, A. Swidler, New York 1977, 141–144; German translation in: *E. Moltmann-Wendel* (Hrsg.), Frauenbefreiung. Biblische und theologische Argumente, München 1978, 148–151.

over the iota (Ἰουνίαν), rather than a circumflex over the alpha (Ἰουνιᾶν), indicating a feminine, rather than a shortened masculine name.[2]

Between the late medieval and early modern periods and the 1970s, many held that because a woman could not have been an apostle. For example, Hans Lietzmann: »Ἰουνιαν [Iounian, BJB] muß wegen der folgenden Aussagen einen Mann bezeichnen, also Ἰουνιᾶς [Iounias, BJB] = Junianus, die Kurzform sonst nicht nachweisbar, der volle Name ganz geläufig, als Sklavenname selten (z. B. CIL III 4020).«[3] In the face of no ancient evidence that any person was called Iounias, Lietzmann, based on an equally undocumented claim that women could not be apostles, postulates that the hypothetical Greek name Iounias is a short form of the Latin name Junianus. Lietzmann knew that scholars need to document their views about names from ancient grave, donative, and other inscriptions. He therefore cites one Latin inscription of an enslaved man known as Junianus, implying that because there are few inscriptions of enslaved men bearing the name Junianus, one should probably not view the »man« in Rom 16:7 as enslaved.

Two types of evidence show that Junia was a woman. First, the feminine form Junia occurs around 500 times in ancient inscriptions in both Latin and Greek, of which over 250 are in the city of Rome.[4] Even if the name Junias/Iounias were to be found in a newly discovered inscription, arguing that the Iounian of Rom 16:7 was the second Junias/Iounias, rather than the 501st Junia/Iounia, would be implausible. If, however, 100 inscriptions commemorating a Junias/Iounias are discovered, Junias/Iounias would be a plausible, if less likely, interpretation.

Second, the earliest interpreters took the name as feminine, including Origen (2nd–3rd C.), Ambrosiaster (4th C.), and John Chrysostom (4th–5th C.), as well as such medieval interpreters as Peter Abelard (11th–12th C.).[5] Later,

2 *Epp, Eldon J.*, Junia: The First Woman Apostle, Minneapolis 2005.

3 *Lietzmann, Hans,* An die Römer, HNT, Tübingen 51971.

4 See, e.g., Corpus Inscriptionum Latinarum 6 (Rome); *Solin, Heikki,* Die griechischen Personennamen in Rom: Ein Namenbuch, Berlin 22003.

5 Origen, transl. Rufinus, Commentary on Romans 10.21.3; 10.39.3 (*Origène:* Commentaire sur l'Épitre aux Romains, vol. 4, SC 555, Paris 2012, 282–283; *Hammond Bammel, Caroline P.* (Hrsg.), Der Römerbrief des Origenes: Kritische Ausgabe der Übersetzung Rufins, Freiburg 1998, Bd. 3, 836–837. 853); *Chrysostom, John,* Homilies on the Letter to the Romans, 31.2, PG 60.669–70; Ambrosiaster, Commentary on Romans, at 16.7, CSEL 81.480 (Iunia or Iulia) or PL 17.179; *DeBruyn, Theodore S.,* Ambrosiaster's Commentary on the Pauline Epistles: Romans, Atlanta, 2017, 267; *Abelard, Peter,* Commentary on Romans, at 16.7 (Iulia), CCConMed 11.330 or PL 178.973.

Aegidius/Giles of Rome ($13^{th}$–$14^{th}$ C.) and Martin Luther ($15^{th}$–$16^{th}$ C.) begin to take it as masculine, which, by the $20^{th}$ century, became the dominant view, especially among Protestants.

Recently, some scholars have argued that Andronikos and Junia were not themselves apostles, but rather only known to the apostles, to which Yii-Jan Lin has provided powerful counter-arguments.[6] Lin has also persuasively responded to Al Wolters's proposal that Iounian is the Greek equivalent of a Semitic name, Yechuni (יחוני), which is a male name.[7]

Junia's name may provide an important clue about her life experiences, namely that a member of the Junian clan »owned« and then freed her.[8] Peter Lampe shows that the majority of the names in Rom 16:3–15 point to potential servile origin. Andronikos, which occurs as an enslaved male name, could indicate that he too has been enslaved.[9]

As an enslaved woman, Junia may have served as hairdresser/personal attendant; wetnurse (for which her body may have been inspected and, during her term, she may not have been able to nurse her own infant or sleep with its father); in food production, preservation, and preparation; the carding, spinning, and weaving of wool; in the sex trade; etc. A master or mistress may have benefitted from her fluency in Greek. Like any enslaved person, she would always be at risk of cruel punishments, including by a mistress.

An enslaved woman who gave birth multiple times increased the property of her master or mistress, but might thereby gain a few advantages.[10] Her master might require sexual services of her. In Roman society, *infamia*, »dishonor,« characterized a freedwoman. Paul apparently does not view Junia as dishonorable or lesser in any way, as his work with her and praise of her indicate.

---

6 *Lin, Yii-Jan,* Junia: An Apostle before Paul, JBL 139, 2020, 191–209.

7 *Wolters, Al, IOYNIAN* (Romans 16:7) and the Hebrew Name Yĕḥunnī, JBL 127, 2008, 397–408.

8 Examples of freedwomen in Rome named Junia: IG III 6686 (Greek, Rome): »To the deities of the underworld Junius Eutychos, freedman of Marcus [i.e., M. Junius], set up (this memorial plaque) for Junia, freedwoman of Satyras;« CIL VI 20914 (Latin: Rome): »Junia Theodora, freedwoman of Marcus (Junius), lies here.« See also Julia in Rom 16:15, likely also a freedwoman, whose name occurs over 1400 times in Roman inscriptions, many of them designating freedwomen.

9 *Lampe, Peter,* Die stadtrömischen Christen in den ersten beiden Jahrhunderten, WUNT II, 18, Tübingen $^{2}$1989; *idem,* Iunia/Iunias: Sklavenherkunft im Kreise der vorpaulinischen Apostel (Rm 16,7), ZNW 76, 1985, 132–134.

10 Columella, On Agriculture 1.8.19.

If Junia belonged to non-Jews or non-Christ-believers, she would likely have had to tend to the household guardian deities, the Lares, which would have been a religious conflict for Junia, a Jew.[11] Even after manumission, her duties (*operae*) as freedwoman could have included caring for such deities.

As one freed by a Junia or Junius, Junia may have been manumitted from slavery directly into Roman citizenship, which would have given her certain privileges while in prison with Paul and Andronikos. For example, rather than being forced to face lions in an arena, a Roman citizen had the right to appeal to the Roman emperor and if the Roman authorities pursued execution, then by the quick and far less painful method of beheading with a sword.[12] Alternatively, Junia could have been freed by a different legal process and not become a Roman citizen.[13]

Freedpersons had to do some work (*operae*) for the patron or patroness and to demonstrate a proper attitude of respect and submissiveness (*obsequium*), or face punishment or even re-enslavement. In return, patrons and patronesses were supposed to provide some protection to the freedperson.[14]

Junia could have come to belief in Christ in Jerusalem while on a pilgrimage festival, such as described in Acts 2 during the feast of Pentecost, that is, Shavu'ot. In fact, Acts 2:10 explicitly refers to »visitors from Rome, both Jews and proselytes.« Perhaps she recounted to others that she had had a vision of the risen Christ in Jerusalem. Having seen the risen Christ was apparently Paul's first criterion for apostleship (1 Cor 9:1), which could, of course, have happened anywhere, but may have occurred in Jerusalem. Upon Junia's and Andronikos's return to Rome, they could have begun spreading the good news of their faith.

## 2. Mary Magdalene

Although the New Testament never calls Mary Magdalene an apostle, influential early Christians considered her to be one. Because so many others

---

11 Cato, On Agriculture 143.

12 E.g., Eusebios, Church History 5, on the martyrs of Lyon.

13 Under the Lex Iunia Norbana (ca. 19 CE), freedpersons became »Junian Latins,« with fewer privileges.

14 *Waldstein, Wolfgang,* Operae Libertorum: Untersuchungen zur Dienstpflicht freigelassener Sklaven, Forschungen zur antiken Sklaverei 19, Wiesbaden 1986.

have written on Mary Magdalene, this section will be brief.[15] Mary will have spoken Aramaic, perhaps some Hebrew, a little Greek, and a few words of Latin. She likely went by a Semitic name, Miryam, Maryam, Marya, or Mariame, translated into Greek as Maria. »Magdalene« probably means that Mary came from the Galilean village named in Greek »Magdala« (Hebrew Migdal, Aramaic Magdala: »tower«), just as Jesus of Nazareth was called a »Nazarene.« Mary could have attended one of the two first-century synagogues found in Magdala.[16] Others, however, observe that Magdala has symbolically meant »magnification« in the sense of a towering figure.[17]

Matthew, Mark, and Luke present Mary and other female disciples (the names differ, but Mary of Magdala is always named first) as witnessing Jesus' crucifixion from a distance, as coming to his tomb after the sabbath, and as finding it empty, but they vary as to whether all of the women went to tell the other disciples what they had seen (Matt 27:55–56, 61; 28:1–10; Luke 23:49, 55–24:9–10), whether they were afraid to say anything to anyone (Mark 15:40–41; 16:1–8 [shorter version of Mark]; and whether Mary of Magdala was the only female witness to tell his other followers (Mark 16:9–11 [longer version of Mark]). John gives a more expansive version of Mary of Magdala as a witness to the resurrection and as proclaiming it to others (John 20:1–20). Paul defines his own apostleship with the same two elements: »Am I not an apostle? Have I not seen Jesus our Lord? Are you not my work in the Lord?« (1 Cor 9:1). Paul preached the risen Lord and so did Mary of Magdala.

Most Christians today, however, see Mary of Magdala as a repentant prostitute, rather than as a disciple and an apostle. Pope Gregory the Great preached an influential Easter Homily (No. 33 in ca. 591) in which he conflates Mary of Magdala, from whom Luke says that seven demons had gone forth, with the unnamed »sinner in the city,« who washes Jesus' feet with her tears, dries them with her hair, anoints them with perfume, and whose sins Jesus forgives (Luke 7:36–49). Gregory sexualizes Mary: her seven demons must be sins and

---

15 See, e.g., *Taschl-Erber, Andrea,* Maria von Magdala – Erste Apostolin: Joh 20,1–18: Tradition und Relecture, HBSt 51, Freiburg 2007; *Schaberg, Jane; Johnson-DeBaufre, Melanie,* Mary Magdalene Understood, New York 2006; *Ruschmann, Susanne,* Maria von Magdala: Jüngerin, Apostolin, Glaubensvorbild, Stuttgart 2003; *Brock, Ann Graham,* Mary Magdalene, the First Apostle: The Struggle for Authority, HThS 51, Cambridge, MA 2003.

16 *Talgam, Rina/Avshalom Gorni, Dina/Najar, Arfan,* From the Magdala Stone to the Syriac Bema: Mutual Influences between the Liturgical Space in the Early Synagogue and the Church, JSJ.S 218, Berlin 2024.

17 *Schrader, Elizabeth/Taylor, Joan E.,* The Meaning of »Magdalene«: A Review of Literary Evidence, JBL 140, 2021, 751–773.

the aromatic ointment must typify her previous sexual sins, even though Luke does not define »sinner.« Beyond that, Gregory equates Mary of Magdala with Mary of distant Bethany. In fact, Mary was a common Jewish female name at the time. Gregory's conflation of these three women allows them just one voice, that of repentance from sexual sin.[18]

Luke says that Mary of Magdala and other women supported Jesus financially, without mentioning the source of their money (Luke 8:1–3; see also Mark 16:40–41). Perhaps Mary had earned her living through sex work. She could have engaged in sexual practices defined as shameful for women, but not necessarily for men. In fact, Jesus was known for eating with »tax collectors and sinners« (Matt 9:10–11; Mark 2:15–16; Luke 5:29–30). Or perhaps Mary was a successful fisherwoman, a well-to-do widow, or the daughter of a successful farmer or fish merchant.

Christians through the centuries have paid far greater attention to Mary of Magdala than to Junia of Rome. The Gospel of Thomas (1st or 2nd C.) mentions Mary twice (21, 114), with Simon Peter stating that Mary should leave, because »women are not worthy of life.« In the Gospel of Mary of Magdala (2nd C.), Mary recounts things that Jesus had said only to her, which Peter and Andrew question (Gosp Mary 10). These and other texts in Coptic found at Nag Hammadi, Egypt show the authority held by Mary among some early Christians.[19] Much later, the same Peter Abelard who recognizes the apostle Junia as a woman, calls Mary of Magdala »apostle to the apostles« (*apostulorum apostola*).

---

18 See Martin Meiser's article in this volume.

19 See especially *Petersen, Silke*, Maria aus Magdala: Die Jüngerin, die Jesus liebte, Biblische Gestalten 23, Leipzig 2011.

# Frauenrelevante Texte und Themen bei Paulus

*Michael Wolter*

## 1. Der theologische Rahmen dieses Themas

Dass es sich bei dieser Frage überhaupt um ein theologisch relevantes Thema handelt, kann man leicht verstehen. Das paulinische Christentum war eine Bekehrungsreligion, für deren Angehörige sich die Frage stellte, welche Konsequenzen die neugewonnene Heilsorientierung, d.h. die Gewissheit, dass das Heil Gottes für alle Menschen durch das Christusgeschehen erschlossen worden ist, für das Verhalten innerhalb derjenigen alltagsweltlichen Lebenszusammenhänge mit sich bringt, die sich nicht verändert haben, sondern immer noch dieselben sind wie in der Zeit vor ihrer Hinwendung zum christlichen Glauben. Von unmittelbar existentieller Bedeutung ist diese Spannung, wenn es um die geschlechtliche Identität der Christen und -innen geht: Einerseits kann Paulus schreiben, dass alle, die sich auf Grund ihrer Hinwendung zum christlichen Glauben »in Christus« befinden, eine »neue Schöpfung« sind, für die »das Alte vergangen« und »Neues geworden ist« (2Kor 5,17). Andererseits geht aus zahlreichen anderen Texten aber auch hervor, dass er sich des Unterschieds zwischen den Geschlechtern, den er sich niemals anders als binär vorstellen konnte, und seiner Bedeutung auch für Christen und -innen nach wie vor bewusst ist.

In der exegetischen Diskussion zu diesem Thema, in der das Buch von Else Kähler aus dem Jahr 1960 einen wichtigen Einschnitt markiert[1], hat es seither keine grundsätzlichen Umbrüche oder Neuausrichtungen gegeben. Man muss schon sehr weit zurückgehen, um Texte zu finden, in denen steht, dass Paulus der Frau eine »sündige Grundanlage« zuschreibt, dass er von der

1 Vgl. *Kähler*, Frau.

»Minderwertigkeit der Frau« überzeugt ist und »von den Rabbinen mit Frauenhass und -verachtung erfüllt worden« sei.[2] – Demgegenüber wird seit langem auf ganz andere Formulierungen zurückgegriffen, wenn es darum geht, die Eigenart des paulinischen Frauenbildes zu charakterisieren. Es ist dann die Rede davon, dass »innerhalb der Gemeinde ... beide Geschlechter gleichgestellt (sind)«[3] und dass Paulus eine »neue Gleichheit von Mann und Frau in Christus« postuliere. Auch kann mit Verweis auf 1Kor 7,4 gesagt werden, dass Paulus »keine einseitige Abhängigkeit der Frau vom Mann mehr (kennt)«, sondern »ausdrücklich« darauf hinweise, »daß die Ehegatten einander gehören«.[4] – Natürlich gibt es auch bei diesem Thema nach wie vor offene Diskussionen. Sie betreffen jedoch eher exegetische Detailfragen.

## 2. Gal 3,28 als Basis

Als Ausgangspunkt für die Erörterung der in der Überschrift formulierten Frage fungiert heute in aller Regel Gal 3,28:

> Da gibt es nicht den Juden und den Griechen, da gibt es nicht den Sklaven und den Freien, da gibt es nicht »männlich und weiblich«, denn alle seid ihr Einer (εἷς) in Christus Jesus.

Von Bedeutung ist hierbei, dass Paulus für die Bestimmung des Unterschieds zwischen Männern und Frauen nicht wie in den anderen beiden Fällen (»Jude«/»Grieche« sowie »Sklave«/»Freier«) Nomina verwendet, sondern die Adjektive »männlich« und »weiblich«. Er nimmt damit die Septuaginta-Formulierung von Gen 1,27 auf (»Gott machte den Menschen nach seinem Bild ..., männlich und weiblich machte er sie«) und stellt auf diese Weise heraus, dass der Unterschied zwischen Männern und Frauen in der Schöpfung verankert ist. Entscheidend ist aber, dass Paulus mit »in Christus Jesus« am Ende des Verses den Geltungsbereich dessen nennt, was er zuvor festgestellt hat. Mit dieser Näherbestimmung nimmt er eine Einschränkung vor, die dieselbe Spannung zu erkennen gibt, von der eingangs die Rede war:

»In Christus Jesus« bezeichnet hier so etwas wie die symbolische Sinnwelt, d.h. eine Wirklichkeit, die es nur als Bestandteil der Wirklichkeitsan-

---

2 *Delling*, Paulus' Stellung, 121; 117; 159; 156.

3 *Preisker*, Ethos, 194.

4 *Wendland*, Ethik, 82.

nahme des christlichen Glaubens gibt. Genau denselben Gebrauch macht er von den Ausdrücken »in Christus« und »im Herrn« nicht nur in Röm 16,8; 1Kor 3,1; 4,17b; Gal 5,6, sondern auch in 1Kor 11,11 (s.u. Abschn. 4.a). Das dreimalige »da gibt es nicht« (griech. οὐκ ἔνι[5]) in Gal 3,28 ist darum im Sinne von »da gilt nicht mehr« oder »da spielt keine Rolle mehr« zu verstehen.

In Gal 6,15 nennt Paulus diese Wirklichkeit, wie sie sich dem christlichen Glauben darstellt, »neue Schöpfung«. Wenn man von ihr absieht und gewissermaßen mit ›säkularen‹ Augen (Paulus würde sie ›Augen des Fleisches‹ und ›Augen der Welt‹ nennen) auf die Menschen blickt, von denen in Gal 3,28 die Rede ist, nimmt man die Unterschiede zwischen ihnen selbstverständlich nach wie vor wahr: Genauso wie in der alltäglichen Lebenswelt die beiden erstgenannten Unterschiede weiterhin in Geltung stehen, hat in ihr auch der anthropologische und soziale Unterschied zwischen Männern und Frauen nach wie vor Bestand.

Dadurch entsteht eine Spannung, die auch die Konkretionen bestimmt, in denen Paulus die Genderthematik zur Sprache bringt. Sie sind auf zwei soziale Kontexte bezogen: auf den geschlechterethischen Umgang miteinander und auf die gottesdienstliche Versammlung der christlichen Gemeinde.

## 3. Der geschlechterethische Aspekt

Diesem Thema ist vor allem 1Kor 7 gewidmet. Paulus antwortet hier auf eine Anfrage aus der Gemeinde in Korinth, die sich auf das Sexualethos bezog und vor allem wohl die in V. 1 angesprochene Frage enthielt, ob Christen und -innen sexuell miteinander verkehren dürfen.

a) In der paulinischen Antwort zeigt vor allem 1Kor 7,2–5, wie Paulus sich die Übertragung des in Gal 3,28 formulierten Prinzips auf den Alltag vorgestellt hat: Er sieht den geschöpflichen Unterschied zwischen Männern und Frauen nicht außer Kraft gesetzt, doch lässt er dessen konkrete Gestaltung von dem Prinzip der egalitären Reziprozität bestimmt sein, das seine ethische Weisung auch sonst häufig kennzeichnet[6]. Charakteristisch für die an diesem Prinzip orientierten Weisung ist ihr symmetrischer Charakter: Beide Seiten eines ethischen Gegenübers werden vor ein

[5] ἔνι ist 3. Person Singular Präsens von ἐνεῖναι (»darin sein, da sein, vorhanden sein«). Vielleicht korrespondiert die Form mit »in Christus Jesus« am Ende des Verses.

[6] Vgl. *Wolter*, Paulus, 323–328.

und dieselbe Forderung gestellt, und das heißt im konkreten Fall, dass Mann und Frau stets ein und dasselbe voneinander verlangen dürfen:

1Kor 7,2–5: (2) Jeder soll seine Frau haben, und jede soll den eigenen Mann haben. (3) Der Frau soll der Mann das Geschuldete erstatten, in gleicher Weise aber auch die Frau dem Mann. (4) Die Frau verfügt nicht über den eigenen Leib, sondern der Mann. In gleicher Weise verfügt der Mann nicht über den eigenen Leib, sondern die Frau. (5) Entzieht euch einander nicht ...

Paulus überträgt damit ein ethisches Prinzip, das in der Umwelt des frühen Christentums vor allem in der Freundschaftsethik seinen Ort hat, auf das Verhältnis von Männern und Frauen. Beide sollen darum so miteinander umgehen wie es unter Freunden üblich ist, denen es darum geht, ihre Freundschaft zu gestalten und zu bewahren. Deutlich erkennbar ist auch das theologische Profil dieser ethischen Weisung: Christliche Männer und Frauen sollen durch ihren Umgang miteinander zum Ausdruck bringen, dass ihre gemeinsame christliche Identität über ihre unterschiedliche Geschlechtlichkeit dominiert.

Wenn wir in 1Kor 7 weiterlesen, begegnen wir dem Prinzip der egalitären Reziprozität auch in den paulinischen Weisungen und Empfehlungen zur Frage der Ehescheidung (V. 10–16) und wenn er seine christlichen Leser und -innen davon zu überzeugen sucht, dass es für sie aus praktischen Gründen besser ist, ledig zu bleiben, als zu heiraten (V. 32–35). Darum kann er ihnen auch versichern, dass es keine Sünde ist, wenn sie trotzdem heiraten (V. 28).

b) Auf der anderen Seite muss man aber auch sagen, dass Paulus dieses Prinzip nicht in allen Teilen dieses Kapitels durchhält, denn in V. 29c (»die Frauen haben, sollen so sein, als hätten sie keine«) und vor allem in V. 36–38, wo es um die Verlobungen geht, nimmt Paulus einseitig die männliche Perspektive ein. Frauen kommen in diesen Versen lediglich als Objekte des männlichen Umgangs mit ihnen vor.

Dem entspricht, dass Paulus die Sexualbeziehung zwischen Männern und Frauen ausschließlich aus männlicher Perspektive erörtert. Frauen kommen mit ihrer geschlechtlichen Identität bei ihm sonst nur noch als Objekte männlicher Sexualpraxis in den Blick. Das wird nicht nur in seinen mehrfachen Warnungen vor der »Unzucht« (πορνεία) erkennbar (1Kor 5,1–13; 6,12–20; 1Thess 4,3), sondern vor allem auch in 1Thess 4,4, wo Paulus von der Frau als σκεῦος (»Gefäß«) spricht und die christlichen Männer in Thessaloniki ermahnt, dass sie es »in Heiligkeit und Ehrbarkeit zu gewinnen (κτᾶσθαι) wissen«.[7]

> Paulus kann die Frau hier in metonymischer Umschreibung als »Gefäß« bezeichnen, weil er nicht wusste, dass bei der Zeugung Eizelle und Samenzelle miteinander verschmelzen[8], sondern wie alle seine Zeitgenossen annahm, dass die Menschen ausschließlich aus dem männlichen Samen hervorgehen, der in die Frau wie in ein Gefäß hineingelegt wird.

## 4. Die Frau im Gottesdienst

Bei diesem Thema sind zwei Texte wiederum aus dem 1. Korintherbrief von Bedeutung: 1Kor 11,3–16 und 14,33–36.

*a) 1Kor 11,3–16*

Dieser Text findet seinen Anlass darin, dass die Frauen in der korinthischen Gemeinde innerhalb der gottesdienstlichen Versammlung »mit unverhülltem Kopf« beten oder prophetisch reden (V. 5; s. auch V. 13). Aller Wahrscheinlichkeit nach geht es darum, dass die Frauen in der Gottesdienstöffentlichkeit auftreten, ohne dabei ihren Kopf durch einen Schleier oder ein anderes Kleidungsstück zu bedecken.[9] Es besteht ein weitgehender Konsens darin, dass dieses Verhalten von Gal 3,28 (s.o. Abschn. 2) her erklärt werden kann: Die korinthischen Christinnen haben das dort Gesagte ganz offensichtlich in der Weise ernst genommen, dass sie bei ihren öffentlichen Auftritten in den gottesdienstlichen Versammlungen ihre Kopfbedeckung und damit ein soziokulturell kodifiziertes Geschlechtsrollensymbol abgelegt ha-

---

[7] Dass Paulus mit σκεῦος hier die Frau und nicht das *membrum virile* bezeichnet, wie bisweilen angenommen wird, kann man daran erkennen, dass das von Paulus benutzte Verb κτᾶσθαι (»gewinnen«) auch sonst häufig auf die Ehefrau bezogen ist (vgl. z.B. in der Septuaginta Ruth 4,5. 10; Sir 36,24).

[8] Diese Erkenntnis hat erst die Entdeckung des Eies von Säugetieren durch Karl Ernst von Baer (1792–1876) im Jahre 1827 möglich gemacht.

[9] Mit Verweis auf V. 14f. wird nicht selten angenommen, dass es um kurzgeschnittene Haare geht. Das ist aber unwahrscheinlich, denn Paulus beschreibt in V. 5 eine punktuelle, d.h. zeitlich befristete Praxis innerhalb der gottesdienstlichen Versammlung (s. auch V. 13. 16). Dazu passt aber nicht das ständige Tragen von kurzen Haaren (vgl. auch *Jantsch* [Hrsg.], Frauen).

ben, um auf diese Weise der Aufhebung des Unterschieds zwischen Frauen und Männern »in Christus« Ausdruck zu verleihen.

Aus V. 5–6. 10. 13–16 geht hervor, dass Paulus diese Praxis kompromisslos kritisiert. Zur Begründung greift er auf zwei Argumente zurück:

Zum einen weist er darauf hin, dass die Frau dem Mann durchaus nicht gleichwertig, sondern ihm untergeordnet ist. Zu diesem Zweck konstruiert er in V. 3 – d. h. noch bevor er auf die Sachfrage zu sprechen kommt – mit Hilfe des Begriffs κεφαλή (»Haupt«) ein hierarchisches Gefälle, das von Gott über Christus und den Mann bis zur Frau hinabführt. Sodann weist er in V. 7 darauf hin, dass nur der Mann »Bild und Abglanz Gottes« sei, während die Frau lediglich als »Abglanz des Mannes« gelten könne. Paulus nimmt dabei die Erzählung von der Erschaffung der Menschen in Gen 1,26f. mit der Veränderung auf, dass er die Gottebenbildlichkeit, die in der Schöpfungsgeschichte beiden Geschlechtern zugesprochen wird (s. auch Ps 8,6), auf den Mann einschränkt. In V. 8f. schließlich leitet er aus dem zweiten (jahwistischen) Schöpfungsbericht, dem zufolge die Frau »aus dem Mann« (Gen 2,21–23) und als dessen »Hilfe« erschaffen wurde (Gen 2,18; daraus macht Paulus in V. 9: »um des Mannes willen«), die Minderwertigkeit der Frau ab.

Hinzu kommt noch ein weiterer Gesichtspunkt: Paulus verlangt, dass die Frau »wegen der Engel eine ›Macht‹ (ἐξουσία) auf dem Kopf haben muss« (V. 10). Die Interpretation dieses Verses ist umstritten, und die Vielzahl der Vorschläge kann hier nicht dargestellt werden.[10] Am wahrscheinlichsten ist, dass Paulus hier auf Gen 6,1–4 zurückgreift und diesen Text mit der Vorstellung verbindet, dass der christliche Gottesdienst in Gemeinschaft mit den Engeln gefeiert wird. Paulus würde die Kopfbedeckung der Frauen dann als einen Schutz (darum nennt er sie »Macht«) gegen die erotische Anziehungskraft verstehen, die barhäuptige Frauen auf die (natürlich männlich gedachten) Engel ausüben könnten.

Die Darstellung bliebe jedoch unvollständig, wenn man V. 11f. unberücksichtigt ließe:

> (11) Allerdings (ist) weder die Frau ohne den Mann noch der Mann ohne die Frau – im Herrn. (12) Denn wie die Frau aus dem Mann (ist), so auch der Mann durch die Frau. Alles aber (ist) aus Gott.

---

10 Vgl. *Zeller*, 1Kor, 359–360; *L.T. Stuckenbruck* in: *Jantsch* (Hrsg.), Frauen, 145–185; *J. Brouwer* in: ebd., 218–220.

Mit diesen beiden Versen formuliert Paulus wieder das Prinzip der egalitären Reziprozität von Frauen und Männern (s.o. Abschn. 3.a). Beide sind aufeinander angewiesen, und beide sind gleichursprünglich »aus Gott«. Er nimmt noch einmal auf Gen 2,21–23 Bezug und sieht die Erschaffung Evas »aus« Adam ihre Entsprechung darin finden, dass jeder Mann von einer Frau geboren wird. Das »im Herrn« am Ende von V. 11 entspricht dem »in Christus Jesus« am Ende von Gal 3,28 (s.o. Abschn. 2). Wenn man von diesen beiden Versen aus auf 1Kor 11,3. 7–9 zurückblickt, macht man sicher keinen Fehler, wenn man in ihnen so etwas wie eine Selbstkorrektur sieht. Ganz offensichtlich hat Paulus den Eindruck gewonnen, dass seine zuvor formulierte Behauptung der weiblichen Inferiorität unbedingt durch eine Gegenbehauptung ausgeglichen werden muss.

*b) 1Kor 14,33b–36*

In diesem Text heißt es:

> (33b) Wie in allen Gemeinden der Heiligen (34) sollen die Frauen in den Gemeindeversammlungen still sein. Es ist ihnen nämlich nicht erlaubt zu reden. Sie sollen sich vielmehr unterordnen, wie es auch das Gesetz sagt. (35) Wenn sie etwas lernen wollen, sollen sie zuhause ihre Männer fragen. Es ist nämlich schändlich für eine Frau, in der Gemeindeversammlung zu reden. (36) Ist das Wort Gottes etwa von euch ausgegangen oder allein zu euch gelangt?

Bei vielen Exegeten und -innen gelten V. 34f., mit denen den Frauen in der gottesdienstlichen Versammlung ein Redeverbot erteilt wird, als ein nachpaulinischer Einschub, der dem Umfeld von 1Tim 2,11–15 entstammt und die Praxis der christlichen Gemeinden wieder an die Konventionen der Mehrheitsgesellschaft angleichen wolle. Drei Argumente sollen dieses Urteil begründen:[11] Zum einen stehe die Forderung in einem unüberbrückbaren Widerspruch zu dem, was Paulus in 1Kor 11,5 als selbstverständlich voraussetzt und mit keinem Wort kritisiert: dass Frauen in den gottesdienstlichen Versammlungen der Gemeinden »beten oder prophezeien«. Zum anderen wird darauf verwiesen, dass V. 34f. in einem kleinen Teil der Textüberlieferung hinter 1Kor 14,40 platziert wird, woraus der Schluss gezogen wird, dass ihre ursprüngliche Zugehörigkeit zum Text des 1. Korintherbriefes zweifelhaft sei. Zum dritten schließlich wird gesagt, dass die beiden Verse den übergrei-

[11] Gegenargumente nennt *Zeller*, 1Kor, 446f.

fenden literarischen Zusammenhang, in dem es um den Stellenwert der prophetischen Rede im Gottesdienst geht (V. 22. 24. 29. 31f. 37. 39), unterbrächen. Von Gewicht ist nur das erste Argument, denn im dritten Argument kann man auch den Grund dafür sehen, dass die beiden Verse in manchen Handschriften an den Schluss des Kapitels verschoben wurden. Die Diskussion über die Frage, ob 1Kor 14,34f. von Paulus stammen oder nicht, muss darum als unabgeschlossen gelten.

## 5. Fazit

Was Paulus in seinen Briefen über den Status und die Rolle von Frauen in den sozialen Kontexten der alltäglichen Lebenswelt und des Gottesdienstes sagt, ergibt kein kohärentes Bild, denn die in Gal 3,28 formulierte theologische Einsicht wird von ihm nicht konsequent durchgezogen. Es bleibt vielmehr ein Einerseits-Andererseits, das sich nicht ausgleichen lässt und an dem sich die Exegese abarbeitet. Die naheliegende Versuchung besteht natürlich darin, das Einerseits, d. h. den in Gal 3,28 ausgesprochenen Grundsatz, in den Vordergrund zu stellen und das Andererseits für eine ärgerliche Inkonsequenz zu halten, die man ruhig vernachlässigen könne.[12] Es ist aber vielleicht doch sachgerechter, die Dissonanz so stehen zu lassen, wie sie uns in den paulinischen Texten entgegentritt, und sie als notwendige Begleiterscheinung des Aufeinandertreffens der Wirklichkeitsgewissheit des christlichen Glaubens und der kulturellen Konventionen, die in der Mehrheitsgesellschaft in Geltung stehen, zu interpretieren.

### Literatur

*Delling, Gerhard,* Paulus' Stellung zu Frau und Ehe, BWANT 56, Stuttgart 1931.

*Jantsch, Torsten* (Hrsg.), Frauen, Männer, Engel. Perspektiven zu 1Kor 11,2–16, BThSt 152, Neukirchen-Vluyn 2015.

*Kähler, Else,* Die Frau in den paulinischen Briefen, Zürich 1960.

*Preisker, Herbert,* Das Ethos des Urchristentums, Gütersloh 1949.

*Röhser, Günter,* Mann und Frau in Christus, SNTU.A 22, 1997, 57–78

*Schrage, Wolfgang,* Frau und Mann im Neuen Testament, in: *E. Gerstenberger, W. Schrage,* Frau und Mann, Stuttgart u. a. 1980, 92–197.

*Wendland, Heinz-Dietrich,* Ethik des Neuen Testaments, NTD.E 4, Göttingen 1970.

*Wolter, Michael,* Paulus. Ein Grundriss seiner Theologie, Göttingen $^{3}$2021.

*Zeller, Dieter,* Der erste Brief an die Korinther, KEK 5, Göttingen 2010.

---

12 So z. B. *Schrage*, Frau und Mann, passim; *Röhser*, Mann und Frau, 73.

# Mitarbeiterinnen des Paulus

*Anni Hentschel*

Die echten Paulusbriefe als die ältesten Dokumente im Neuen Testament belegen, dass auch Frauen bei der Verbreitung des Evangeliums beteiligt waren. Etwa ein Viertel der genannten Personen, die vor, mit und neben Paulus in den Gemeinden tätig waren, sind Frauen. Sie werden von Paulus unter anderem mit Titeln wie Apostelin, Diakonin, Vorsteherin bzw. Patronin und Mitarbeiterin bezeichnet und sind in allen Bereichen der Missions- und Gemeindearbeit aktiv. Die Frage nach der Rolle und Bedeutung von Mitarbeiterinnen des Paulus ist nicht zu trennen von dem Bild, das wir von der Entstehung der christlichen Gemeinden, von Paulus und von der Rolle von Männern und Frauen in den ersten Gemeinden haben.

## 1. Die Entstehung der ersten Gemeinden innerhalb des Judentums

Sowohl Jesus als auch Paulus waren Juden, die nie die Absicht hatten, eine neue Religion zu gründen. Paulus hat auch als Gesandter (griech. *apostolos*) Christi nicht aufgehört, ein Jude zu sein. Diese historisch und theologisch relevante Einsicht wurde im Rahmen der sogenannten »New Perspective on Paul« mit Blick auf seine Missionstätigkeit und seine Theologie neu erforscht.[1] Paulus ist sowohl als Pharisäer als auch als Christusgläubiger in das grundlegend plurale Judentum seiner Zeit einzuordnen. Als eigenständi-

---

1 Vgl. *Dunn, James D. G.*, The New Perspective on Paul, WUNT 185, Tübingen 2005; *Ehrensperger, Kathy*, Die »Paul within Judaism«-Perspektive. Eine Übersicht, Evangelische

ge Religion hat sich »das Christentum« erst im Laufe der Jahrhunderte allmählich entwickelt, als sich die Gemeinden der Christusgläubigen – wahrscheinlich von Ort zu Ort unterschiedlich schnell – von den jüdischen Gemeinden getrennt haben und auch von anderen zunehmend als eine Gemeinschaft mit eigenen religiösen Vorstellungen wahrgenommen wurden.

Dieser komplexe historische Prozess wird in der Forschung unter dem Schlagwort »Parting of the Ways« diskutiert.[2] Die Lebenswende bei Damaskus stellt folglich keine Bekehrung vom »Juden Saulus« zum »Christen Paulus« dar. Paulus selbst deutet sie als Berufung zum Völkermissionar (Gal 1,1. 15f.; 1Thess 2,4). Er interpretiert Tod und Auferstehung Christi im Rahmen jüdischer Vorstellungen als Anbruch des Reiches Gottes und als Beginn der neuen Schöpfung (Phil 3,20f.; 1Kor 15), deren für alle Menschen relevante Vollendung seiner Meinung nach unmittelbar bevorsteht. Als christusgläubiger Jude setzt er sich deshalb von nun an dafür ein, dass auch Menschen aus den Völkern als gleichberechtigte Mitglieder zum Gottesvolk dazugehören können, ohne jedoch Israel den Status als Gottesvolk abzusprechen.

Diese Kontextualisierung der Entstehung der ersten Gemeinden innerhalb des Judentums ist auch für die Beurteilung der Rolle von Frauen als Mitarbeiterinnen relevant. Implizit oder explizit antijüdische Deutungsmuster, nach denen Frauen in »dem Judentum« auf bestimmte geschlechtsspezifische Rollen begrenzt und damit unterdrückt wurden, während »das Christentum« die Befreiung der Frauen ermöglicht habe, sind historisch falsch und theologisch höchst problematisch. Nicht sachgemäß ist auch die Unterscheidung der älteren Forschung zwischen einem eher konservativ ausgerichteten palästinischen Judentum, in dem der Zwölferkreis verortet wurde, und einem der römisch-hellenistischen Kultur aufgeschlossen gegenüberstehenden Diasporajudentum, dem Paulus zugerechnet wurde und das lange Zeit als entscheidende Keimzelle des Christentums galt. Die entstehenden Gemeinden sind innerhalb eines pluralen Judentums zu verorten, das sowohl in der Levante als auch in der Diaspora von der römisch-hellenistischen Kultur geprägt war.

---

Theologie 80, 2020, 455–464; *Frey, Jörg*, Das Judentum des Paulus, in: *O. Wischmeyer, E.-M. Becker* (Hrsg.): Paulus. Tübingen 2021, 47–104.

2 Vgl. *Standhartinger, Angela*, »Parting of the Ways«. Stationen einer Debatte, Evangelische Theologie 80, 2020, 406–417. Grundlegend *Dunn, James D. G.*, The Parting of the Ways: between Christianity and Judaism and their significance for the character of Christianity, London 2006.

## 2. Paulus als Teamplayer

Paulus war als Missionar eingebettet in Netzwerke von Personen, die vor, mit und neben ihm – zum Teil auch im Konflikt mit ihm – als Missionar:innen und Gemeindeleiter:innen gewirkt haben. In der älteren Forschung wurde Paulus als der streitbare, aber erfolgreiche Apostel gesehen, der seinen Weg der Evangeliumsverkündigung zunehmend allein gegangen ist und dabei alle Herausforderungen und Leiden des Apostolats auf sich genommen hat. Bereits in den späten neutestamentlichen Schriften erscheint Paulus als »der Apostel« Christi, der als erfolgreicher Verkündiger, Gemeindegründer und Theologe das Fundament der christlichen Gemeinden legte. Die Apostelgeschichte erzählt gegen Ende des ersten Jahrhunderts die Geschichte seines Wirkens im Rückblick so, dass Paulus neben den als Apostel bezeichneten zwölf Jüngern Jesu zur entscheidenden Gründungsfigur der im östlichen Mittelmeerraum entstehenden Gemeinden wird.

Mehrere im Namen des Paulus verfasste Briefe stammen wahrscheinlich von späteren Gemeindeleitern, die ihre eigenen Ansichten zu aktuellen Fragen der Lehre und der Gemeindeordnung mit seiner Autorität begründen. Die mit dem patriarchalen Topos der Unterordnung der Frau unter den Mann begründete grundsätzliche Forderung, dass Frauen in der Gemeinde nicht lehren dürfen (1Tim 2,12f.), ist auf Paulusschüler zurückzuführen und hat das kirchliche Paulusbild geprägt. Sie widerspricht jedoch der umfangreichen Mitarbeit von Frauen, die durch die authentischen Paulusbriefe belegt ist und durch spätere, historisch nicht von Paulus stammende Verbote indirekt ebenfalls bestätigt wird.[3]

Über Paulus selbst erfahren wir aus seinen eigenen Schriften, dass er sich in eine große Zahl von Christuszeugen und Aposteln einordnete – zu ergänzen sind hier Zeuginnen und Apostelinnen (1Kor 15,5–11). Es gab ein Netzwerk von Personen, mit denen er eng und gut zusammenarbeitete. Aber es gab auch Konflikte, wie zum Beispiel mit Barnabas, dessen Juniorpartner Paulus am Anfang war und von dem er sich später getrennt hat (Gal 2; vgl. Apg 13).

Die Mission des Paulus wurde nicht von allen geschätzt. Sowohl die Inhalte seiner Verkündigung als auch seine Autorität wurden von manchen zum Teil massiv kritisiert (vgl. v.a. 2Kor 4; 11f.). Dass er später als »der Apostel« der Anfangszeit galt und seine Mission erfolgreich war, wird in der

---

3 Auch 1Kor 14,33b–35 wird in der neutestamentlichen Exegese mehrheitlich als spätere Ergänzung des Paulusbriefs angesehen, die auf einen Paulusschüler zurückgeht.

neueren Forschung zunehmend als Ergebnis des Netzwerks von Männern und Frauen gesehen, mit denen gemeinsam sich Paulus als Teamplayer für die Evangeliumsverkündigung eingesetzt hat.

## 3. Paulus als Apostel

Wenn Paulus sich selbst als »Apostel« bezeichnet, handelt es sich noch nicht um einen geprägten (Amts-)Begriff, da es in der Frühzeit noch keine Vorstellung von einem Apostelamt gegeben hat.[4] Vielmehr ist der griechische Begriff *apostolos* im Sinne einer Funktionsbezeichnung zu verstehen und in den Kontext weiterer Begriffe einzuordnen, mit denen die Mitarbeit in Mission und Gemeindeleitung umschrieben werden kann. Das Verbalsubstantiv kann wörtlich mit Gesandter oder Gesandte übersetzt werden, da es grammatisch nur in der maskulinen Form existiert und sowohl für Männer als auch für Frauen verwendet wird. In der Anfangszeit seines Wirkens wurde Paulus möglicherweise gemeinsam mit Barnabas, dessen Juniorpartner er war, von der Gemeinde in Antiochien als deren Apostel zur Evangeliumsverkündigung ausgesandt (vgl. Apg 13–14; v.a. 14,4. 14). In seinen eigenen Briefen stellt sich Paulus jedoch wiederholt als Apostel vor, der unmittelbar von Christus bzw. Gott zur Evangeliumsverkündigung gesandt ist (Gal 1,1, 1Kor 1,1, 2Kor 1,1, Röm 1,1). Gerade bei den Gemeinden, in denen er die Glaubwürdigkeit seines Evangeliums und damit auch seiner Person besonders begründen muss oder will, ist es Paulus offensichtlich wichtig zu betonen, dass er nicht von Menschen bzw. Gemeinden gesandt ist, sondern von Christus bzw. Gott selbst. In dieser Rolle kann Paulus aber auch andere Männer und Frauen, wie die namentliche Nennung von Junia zeigt, als Apostel:innen bezeichnen (v. a. 1Thess 2,7; 1Kor 15,3–11; Röm 16,7). Sogar Missionar:innen, die in Konkurrenz zu ihm stehen und deren Botschaft er ablehnt, kann er die mit einem Autoritätsanspruch verbundene Bezeichnung als »Gesandte Christi« nicht einfach absprechen (2Kor 11,13–15). Insgesamt wird deutlich, dass Paulus den Apostelbegriff nicht exklusiv auf sich bezieht, sondern auch andere Männer und Frauen in diese Sendungsvorstellung einschließt und die Verkündigung des Evangeliums im Namen Christi als Teamarbeit versteht (z.B. 1Thess 1–2; Phil 1; 4). Erst im Laufe der Zeit konkretisiert Paulus sein Selbstverständnis, indem er seine Sendung als »Apostel

---

4 *Frey, Jörg*, Apostelbegriff, Apostelamt und Apostolizität, in: *T. Schneider, G. Wenz* (Hrsg.), Das kirchliche Amt in apostolischer Nachfolge I. Freiburg, Göttingen 2004, 91–188.

Christi« mit der Erscheinung in Damaskus verbindet und betont, dass er – wie die ersten Jünger:innen und Auferstehungszeug:innen Jesu auch – vom auferstandenen Christus gesandt ist. Die zunehmende Begrenzung des Apostelbegriffs für Auferstehungszeug:innen Christi, insbesondere für die Zwölf und Paulus, ist eine nachpaulinische Entwicklung. Paulus selbst war als Apostel kein Einzelgänger, sondern einer unter vielen in einem Netzwerk von Männern und Frauen, die gleichberechtigt das Evangelium von Christus in Wort und Tat verkündigt haben.

## 4. Funktionen und Ämter für Mitarbeiter und Mitarbeiterinnen in den paulinischen Gemeinden

In den paulinischen Texten fällt auf, dass gebräuchliche Begriffe für religiöse oder gesellschaftliche Leitungsämter wie Priester/Priesterin (griech. *hiereus/hierissa*) oder Leiter:in bzw. Herrscher:in (griech. *archon*) für Tätigkeiten in den Gemeinden üblicherweise nicht verwendet werden. Das bedeutet jedoch nicht, dass es keine Amts- bzw. Gemeindefunktionen gibt. Belegt sind zum Beispiel Begriffe wie Lehrer:in (griech. *didaskalos*) oder Prophet:in (griech. *profetes*). Auffallend häufig finden sich jedoch griechische Bezeichnungen, die von der Wortbedeutung her eher unbestimmte Funktionen beschreiben und ihre genaue inhaltliche Füllung erst durch die jeweilige Situation erhalten, wie z. B. Gesandte:r (griech. *apostolos*), Beauftragte:r (griech. *diakonos*), Aufseher:in (griech. *episkopos*), Mitarbeiter:in (griech. *synergos*) oder Dienstleistende:r (griech. *leitourgos*).

Welche Aufgaben die entsprechend bezeichneten Personen wahrnehmen und ob sie in egalitären oder hierarchischen Beziehungen stehen, kann von Situation zu Situation und von Gemeinde zu Gemeinde unterschiedlich sein und lässt sich den Texten oft nicht im Detail entnehmen. Auch die Frage der Mitwirkung von Frauen lässt sich ohne ihre explizite Erwähnung nicht eindeutig beantworten. Sobald Männer und Frauen zu einer Gruppe gehören, wird für Frauen auch dann die männlich konstruierte Form verwendet, wenn feminine Formen eines griechischen Begriffs vorliegen.

Paulus kann die gemeindegründende und gemeindeleitende Verkündigungstätigkeit nicht nur als Apostolat (griech. *apostole* für Sendung, vgl. Gal 2,8; 1Kor 9,2; Röm 1,5), sondern auch als *diakonia* (griech. u. a. für Beauftragung) durch Gott oder Christus beschreiben (z. B. 2Kor 4,1; 5,18f.; 6,3; Röm 11,13; auch Röm 12,7). Sogar Personen, deren Evangelium Paulus ablehnt, bezeichnet er dennoch als Apostel:innen und als Diakon:innen (2Kor

11,13–15). In den entstehenden Gemeinden ist folglich noch von unterschiedlichen Strukturen und von einer Vielzahl von Bezeichnungen für Mitarbeitende und Gemeindefunktionen auszugehen, von denen die neutestamentlichen Texte nur einen Ausschnitt zeigen.

Die Grenzen zwischen Funktions- und Amtsbezeichnungen sind fließend und hängen davon ab, welche Kriterien angelegt werden und welche Strukturen in den jeweils adressierten Gemeinden vorausgesetzt werden. Es ist anachronistisch, spätere kirchliche Amtsvorstellungen an die neutestamentlichen Texte anzulegen und dann zu entscheiden, wann griechische Begriffe eher als Ämter und wann als unspezifische »Dienste« interpretiert werden. Zu berücksichtigen ist, dass die entstehenden christlichen Gemeinden sowohl in antiken Vereinen als auch in den jüdischen Synagogengemeinden Strukturen vorgefunden haben, auf die sie bei der Organisation der eigenen Gemeinschaften kreativ zurückgreifen konnten, ohne jedoch im Detail daran gebunden zu sein.[5] Die Texte zeigen außerdem, dass mit bestimmten Tätigkeiten eine hohe Wertschätzung und auch Verantwortung verbunden wurde. Wenn Paulus sich und andere als Beauftragte, Gesandte oder Mitarbeitende Gottes bzw. Christi bezeichnet, setzt er voraus, dass ihnen sowohl eine Verpflichtung, aber auch Glaubwürdigkeit und Autorität zukommen, da sie im Namen Gottes bzw. Christi agieren (u. a. 1Thess 2,1–12; 1Kor 3,6–17; 2Kor 5,20; 6,1–10). Auch die Überbringung der umfangreichen Kollekte nach Jerusalem ist für ihn eine wichtige Vermittlungstätigkeit im Auftrag der Gemeinden (2Kor 9,1.12f.), zu deren Überbringung manche Gemeinden Apostel (2Kor 8,23) entsenden.

Mit Blick auf die Ausübung von Ämtern durch Frauen ist die lange Zeit vertretene These, dass Frauen in der Antike vom öffentlichen Leben grundsätzlich ausgeschlossen waren, wissenschaftlich mittlerweile überholt.[6] Sie wird den komplexen gesellschaftlichen Verhältnissen in antiken Gesellschaften nicht gerecht. Studien zur griechisch-römischen Kultur zeigen, dass Frauen in politischen, sozialen und wirtschaftlichen Kontexten je nach Status aktiv waren und politische oder religiöse Ämter ausüben konnten. Auch für

---

[5] *Claussen, Carsten*, Versammlung, Gemeinde, Synagoge: Das hellenistisch-jüdische Umfeld der frühchristlichen Gemeinden, SUNT 27, Göttingen 2002; *Ebel, Eva*, Die Attraktivität früher christlicher Gemeinden: Die Gemeinde von Korinth im Spiegel griechisch-römischer Vereine WUNT 2/178, Tübingen 2004.

[6] Vgl. *Hartmann, Elke*, Frauen in der Antike. München 2007; *Tal, Ilan*, Jewish Women's Life and Practice in the World of the New Testament, in: The Oxford Handbook of New Testament, Gender, and Sexuality, Oxford 2019, 221–238.

das antike Judentum und für das entstehende Christentum lässt sich die aktive Rolle von Frauen in den Synagogen und Gemeinden belegen. Hier sind die aktuellen wissenschaftlichen Diskurse zur »Intersektionalität« relevant, die darauf hinweisen, dass nicht nur das Geschlecht, sondern auch andere Faktoren wie zum Beispiel ethnische Herkunft, sozialer Status, materielle Unabhängigkeit oder Alter zu berücksichtigen sind.[7]

## 5. Namentlich genannte Frauen in den Paulusbriefen

Im ersten Korintherbrief erwähnt Paulus Chloe und ihre Hausgemeinschaft (1Kor 1,11), in der sie wahrscheinlich eine Leitungsfunktion hat. Euodia und Syntyche werden im Philipperbrief ermahnt und als Personen vorgestellt, die gemeinsam mit anderen und mit Paulus »in der Verkündigung kämpften« (Phil 4,2f.). Im Philemonbrief wenden sich Paulus und der »Bruder« Timotheus unter anderem an die »Schwester« Aphia (Phlm 1–2). Die Bezeichnung als »Schwester« kann hier, vergleichbar zu »Bruder«, im Sinne eines Titels und damit als Hinweis auf eine Mitarbeit in der adressierten Hausgemeinde verstanden werden. Im Römerbrief empfiehlt Paulus Phoebe, die wahrscheinlich die Überbringerin des Römerbriefs ist (Röm 16,1f.). Sie wird als »Diakonin« (*diakonos*) der Gemeinde in Kenchreä und als »Patronin« bezeichnet, die sowohl Paulus als auch andere materiell und möglicherweise auch rechtlich unterstützt. Vermutlich ist sie Leiterin einer Gemeinde in ihrem Haus in der Hafenstadt bei Korinth. In der anschließenden Grußliste werden weitere Frauen explizit genannt: Priska war gemeinsam mit ihrem Mann Aquila sowohl mit Paulus, aber auch vor und unabhängig von ihm in der Gemeindeleitung einer Hausgemeinde in Ephesus und Rom tätig (1Kor 16,19; Röm 16,3–5; vgl. Apg 18,2). Beide werden als »seine Mitarbeitende in Christus« bezeichnet. Dass der Frauenname zuerst genannt wird, ist ungewöhnlich und verweist auf die höhere Bedeutung Priskas. Junia wird gemeinsam mit dem Mann Andronikus als »berühmt unter den Aposteln« gelobt und war offensichtlich bereits vor Paulus als Apostelin aktiv (Röm 16,7). Maria wird durch ihre »Arbeit« für die Gemeinde näher charakterisiert (Röm 16,6), Tryphäna und Tryphosa sowie Persis zeichnen sich durch ihre »Arbeit im Herrn«

---

7 *Eisen, Ute E./Standhartinger, Angela/Gerber, Christine,* Doing Gender – Doing Religion. Zur Frage nach der Intersektionalität in den Bibelwissenschaften. Eine Einleitung, in: *U. E. Eisen* et al. (Hrsg.): Doing Gender – Doing Religion, WUNT 302, Tübingen 2013, 1–33.

aus (Röm 16,12), wobei das jeweils verwendete Verb (*kopiao*) die Mitarbeit im Sinne einer schweren Arbeit oder Lohnarbeit qualifiziert. Dieses Verb wird von Paulus wiederholt für sich und andere Männer und Frauen verwendet, die in der Gemeinde verantwortlich tätig sind (u. a. 1Kor 15,10; Phil 2,16) und dafür sogar Anerkennung bzw. Unterordnung erwarten können (1Thess 5,12; 1Kor 16,16). Es ist also von einer gemeindeleitenden Tätigkeit im umfassenden Sinn auszugehen. Ohne Namen werden noch die Mutter des Rufus (Röm 16,13) und die Schwester des Nereus (Röm 16,15) erwähnt.

Diese Liste zeigt die Vielfalt der Beschreibungen des Paulus für die verantwortliche Mitarbeit in der Evangeliumsverkündigung und bzw. oder der Gemeinde(leitung). Dabei werden Frauen zum Teil mit Partnern, zum Teil auch unabhängig von Männern genannt. Einzelne von ihnen werden mit Funktionsbegriffen wie »Apostel:in«, »Diakon:in« oder »Mitarbeiter:in in Christus« bezeichnet, die Paulus sonst auch für sich und seine Wort und Tat umfassende gemeindeleitende Verkündigungstätigkeit verwenden kann. Da viele dieser Funktionsbegriffe nur in der grammatisch maskulinen Form vorliegen und sowohl für Männer als auch für Frauen verwendet werden, ist also davon auszugehen, dass auch an anderen Stellen, wo Paulus nur von »Aposteln«, »Diakonen«, »Mitarbeitern« oder auch engagierten »Brüdern« spricht, sowohl Frauen als auch Männer mitzudenken sind. »Da ist nicht Jude noch Grieche, da ist nicht Sklave noch Freier, da ist nicht Mann und Frau; denn ihr alle seid einer in Christus Jesus« (ELB), schreibt Paulus in Gal 3,28 und hat dies offensichtlich auch auf alle Formen der Mitarbeit in der Verkündigung und in der Gemeinde bezogen. Paulus spricht sich hier nicht nur für eine Gleichstellung von Frauen aus, sondern er relativiert insgesamt die Unterscheidungen, die Menschen zwischen Menschen aufgrund verschiedener Merkmale machen.

Dennoch zeigt sich auch in den paulinischen Texten die androzentrische Perspektive der damaligen Zeit, die jedoch als zeit- und kulturbedingt wahrzunehmen und zu reflektieren ist. Bei der Interpretation und Übersetzung entsprechender paulinischer Texte sollten also nicht nur die oft als »Brüder« angesprochenen Gemeindeglieder als Geschwister sichtbar gemacht werden, sondern auch die vom Geschlecht unabhängige Partizipation von Männern und Frauen an den unterschiedlichen, je nach Situation durchaus bereits mit Verantwortung, Ehre und Autorität verbundenen Leitungsfunktionen stets mitgedacht und mitgenannt werden.

## LITERATUR

*Eisen, Ute,* Amtsträgerinnen im frühen Christentum. Epigraphische und literarische Studien, FKDG 61, Göttingen 1996.

*Gerber, Christine,* Paulus, Apostolat und Autorität oder: Vom Lesen fremder Briefe, ThSt NF 6, Zürich 2012.

*Hentschel, Anni,* Diakonia im Neuen Testament. Studien zur Semantik unter besonderer Berücksichtigung der Rolle von Frauen, WUNT 2/226, Tübingen 2007.

*Hentschel, Anni,* Art. Diakon – Diakonin, 2011, www.wibilex.de.

*Friedrich W. Horn* (Hrsg.), Paulus Handbuch, Tübingen 2013.

# Gemeindeleiterinnen

## Priska, Lydia und ihre Kolleginnen

*Christfried Böttrich*

In den zwanzig Landeskirchen, die zur EKD gehören, gibt es unter den leitenden Geistlichen sechs Frauen. Auf den nachgeordneten Ebenen (Sprengel, Propstei, Superintendentur) nimmt ihre Zahl deutlich zu. Synoden werden häufig von weiblichen Präsides geleitet. Bei der Ordination ins Pfarramt liegt der Frauenanteil inzwischen bei gut einem Drittel. In Schweden haben die Pastorinnen ihre Kollegen bereits überholt. Das scheint heute weithin selbstverständlich zu sein. Frauen in leitenden Funktionen sind geradezu ein Markenzeichen protestantischer Kirchlichkeit geworden. Da vergisst man schnell, dass zu Beginn der 1960er Jahre um die Frauenordination noch in allen Synoden heftig gerungen wurde. Längst nicht alle Kirchen der protestantischen Konfessionsfamilie haben sich einer positiven Entscheidung angeschlossen. In Lettland ist eine solche 2016 sogar wieder zurückgenommen worden.

Im Zentrum der Debatte steht das jeweilige »Amtsverständnis«. Geht man dabei (wie in der protestantischen Theologie) von einer Dienstfunktion aus, eröffnet sich Raum für beide Geschlechter. Setzt man (wie in der katholischen Theologie) bei dem Gedanken einer Sukzession bzw. einer besonderen Weihe an, gewinnt die patriarchale Tradition Oberhand. Deshalb ist es ratsam, hinter die konfessionellen Differenzen zurückzutreten und nach den Anfängen der Christenheit zu fragen, wie sie sich in den Schriften des Neuen Testaments widerspiegeln.

## 1. THEOLOGISCHE AUFBRÜCHE

Die Gesellschaft, in der die frühe Christenheit entsteht, ist patriarchal verfasst. Sie wird geprägt vom Modell des »Hauses« (οἶκος) als der grundlegenden sozialen Einheit, die eine hierarchische Struktur aufweist. Darin sind auch die Rollen der Geschlechter im Modus von Über- und Unterordnung klar definiert. Dieses Oikos-Modell beherrscht den Alten Orient wie die hellenistisch-römischen Welt gleichermaßen und dominiert noch bis weit in die Neuzeit hinein alle nachfolgenden Gesellschaftsformationen.

Umso bemerkenswerter ist es, dass in der ersten Generation christusgläubiger Gemeinden ein Aufbruch erfolgt, der diese Struktur sprengt und weit über das hinausgeht, was allgemein als Rollenverhalten akzeptiert ist. Dieser Aufbruch aber verdankt sich nicht etwa der kreativen Anarchie einer neuen Bewegung, sondern reflektierter Theologie. In Gal 3,26–28 begründet Paulus die Gotteskindschaft der galatischen Gemeinden mit ihrem Glauben »an Christus Jesus«; der wiederum manifestiert sich durch die Taufe »in Christus hinein«, die eine vitale, symbiotische Beziehung mit dem Gestorbenen und Auferstandenen konstituiert. Diese »Christuszugehörigkeit« aber hat über den persönlichen Bezug hinaus weitreichende soziale Implikationen. Paulus nennt exemplarisch drei Bereiche: es gibt »in Christus« (also im neuen Status der Getauften) »weder Jude noch Grieche, weder Sklaven noch Freien, weder männlich und weiblich«. Das letzte Glied fällt sichtbar aus der Symmetrie der beiden ersten Paare heraus – weil es den Wortlaut der LXX aus Gen 1,27 aufnimmt: Gott schuf die Menschen »männlich und weiblich«. Noch fundamentaler als bei der Schöpfung sowie bei der Neuschöpfung des Menschen in der Taufe lässt sich kaum ansetzen! Das ist auch kein beiläufiger Gedanke, der dem Apostel unbedacht aus der Feder fließt; in 1Kor 12,13 nimmt er ihn erneut auf, und noch in Kol 3,9–11 wirkt er nach. Allerdings lassen diese beiden weiteren Belege das Paar »männlich und weiblich« vermissen. Der Aussage in Gal 3,28 fügt es sich jedoch (im Horizont von »Gotteskindschaft«) stimmig ein. Möglicherweise steht hier eine alte Taufformel im Hintergrund, die als Urdatum christlicher Existenz festhält: ethnisch-religiöse und soziale Trennlinien wie auch Geschlechterzuschreibungen verlieren »in Christus« ihre Relevanz.

Ein solches Statement klingt in der antiken Oikos-Gesellschaft revolutionär. Seine Realisierung würde den Umbau festgefügter Strukturen erforderlich machen. Hat sich Paulus damit nicht übernommen? Bleibt das Ganze vielleicht ein Theorem, ein Gedankenspiel, ein spiritueller Impuls? Damit wäre Gal 3,28 verkannt. Das neue Selbstverständnis der Getauften, die Paulus nicht weniger drastisch als »neue Schöpfung« (2Kor 5,17; Gal 6,15) bezeichnet, prägt und verändert ihre gesamte Lebenswirklichkeit. Dafür liefern die paulinischen Gemeinden auch sogleich die Probe aufs Exempel: in der Beschneidungsfrage (Gal 2,1–10) geht es um »weder Jude noch Grieche«, was gegen viele Widerstände erst durchgesetzt werden muss; in der Tischgemeinschaft beim Herrenmahl (1Kor 11,17–34) geht es um »weder Sklave noch Freier«, wenn das solidarische Verhalten der Wohlhabenden gegenüber den »Habenichtsen« eingefordert wird. Den Testfall für »weder männlich und weiblich« liefert das Bild der gottesdienstlichen Versammlung in Korinth (1Kor 11,2–16). Im Überschwang der Geistesgaben kommt es in der Gemeinde zu Turbulenzen, in denen destruktive Kräfte frei werden. Paulus dringt deshalb auf geordnete Abläufe. Dabei stört ihn auch, dass Frauen mit offenem Haar auftreten. Aber dass sie überhaupt in der Gemeindeöffentlichkeit »beten oder prophetisch reden« (1Kor 11,4), bleibt unwidersprochen. Die Kritik richtet sich lediglich auf ihr Outfit, das Anstoß erregt. Ihr Beten und Reden ist schon revolutionär genug – denn namentlich das prophetische Wort bedeutet nicht mehr und nicht weniger als legitime, geistgeleitete Lehre. Die Frauen in Korinth treten wie die Männer auch als Lehrerinnen in Erscheinung. Nur manierlich soll es zugehen, wobei sich Paulus dann in eine widersprüchliche, schöpfungstheologische Argumentation verstrickt; am Ende landet er bei »Basta!« Aber die betenden und prophetisch redenden Frauen bleiben in ihrer Lehrkompetenz völlig unangefochten. Sie erfüllen mit Leben, was Gal 3,28 formuliert.

Hat dieses Auftreten möglicherweise eine Vorgeschichte in der Jesusbewegung? Gab es im Umkreis Jesu auch Schülerinnen? Darüber geben allein die Evangelien Auskunft, die am Ende des 1. Jh.s schon mit einem ca. sechzigjährigen Abstand auf die Ereignisse zurückschauen. Am weitesten geht hier Lukas, bei dem die Lebenswirklichkeit von Frauen auffällig mehr Beachtung findet als bei seinen Kollegen. In Lk 8,1–3 stellt er eine Gruppe von Frauen vor, die Jesus »von Stadt zu Stadt und Dorf zu Dorf« nachfolgen; wie die Männergruppe auch sind sie »Wanderradikale«, die alles verlassen haben. Am Ostermorgen werden sie am Grab an ihre Erfahrungen in der Nachfolge erinnert und beginnen schon mit der eigenständigen Bewältigung der Ereignisse, noch bevor sie den Männern die Auferstehungsbotschaft übermittelt haben. Maria, die Schwester der Marta, sitzt in der Pose der Schülerin zu Jesu Füßen und »hört«. Dennoch scheut sich Lukas, diesen Frauen auch den Titel von »Schülerinnen« zuzugestehen. Zu seiner Zeit schwingt das Pendel bereits wieder zurück.

Haben die Frauen im Umfeld Jesu vielleicht Anteil an einer Art »hellenistischer Emanzipationsbewegung«? Das ist die These von Bruce Winter, die eine breite, zunehmend kritischer geführte Diskussion ausgelöst hat. Die Bewegungsräume von Frauen sind um die Zeitenwende unterschiedlich groß; besonders für Angehörige der Elite ist manches möglich; auch zwischen Stadt und Land gibt es Unterschiede. Grundsätzlich aber bleibt es bei der Oikos-Struktur mit ihrer hierarchischen Ordnung. Das ist auch im Judentum nicht anders. Bernadette Brooten hat Beispiele gesammelt, die Frauen als Funktionsträgerinnen in der Synagoge (Vorsteherin, Älteste, »Mutter der Synagoge«, »Priesterin«) zeigen. Doch diese Beispiele, die im Ganzen aus 19 Inschriften zwischen dem 1. Jh. v. Chr. bis zum 6. Jh. n. Chr. stammen und den Raum zwischen Italien, Kleinasien, Ägyptern und Palästina ausleuchten, zeigen, dass es sich auch hier um bemerkenswerte Ausnahmen handelt, die eine ansonsten bestehende Regel bestätigen.

Die frühe Christenheit offenbart demnach in ihrer formativen Phase eine ganz erstaunliche Dynamik. Mit ihrer Freiheit gegenüber definierten Rollen tritt sie aus den üblichen Konventionen heraus. Vor allem aber verdankt sich ihre Experimentierfreudigkeit dabei nicht nur pragmatischen Entscheidungen, sondern einer theologischen Begründung.

## 2. Prominente Frauen

Die frühe Christenheit hat die Erinnerung an einige Frauen bewahrt, die als profilierte Persönlichkeiten in Erscheinung treten. Man begegnet ihnen sowohl in der Briefliteratur als auch in den Evangelien und in der Apostelgeschichte.

Lydia aus Philippi gehört zu den bedeutendsten Frauenfiguren der Frühzeit. Gerne wird sie als »die erste Christin Europas« bezeichnet, wobei jedoch weniger die antike Geographie als die Rolle der Lydia in der lukanischen Erzählung von Interesse ist. Apg 16,11–15. 40 führt sie als eine Geschäftsfrau ein, die mit Luxusware handelt und ihrem Oikos selbst vorsteht; als Gastgeberin macht sie ihr Haus zum ersten Anlauf- und Stützpunkt der Apostel in der Stadt; von ihr nehmen Paulus und Silas am Schluss noch einmal ausdrücklich Abschied. Der Name (»die aus Lydien«) deutet an, dass Lydia eine Freigelassene sein könnte. In Philippi gehört sie als »Gottesfürchtige« zu einer Gruppe jüdischer Frauen, die an einem »Gebetsort« vor dem Flusstor zusammenkommen. Dort lässt sie sich von den Worten des Paulus berühren und empfängt »mit ihrem Haus« die Taufe. Die anschließende Einladung der

Apostel in »ihr Haus« legt nahe, dass hier die erste »Hausgemeinde« in Philippi entsteht, in der Lydia als »Oikodespotes« auch Leitungsverantwortung übernimmt. In den Paulusbriefen werden die »Erstbekehrten« einer Provinz gerne mit dem Ehrentitel »Erstlingsgabe« (ἀπαρχή) bezeichnet – einem Begriff aus der Opfersprache, der sie zu Repräsentanten einer »Ernte« der besonderen Art macht. Das betrifft etwa Stephanas als Erstling in Achaja (1Kor 16,15) oder Epainetos als Erstling der Asia (Röm 16,5). Entsprechend wäre auch Lydia als Erstling von Makedonien zu bezeichnen, wenngleich ihr der Erzähler diesen Titel vorenthält. Später führt 1Clem 42,4–5 die Ämterstruktur seiner Zeit auf die Anfänge zurück und notiert, die Apostel hätten »ihre Erstlinge ... zu Bischöfen und Diakonen« eingesetzt. Auch wenn das Bischofsamt erst gegen Ende des 1.Jh. entsteht – die hohe Wertschätzung der »Erstlinge« lässt sich an dieser Konstruktion zweifellos ablesen. Lydia, die in Apg 16 selbstbestimmt und souverän agiert, stellt ganz gewiss nicht nur ihre Infrastruktur zur Verfügung. Es liegt nahe, sie auch als Vorsteherin ihrer Hausgemeinde und darüber hinaus als Leitungsautorität in Philippi und Makedonien zu sehen.

Die Gemeinden der Frühzeit versammeln sich zum Gottesdienst in privaten Räumen. Das Haus aber ist die Domäne der Frau. Wie in 1Kor 11,4 nehmen deshalb von Anfang an auch Frauen in den Hausgemeinden aktiv am gottesdienstlichen Geschehen teil. Häufig sind es Ehepaare (und nicht nur Hausherren), die auf eine Gemeinde »in ihrem Haus« hin angesprochen werden. Priska und Aquila (1Kor 16,19; Röm 16,3ff.; 2Tim 4,19; Act 18,2.18.26) stehen einer Hausgemeinde in Korinth, Ephesus und schließlich wieder in Rom vor; Priska wird in vier von sechs Belegen zuerst genannt, was auffällt; mit ihrem Mann erteilt sie dem gelehrten Alexandriner Apollos eine theologische Weiterbildung (Apg 18,26). Ein Apostelpaar sind auch Andronikos und Junia (Röm 16,7), die gleichrangig erscheinen und mit auszeichnenden Worten bedacht werden. In seinem Brief an Philemon als Vorsteher einer Hausgemeinde nennt Paulus auch ausdrücklich Aphia, vermutlich dessen Frau (Phlm 1–2). Dass Philologus und Julia (Röm 16,15) demselben Modell folgen, liegt nahe. Bei den weiteren Hausgemeinden bleiben die Frauen im Hintergrund. Immerhin lässt Apg 12,12 die Jerusalemer Gemeinde im Haus der Maria, der Mutter des Johannes Markus, versammelt sein. Kol 4,15 richtet Grüße an eine Nympha und ihre Hausgemeinde aus.

Den Römerbrief, den Paulus während seines Winterquartiers in Korinth schreibt, überbringt im folgenden Frühjahr eine Frau namens Phoebe. Ihr widmet der Apostel deshalb eine nachdrückliche Empfehlung an die Gemeinde in Rom (Röm 16,1f.). Vermutlich trägt auch Phoebe Leitungsverantwortung, denn Paulus nennt sie »Diakon« (διάκονος) der Gemeinde, die in Kenchreai ist«. Dass Paulus die maskuline Form »Diakon« benutzt, deutet die innovative Rolle dieser Frau an; ein Femininum hatte noch keine Zeit, sich einzubürgern. Wenn aber die meisten Übersetzungen schreiben, dass Phoebe »im Dienst der Gemeinde« sei, spielen sie den Begriff διάκονος herunter, der eine Funktionsbezeichnung darstellt. Sichtbar wird das »Amt« eines Diakons erst in den Pastoralbriefen (1Tim 3,8–13), wenn man einmal von der rätselhaften Notiz in Phil 1,1 absieht. Aber schon zur Zeit des Paulus, der seine eigene Tätigkeit als ein »Dienen« beschreibt (2Kor 3,3), meint der Begriff mehr als nur Versorgungsleistungen. Die erbringt Phoebe auch, aber sie sind von ihrer Rolle als »Diakonos« unterschieden: Paulus nennt Phoebe am Schluss seiner Empfehlung ausdrücklich eine »Patronin« (προστάτις) von vielen, auch von ihm selbst. Vermutlich unternimmt sie die Schiffsreise auf eigene Kosten. Man muss in Phoebe deshalb wohl eine Frau der Oberschicht sehen, die in der noch jungen Gemeinde von Korinth Verantwortung übernimmt.

Diakoninnen tauchen noch einmal in den Pastoralbriefen auf (1Tim 3,11). Dabei stellt sich die Frage, ob es sich hier um die Ehefrauen der Diakone handelt oder um eigenständige Funktionsträgerinnen. Letzteres ist deutlich plausibler, denn ihnen wird ein vergleichbarer »Berufspflichtenkatalog« abverlangt wie den Männern. Selbst in einem Kontext, in dem Frauen schon wieder aus der Gemeindeöffentlichkeit zurückgezogen werden (1Tim 2,11–15), hat der weibliche Diakonat einen festen Ort.

In der Verkündigung des Evangeliums sind auch Euodia und Syntyche (Phil 4,2) tätig. Ihre aktuellen Unstimmigkeiten versucht Paulus mit einer großen Erinnerung zu relativieren: »Sie haben mit mir für das Evangelium gekämpft, zusammen mit Klemens und meinen anderen Mitarbeitern.« Das klingt mehr nach Arbeitsgemeinschaft von Männern und Frauen als nach Arbeitsteilung. Der »Kampf für das Evangelium« verdient seinen Namen ganz sicher nicht mit Hilfsdiensten. Auf der gleichen Ebene liegt die wiederholte Bemerkung, Maria (Röm 16,6), Tryphäna und Tryphosa sowie Persis (Röm 16,12) hätten sich »um euch« bzw. »im Herrn gemüht«. Das Verb »sich mühen« (κοπιάω) fungiert bei Paulus als *terminus technicus* für die apostolische Kerntätigkeit (z. B. 1Thess 5,12; 1Kor 16,16); seine eigene Arbeit bezeichnet er immer wieder als »Mühe« (κόπος) (1Thess 2,9; 3,5; 1Kor 3,8; 15,58; 2Kor 11,23. 27). So ist das wohl auch im Blick auf jene Frauen zu verstehen, denen Paulus bescheinigt, sich »abzumühen«. Von Chloe (1Kor 1,11) liest man, dass es Gemeindeglieder gibt, die (wie auch immer) zu ihr gehören. Zumindest ist sie also eine Frau mit Einfluss, vielleicht Wortführerin einer Gruppe – auf jeden Fall eine, die durch ihre Leute Kontakt zu Paulus hält.

Schwieriger lässt sich die Position der Maria Magdalena bestimmen. Lk 8,1–3 zeichnet sie als Erste einer Gruppe von Schülerinnen Jesu; ihre Heilung deutet eine dramatische Krankheitsgeschichte an. In Galiläa gehört sie zu der wandernden Gruppe; auch in Jerusalem ist sie dabei. Ihr prägendstes Erlebnis aber hat sie am Ostermorgen: Sowohl Mt 28,9f. als auch Joh 20,11–18 gestehen ihr (konkurrierend zu Petrus in 1Kor 15,5 und Lk 24,34) die Ersterscheinung des Auferstandenen zu. Das begründet jene Autorität, von der sie fortan zehrt. In den gnostischen Dialogevangelien vom 2. Jh. an wird sie zur Vorzugsschülerin Jesu; die Kirchenväter nennen sie eine »Apostelin der Apostel«. Zieht man Apg 1,21f. heran, dann genügt Maria Magdalena allen Kriterien, die einen Apostel auszeichnen. Vor allem, dass sie »den Herrn gesehen« hat, wiegt schwer; mit diesem Argument verteidigt auch Paulus seinen Apostolat gegen alle Kritiker (1Kor 9,1; Gal 1,16). Allein ist Maria Magdalena damit nicht. Paulus hatte Andronikos und Junia zugestanden, »herausragend unter den Aposteln« und schon vor ihm »in Christus« gewesen zu sein (Röm 16,7). Die Kennzeichen des Apostolats (also der Sendung durch den Auferstandenen) sind nicht an ein Geschlecht gebunden.

Dieses Wissen trägt nicht nur Maria Magdalena in die frühe Christenheit hinein. In den apokryphen Apostelakten tut es ihr Thekla gleich, die als Schülerin des Paulus eingeführt und schließlich auf eigenständige Weise zur Botin des Evangeliums stilisiert wird. Dass sich ihre Botschaft vor allem auf die Enthaltsamkeitsforderung reduziert, ist der Frömmigkeit des 2./3. Jh. geschuldet. Ihr Profil aber macht sie zur Identifikationsfigur für die Frauen der Frühzeit, die nach wie vor Verantwortung für die Verkündigung des Evangeliums übernehmen.

## 3. Rückkehr patriarchaler Strukturen

Die Kleingruppen der Anfangszeit sind mit einem hohen Maß an Verbindlichkeit ausgestattet und werden getragen von einem Leitbild, das Paulus in 1Kor 12,12–27 klassisch formuliert: Gemeinde ist ein lebendiger Organismus, der von den wechselseitigen Austauschprozessen seiner Glieder lebt, ein funktional bestimmtes Miteinander, in dem nicht Rang und Status, sondern Fähigkeit und Kompetenz über die Verteilung der Aufgaben entscheiden. Damit kann man gut leben – zumal in der Erwartung, dass der Kyrios ohnehin in Kürze kommt (1Thess 4,13–18; 1Kor 7,29–31; 15,51–53). Doch mit dem Übergang zur zweiten und dritten Generation, mit dem Nachlassen der anfänglich so hoch gespannten Naherwartung sowie mit der immer unübersichtlicher werdenden Entwicklung lokaler »Gemeinden« hin zu einer überregional verbreiteten »Kirche« braucht es neue Strukturen. In dieser Umbruchssituation greift die Christenheit entschlossen zu einem neuen Leitbild, klassisch in 1Tim 3,15 formuliert: Kirche ist das »Haus Gottes, Säule und Fundament der Wahrheit«.

Dieser Wechsel des Leitbildes verschafft der werdenden Kirche neue Spielräume, vor allem aber die dringend nötige Stabilität. Sie erscheint nicht mehr als die sonderbare Randgruppe, in der die Normen und Konventionen der Gesellschaft auf gefährliche Weise unterwandert werden, sondern als eine Größe, die mit der Gesellschaft kompatibel ist. Mehr noch: die besten Werte und Tugenden des gesellschaftlichen Miteinanders werden gerade in der Kirche gelebt; die Christusgläubigen sind letztlich die besseren Staatsbürger. Auch ohne große Worte wollen die Gemeinden der dritten Generation dem Evangelium bei denen, »die draußen sind«, einen guten Ruf verschaffen. Ein solches Konzept »werbender Lebensführung« setzt an bei der Rolle des Hausvaters und der Ordnung im Haus (1Tim 3,1–7; Tit 1,7–9). Der Gewinn für die Außenwahrnehmung ist offensichtlich; der Preis für das interne Miteinander ist es auch. Denn durch die Hintertür hält nun die patriarchale, hierarchische Struktur des Oikos von neuem Einzug in das »Haus Gottes« und bestimmt fortan die Organisation des kirchlichen Lebens.

Die Rückkehr zum klassischen Rollenverständnis wird in den Briefen dieser fortgeschrittenen Zeit fixiert. 1Tim 2,11–15 spricht ein Lehrverbot für Frauen aus: schweigend sollen sie lernen, in voller Unterordnung; jeder Eindruck, sie könnten über den Mann herrschen, ist zu vermeiden. Auch hier wird die Schöpfungsgeschichte zur Begründung herangezogen, aber anders interpretiert als in Gal 3,28. Vor allem werden Frauen nun auf ihre Mutterrolle verwiesen sowie darauf, ein Vorbild an Frömmigkeit und Tugend zu sein. Sachlich übereinstimmend erlegt 1Kor 14,33b–36 Frauen auf, in der Gemeindeversammlung zu schweigen; unterordnen sollen sie sich und zu Hause ihre Männer fragen; geradezu schändlich sei es für sie, öffentlich zu reden. Was macht dieser Abschnitt in 1Kor 14? Es ist völlig undenkbar, dass Paulus in ein und demselben Brief ein derart widersprüchliches Statement abgibt: 1Kor 11,2-16 und 1Kor 14,33b–36 stehen einander frontal gegenüber. Die einfachste Erklärung lautet: in jener Zeit, in der 1Tim 2 ein neues Rollenverständnis für das »Haus Gottes« entwirft, werden die Paulusbriefe zu einer Briefsammlung zusammengestellt; im Zuge dieser »Gesamt-Edition« erkennt man die Notwendigkeit, etwas zu korrigieren, was unter den veränderten Umständen »missverstanden« werden könnte.

Klassisch erscheint das neue alte Bild in den sogen. »Haustafeln«. Kol 3,18–4,1 und Eph 5,21–6,9 (miteinander verwandt) schließen sich eng an das Vorbild der antiken Oikonomik an. Die maßgeblichen Gruppen im Haus (Mann und Frau, Eltern und Kinder, Herren und Sklaven) werden im Verhältnis der Über- und Unterordnung aufeinander bezogen. Innovativ ist, dass jetzt beide Seiten angesprochen werden und dass auch die übergeordnete Seite zu Liebe, Milde und Selbstkritik aufgefordert wird. Aber das ändert nichts an der grundsätzlichen Zementierung des »Systems«. In 1Petr 3,1–7 gilt die Unterordnung der Frau geradezu als Kennzeichen für die tadellose Lebensführung der Christen. Dafür wird sogar das Vorbild der Stammmutter Sara bemüht. Es ist die Zeit am Ende des 1. Jh.s, in der auch Lukas schreibt. Er befindet sich freilich in einer Zwickmühle: die Erinnerung an die Schülerinnen Jesu will er bewahren; doch Schülerinnen und Nachfolgerinnen nennt er sie nicht – damit hält er sich lieber zurück.

Viele Frauen der Anfangszeit werden wieder unsichtbar. Aufschlussreich ist hier das Beispiel der Junia aus Röm 16,7. Der Gruß des Paulus ist notwendigerweise im Akkusativ formuliert: Grüßt mir bitte – wen? Den Andronikos und die Junia! Bei Ιουνιαν aber sieht der Akkusativ im Femininum wie im Maskulinum gleich aus; wie löst man ihn also auf? Die meisten Übersetzer (allesamt Männer) entscheiden sich mit der Zeit für die maskuline Variante »Junias«, auch wenn es diesen Männernamen gar nicht gibt – eine philologische Geschlechtsumwandlung mit weitreichenden Folgen. Es braucht lange Zeit, bis man die ursprüngliche Junia, »herausragend unter den Aposteln«, wiederentdeckt.

Die Rollenzuschreibungen an Frauen, wie sie im Neuen Testament begegnen, bilden eine Geschichte ab: von innovativen Aufbrüchen über neue Spielräume zurück zu eingeführten Konventionen. Die Lehr- und Leitungsverantwortung von Frauen hat in dieser Geschichte einen bedeutsamen, wenngleich befristeten Platz. Namen wie Lydia, Euodia und Syntyche, Phoebe oder Maria Magdalena bleiben in Erinnerung.

Solche Aufbrüche der Frühzeit erleben trotz aller Rücknahmen eine längere Nachgeschichte. Presbyterinnen, Diakoninnen und sogar Bischöfinnen gibt es in der frühen Christenheit noch bis in das 6. Jh. hinein. Kevin Madigan und Carolyn Osiek haben das Material zusammengetragen, das sich neben literarischen Zeugnissen vor allem auf Inschriften stützt. Ihre Quellen stammen aus dem Osten wie dem Westen gleichermaßen. Die Funktionsträgerinnen werden darin nicht nur als ehelose, sondern auch als verheiratete Frauen sichtbar. Ihr Verantwortungsbereich umspannt ein weites Spektrum und schließt Bereiche wie Taufe, Eucharistie oder Schriftlesung ein. Im Ganzen hat das Material fragmentarischen und eher zufälligen Charakter – deutet jedoch an, dass auch bei zunehmender Marginalisierung der Rückzug von Frauen aus öffentlichen Funktionen keinen scharfen Schnitt, sondern einen längeren Prozess darstellt.

## 4. Schluss

In der östlichen Christenheit ist die Erinnerung an die einstige Rolle von Frauen in der Frühzeit durch die Institution des weiblichen Diakonats noch lange erhalten geblieben. Gegenwärtig gibt es in der Griechisch-Orthodoxen Kirche Bemühungen, diese Form aktiver Beteiligung von neuem zu beleben. Die katholische Bewegung »Maria 2.0« fordert seit 2019 erstmals laut und vernehmlich den Zugang von Frauen zu allen kirchlichen Ämtern. Auch in der protestantischen Konfessionsfamilie halten die Diskussionen an. Der Stachel, den die biblischen Texte setzen, sticht noch immer.

Gegen Ende des 1. Jh.s verzichten die christusgläubigen Gemeinden angesichts eines rasanten Wachstumsprozesses auf ihre theologisch wohlbegründete Freiheit gleichberechtigter Dienste, vor allem aus pragmatischen Gründen und von Seiten der Frauen auch sicher nicht ohne Widerstand. Doch um der Glaubwürdigkeit willen gegenüber einer ohnehin skeptischen Gesellschaft scheint genau das eine dem Evangelium angemessene Entscheidung zu sein. Im 21. Jh. stellt sich die Frage der Glaubwürdigkeit neu und verlangt nach anderen Lösungen. Das theologische Fundament ist unverändert geblieben: »In Christus gibt es weder Jude noch Grieche, weder Sklaven noch Freien, weder männlich und weiblich.« (Gal 3,28) Alles andere sind Ausführungsbestimmungen.

### Literatur

*Böttrich, Christfried,* Zwischen Sensibilität und Konvention. Rollenbilder von Frauen im lukanischen Doppelwerk, in: *J. Frey, N. Rupschus* (Hrsg.), Frauen im antiken Judentum und frühen Christentum, WUNT 2/489, Tübingen 2019, 175–208.

*Brooten, Bernadette,* Women Leaders in the Ancient Synagogue: Inscriptional Evidence and Background Issues, Brown Judaic Studies 36, Atlanta [2]2020.

*Ebel, Eva,* Lydia und Berenike. Zwei selbständige Frauen bei Lukas, BG 20, Leipzig 2009.

*Epp, Eldon J.,* Junia: The First Woman Apostle, Minneapolis 2005.

*Härle, Wilfried,* Von Christus beauftragt. Ein biblisches Plädoyer für Ordination und Priesterweihe von Frauen, Leipzig 2017.

*Hentschel, Anni,* Diakonia im Neuen Testament. Studien zur Semantik unter besonderer Berücksichtigung der Rolle von Frauen, WUNT 2/226, Tübingen 2007.

*Jensen, Anne,* Thekla – die Apostelin. Ein apokrypher Text neu entdeckt, KT 172, Gütersloh 1999.

*Madigan, Kevin/Osiek, Carolyn,* Ordained Women in the Early Church: A Documentary History, Baltimore/London 2005.

*Merz, Anette,* »New« Women? Bruce W. Winters These und ihre Rezeption in der exegetischen Diskussion kritisch beleuchtet, in: *J. Frey, N. Rupschus* (Hrsg.), Frauen im antiken Judentum und frühen Christentum, WUNT 2/489, Tübingen 2019, 209–234.

*Petersen, Silke,* Maria Magdalena. Die Jüngerin, die Jesus liebte, BG 23, Leipzig 2011.

# Ältere Frauen, Presbyterinnen und Witwen in den Pastoralbriefen

*Angela Standhartinger*

Die Rolle von Frauen erscheint für die Pastoralbriefe eindeutig geklärt: »Eine Frau soll schweigsam in aller Unterordnung lernen. Zu lehren aber gestatte ich einer Frau nicht, auch nicht einen zu beherrschen, sondern sie sollen schweigen.« (1Tim 2,11f.). Dabei leihen sich diejenigen, die hier sprechen, die Stimme des Paulus. Ihre kleine fiktive Briefsammlung lässt die Lesenden seit Mitte des 2. Jh. n. Chr. Paulus beim Gespräch mit seinen Lieblingsschülern Timotheus und Titus über die Schulter schauen. Dabei werden sie über die in ihrem Sinne richtige Führung von Gemeinden und entsprechende Sitten und Ordnungen belehrt.

Diese generelle Aufforderung an Frauen, in der Öffentlichkeit zu schweigen, ist keineswegs originell. Was 1Tim 2,11–12 formuliert, schreibt wenige Jahrzehnte vorher der griechisch-römische Moralphilosoph Plutarch (43–119 n. Chr.) in seiner Eheethik: »Es ist notwendig, dass nicht nur der Arm der besonnenen Frau, sondern auch ihr Wort nicht öffentlich ist. Phidias Darstellung der Aphrodite von Elis mit dem Fuß auf der Schildkröte symbolisiert die Häuslichkeit der Frau sowie ihr Schweigen. Sie muss entweder zum Mann sprechen oder durch den Mann« (Plutarch, Ehevorschriften 31–32, Moralia 142 C–D).

Ein zweiter Blick in die fiktive Briefsammlung zeigt allerdings, dass einige Frauen aus diesem Schweigegebot ausgenommen sind. Im Folgenden werde ich diese Frauen – nämlich ältere Frauen und Presbyterinnen – aus der Sicht der Pastoralbriefe vorstellen und außerdem fragen, warum ausgerechnet hier die längste Witwenregel im Neuen Testament zu finden ist.

## 1. Alte Frauen

Der jugendlich vorgestellte Timotheus soll die Jüngeren »wie Brüder und Schwestern« und die Älteren »wie Väter und Mütter« ermahnen.[1] Die Gemeinde, auch Haus Gottes genannt (1Tim 3,15), bildet eine Art Familie. Deren Generationenverhältnis bestimmt die Amtsfolge.

Timotheus verdankt sein Charisma – in den Pastoralbriefen eine Art Amtsbefähigung, die per Handauflegung vermittelt wird – mal einem »Ältestengremium« (*presbyterium* 1Tim 4,14) und mal Paulus (2Tim 1,6). Aber die Voraussetzung für seine Auswahl ist die Ausbildung, die er als Enkel bei seiner Großmutter Lois und als Sohn der Eunike genossen hat. Beide Frauen sind Vorbild für einen »ungeheuchelten Glauben« und haben ihn seit ersten Kindertagen im Glauben und die heiligen Schriften unterrichtet (2Tim 1,5). Hier spiegelt sich die jüdische und griechisch-römische Hochschätzung von Bildung durch Großmütter und Mütter.[2]

Überraschenderweise bewerten die Pastoralbriefe die Lehre der älteren Frauen gegensätzlich. Obgleich Timotheus »mit den Worten des Glaubens und der guten Lehre ernährt« und »aufgezogen« wurde (1Tim 4,6), soll er »die Fabeln und Mythen der alten Frauen« zurückweisen (1Tim 4,7). Damit wenden sich die Pastoralbriefe gegen viele, die wie z. B. Plato die Erzählung von Ammenmärchen und Mythen in der frühen Bildung besonders schätzen.[3] Aber auch Timotheus soll alte Frauen in die Pflicht nehmen »gute Lehrerinnen« (*kalodidaskaloi)* zu sein, indem sie junge Frauen ermahnen »ihre Männer und Kinder zu lieben und sittsam und rein sich als gut in der Haushaltsführung zu erweisen« (Tit 2,3–5). Lehrmethode soll ihr vorbildlicher Lebenswandel sein. Den Pastoralbriefen ist die Bildungsfunktion von alten Frauen mehr als bewusst; sie ist grundlegend für den männlichen und weiblichen Nachwuchs – ist aber kaum zu kontrollieren.

---

[1] 1Tim 5,1f., vgl. 1Tim 4,14; 2Tim 2,22. Der Beitrag wurde zuerst (leicht verändert) veröffentlicht in: »Bibel und Kirche« 2/2023.

[2] Z. B. *Quintilian*, Institutio oratoria 6, pr. 8; Seneca, Trostschrift für seine Mutter Helvetia 18,8.

[3] »Ammenmärchen« als Bildungsereignis z. B. bei Plato (*Lysis* 205e-d), als Symbol für Unwahrheiten (Irenaeus, *Haeresis* 1.8.1; 1.16.3).

## 2. Presbyterinnen

Der Kirchenvater Origenes (185–253/254) schreibt an einer Stelle: »Wundere dich auch nicht, wenn du das »wenn sie den Heiligen die Füße wuschen« (1Tim 5,10) in höherem Sinn verstehen musst, womit er analog anordnet, dass es neben den männlichen Ältesten auch weibliche Älteste und gut Lehrende geben muss (Tit 2,3).«[4] Origenes scheint somit davon auszugehen, dass die Pastoralbriefe das Amt der Presbyterin kennen – mit guten Gründen.

Viele Stimmen in der Antike bewerten das Alter aufgrund seiner Vernunft, Besonnenheit, Weisheit und Urteilsfähigkeit als besonders geeignet für öffentliche Aufgaben und Ämter. Aus vielen antiken Städten inklusive Jerusalem und Ephesus sind Ältestenräte bekannt.[5] Solche Ältestenräte (*gerusiai* oder *presbyteroi)* unternehmen Gesandtschaften, unterstützen ihre Städte und Gemeinschaften als Wohltäterinnen und Wohltäter, üben Funktionen im Gymnasium, in den städtischen Religionen und im Richteramt aus.[6] Das griechische Wort *gerusia* wird zur Standartübersetzung für das lateinische »Senat«, ein politisches Gremium was sich zunehmend auch außerhalb von Rom etabliert. Und in einigen griechischen und kleinasiatischen Städten sind weibliche Mitglieder solcher Ältestenräte bekannt.

Auch die Pastoralbriefe kennen ein Ältestengremium (Tit 1,5–7). Nach 1Tim 4,14 übernimmt es eine Rolle bei der Einsetzung von Amtsträgern, nach 1Tim 5,17–22(25) wird ihnen formell das Amtscharisma übertragen, sie dienen im Wort und in der Lehre und zumindest die guten unter ihnen erhalten eine Bezahlung (1Tim 5,17). Nach Tit 1,6f. sollen sie aus den Kreisen der dem Christusglauben anhängenden Familien ausgewählt werden. Eine genaue Ämterordnung wird in den Pastoralbriefen allerdings noch nicht deutlich, denn das Verhältnis zwischen Ältesten, Bischöfen und Diakoninnen und Diakonen bleibt nebulös. Jedoch – wie Origenes schon weiß und wie es auf Inschriften sowie in den Beschlüssen einiger Konzilien gut bezeugt ist – kennt die alte Kirche auch das Amt der Presbyterinnen.[7] Ob die Idee des Presbyteriums nach den Pastoralbriefen Frauen mitdenkt – wie Origenes meinte – oder nicht, die

---

[4] *Origenes,* Kommentar zum Johannesevangelium 32,12 (132).

[5] Jdt 15,8 und Apg 5,2; 11,20 15,2 u. ö.

[6] *Bauer, Ennio,* Gerusien in den Poleis Kleinasiens in hellenistischer Zeit und der römischen Kaiserzeit. Münchener Studien zur Alten Welt 11, München 2014.

[7] *Eisen, Ute Eva,* Amtsträgerinnen im frühen Christentum. Epigraphische und literarische Studien, FKDG 61, Göttingen 1996, 112–137; *Madigan, Kevin/Osiek, Carolyn,* Ordained Women in the Early Church: A Documentary History, Baltimore 2005, 162–202.

Briefsammlung kann auf die Lehre der alten Frauen nicht verzichten. Ohne Mütter und Großmütter, ohne guten Unterricht in den heiligen Schriften gelingt keine religiöse Sozialisation.

## 3. Witwen

Werden die Presbyterinnen und Diakoninnen (1Tim 3,11) nur am Rande erwähnt, so beschäftigt sich 1Tim 5,3–16 sehr ausführlich mit einer Gruppe von Frauen, die Witwen genannt werden. Das griechische Wort *chēra* bezeichnet dabei keineswegs allein Frauen, deren Ehemänner verstorben sind. Der Begriff umfasst alle unverheirateten Frauen und gelegentlich sogar Jungfrauen.[8] Da in der Antike Ehen als privatrechtlicher Vertrag geschlossen werden, der das Vermögen der Frauen während und nach der Ehe regelt, sind Witwen nicht unbedingt mittellos. Sie müssen allerdings ihr Recht durchsetzen (vgl. Lk 18,2–5) und dazu steht ihnen nach biblischer Tradition Gott zur Seite (Dtn 10,18; Ps 68,5). Gott erhört die Bitten der Witwen und setzt sie ins Recht (Ex 22,21–23). Biblische Witwengeschichten zitieren untereinander immer wieder diese Tradition (Jdt 8–9; 1 Kön 17; Lk 7,11–17; Apg 9,38–42).

Die Pastoralbriefe lassen Timotheus auffordern: »Ehre Witwen, die wirklich Witwen sind!« (1Tim 5,3). Ausgeschlossen werden sollen solche, die Kinder oder Enkel haben (1Tim 5,4. 8), die im Luxus leben (1Tim 5,6), unter 60 Jahren sind (1Tim 5,11–15) und solche, die mit anderen zusammenleben, wie die Witwen um Tabita in Joppe (1Tim 5,16; Apg 9,39–41). Die Differenzierung überrascht, und sie kann kaum etwas mit der Bindungs- oder Mittellosigkeit der Frauen zu tun haben. Denn die Witwen, die Timotheus in eine Liste aufnehmen soll (1Tim 5,9) haben »Fremde beherbergt«, »Bedrängte unterstützt« und sollen »in jedem guten Werk nachgefolgt sein« (5,10). Die Bedingung, »Kinder aufgezogen« zu haben (5,10), ist nach Vers 4 und 8 gerade ein Ausschlussgrund. Angesichts der Bedingung der einmaligen Ehe (5,9) würde die Aufforderung an die jüngeren Witwen, erneut zu heiraten und Kinder aufzuziehen (5,14), sarkastisch wirken. Vor allem aber widerspricht der These einer Witwenversorgung das Stichwort *timan* (ehren, belohnen, bezahlen, 1Tim 5,17).

Daher interpretieren einige 1Tim 5,3–16 als einen Kriterienkatalog für die Aufnahme in ein bezahltes Witwenamt. Für diese These spricht die Parallele zu den Amtsspiegeln der Bischöfe, Diakoninnen und Diakone und Presbyter (1Tim 3,1–13; Tit 1,6–9), das Verb »auflisten« (1Tim 5,9) sowie die Tatsa-

---

8 Ignatius an die Smyrnäer 13,1; vgl. *Tertullian*, De virginibus velandis 9.2.

che, dass Kirchenordnungen und Grabinschriften aus dem späten 2. bis 5. Jh. existieren, die ein solches Amt belegen.[9] Eine gewisse Spannung in der Darstellung erzeugt die Beobachtung, dass sich die aufzulistenden Witwen durch missionarische Taten in der Vergangenheit (1Tim 5,9–10) auszeichnen, ihnen für die Gegenwart allerdings einzig die Aufgabe der Fürbitte zugesprochen wird (1Tim 5,5). Die Kraft dieser Zwiesprache mit Gott im Gebet ist das Charakteristikum der frühjüdischen und frühchristlichen Witwentraditionen.

Das Stichwort »nachfolgen« (*akolouthein*) in 1Tim 5,10 macht deutlich, dass die Witwen zu den frühesten Anhängerinnen Jesu gehörten und aktiv Mission betrieben. Auch die Witwen, die Timotheus ablehnen soll, sind äußerst aktiv (1Tim 5,11–15). Die Pastoralbriefe behaupten: »Zugleich aber lernen sie auch faul zu sein, wenn sie in den Häusern herumlaufen; sie sind nicht nur faul, sondern sie verbreiten auch Unsinn und sind neugierig, wenn sie reden, was sich nicht gehört« (1Tim 5,13). Hier ist mehr als seelsorgerliche Hausbesuche gemeint. Faulheit, Unsinn reden und Neugier sind stereotype Vorwürfe gegen Frauen nicht nur in der Antike. Dabei klingt im Wort *periergos* (neugierig) auch »Zauberei betreiben« an. Das Wirken der Witwen ist keineswegs harmlos. Auffälligerweise befinden sich die Missionarinnen anscheinend auch zahlreich auf der Seite konkurrierender Gruppen, die die Pastoralbriefe ausschließlich beschimpfen und bekämpfen (2Tim 3,6f.).

Die Frage, ob die Pastoralbriefe bereits ein kirchlich verfasstes Witwenamt voraussetzen, muss offenbleiben. Jedenfalls aber rechnen sie mit größeren Gruppen von Witwen. Sie bestreiten auch nicht, dass die Witwen genannten Frauen durch ihre besondere Gottesbeziehung über eine große spirituelle Kraft verfügen (1Tim 5,5). Darüber hinaus waren und sind sie sowohl mit Taten der praktischen Solidarität und des Gemeindeaufbaus (1Tim 5,10) als auch durch Mission und Lehre (1Tim 5,13) diakonisch tätig und theologisch produktiv.[10]

## 4. Schluss

In den letzten Jahren wurde kontrovers diskutiert, ob die Pastoralbriefe die Frauen generell von allen religiösen Rollen ausschließen oder ob die Betonung der Kardinaltugend *sophrosyne* »Keuschheit und Besonnenheit« ihnen

---

9 *Traditio Apostolica* 10; Didascalia 14–15.

10 Der vorliegende Beitrag ist ein veränderter Abdruck aus »Männer. Macht. Maskenspiel. Die Briefe an Timotheus und Titus«, Bibel und Kirche 2/2023, 103–109.

kulturspezifisch geschlechtstypische Führungsrollen innerhalb des Hauses zuweist und sie damit in gewisser Weise auch emanzipiert. Beide Thesen sehen Richtiges, sind aber alleine nicht zutreffend. Denn die Position der alten Frauen und Witwen trägt, wie in der gesamten Antike so auch explizit in den Pastoralbriefen, eine Spannung in sich, die Sprengkraft besitzt. Der in der Weisheit der Alten begründete Bildungsauftrag erstreckt sich immer über die Hausmauern hinaus ins Zentrum der gemeindlichen Führungspositionen. Auf die Kraft der Fürbitte und die theologische und diakonische Funktion der hier Presbyterinnen und Witwen genannten Frauen kann keine Kirche verzichten.

## Literatur

*Gerber, Christine,* Möglichst ohne Runzeln. Die Frau in der Ehe nach Eph 5, in: *dies.* et al. (Hrsg.), Unbeschreiblich weiblich. Neue Fragen zur Geschlechterdifferenz in den Religionen, Theologische Frauenforschung in Europa 26, Münster u. a. 2011, 91–115.

*Poplutz, Uta/Zamfir, Korinna* (Hrsg.), Neutestamentliche Briefe, Die Bibel und die Frauen 2,2, Stuttgart 2023.

*Standhartinger, Angela,* Reading the Household Code Critically, The Bible Odyssey https://www.bibleodyssey.org/articles/reading-the-household-codes-critically/ (27.02.2025)

*Standhartinger, Angela,* Die Entstehung und Intention der Haustafel im Brief an die Gemeinde in Kolossä, in: *C. Janssen* et al. (Hrsg.), Paulus. Umstrittene Traditionen – lebendige Theologie. Eine feministische Lektüre, Gütersloh 2001, 166–181.

*Standhartinger, Angela,* »Wie die verehrteste Judith und die besonnenste Hanna.«. Traditionsgeschichtliche Beobachtungen zur Herkunft der Witwengruppen im entstehenden Christentum, in: *F. Crüsemann* et al. (Hrsg.), Dem Tod nicht glauben. Sozialgeschichte der Bibel. FS L. Schottroff, Gütersloh 2004, 103–126.

# Die Apokalypse

## Texte und Figuren

*Martin Karrer*

### I.

Die Apokalypse hat in der Genderforschung keinen guten Namen. Sie führt die Auseinandersetzung ums Ende maskulin, wenn wir den herkömmlichen Bibelübersetzungen folgen: Auf dem Thron sitzt Gott (4,2–20,11), ausgewiesen durch den Artikel als maskuline Gestalt (ὁ θεός 4,8 u. ö.), und mit ihm Christus (3,21), der Löwe aus dem Stamm Juda (5,5). Maskulin personifizieren sich die großen Gegenspieler, der Drache (12,3 usw.), der Tod (Thanatos), der Herrscher der Unterwelt (Hades 1,18; 6,8) und der Verkünder von Lügen (Pseudoprophet), die die Auseinandersetzung mit Gott und Christus verlieren (19,20; 20,2.14). Und besonders maskulin ist der weiße Reiter gezeichnet, der laut Apk 19 die große Schlacht mit dem Bösen führt. Nicht nur auf dem Gewand, das jede:r von außen sieht, trägt er Namen der Macht, sondern auch auf dem Hüft- und Leistenbereich des Oberschenkels, der unter dem Gewand verborgen ist (μηρός). Die Erzählung bräuchte die Doppelung des Motivs nicht, doch die plastische Nähe zum Geschlechtsteil bekundet die Virilität des Siegers.

Die Rezeptionsgeschichte verstärkte die Maskulinität an markanten Stellen im Text. Die auffälligste sei genannt: Die griechischen Bibelausgaben geben vom späten 19. Jh. bis zur gegenwärtigen 28. Auflage des Nestle-Aland die Zahl des Widersachers aus 13,18 im Maskulinum wieder (ἑξακόσιοι ἑξήκοντα ἕξ), obwohl die Zahl in der Hauptlinie der griechischen Überlieferung und daher der Editio critica maior (die 2024 erschien[1]) als Abstraktum (χξς´) geschrieben wird (wie in der heutigen Zahlschreibung 666). Die Gegnerschaft zu Gott und Christus ist deutungsoffener als herkömmlich erwartet, wie eigentlich seit langem bekannt ist; denn Erasmus wählte die Zahlzeichen und Bengel 1734 das Neutrum (ἑξακόσια ...), um Einseitigkeiten des Gender zu entgehen.

Umgekehrt wurde aus dem maskulinen Hades im Deutschen die Hölle. Pate stand die Assoziation von »haljō«, der unterirdischen Totenwelt, und Hel, der nordischen Parallelgestalt zu Hades,[2] so dass die Gender-Änderung übersetzungstechnisch entstand. Doch da die ursprünglich maskuline Referenz vergessen wurde, wuchsen die Schauder der Unterwelt dualistisch dem Femininum Hölle zu (was die Lutherübersetzung bis heute in 1,17 usw. bewahrt, wenn auch 2017 mit einer präzisierenden Fußnote versehen). Der männlichen Macht trat ein femininer Raum der Verwerfung gegenüber.

Diese Spannungen lassen sich leicht vermehren.[3] Nach der Aufdeckung der sexuellen Missbräuche, die im Raum der Kirchen geduldet wurden, verschob sich im letzten Jahrzehnt etwa die Betrachtung von Apk 17. Die »große Hure« (17,1) symbolisiert eine zu kritisierende Stadt bzw. ein Staatswesen (Rom), abstrahiert also von der »realen« Frau; der männliche Blick aber nahm dem Femininum nicht nur die Wertschätzung (die antiken Städtenamen zu eigen war), sondern dynamisierte die abfällige Perspektive auf das Weibliche bis in den erschreckenden Vers 17,16. Wir lesen dort, wie der »Hure« die Kleider vom Leibe gerissen werden, sie in ihre Fleischteile gebissen wird und die ihr angetanen Taten durch ihre Verbrennung kaschiert werden. Ein solches Narrativ vom Hass-Missbrauch bis hin zur Vernichtungsphantasie gehört aus heutiger Sicht zu den Wurzeln späterer Missbrauchsgeschichten.[4]

Angesichts dieser Spannungen ist das verbreitete Urteil nachvollziehbar, die Apk biete eine misogyne männliche Phantasie vom Ende der Zeit.[5]

---

1 *Karrer et al.* (Hrsg.), Die Offenbarung, Novum Testamentum Graecum Editio Critica Maior VI, 4 Bände, Stuttgart 2024.

2 S. die alt- und mittelhochdeutschen Lexika s. v., im Internet z. B. https://woerterbuchnetz.de/?sigle=BMZ&lemid=H01006 (abgerufen am 15.9.2024).

3 S. die Beiträge in der Bibliographie (Levine etc.).

4 *König*, The ›Great Whore‹ of Babylon (Rev 17).

5 Tina Pippin begründete dieses Urteil in mehreren Studien bis zu ihrem Beitrag »The Joy of (Apocalyptic) Sex«, in: *Brasher/Quinby* (Hrsg.), Gender and Apocalyptic Desire, 64–75.

## 2.

Keine Auslegung kann die beschriebenen Dilemmata ignorieren. Zugleich hat der Forschungswandel der letzten Jahrzehnte tiefgreifende Auswirkungen auf das Verständnis des Werks:

- Durch das erste Wort (»*apokalypsis*«) wurde die Apk namengebend für die Strömung der Apokalyptik und Literaturgattung »Apokalypse«; doch trägt kein »apokalyptisches Werk« vor ihr diesen Titel. Frühchristlich verweist der Titel auf eine nachösterliche »Enthüllung« Christi und der himmlischen Sphären. (Der Plural »*apokalypseis*«, der aus 2Kor 12,1 vertraut ist, begegnet im Codex Sinaiticus als Seitentitel und Unterschrift unter das Werk).
- In der Öffentlichkeit gilt die Apk weithin als Buch über die Ereignisse am Ende der Geschichte. Doch nicht die Wendung »und es geschieht ... und geschieht ... und geschieht« dient zur Gliederung, die sich in dieser Lektüreform einschlich. Der Aufbau ist vielmehr strukturiert durch die Wendung »und ich (der Erzähler) sah, und (du Leser:in) siehe« oder kurz »siehe« 1,7. 12; 4,2; 5,1; 6,1. 2 ...; 12,3; 14,1 ...; 21,3 ...; 22,7. Im antiken Kontext gelesen, bietet die Apk eine Abfolge von Bildbeschreibungen (*ekphraseis*), die aus der nachösterlichen Erscheinung Christi hervorgehen.
- Bis zur 28. Auflage des Nestle-Aland enthält die Apk eine Reihe gravierender sprachlicher Fehler, die sich bei der Prüfung der Handschriften für die Editio critica maior nicht bestätigten (4,4 Wortadressen 10–14; 13,10 usw.). Die Sprachkraft des Werks wird daher derzeit erheblich aufgewertet. Es ist nach heutigem Stand der Forschung geschrieben von einem in der griechischen Rhetorik versierten Zeugen Jesu, der aus dem Judentum stammt.

Folgen wir dem Forschungswandel, so bietet die Apk das umfangreichste neutestamentliche Narrativ einer Ostererscheinung, und sie beschreibt in den Bildern ihres Corpus Zeichen, die auf die Gegenwart hin gedeutet werden sollen. Griechisch-römische Leser:innen dürfen Zeichen vergleichen, die ihnen aus anderen Kontexten vertraut sind (z. B. beim Adler 8,13 an eine Vogelschau denken), und zweifeln, ob Menschen aus den Zeichen die rechte Konsequenz ziehen (vgl. Ovid, Metamorphosen XV 779–800 zu den Zeichen von der Ermordung Cäsars). Aber die Zeitdiagnose gewinnt Priorität.

## 3.

Die Überzeugung, die Apokalypse verwende die griechische Sprache unscharf, erlaubte, ein für die Genderdebatte wesentliches Motiv in der Beschreibung der nachösterlichen Erscheinung Christi einzuebnen: Nach 1,13 erscheint Christus gleich einem Menschenkind, das »bei den Mutterbrüsten« (πρὸς τοῖς μαστοῖς) gegürtet ist.
Die meisten Übersetzungen seit Luther 1521 ersetzen die Brüste stillschweigend durch die Männerbrust. Indes weiß die Apk die griechischen Termini zu unterscheiden (vgl. die Brüste/στήθη von Engeln in 15,6), und so entsteht in der griechischen Bibel eine vorzügliche Referenz zum Segen über die Mutterbrüste in der Tora; Jakobs Segen an Josef unterstreicht die Segnung von Mutterbrüsten und Mutterleib (εὐλογίας μαστῶν καὶ μήτρας, Gen 49,25). Die nachösterliche Enthüllung Christi, das erste große Thema der Apk (vgl. oben Abschnitt 2), erhält dadurch ein aus Sicht der Wirkungsgeschichte verblüffendes Proprium. Im Text der Apk ist es aber gut nachvollziehbar:

Die Apk orientiert ihre Darstellung der Ostererscheinung nicht an den Erscheinungen, die früh nach dem Tod Jesu erfolgten (erzählt in den Evangelien und bei Paulus; 1Kor 15,3–8), sondern knüpft an die Erwartung an, der irdische Jesus werde in anderer Gestalt, der des Menschensohns, auferstehen (vgl. Mk 8,31 par.) und kommen (Mt 24,30 par.). Wie aber sieht dieser Menschensohn aus? Erwähnungen von Erscheinungen in menschenartiger Gestalt aus den Schriften Israels geben einen Rahmen (Dan 7,13 mit Differenzen zwischen Septuaginta und Theodotion; Dan 10,5), den die Apk souverän akzentuiert: Der nach Ostern erscheinende Jesus ist größer als alles, was auf Erden zu beschreiben war; er ragt bis ins Altertum der Zeit, trägt daher schneeweiße Haare. Und er ist nicht einfach männlicher Mensch; er ist Mensch nach einem vollendeten Bild, zu dem die Qualität des Weiblichen gehört (die Mutterbrüste). Im Griechischen ist die Reflexion über den Kugelmenschen zu vergleichen, der Männliches und Weibliches vereine (Plato, Symposion 189–191). Im griechischen Judentum steht die Prüfung von Gen 1,27 LXX auf die Frage an, ob der Mensch im Bild Gottes »männlich und weiblich« zu denken sei, bevor die Schöpfung ihn als Frau und Mann konkretisierte.

## 4.

Die genauere Wahrnehmung von Apk 1,13 führt über die Minderung des Weiblichen hinaus, die uns in den eingangs (§ 1) geschilderten Aspekten der

Apk begegnete. Die Konsequenzen aus dieser Eigenheit in der Apk sind gravierend. Das Idealbild des Menschen in der Erscheinung Christi überholt die männlichen, weiblichen oder vielfältig queeren Weisen der Äußerung von Sexualität, die uns in der irdischen Realität begegnen. Die Apk konkretisiert das mit drei Pointen:

- Laute der freundlichen sexuellen Begegnung (die »Stimme von Bräutigam und Braut«) hören wir allein in der untergehenden Weltstadt (der Dystopie des Kapitels 18, Vers 23). Das sexuelle Leben vergeht laut der Apk insofern nicht nur im allgemeinen Sinn dessen, dass der Tod beendet, was wir leben; es verlangt Skepsis (was hermeneutisch zu hinterfragen ist).
- Die Distanz zur irdischen Sexualität provoziert die Apk dazu, die alten Geschlechterrollen auch einmal zu tauschen. Im alten Rollendenken hat die Frau »Jungfrau« zu sein, um sich nicht zu verunreinigen. Apk 14,4 dagegen kehrt die Gender-Zuschreibung um und nennt Männer »Jungfrauen«, die sich nicht mit Frauen »verunreinigen« (religionsgeschichtlich womöglich unter Einfluss der Vorstellung von Erstlingsgaben, die in alter kultischer Tradition der Fortpflanzung entnommen werden).
- Apk 12 stellt eine Frau in den Mittelpunkt des Narrativs; sie gebiert (12,2. 5) und hat Samen (»*sperma*«), wie es sonst männlichen Wesen zugesprochen wird (12,17). Zugleich erwähnt das Kapitel keinen männlichen Zeuger (und, wie wegen der mariologischen Auslegungsgeschichte beigefügt sei, auch keine überweltliche Zeugung). Das männliche Geschlecht begegnet ausschließlich als Kind der Frau (12,5. 13). Das dekonstruiert laut einer Debatte der letzten Jahre den Gedanken der männlichen Herrschaft über Fortpflanzung und genealogische Linien.[6]

Diese Neuinterpretationen stellen geläufige männliche und weibliche Rollen in Frage. Die sich daraus ergebenden neuen Perspektiven müssen künftig ausgehandelt werden. Wie fruchtbar ist die Umwertung der Geschlechterrollen, ist zu fragen. Wie ist mit der Distanz der Apk zur Sexualität, die zu notieren war, umzugehen? Und wie ist der Neuakzent bei Apk 12 im Zusammenspiel mit den älteren Deutungen des Kapitels auszuloten?

Der Umgang mit Apk 12 fällt leichter, wenn Leser:innen sich eng ans Bild im Aufbau des griechischen Textes halten.[7] Da die Kapitelgrenze griechisch vor der Erscheinung der Bundeslade (11,18) liegt, spricht heute viel für

---

6 *Breu*, Female Seed as a Metaphor.

7 Die ältesten Miniaturen dürften noch nicht an Maria gedacht haben; s. z. B. die »apokalyptische Frau« in der Bamberger Apokalypse (um 1000; https://www.digitale-sammlungen.de/de/view/bsb00136829?page=64,65).

eine Interpretation auf das himmlische Israel, das durchaus weiblich denkbar ist (also für einen israeltheologischen Akzent). Alte Kommentare entwickelten das Motiv zur Versammlung der Menschheit vor Gott seit Abel (die »*ecclesia ab Abel*«) weiter; »die Menschheit vor Gott« wäre somit ohne männliche Dominanz zu denken. Um 1200 setzte sich dann im lateinischen Christentum die – örtlich schon zuvor vorhandene – Deutung auf Maria durch, die Jesus ohne irdisch-männliche Zeugung gebäre. Diese Deutung behielt im Katholizismus bis heute großes Gewicht;[8] werden einzelne mariologische Reflexionen durch die oben geschilderten Beobachtungen einen aktualisierten Genderton erhalten?

Die Schmerzen der Geburt aus 12,2 machen darüber hinaus auf die Schmerzen aufmerksam, die die Fortsetzung des Menschengeschlechts der Frau aufbürdet.[9]

## 5.

Die auslegungsgeschichtlich wirksamste Äußerung zum irdischen sexuellen Leben der Geschlechter, Apk 2,20–23, verbindet sich in der Apk mit der Kritik an einer Frau. Die Erwähnung der Stadt Thyatira im Kontext spricht für eine historische Referenz; eine Frau wirkte als Prophetin (Verkünderin von Äußerungen Gottes zum gegenwärtigen Leben und zur Zukunft) und ignorierte dabei im Allgemeinbewusstsein vorhandene ethnisch-religiöse Grenzen. Nicht historisch aber ist der Name, den die Apk ihr polemisch gibt. Isebel heißt sie in 2,20 nach der Phönizierin, die laut der Erinnerung Israels König Ahab heiratete und ihn dazu brachte, sich religiös für phönizische Gottheiten zu öffnen (1Kön 16,31). Die Polemik der Apk speist sich aus einem negativ verzerrten Frauenbild, was zu kritisieren ist.

Die Auslegungsgeschichte verstärkte zudem die Einseitigkeit des Textes. Die Apk verwendet in Vers 22 das Verb μοιχεύειν, »sexuell gegen den Schutz

---

8 Obwohl die Entrückung des Kindes nach der Geburt die mariologische Deutung erschwert.

9 Die byzantinische Tradition sah gelegentlich einen Widerspruch dieser Textstelle dazu, dass die Gottesmutter Jesus schmerzfrei gebäre. Der Kommentator Neophytos schlug im 13. Jh. (mit antilateinischem Ton) deshalb sogar vor, die Frau (*antitheotokos*) gebäre den Antichrist: *Englezakis, Benedict*, An Unpublished Commentary by St. Neophytos the Recluse on the Apocalypse, in: *ders.*, Studies on the History of the Church of Cyprus 4th–20th Centuries, Aldershot 1995, 105–145: 131f.

der Ehe verstoßen«, das griechisch mit Akkusativ konstruiert wird, wenn es »im Geschlechtsverkehr mit jemand die Ehe verletzen« meint. Die Apk konstruiert das Verb aber mit μετ'. Solange das Griechische der Apk als mangelhaft galt, ließ sich das überspielen; die Aufwertung der griechischen Sprachkraft der Apk zwang in den letzten Jahrzehnten zur Korrektur: »Isebel« ist im Text nicht selbst Ehebrecherin, auch wenn sie Menschen dazu anleitet, das in der Apk präferierte Eheverständnis zu verletzen. Die Lutherübersetzung revidierte 2017 folgerichtig die seit dem 16. Jh. eingeschliffene Übertragung: »die mit ihr (= Isebel) die Ehe gebrochen haben«; der gegenwärtige Text kündigt hingegen denen, die das von der Apk präferierte Eheverständnis verletzen, an, Christus werfe sie mit Isebel (»mit ihr«) aufs Bett (ein ironischer Transfer, falls das Motiv sexuell gemeint ist).

Zudem muss die Auslegung einen erheblichen Wandel im Eheverständnis beachten. In der Zeit der Apk war weithin üblich, innerhalb derselben Ethnie zu heiraten, und Personen minderen Rechtes (z. B. Sklaven) war eine Ehe im Vollsinn wegen ihres Rechtsmangels nicht möglich. Römisch etwa war nur die Ehe zwischen einer römischen Bürgerin und einem römischen Bürger Ehe im vollendeten Sinn (*matrimonium*); andere Formen der Lebensgemeinschaft wurden als Arten der »*coniunctio*« (Verbindung) geregelt.

Was ist vor solchem Hintergrund Ehebruch? Viel spricht dafür, dass die Apokalypse in ihrer Distanz zum realen sexuellen Leben eine sehr enge, alte Position vertritt und die Heirat zwischen Menschen aus Israel (neuzeitlich gesagt: Juden und Judenchristen) und Andersstämmigen (Menschen der Völker einschließlich der später so genannten Heidenchristen) ablehnt und im Anschluss an Ex 34,15f. »huren« nennt (2,21), weil eine solche sexuelle und matrimoniale Öffnung zur »Hurerei« mit den fremden Göttern führe (ἐκπορνεύειν in diesem doppelten Sinn LXX).[10]

Wenn der Text so gemeint war, war der sexualethische Impuls der Apk schon zur Zeit der Apk dabei, zu veralten (seit Paulus, 1Kor 7,1–20). Die weitere Geschichte überholte ihn wie das antike Denken in Ethnien und Rechtsständen vollends. Exegetisch ist damit die Kluft zu biblizistischen Lektüren groß, die auf Apk 2,20 einen »Jezebel Spirit« gründen, der durch Täuschung und Verführung Risse in die Kirche und die sexuelle Moralität trage.[11]

---

10 Vgl. *Heininger*, Kaiserkult in Thyatira, 63–67.

11 Zahlreiche Belege s. v. »Jezebel Spirit« im Internet.

## 6.

Kehren wir zum Anfang und dem Dualismus zurück, der sich ins Frauenbild der Apk einschleicht. Ins Auge sticht er durch das Gegenüber von Braut (21,2. 9; 22,17) und Hure (17,1). Die Darstellung der Apk steigert die »Reinheit« der Braut. Jede sexuelle Konnotation der Braut verschwindet; es geht im Duktus zu 22,17 ausschließlich um die personale Begegnung mit Christus. Umgekehrt trägt die Apk eine sexuelle Konnotation in einen Gedanken der Antike ein, dessen Ausgangspunkt keineswegs sexuell dachte: Roma (Rom) lässt sich von hinten, im Anagramm, als ein sinnvolles, positiv aussagekräftiges Wort lesen, als »*amor*« (»Liebe«).[12] Die Apk konterkariert den Gedanken unter Rückgriff auf die antike Überzeugung, Städte seien Frauen (s. die Darstellung Roms als Frau in vielen Statuen). Doppelt verballhornt sie das Motiv. Eine Stadt = Frau, die von allen geliebt werde, wird in ihrem Bild zur Hure, und von allen »Hurern« (Männern, die eine Hure aufsuchen) wird zudem die »Mutter« im Lupanar (Leiterin im Bordell) geliebt; auch das, die »Mutter der Hurer«, ist die verworfene Stadt (17,5 mit dem Decknamen Babylon).

Das Sprachspiel der Apk ist literarische Kunst; das passt zur notwendigen Aufwertung ihres Stils. Die Dynamik zum Gegensatz von Heiliger und Hure und die in § 1 beschriebene Steigerung des Umgangs mit der Hure zur Gewaltphantasie verlieren dadurch nichts an Problematik. Kurz, die Apk ist mit ihren Neuakzenten (§§ 3–4) in der Genderdebatte aufzuwerten. Doch die Aufwertung darf bleibende Probleme in der Bildlichkeit und dem Narrativ nicht überdecken.

### Literatur

*Brasher, Brenda E./Quinby, Lee* (Hrsg.), Gender and Apocalyptic Desire. Millennialism and Society, 1, Band 1, London, New York 2014.

*Breu, Clarissa*, Female Seed as a Metaphor. Queer Kinship in Revelation 12, Ancient Medical and Literary Texts and the Septuagint, JSNT 45, 2022, 81–108.

*Heininger, Bernhard*, Kaiserkult in Thyatira, in: *ders.* (Hrsg.): Mächtige Bilder, SBS 225, Stuttgart 2011, 60–99.

---

[12] Vergil dürfte mit dieser Nuance spielen, wenn er Aeneas beim Abschied von Dido sagen lässt, Apoll gebiete ihm, zur Italia zu ziehen; »*hic amor, hic patria est*« (»hier ist die Liebe« – implizit das spätere Rom – »hier die Heimat«; Vergil, Aen. IV 347). Eindeutig belegt ist sie in einem Roma-Amor-Quadrat Pompejis (CIL IV [Suppl. 3.1] 8297).

*Hladiuc, Maria,* The Great Whore of Babylon in the Vision of Apocalypse 17. A Gender-Informed Approach Bridging the Gap Between Socio-historical and Feminist-critical Interpretations, Diss. Regensburg 2016 (https://epub.uni-regensburg.de/33759/).

*König, Judith,* The ›Great Whore‹ of Babylon (Rev 17) as a Non-Survivor of Sexual Abuse. Religions 13: 267, 2022. https://doi.org/10.3390/rel13030267.

*Levine, Amy-Jill* (Hrsg.), A Feminist Companion to the Apocalypse of John, FCNTECW 13, London 2009.

*Menéndez-Antuña, Luis,* Thinking Sex with the Great Whore. Deviant Sexualities and Empire in the Book of Revelation, Routledge Interdisciplinary Perspectives on Biblical Criticism, London 2018.

*Pippin, Tina,* The Heroine and the Whore. Fantasy and the Female in the Apocalypse of John, Semeia 60, 1992, 67–82.

*dies.,* Death and Desire: The Rhetoric of Gender in the Apocalypse of John, Literary Currents in Biblical Interpretation, 1992.

*Stewart, Olivia L.,* Jezebel. A Study in Prophecy, Divine Violence, and Gender, in: *Collins, A. Yarbro* (Hrsg.), New Perspectives on the Book of Revelation, BETL 291, Leuven 2017, 509–521.

# Maria Magdalena und ihre kirchliche Karriere als grosse Sünderin

*Martin Meiser*

Die kirchliche und außerkirchliche Karriere von Maria Magdalena als der großen Sünderin beginnt spät. Sie setzt Lücken der neutestamentlichen Texte voraus, dazu Analogien einiger in ihnen berichteter Vorgänge, z.B. der Salbung. Generell hängt das Bild der Maria Magdalena daran, ob Lk 8,2; Mk 16,9; Joh 20,11–18 und Lk 10,39; Mk 14,3; Joh 11,1; 12,3 (in Auswahl) zur Biographie einer *Maria unica* kombiniert, d.h. ob verschiedene Identitäten zu einer Identität zusammengefasst und verschmolzen werden. Von solcher Kombination sind die Mutter Jesu, die »andere Maria« oder die in Mk 15,40 mit »Jakobus dem Kleinen« in Verbindung gebrachte Maria nirgends betroffen.

## 1. Heutige Rezeption von Maria Magdalena

Maria Magdalena steht bis heute für traditionelle kirchliche Werte, aber auch für eine Neubeschreibung von Geschlechterkonstruktion innerhalb und außerhalb der Kirchen. Traditionelle Werte sind angesprochen, wenn sie als erste Auferstehungszeugin und als Apostelin der Apostel gerühmt und an ihre Treue und Liebe zum Herrn erinnert wird (so im Messbuch der röm.-kath. Kirche) oder sie als Schutzpatronin des Dominikanerordens zur Offenheit inspiriert, »im Gottvertrauen neue Wege zu gehen« (domradio/Dominikaner). Nach ihr wurden Kirchengebäude und Kirchengemeinden und auch Frauenorden benannt (Maisch, 93). In feministischer Theologie gilt sie, auch aufgrund von Vorgaben aus apokryph gewordener Literatur, als eine Frau, die Geschlechterrollen und Hierarchien der eigenen Zeit unterläuft (eulemagazin.de; zur Kritik am patristischen patriarchalen Magdalenenbild vgl. Taschl-Erber, 179–188). Fragen von Beziehung und Geschlechterrollen wurden an ihr in der Literatur (Rinser; Fredriksson; Naumann) und im Film (z.B. Garth Davis, »Maria Magdalena«, Großbritannien, 2018) abgearbeitet, ebenso in der bildenden Kunst (Ploner). In esoterischen Kreisen kann ihr eine Wirksamkeit als Isispriesterin oder als Priesterin einer angeblich in Samaria verehrten Taubengöttin Ashmida zugeschrieben, sie kann als Vermittlerin tieferer Einsicht (Matthöfer; Alt) oder als »Göttin des Christentums« bezeichnet werden (Arminger; Mailahn). (Pseudotheologische) Trivialliteratur (Brown, Sakrileg; Thiering, 110–113) hat ihr wiederholt eine Liebesbeziehung bzw. Familiengründung mit Jesus zugeschrieben. Entgegnungen blieben nicht aus (Kinzig, 67; Büllesbach, 9f. Anm. 9 u.a.). Immerhin fehlt jegliche einschlägige antike Polemik und Apologetik.

Das Bild der ehemals Prostituierten als der liebenden Büßerin konnte im 19. Jhdt. auch antikirchlich verwendet werden: Marie Chatroule de Montifaud stellt Maria Magdalena in ihrem Buch Les courtisanes de l'antiquité. Marie-Magdeleine (1869 unter einem Pseudonym veröffentlicht) als von nervösen Affektationen Besessene dar, die nach der Heilung durch Jesus dessen Geliebte wurde und im schockartigen Schmerz über den Verlust des Geliebten dessen Auferstehung halluzinierte (Schimpf 276f.).

## 2. Neutestamentliche und nachneutestamentliche Vorgaben für spätere Rezeptionsvorgänge

Explizit mit der Namensnennung »Maria Magdalena« sind im Neuen Testament folgende Traditionen verbunden: Sie wurde durch Jesus von Dämonen befreit, unterstützte dann Jesus und die mit ihm Wandernden (Lk 8,2), wagte sich in die Nähe des Kreuzes Jesu (Mk 15,40) und war die erste Auferstehungszeugin (mit anderen: Mt 28,9f.; Lk 24,10; allein: Joh 20,11–18). In den Listen der Jüngerinnen in den Evangelien (Mk 15,40 parr.) steht sie stets an erster Stelle. Die später vorgenommenen Identifizierungen mit der in Lk 7,37 erwähnten anonymen Frau und der in Lk 10,39; Joh 11,2; 12,3 erwähnten Maria haben sich in den handschriftlichen Traditionen zu den jeweiligen Stellen nicht niedergeschlagen.

In apokryph gewordenen Schriften des zweiten und dritten Jahrhunderts wie dem Philippusevangelium etc. wurde Maria häufig als Offenbarungsempfängerin dargestellt (»Evangelium der Maria« BG 1, 10,1; 18,10–15; Sophia Jesu Christi, NHC III/4, 98, dort gleichberechtigt mit Matthäus, Philippus, Thomas, Bartholomaeus; die Gruppe der sieben Jüngerinnen wird als »Apostelinnen« bezeichnet, NHC III,4, 112); sie wird als Frau gerühmt, »die vollständig verstanden hatte« (»Dialog des Erlösers«, NHC III,5, 139); ihre Lehrautorität wird gegenüber dem männlichen Zwölferkreis bewusst legitimiert. Die Divergenz der Auferstehungszeugnisse dürfte dazu beigetragen haben, dass Maria (als Repräsentantin der Frauengruppe) und Petrus (als Repräsentant der Männergruppe) später in einem Konkurrenzverhältnis dargestellt wurden (Petersen, Art. Maria aus Magdala), »Patriarchaler Selektierungsprozess und egalitäre Konzepte standen über Jahrhunderte nebeneinander« und sind nicht in ein Nacheinander einzuordnen (Büllesbach, 31). Im Philippusevangelium ist mit der engen Beziehung zwischen Jesus und Maria Magdalena (EvPhil 32; 55b) die pneumatische Vereinigung gemeint (die leibliche Hochzeit gilt in EvPhil 122a als »Hochzeit der Besudelung«). Insofern ist Maria Magdalena Vorbild der gnostisch Vollendeten. Aber auch in den apokryph gewordenen Schriften findet sich das Motiv der Abwertung des Weiblichen: Die Frau muss ihre Andersartigkeit im Vergleich zum Mann verlieren, während der Mann für Vollkommenheit steht (EvThom 114). Auf sexuelle Askese beider Geschlechter zielt die im »Dialog des Erlösers« (NHC III,5, 92) geforderte »Zerstörung der Werke der Weiblichkeit«; aber das gilt nicht ohne weiteres auch für andere Aussagen aus diesem literarischen Umfeld.

In antiker antichristlicher Literatur waren Maria Magdalenas psychische Krankheit (Origenes, *Cels.* II 59) oder ihre unbedeutende Herkunft (Makarios Magnes, *Apocr.* II 14) Gegenstand der Kritik, während ihr Verhältnis zu Jesus keine Rolle spielte. Die Konstruktion einer *Maria unica* ist ebenfalls nicht nachzuweisen.

## 3. Identifikationen und Identitätskonstruktionen in der Patristik

Hinsichtlich der Konstruktion einer *Maria unica* herrscht anfangs Zurückhaltung. Origenes (180–254) verweist auf eine Differenz: In Lk 7,36–50 werde die Frau als Sünderin bezeichnet, in Mt 26,6–13 hingegen nicht (Origenes, *Hom. Cant.* 1.4). Ambrosius (340–397) ergänzt, dass die in Lk 7,37 genannte Frau Jesu Füße küsst, nicht sein Haupt salbt (*In Lc.* VI 12–14). Er malt die Sünde nicht weiter aus und erörtert Lk 8,1–3 nicht. Er rechnet aufgrund der Differenzen zwischen den Osterberichten bei Matthäus und Johannes sogar mit zwei Personen namens Maria Magdalena (*In Lc.* X, 153).

Auch spätere griechisch-sprachige Exegese ist zurückhaltend in der hier zu diskutierenden Konstruktion (Jensen 42f.). Johannes Chrysostomus (340–

407), *Hom. Mt.* 80,1, identifiziert die in Mt 26,6 und Lk 7,36–50 Genannten miteinander, aber nicht mit Maria Magdalena, und bestimmt deren Unreinheit nicht näher. Theophylakt (1050–1107; *In Lc.*, PG 123, 793 A) unterscheidet zwischen den in Joh 11; Lk 7,36–50; Mk 14,3–9 par. Mt 26,6–13 Genannten und definiert zu Lk 7,36–50 die Sünde nicht näher. Euthymius Zigabenus (1050–1120; *In Lc.* PG 129, 936 B) bezeichnet die in Lk 7,36–50 genannte Frau als πόρνη »Hure«, identifiziert aber Maria Magdalena nicht mit ihr. Auch Elemente der in der Tradition u. a. Sophronius von Jerusalem (560–638) wohl zu Unrecht zugeschriebenen *Vita Mariae Aegyptiacae* fließen nicht in die schulmäßige Exegese ein. Diese Legende erzählt von einer jungen in Alexandria geborenen Frau, die sich im Alter von zwölf Jahren einem 17 Jahre lang dem Begehren gewidmeten Leben hingibt, sich dann einer Pilgergruppe nach Jerusalem anschließt, von ihrer Vergangenheit Abstand nimmt (*Vita Mariae Aegyptiacae* 18f.) und nach einer Begegnung mit dem Abt Zosimas ihr restliches Leben als Eremitin in der Jordangegend zubringt. Die Bekehrung wird mit Ez 18,23 kommentiert (*Vita Mariae Aegyptiacae* 21), während Einflüsse von Lk 7,36–50; Mk 16,9 etc. nicht sichtbar sind. Anders als in der Exegese ist in der byzantinischen Kunst bei der Tatsache, dass das Myrrhegefäß als Attribut von Maria Magdalena gilt, die Kombination von Mk 16,9/Joh 20,11–18 mit der in Joh 12,3 genannten Frau vorausgesetzt.

Im Westen hält Hieronymus (347–419) zu Joh 20,16f. Magdalenas Unvollkommenheit fest, bietet aber nicht das Bild der großen Sünderin (*Ep.* 39,6.5; ähnlich Zenon von Verona, *Tract.* 39a) und erwähnt andernorts (*Ep.* 127,5.3) nicht die Buße, sondern den Glaubenseifer, der zur Namensgebung *turrita* = »die Erhabene« führte (abgeleitet von hebr. *migdal* = Turm). Augustin (354–430), *Cons. Ev.* 154, identifiziert die in Lk 7,36–50; Joh 12,3 genannten Frauen miteinander, aber nicht mit Maria Magdalena.

Wirkmächtig wurde die Auslegung von Lk 7,36–50 durch Gregor d. Gr. (ca. 540–604) mit ihrer Konstruktion der Maria unica (*Hom.* 25,1). Die sieben Dämonen (Lk 8,2) gelten als die Summe aller Laster (*Hom.* 33,1). Ihre auf die Sexualität konzentrierte Vergangenheit wird mit Jer 3,1 näher illustriert; der Hauptton liegt aber auf der Mahnung, im Vertrauen auf Ez 18,23 Buße zu tun (*Hom.* 33,8). Gregor spricht auch von der *vis amoris* »Kraft der Liebe« seitens Marias (Hom. 25,1f.) und verlängert eine traditionelle Auslegungslinie von Hld 3,1–4, wo es um die Suche nach dem Geliebten geht, was über das Stichwort »Suche« mit Joh 20,15 verbunden wurde. Als Büßer werden aber auch Petrus, der Schächer am Kreuz und Zachäus namhaft gemacht (*Hom.* 25,10).

Beda Venerabilis (ca. 673–735) wiederholt Gregors Konstruktion der *Maria unica*, doch spielt die Charakterisierung der Frau als einer Prostituierten für die Auslegung keine weitere Rolle; *peccatrix* »Sünderin« benennt allgemein den weltlichen Lebenswandel (Beda, *In Lc.* III, CCSL 120, 166). Die von Origenes genannten Differenzen sieht Beda durch das zeitliche Nacheinander beseitigt: Als Sünderin küsst sie Jesu Füße, als Begnadigte salbt sie sein Haupt (*In Lc.* III, CCSL 120, 167). Der Name wird in Lk 8,2 genannt, wo ihre Hilfeleistung herausgestellt wird; in Lk 7,36–50 bleibt sie anonym, damit nicht die kirchliche Verehrung durch die Erinnerung an ihre Irrtümer Schaden leide (*In Lc.* III, CCSL 120, 172).

## 4. Mittelalterliche Predigten, Hymnen und Legenden

Literarische Zeugnisse zur Rezeption Maria Magdalenas sind nicht ohne mit ihr verbundene Vollzüge gelebter Frömmigkeit zu denken. Erstmals ist der 22. Juli als ihr Gedenktag im Martyrologium des Beda Venerabilis, *Martyrologia*, PL 94, 982 A bezeugt; dabei spielt die Schilderung ihrer Vergangenheit keine Rolle. Vézelay im Burgund ist ein frühes Zentrum der Magdalenenverehrung.

Für das mittelalterliche Bild der Maria Magdalena sind vor allem die oben genannten Aussagen Gregors d. Gr. wichtig geworden (doch sind nicht immer sämtliche Kombinationsmöglichkeiten der biblischen Texte ausgeschöpft). Ausführliche Predigten über die *Maria unica* bieten vor allem Ps.-Odo von Cluny und Ps.-Hrabanus, wobei es um verschiedene Aspekte geht: Die Darstellung ihrer sündhaften Vergangenheit dient der Warnung, die Darstellung ihrer Annahme der Ermutigung der Büßer, die Darstellung ihrer Christusliebe als Vorbild für die rechte Haltung der Glaubenden.

Die Vergangenheit der Frau kann bei manchen etwas deutlicher gezeichnet werden (so Ps.-Odo, *Sermo*, PL 133, 714 B) bei anderen fehlt das Motiv (Walafrid Strabo [808–849], *Glossa ordinaria*, PL 114, 271 D–272 D). Ihre Buße gilt als vorbildlich (Texte bei Aus der Fünten 182 u.a.). Die Sünde wird oft nicht weiter spezifiziert, damit jeder Gläubige sich mit Maria Magdalena identifizieren kann.

Die Annahme der in Lk 7,36–50 genannten Frau durch Christus zeigt, dass keine Sünde so groß ist, als dass sie nicht vergeben werden könnte (Ps.-Augustinus, *Sermo ad frates in eremo commorantes* 35, PL 40, 1298; der Name »Magdalena« fällt nicht!); dies wird illustriert durch Mk 2,17; Ez 18,23 (Ps.-Odo, *Sermo*, PL 133, 714 C; 715 C) oder durch Mt 9,13 (Honorius Augustodunensis, *Speculum ecclesiae*, De sancta Maria Magdalena, PL 172, 979 B–982 D).

Marias Frömmigkeit wird aus Lk 10,39 abgeleitet (Ps.-Odo, *Sermo*, PL 133, 716 C), ihre Liebe zu Christus aus Joh 20,11–18. Ps.-Hrabanus Maurus preist sie als *beata peccatrix et ardentissima Christi amatrix* (»selige Sünderin und Christus glühend Liebende«), die auch nach der Himmelfahrt den Abschiedsschmerz tapfer getragen habe (*Vita Mariae Magdalenae* 30.33, PL 112, 1480 B; 1485 C). Der Begriff »Minne« begegnet u. a. in einer Magdalenenklage des 14. Jhdt. (»svzzez minne ... in chevschem sinne/süße Minne im keuschen Sinne«, bei Aus der Fünten, 172). Friedrich von Spee stellt nicht sie, sondern Petrus als Prototyp des Büßers dar (Maisch 92).

Ein Einfluss der *Vita Mariae Aegyptiacae* ist bei Ps.-Odo noch nicht festzustellen; umgekehrt ist deren Wiedergabe bei Paulus Diaconus (720–799) und deren Paraphrase bei Otloh v. St. Emmeram, *Liber de cursu spirituali* 25, PL 146, 234 AB nicht von Lk 7; 8 beeinflusst. Bei Ps.-Hrabanus, *Vita Mariae Magdalenae*, findet sich eine Erweiterung der Magdalenen-Legende, die mit der Verehrung der Heiligen in Südfrankreich korrespondiert: Sie sei in Marseille gelandet und habe in der *provincia Narbonensis secunda* als Wundertäterin und Eremitin ihr Leben beschlossen (*Vita* 37, PL 112, 1493 BC). Ihre Lebensgeschichte nach der *Maria-Aegyptica*-Tradition umzudichten, sei jedoch falsch (*Vita* 39, PL 112, 1496 C). Der Einfluss der *Aegyptiaca*-Tradition auf die Magdalenen-Legende soll erstmals in Italien im 9./10. Jh. greifbar sein (Maisch 55, ohne Belege). Bei Honorius Augustodunensis findet sich eine derartige Berührung gegen Ende der Magdalenenlegende: Nach Christi Himmelfahrt sei Maria Magdalena in die Einöde gegangen, wo ihr ein Presbyter begegnet sei, dem sie ihr Begräbnis aufgetragen habe (*Speculum ecclesiae* [1100–1110], PL 172, 981 B). Aber noch bis ins 17. Jh. begegnen Texte, in denen beide Legendenkreise auseinandergehalten werden (Kunze, 121; 143).

## 5. Schluss

Wie Maria Magdalena konstruiert wird, ist immer, auch in wissenschaftlicher Literatur, ein Spiegel der zeitbedingten Geschlechterkonstruktion wie der Bewertung von Sexualität. Die genaue Wahrnehmung der Quellen ermöglicht jedoch fundierte Kritik. Die Idee der *Maria unica* wurde in der Rezeptionsgeschichte keineswegs durchgehend verwirklicht, der spezielle Charakter der Sündhaftigkeit nicht immer betont.

## Literatur

*Antike und mittelalterliche Quellen*

Gregor d. Gr., *Homiliae in Evangelia - Evangelienhomilien*, übers. und eingel. v. Michael Fiedrowicz, FC 28/1-2, Freiburg i. Br. u. a. 1997/1998.

Hieronymus, *Epistulae*, ed. Isidor Hilberg, 2. Aufl. Margit Kamptner, Bd.1-3, Wien 1996.

Johannes Chrysostomus, *Homiliae in Matthaeum*, hom. 1-44, PG 57, hom. 45-90, PG 58

Paulus Diaconus, *Vita Mariae Aegyptiacae*, PL 73, 673 A-690 B.

Sophronius von Jerusalem, *Vita Mariae Aegyptiacae*, PG 87/3, 3697 A-3726 C.

Nag Hammadi Deutsch, Vol. 1, NHC I,1-V,1. Eingeleitet und übersetzt von Mitgliedern des Berliner Arbeitskreises für Koptisch-Gnostische Schriften, hrsg. v. Hans-Martin Schenke u. a., Koptisch-Gnostische Schriften II, GCS NF 8, Berlin/New York 2001; Vol. 2, NHC V,2-XIII,1, BG 1 und 4. GCS NF 12, Berlin/New York 2003.

*Zur außertheologischen Rezeption von Maria Magdalena*

*Alt, Franz,* Ich habe einen Traum. Die Zukunft der Kirche ist weiblich, Freiburg (Breisgau) 2023.

*Arminger, Margarita,* Die verbotene Göttin des Christentums. Wer war Maria Magdalena wirklich? Hamburg 2009.

*Fredriksson, Marianne,* Maria Magdalena. Roman, Frankfurt/M. 2007.

*Mailahn, Klaus,* Die Göttin des Christentums: Maria Magdalena. Das Geheimnis der Gefährtin Jesu, Norderstedt 2013.

*Naumann, Lena,* Mariam geht fort. München $^{3}$2014.

*Matthöfer, Tanja,* Maria Magdalena - Erwachensweg und Leben mit Jeshua, Hanau 2020.

*Rinser, Luise,* Mirjam, Frankfurt/M. 1983.

*Thiering, Barbara,* Jesus von Qumran - sein Leben, neu geschrieben, Gütersloh 1993.

*Wissenschaftliche Literatur*

*Aus der Fünten, Wiltrud,* Maria Magdalena in der Lyrik des Mittelalters, Düsseldorf 1966.

*Büllesbach, Claudia,* Maria Magdalena in der frühchristlichen Überlieferung. Historie und Deutung, Hamburg 2006.

*Kinzig, Wolfram,* Hatte Maria Magdalena mit Jesus ein Kind?, in: *ders., J. Schmidt* (Hrsg.), Glaublich - aber unwahr? (Un-)Wissenschaft im Christentum, Würzburg 2013, 61-81.

*Kunze, Konrad,* Studien zur Legende der heiligen Maria Aegyptiaca im deutschen Sprachgebiet, Philologische Studien und Quellen 49, Berlin 1969.

*Jensen, Anne,* Maria von Magdala -Traditionen der frühen Christenheit, in: *D. Bader* (Hrsg.), Maria Magdalena - Zu einem Bild der Frau in der christlichen Verkündigung, Freiburg i. Br. u. a. 1990, 33-50.

*Maisch, Ingrid,* Maria Magdalena: zwischen Verachtung und Verehrung; das Bild einer Frau im Spiegel der Jahrhunderte, Freiburg i. Br. 1996.

*Petersen, Silke,* Maria aus Magdala. Die Jüngerin, die Jesus liebte, Biblische Gestalten 23, Leipzig $^{3}$2019.

*Schimpf, Simone,* Profanierung einer Heiligen. Maria Magdalena in der französischen Kunst des 19. Jahrhunderts, Berlin 2007.

*Taschl-Erber, Andrea,* »Eva wird Apostel!« Rezeptionslinien des Osterapostolats Marias von Magdala in der lateinischen Patristik, in: *I. Fischer, Chr. Heil* (Hrsg.), Geschlechterverhältnisse und Macht. Lebensformen in der Zeit des frühen Christentums, Wien/Berlin 2010, 161–196.

*Internetquellen (abgerufen am 29.07 2024).*

Hl.-Maria-Magdalena_Messbuch.pdf (erzbistum-koeln.de).

https://www.domradio.de/artikel/zeugin-der-auferstehung-maria-magdalena-spielt-fuer-dominikaner-eine-wichtige-Rolle.

*Petersen, Silke,* Art. Maria aus Magdala, 2011, www.wibilex.de.

*Ploner, Maria Theresia,* Imaginationen des Weiblichen – Maria Magdalena in der Kunst des Fin de siècle, Die Bibel in der Kunst, 8, 2024, https://www.die-bibel.de/bibel-in-der-kunst/ (abgerufen 22.11.2024).

Wer war Maria Magdalena wirklich? | Die Eule (eulemagazin.de).

# Sara und Hagar in Galater 4, Ecclesia und Synagoga in der Kirchengeschichte

## Zur Problematik judenfeindlicher Rezeption biblischer Texte

*Wolfgang Kraus/Karin Finsterbusch*

Der Band Update Exegese zu Grundfragen gegenwärtiger biblischer Frauen- und Geschlechterforschung kann aus Sicht seiner HerausgeberInnen nicht ohne einen Beitrag veröffentlicht werden, in dem wenigstens kurz auf bestimmte Konstellationen von zwei sich feindlich gegenüberstehenden Frauengestalten eingegangen wird. Diese Konstellationen sind Manifestationen von christlicher Judenfeindschaft.[1] Auch wenn ihr in der theologischen Forschung zunehmend Aufmerksamkeit geschenkt wird, bleibt doch noch viel zu tun, um sie wirkungsvoll zu bekämpfen.

Im ersten Teil dieses Beitrags wird die paulinische Rezeption der beiden Frauen Abrahams Sara und Hagar in Gal 4 beleuchtet. Die beiden Frauen repräsentieren nach Paulus zwei Bünde, den Abraham zugesprochenen Bund der Verheißung und den Sinai-Bund. Die massive Abwertung des Sinai-Bundes in dieser Konstellation impliziert die religiöse Entwertung des nicht-christusgläubigen Judentums. Im Mittelpunkt des zweiten Teils stehen die seit dem

---

[1] Karin Finsterbusch würde eher den Begriff »Antisemitismus« bevorzugen. Inwiefern der allerdings auf das NT anwendbar ist, bleibt umstritten. Einige Bemerkungen zur Terminologie: Die in den Sozialwissenschaften häufig vertretene Unterscheidung zwischen (religiösem) Antijudaismus und (rassischem) Antisemitismus hat sich nicht bewährt. Der Begriff Antisemitismus (in einem weiten Sinn) ist international mittlerweile der dominierende Begriff für die Beschreibung aller Arten von Judenhass, siehe hierzu z. B. *Andreas Pangritz*, Die Schattenseite des Christentums. Theologie und Antisemitismus, Stuttgart 2023, 19–36. Eine (Arbeits-)Definition von Antisemitismus, die von vielen Parlamenten anerkannt ist (z. B. dem Europäischen Parlament), bietet die International Holocaust Remembrance Alliance (IHRA), siehe https://www.holocaustremembrance.com/resources/working-definition-antisemitism, letzter Zugriff 01.09.2024.

Mittelalter belegbaren Ecclesia-Synagoga-Darstellungen. In dieser Frauen-Konstellation wird die im Neuen Testament christologisch ausgedeutete Terminologie des Propheten Jeremia vom Neuen Bund rezipiert und zum Ausdruck gebracht, dass die jüdische Religion keine Legitimität mehr besitzt. Der Beitrag schließt mit Überlegungen zum Umgang mit judenfeindlicher Rezeption biblischer Texte.

## 1. Sara und Hagar in Gal 4,21–31

Ehe die Konstellation von Sara und Hagar in Gal 4,21–31 analysiert wird, müssen einige Vorüberlegungen zum Kontext angestellt werden. Der Galaterbrief ist einer der paulinischen »Kampfbriefe« (neben 2Kor und Phil). Paulus kämpft um seine Gemeinden in Galatien.[2] Gegenmissionare aus Jerusalem waren dorthin gekommen, haben den paulinischen Apostolat bestritten und den Galatern versucht klar zu machen, dass sie noch keine wirklichen Mitglieder des endzeitlichen Gottesvolkes sind. Die Männer müssten sich noch beschneiden lassen und alle müssten die jüdischen Feiertage und Speisegesetze praktizieren, um wirklich Vollmitglieder zu werden. Einige scheinen das dann auch getan zu haben, andere waren verunsichert. Paulus sieht darin einen Verrat an dem Evangelium, wie er es verkündigt hat, und fährt schon am Eingang des Briefes schwere Geschütze auf: Wer ein anderes Evangelium verkündigt als er es getan hat, und wäre es selbst ein Engel vom Himmel, der sei verflucht (Gal 1,8). Ein derartiger Briefbeginn ist für antike Verhältnisse eine äußerst auffällige Angelegenheit, vielleicht vergleichbar damit, wenn heute jemand einen Brief beenden würde mit: »mir reicht's, mit sehr unfreundlichen Grüßen.«

Die Gegenmissionare haben – das legt die Argumentationsstruktur im Galaterbrief nahe – ihre Haltung mit der Figur des Abraham begründet. Abraham wurde bei dem in Gen 17 erzählten Bundesschluss das Zeichen der Beschneidung als Verpflichtung auferlegt (Gen 17,10f.). Deshalb behaupten sie: Nur wer als männliches Gemeindemitglied beschnitten ist, gehört ganz dazu. Nun steht außer Frage, dass jüdische Mitglieder der Ekklesia ihre Söhne auch weiterhin beschneiden ließen. Aber wie steht es mit nicht-jüdischen Mitgliedern? Gilt das auch für sie? Paulus verneint dies und argumentiert

---

2 Ob sich diese Gemeinden in der römischen Provinz Galatia befanden (nordgalatische Hypothese) oder in der Landschaft Galatien (südgalatische Hypothese), ist hier nicht von Belang.

ebenfalls mit Abraham, aber völlig anders als seine Gegner damals beim Apostelkonvent (vgl. Apg 15) und jetzt in Galatien. In Gal 3 zitiert er als Schriftargument Gen 15, wo es heißt, dass Abraham der Verheißung Gottes, dass er in hohem Alter noch einen Sohn bekommen wird (Gen 15,1–5), glaubte/vertraute, und dass ihm dies zur Gerechtigkeit angerechnet wurde (Gen 15,6). Hier begegnet erstmals die später so bezeichnete »Rechtfertigungslehre«. »Gerechtfertigt werden« heißt, zu Gott in einer intakten Beziehung zu stehen. Abraham stand zu Gott in einer intakten Beziehung, weil er Gott vertraut hat. Wie können Nicht-Juden zum Gott Israels in eine intakte Beziehung gelangen? Nach Paulus durch Jesus Christus und das Vertrauen auf ihn.

Nachdem Paulus in Gal 3,6–14 an Abraham nachzuweisen versuchte, dass auch bei ihm das Vertrauen auf Gott die entscheidende Voraussetzung war, von Gott als gerechtfertigt angesehen zu werden, taucht in den Folgeversen das erste Mal der Begriff διαθήκη (gesprochen: *diatheke*) auf, der dann auch in Gal 4 eine entscheidende Rolle spielen wird. Dieser Begriff oszilliert um die Bedeutungen »Testament/Satzung/Verfügung/Bund/Bundesverfügung«.[3] Paulus stellt fest: Das Testament eines Menschen, das bestätigt ist, kann nicht nachträglich aufgehoben werden. Paulus versteht Gottes Verheißung in Gen 15 in diesem Sinn als διαθήκη. In LXX-Gen 15,18 wird die Verheißung ausdrücklich als διαθήκη bezeichnet, ihr Inhalt ist: »deinem Samen (d. h. deiner Nachkommenschaft) werde ich dieses Land geben ...« Diese »Bundesverfügung« kann durch nichts aufgehoben werden, auch nicht durch die spätere »Bundesverfügung« vom Sinai. Dabei ist Paulus' Argumentation – gelinde gesagt – sophistisch: Im Hinblick auf den Singular »Samen« in Gen 15 (im Hebräischen und Griechischen ist [wie im Deutschen] das Wort Samen Singular, auch wenn es mehrere Nachkommen/Generationen impliziert) behauptet Paulus, dies könne sich nur auf den *einen* Nachkommen Abrahams, nämlich Christus, beziehen, und damit auf all jene, die auf ihn vertrauen (Gal 3,16. 22).

Gal 4,21–31 stellt einen weiteren Schriftbeweis dar. Er soll zeigen, dass die auf Christus Vertrauenden ohne irgendwelche Zusatzforderungen dem endzeitlichen Gottesvolk angehören. Zu Beginn des Abschnitts fragt Paulus die Briefadressaten, die die Gebote der Tora in dem Sinn erfüllen wollen, wie die Gegenmissionare es fordern, ob sie die Tora nicht kennen würden. Dort stehe doch, dass Abraham zwei Söhne hatte, einen von der Sklavin und einen von der Freien (vgl. Gen 16 und Gen 21). Der von der Sklavin sei auf menschliche Weise gezeugt (κατὰ σάρκα »nach dem Fleisch«), der von der Freien

---

3 Siehe *Kraus, Wolfgang*, Art. Bund (NT), 2023, www.wibilex.de.

aufgrund von Verheißung (δι' ἐπαγγελίας). Das nun, behauptet Paulus, sei »übertragen« zu interpretieren. Die beiden Frauen würden zwei *»diathekai«* repräsentieren: Die eine διαθήκη vom Berg Sinai entspreche der Hagar und dem jetzigen Jerusalem, die andere διαθήκη der Freien und dem oberen Jerusalem. Welche διαθήκη im zweiten Fall genau gemeint ist, wird von Paulus nicht explizit aufgeführt. Im Licht der Ausführungen in Gal 3,15–18 kann es sich jedoch nur um die Verheißung an Abraham, eben um jene διαθήκη aus Gen 15, handeln. Sie steht in der Erzählabfolge des Pentateuchs chronologisch vor der Sinai-διαθήκη. Um zu beweisen, dass die Sinai-διαθήκη mit Hagar und dem jetzigen Jerusalem in Beziehung zu setzen ist, bemüht Paulus in 4,25 einen sprachlichen Anklang, wonach Hagar den Berg Sinai in Arabien bedeuten soll (deutlich nur im Griechischen: Ἁγαρ – Ἀραβία). Es stehen also einander gegenüber (die nicht explizit genannten Elemente stehen in Klammer):

> **Hagar** – (Ismael) – Fleisch – Sinai-διαθήκη – jetziges Jerusalem – Sklaverei
> (**Sara**) – Isaak – Verheißung – Abraham-διαθήκη – oberes Jerusalem/unsere Mutter – Freiheit.

In Gal 4,28.31 spricht Paulus den Galatern die Abrahams-Kindschaft gemäß Isaak zu. In 4,29f. geht er auf Hagar und ihren Sohn ein:

> 4,29 Aber wie zu jener Zeit der, der nach dem Fleisch gezeugt war [i.e. Ismael], den verfolgte, der nach dem Geist gezeugt war [i.e. Isaak], so geht es auch jetzt. 30 Doch was spricht die Schrift? »Stoßt die Magd hinaus mit ihrem Sohn; denn der Sohn der Magd soll nicht erben mit dem Sohn der Freien« [Gen 21,10].

Paulus will mit diesen beiden Versen belegen, dass es mit seinen Ausführungen seine Richtigkeit hat: Die Verfolgung der Glaubenden ist ein »Echtheitskriterium«, weil sie von der Schrift vorhergesagt wurde. Die Glaubenden stehen demnach mit Isaak auf der richtigen Seite. Dabei wird die in Gen 21 erzählte Vertreibung Hagars zum Schriftbeweis für das Selbstverständnis (»wir«) als die legitimen Träger der Abrahamsverheißung.[4]

Es ist kaum möglich, Paulus hier nicht eine interessegeleitete Exegese zu unterstellen. Hans-Joachim Schoeps spricht in Bezug auf Gal 4,21–31 nicht ganz zu Unrecht von einem »wüste[n] hellenistische[n] Spekulationsmidrasch

---

4 Siehe *Kraus, Wolfgang,* Das Volk Gottes. Zur Grundlegung der Ekklesiologie bei Paulus, WUNT 86, Tübingen $^{2}$2001, 234–246.

auf nicht ganz klarem apokalyptischem Hintergrund« und von einem »Verstoß gegen die Grundregel rabbinischer Hermeneutik.«[5] Auf jeden Fall ist die paulinische Zusammenordnung von Beschneidung, Gesetz und Sinaibund (vgl. Gal 5,3) in den Texten der Hebräischen Bibel so nicht gegeben.

Mit wem genau Paulus das »jetzige Jerusalem« (4,25) identifiziert, bleibt im Abschnitt offen: Ob es sich um die eingedrungenen Gegenmissionare in Galatien handelt oder um das nicht-christusgläubige Judentum insgesamt, führt er nicht aus. Aufgrund des Kontextes ist jedoch deutlich: Insofern die Sinai-διαθήκη ein identitätsstiftendes Merkmal darstellt, entspricht den »Kindern der Unfreien« (vgl. 4,25) nicht nur die gegen Paulus gerichtete Missionsbewegung. Es geht jeweils um Gesetzesobservanz, der die Freiheit des Glaubens gegenübergestellt wird. Das wird zum Beispiel auch aus Gal 4,1–7 deutlich, insofern Paulus in 4,5 behauptet, dass sich Israel unter dem Gesetz nicht im Stand der Sohnschaft, sondern im Stand der Sklaverei befindet.

Die Dimension von Gal 4,21–31 hat Peter von der Osten-Sacken im Anschluss an seine Exegese von Gal 4,21–31 unter der Überschrift »Nein zu Israel als Erben?« wie folgt beschrieben: »Nach der Aussage des Galaterbriefes ist der Segen Abrahams und mit ihm der Segen des Gottes der Väter auf die Gemeinde Jesu Christi gekommen. Gleichwohl hat auf einer Sicht des christlich-jüdischen Verhältnisses, wie sie in 4,21–31 zum Ausdruck kommt, erkennbar kein Segen geruht. Wer vermöchte die hochmütige Selbstgewissheit und die Verachtung des Anderen, die dieser Text und verwandte Zusammenhänge bereits in den Tagen des Apostels (Röm 11,17–20) und dann mehr noch später auf christlicher Seite bewirkt haben, als segensreiches Wirken zu verstehen? Zwar ist das ablehnende Verhalten von messianischer Jesusgemeinde und der übrigen jüdischen Gemeinschaft zu Beginn wechselseitig und läuft in der Sache auf die jeweilige Bestreitung der Selbstdeutung des Anderen hinaus. [...] Dennoch haben auf die Länge der Zeit die Juden die Kosten des christlich-jüdischen Verhältnisses getragen.«[6] Die Korrektheit dieser Beschreibung wird durch die im zweiten Teil des Beitrags thematisierten Ecclesia-Synagoga-Darstellungen in der Kirchengeschichte bestätigt.

---

5 *Schoeps, Hans-Joachim,* Paulus. Die Theologie des Apostels im Lichte der jüdischen Religionsgeschichte, Tübingen 1959, 252, Anm. 1.

6 *Von der Osten-Sacken, Peter,* Der Brief an die Gemeinden in Galatien, ThKNT 9, Stuttgart 2019, 235.

## 2. Ecclesia-Synagoga-Darstellungen in der Kirchengeschichte

In der Kirchengeschichte lassen sich seit dem Mittelalter Darstellungen nachweisen, in denen Ecclesia und Synagoga feindlich gegenübergestellt werden. Auch hier repräsentieren die beiden Frauen zwei Bünde, und zwar, in Aufnahme jeremianischer Terminologie (Jer 31,31–34) und christologischer Ausdeutungen im Neuen Testament (vgl. z.B. Lk 22,20; 2Kor 3,14–16; Hebr 8,13), den »Neuen Bund« und den »Alten Bund«.[7] Diese Darstellungen sind bis in die Gegenwart hinein belegbar. Im Folgenden seien drei Beispiele aus unterschiedlichen Kontexten angeführt. Das erste Beispiel ist die um 1225 entstandene Figurengruppe von Ecclesia und Synagoga auf der linken und rechten Seite des Südportals des Straßburger Münsters:[8]

Ecclesia

Synagoga

[7] Siehe hierzu *Finsterbusch, Karin*, Der Alte Bund und der Neue Bund. Anmerkungen zur substitutionstheologischen Rezeption von Jer 31,31–34, in: »Maschentausendabertausendweit«. Texte deuten. Band 2. FS Lothar Bluhm, Trier 2025, 453-469.

[8] Siehe https://de.wikipedia.org/wiki/Ecclesia_und_Synagoge. Bildnachweis: Claude Truong-Ngoc – Eigenes Werk, CC BY-SA 3.0 (Ecclesia), public domain (Synagoge).

Die Figur der Ecclesia hält in der linken Hand einen Kelch, der den Abendmahlskelch repräsentiert, das zentrale Symbol des Neuen Bundes. Ecclesia ist gestaltet als stolze Frau mit einer Krone, die ihre Herrschaft ausdrückt. In der rechten Hand hält sie ein Vexillum, ein römisches Feldzeichen, das als Kreuzesfahne gestaltet ist und den Siegeszug der christlichen Kirche in der Welt symbolisiert. Die Figur der Synagoga hält in ihrer linken Hand die Bundestafeln, die die Tora als das zentrale Symbol des Judentums ausweisen. Die gesamte Haltung der Figur signalisiert Niederlage, zum Beispiel hält sie in ihrer rechten Hand eine geknickte Lanze wie nach einem verlorenen Kampf. Zu den Attributen der Synagoga gehört in dieser Darstellung auch noch die Binde über den Augen, die ihre »Blindheit« (gegenüber der christlichen Botschaft und letztendlich gegenüber Gott) anzeigen soll.

Das zweite Beispiel ist die Darstellung in der Glasfenstergruppe der Kirche St. Valentius im pfälzischen Ort Bann, geschaffen 1959 von Notker Becker OSB, Mönch im Benediktinerkloster Maria Laach:

Die Gesamtkonstellation

Ausschnitt: Synagoga

Becker gab der Synagoga ein Spruchband mit dem Ausruf »Utinam cognovisses et tu« (»wenn doch auch du erkannt hättest«) bei, der die Klage Jesu über Jerusalem in Lk 19,41–44 aufnimmt. Diese Klage beinhaltet auch den Satz »Und sie werden dich und deine Kinder in dir zu Boden werfen, und sie werden keinen Stein auf dem anderen lassen in dir, darum dass du nicht erkannt hast die Zeit deiner Heimsuchung.« Marie-Theres Wacker kommentierte dies zu Recht dahingehend, dass der Laacher Mönch die nur wenige Jahre zurückliegende Shoah offenbar »als Gericht über das Judentum [interpretierte], das nicht zur Anerkennung Jesu als des Messias gefunden hat«.[9] Die Ecclesia-Synagoga-Darstellung in Bann teilt also nicht nur mit älteren Darstellungen die Botschaft, dass das Israel des Alten Bundes keine Legitimität mehr besitzt. Die Darstellung impliziert darüberhinausgehend die Rechtfertigung der physischen Vernichtung des zeitgenössischen Judentums in Europa.

Das letzte Beispiel ist die Bildcollage auf dem Cover des von Kardinal Joseph Ratzinger 1998 veröffentlichten Buches »Die Vielfalt der Religionen und der Eine Bund«:

In dieser Konstellation sind die Figuren Synagoga und Ecclesia des Straßburger Münsters durch eine Drehung der Figur der Ecclesia einander neu zugeordnet. Infolge dessen schaut die Ecclesia die Synagoga direkt, man könnte fast sagen: freundlich, an, und der Gestus der Synagoga ist nicht mehr abgewandt, sondern der Ecclesia zugewandt. Dies ändert freilich nichts an den Attributen der Synagoga, insofern die zerbrochene Lanze und die Binde über den Augen erkennbar bleiben. Mit anderen Worten: Die Synagoga bleibt auch in der neuen Konstellation blind. So sah sie Ratzinger in der Tat, wie nicht zuletzt aus dem Vorwort seines Buches hervorgeht: »Wenn das Licht Christi erlischt [infolge einer »Herabstufung der Christologie«], dann erlischt auch das Licht des Gottes, den wir in seinem Antlitz erkannt haben, des einen Gottes, an den wir ›mit Abraham und seinen Nachkommen‹ glauben, zu denen wir uns als Christen eben durch diesen Glauben zählen zu dürfen überzeugt sind.«[10] Das »Licht des Gottes« ist nach Ratzinger also nur für Christen bzw. das Christentum sichtbar, Juden bzw. das Judentum sind dafür blind.

---

9 *Wacker, Marie-Theres,* Ecclesia und Synagoga im späten 19. und frühen 20. Jahrhundert, Münster, $^{2}$2018, 41. Foto: privat.

10 *Ratzinger, Joseph,* Die Vielfalt der Religionen und der Eine Bund, Hagen 1998, 15. Foto: privat.

## 3. Überlegungen zum Umgang mit judenfeindlicher Rezeption biblischer Texte

1. Die mit der Rezeption von Hagar und Sara in Gal 4,21–31 verbundene Entwertung des nicht-christusgläubigen Judentums sollte aus heutiger Sicht als nicht mehr akzeptable theologische Position beurteilt werden. Eine solche Beurteilung lässt sich innerbiblisch begründen, denn Paulus hat in seinem spätesten erhaltenen Brief, dem Römerbrief, der eine Art theologische Summe enthält, seine in Gal 4,21–31 vertretene Sichtweise nicht wiederholt. Er hat vielmehr nicht nur die Kindschaft (Röm 9,4), sondern auch die bleibende Erwählung Israels bestätigt (Röm 11,29). Zudem hat er als Position formuliert, dass *ganz* Israel endzeitlich errettet werden wird (Röm 11,26).
2. Ebenso wie die Hebräische Bibel zeichnet sich das Neue Testament durch Multiperspektivität und Vielstimmigkeit aus. Die Schriften und Texte in den beiden Kanones wurden sekundär zu einem spannungsreichen Ganzen zusammengestellt. Die Intention war sicherlich, die Adressatenschaft zu ermutigen, den Befund zu diskutieren, zu prüfen, zu interpretieren und sich nicht zuletzt unter den Bedingungen einer sich verändernden Welt entsprechend zu positionieren. In heutiger Zeit sollte eine solche Positionierung die Distanzierung nicht nur von neutestamentlichen Texten einschließen, die den Geist der Judenfeindschaft atmen, sondern auch von der judenfeindlichen Interpretation biblischer (alt- und neutestamentlicher) Texte, wie sie sich zum Beispiel in den Ecclesia-Synagoga-Darstellungen zeigt.
3. Nach der Shoah haben sich die Kirchen in offiziellen Stellungnahmen wie dem »Wort zur Judenfrage« der EKD von Berlin-Weißensee (1950) oder der Konzilserklärung »Nostra Aetate« (1965) kritisch zu christlicher Judenfeindschaft geäußert und zum Beispiel (unter Bezugnahme auf Röm 11) die These zurückgewiesen, dass Gott die Erwählung seines Volkes aufgehoben hat.[11] Nur eine christliche Theologie, die den Weg des Judentums als eigenen vollgültigen Heilsweg anerkennt, kann letztlich frei von Judenfeindschaft sein.
4. Am Ende unseres Beitrags soll das Bild der 2015 gefertigten Bronzeskulptur »Synagoga and Ecclesia in Our Time« von Joshua Koffman stehen. Die

[11] Eine gute Übersicht über einschlägige Stellungnahmen bietet *Kessler, Ed*, Das Neue Testament und die jüdisch-christlichen Beziehungen, in: *W. Kraus* et al. (Hrsg.), Das Neue Testament jüdisch erklärt, Stuttgart $^{2}$2021, 837–841.

Skulptur befindet sich auf dem Campus der Saint Joseph's University in Philadelphia (USA).[12] In dieser Konstellation sind beide Figuren Ecclesia und Synagoga als gekrönte Frauen gestaltet, sie sitzen auf Augenhöhe nebeneinander mit ihren heiligen Schriften in der Hand, aufeinander hörend und voneinander lernend.

## Weiterführende Literatur

*Alkier, Stefan/Leppin, Hartmut* (Hrsg.), Juden-Heiden-Christen? WUNT 400, Tübingen 2018.

*Lange, Armin* et al. (Hrsg.), An End to Antisemitism! Vol. 2. Confronting Antisemitism from the Perspectives of Christianity, Islam, and Judaism, Berlin 2020.

*Schröter, Jens* et al. (Hrsg.), Jews and Christians – Parting Ways in the First Two Centuries CE? BZNW 252, Berlin 2021.

12 Siehe https://www.sju.edu/college-arts-and-sciences/ijcr/synagoga-ecclesia. Bildnachweis: Calimeronte, https://de.m.wikipedia.org/wiki/Datei:Synagoga_and_Ecclesia_in_Our_Time.jpg.

# Herausgeber:innen und Autor:innen

**Karin Finsterbusch** ist Professorin für Altes Testament an der Rheinland-Pfälzischen Technischen Universität Kaiserslautern-Landau (Campus Landau).

**Wolfgang Kraus** ist em. Professor für Neues Testament an der Universität des Saarlandes und Research Associate des Dept. of New Testament der University of Pretoria (South Africa) sowie des Instituts für Septuaginta und Biblische Textforschung (ISBT) der Kirchlichen Hochschule Wuppertal.

**Martin Rösel** ist apl. Professor für Altes Testament an der Universität Rostock und Professor Extraordinary an der Stellenbosch University (Südafrika).

**Cornelia Aßmann** ist wiss. Mitarbeiterin am Institut für Katholische Theologie der Universität Erfurt.

**Veronika Bachmann** ist Professorin für biblische Einleitung und biblische Hilfswissenschaften an der Universität Würzburg.

**Rüdiger Bartelmus** ist em. Professor für Theologie und Literaturgeschichte des Alten Testaments und Biblisch-Orientalische Sprachen an der Universität Kiel.

**Bruno Biermann** ist wiss. Mitarbeiter am Institut für Evangelische Theologie der Universität Münster.

**Christfried Böttrich** ist Professor für Neues Testament an der Universität Greifswald.

**Bernadette Brooten** ist »Kraft-Hiatt Professor Emerita of Christian Studies and Professor Emerita of Women's and Gender Studies« an der Brandeis University (USA).

**Walter Dietrich** ist em. Professor für Altes Testament an der Universität Bern.

**Juliane Eckstein** ist wiss. Mitarbeiterin am Institut für Katholische Theologie der Universität Mainz.

**Beate Ego** ist Seniorprofessorin für Exegese und Theologie des Alten Testaments an der Universität Bochum.

**Dorothea Erbele-Küster** ist apl. Professorin für Gender, Diversität und Biblische Literaturen an der Universität Mainz.

**Irmtraud Fischer** ist pensionierte Professorin für alttestamentliche Bibelwissenschaft an der Universität Graz (Österreich).

**Rachel Frish** ist Postdoktorandin am »Kogod Research Center for Contemporary Jewish Thought« (Israel).

**Judith Gärtner** ist Professorin für Altes Testament an der Universität Rostock.

**Ann-Cathrin Harders** ist Studienrätin im Hochschuldienst mit Schwerpunkt Alte Geschichte an der Universität Bielefeld.

**Anni Hentschel** ist Privatdozentin für Neues Testament an der Universität Frankfurt a. M.

**Tal Ilan** ist pensionierte Professorin für Jüdische Studien an der FU Berlin.

**Claudia Janssen** ist Professorin für Feministische Theologie/Theologische Geschlechterforschung und Neues Testament an der Kirchlichen Hochschule Wuppertal.

**Martin Karrer** ist em. Professor für Neues Testament und seine Umwelt an der Kirchlichen Hochschule Wuppertal.

**Melanie Köhlmoos** ist Professorin für Alttestamentliche Wissenschaft an der Universität Frankfurt a. M.

**Joachim Kügler** ist pensionierter Professor für Neutestamentliche Wissenschaften an der Universität Bamberg.

**Kristina Kühnbaum-Schmidt** ist Leitende Bischöfin der Nordkirche.

**Amy-Jill Levine** ist »Rabbi Stanley M. Kessler Distinguished Professor of New Testament and Jewish Studies« an der Hartfort International University for Religion and Peace (USA).

**Christl Maier** ist Professorin für Altes Testament an der Universität Marburg.

**Martin Meiser** ist pensionierter Wissenschaftlicher Mitarbeiter am Institut für Evangelische Theologie der Universität des Saarlandes und apl. Professor an der Universität Erlangen-Nürnberg.

**Annette Merz** ist Professorin für Kultur und Literatur des Frühchristentums an der Protestantischen Theologischen Universität Utrecht (Niederlande).

**Ruth Poser** war langjährige wissenschaftliche Mitarbeiterin am Fachbereich Evangelische Theologie der Universität Marburg und ist derzeit freie Autorin.

**Uta Schmidt** ist Professorin für Feministische Theologie und Gender Studies an der Augustana-Hochschule Neuendettelsau.

**Barbara Schmitz** ist Professorin für Alttestamentliche Bibelwissenschaft an der Universität Würzburg.

**Angela Standhartinger** ist Professorin für Neues Testament an der Universität Marburg.

**Luzia Sutter Rehmann** ist Titularprofessorin für Neues Testament an der Universität Basel.

**Petra von Gemünden** ist em. Professorin für Biblische Theologie an der Universität Augsburg.

**Hans-Ulrich Weidemann** ist Professor für Biblische Theologische an der Universität Siegen.

**Michael Wolter** ist em. Professor für Neues Testament an der Universität Bonn.

# Verzeichnis der Beiträge in »Update-Exegese 2.1«

## Altes Testament

*Hans Christoph Schmitt:*
»Theologie« statt »Geschichte« im Alten Testament:
1. Die Mosebücher als »Summa« alttestamentlicher Theologie
2. »Geschichte Israels« zwischen »Maximalisten« und »Minimalisten«

*Martin Rösel:*
Die neue Frage nach dem Gott des Alten Testamentes

*Christian A. Eberhart:*
Was ist ein Opfer?

*Jörg Jeremias:*
Neuere Tendenzen in der Prophetenforschung

*Manfred Oeming:*
Auf eine schwere Probe gestellt – Das Hiobbuch in der neuesten Forschung

## Zwischen den Testamenten

*Martin Rösel:*
Die Texte von Qumran und ihre Bedeutung für die Bibelwissenschaft

*Stefan Krauter:*
Zurück zum Urtext?

*Wolfgang Kraus:*
»Schrift«-Zitate im Neuen Testament

*Christfried Böttrich:*
Die »Pseudepigraphen des Alten Testamentes« als Zugänge zur Theologie des frühen Judentums

*Jörg Frey:*
Neue Perspektiven auf Jesus aus den Funden von Qumran

## Jesus von Nazaret und die Evangelien

*Ulrich B. Müller:*
Jesus von Nazaret

*William R.G. Loader:*
Neuere Tendenzen in der Matthäusforschung

*Martin Meiser:*
Markusforschung in der (Selbst-)Kritik

*Martin Meiser:*
»Langeweile« in der Lukasforschung? – von wegen!

*Udo Schnelle:*
Die aktuelle Johannesforschung

*Christian Strecker:*
Kulturanthropologische Jesusforschung

## Auf dem Weg zur Theologie der frühen Kirche



## Hermeneutische Perspektiven

# Verzeichnis der Beiträge in »Update-Exegese 2.2«

## Altes Testament

*1. Personen und Schriften*

*Jan Christian Gertz:*
Mose

*Karin Finsterbusch:*
Deuteronomium/das fünfte Buch Mose

*J. Cornelis de Vos:*
Das Buch Josua: Land als Geschenk Gottes

*Michael Pietsch:*
Vom Wundertäter zum Propheten. Elia und Elischa in Geschichte und Überlieferung

*Judith Gärtner:*
Der Gottesknecht bei Deuterojesaja

*2. Themen*

*Wolfgang Zwickel:*
Jerusalem – eine Stadt mit vielen Grabungen, aber keinem Gesamtbild

*Wolfgang Zwickel:*
Eine Ortslage aus der Zeit Davids? Khirbet Qeiyafa und die Problematik der Auswertung einer Grabung

*Jakob Wöhrle:*
Die Vätergeschichte

*Hartmut N. Rösel:*
Das Problem des deuteronomistischen Geschichtswerks

*Ute Neumann-Gorsolke:*
Anthropologie des Alten Testaments

*Stefan Beyerle:*
*update* – Apokalyptik

*Konrad Schmid:*
Christentum ohne Altes Testament?

## NEUES TESTAMENT

*1. Schriften*

*Rainer Metzner:*
Der Jakobusbrief

*Jens Herzer:*
Goethes Quark und Holtzmanns Drillinge.
Die Pastoralbriefe in Geschichte und Gegenwart

*Judith Hartenstein:*
Das Thomasevangelium/apokryphe Evangelien

*2. Personen*

*Rainer Metzner:*
Herodes der Große

*Martin Vahrenhorst:*
Paulus

*Christfried Böttrich:*
Petrus

*Rainer Metzner:*
Pontius Pilatus und die römische Herrschaft in Judäa

*Martin Meiser:*
Judas

*3. Themen*

*Martin Vahrenhorst:*
Der Kult am Jerusalemer Tempel und seine Repräsentanten

*Stefan Schreiber:*
Christologische Hoheitstitel

*Michael Wolter:*
Warum wurde Jesus gekreuzigt?

*Gudrun Guttenberger:*
Die Auferweckung Jesu

*Jürgen Wehnert:*
Wie viel Tora-Gehorsam ist nötig?
Der sogenannte antiochenische Zwischenfall

*Jürgen Wehnert:*
Gemeinschaft in Verschiedenheit.
[illegible] Apostelkonvent und das Aposteldekret

*Dieter Sänger:*
Gruppierungen im Judentum: Pharisäer, Sadduzäer, Zeloten

*Stefan Krauter:*
Hellenistisches Judentum

*Jens Schröter:*
Israel bei Paulus und Lukas

*Lutz Doering:*
Rabbinische Belege und Neues Testament

*Stefan Krauter:*
Flavius Josephus – ein jüdischer Historiker in Rom

*Udo Schnelle:*
Anthropologie im Neuen Testament

*Hermut Löhr:*
Eschatologie im Neuen Testament

# Bibelstellenregister

## Genesis

## Proverbien/Sprüche



## Kohelet/Prediger Salomo



## Hoheslied



## Jesaja



## Jeremia



## Klagelieder



## Ezechiel

## Lukas



## Johannes



## Apostelgeschichte



## Römerbrief

## Philemon



## 1.Petrus



## Apokalypse/Offenbarung



## Frühchristliche Literatur

### 1.Clemens



### Didache



### Thomasevangelium



### Evangelium der Maria



### Evangelium des Philippus